Hans Michael Heinig / Frank Schorkopf (Hg.)

70 Jahre Grundgesetz

In welcher Verfassung ist die Bundesrepublik?

Vandenhoeck & Ruprecht

Bibliografische Information der Deutschen Nationalbibliothek:
Die Deutsche Nationalbibliothek verzeichnet diese Publikation in der Deutschen Nationalbibliografie; detaillierte bibliografische Daten sind im Internet über http://dnb.de abrufbar.

Das Umschlagbild zeigt Bürger, die in den Plenarsaal der Pädagogischen Akademie in Bonn schauen, in dem der Parlamentarische Rat tagt.
Foto: Bestand Erna Wagner-Hehmke, Haus der Geschichte, Bonn

Korrektorat: Constanze Lehmann, Berlin
Layout & Satz: textformart, Daniela Weiland, Göttingen
Druck und Bindung: Hubert & Co BuchPartner, Göttingen
Printed in the EU

Vandenhoeck & Ruprecht Verlage | www.vandenhoeck-ruprecht-verlage.com

ISBN 978-3-525-31078-6

Inhalt

III.
Form, Legitimation und Bindung des Politischen

Vorwort

Am 23. Mai 2019 wird das Grundgesetz 70 Jahre alt. Die Bonner Republik umfasste vierzig Jahre und seit der deutschen Einheit sind nun auch schon drei Jahrzehnte der Berliner Republik verstrichen. Die runden Geburtstage der Verfassung waren in der Vergangenheit oft Anlass für eine Reflexion über den Zustand des deutschen Verfassungsstaates und seiner »geglückten Verfassung«. Dolf Sternbergers berühmte Formel vom »Verfassungspatriotismus« etwa verdankt sich einem 1979 veröffentlichten Text anlässlich des 30. Jahrestages des Grundgesetzes.

Doch jedes Jubiläum stand auch unter den Vorzeichen fordernder Gegenwartsaufgaben und einer naturgemäß ungewissen Zukunft. 2019 macht davon keine Ausnahme: Der multilateralen völkerrechtlichen Ordnung, in die das Grundgesetz Deutschland einbinden will, wird gegenwärtig hörbar widersprochen. Die Integrationsfähigkeit der parlamentarischen Demokratie muss sich angesichts neuartiger gesellschaftlicher Spannungslagen beweisen. Die Finanz-, Währungs- und Migrationskrisen haben nicht nur innen- und europapolitische Debatten bestimmt, sondern die Tektonik des deutschen Parteiensystems verschoben. Die liberaldemokratische Grundordnung hat alte und neue Feinde, auf die sie reagieren muss, ohne ihrerseits die freiheitliche Prägung zu verlieren.

Das Verfassungsjubiläum bietet also genügend Anlass für eine Vergewisserung über das Grundgesetz und den von ihm verfassten Staat, über unsere Gesellschaft und die Zukunft politischer Herrschaft in ihr. Wir Herausgeber haben uns deshalb einiges einfallen lassen: Eine Verfassungsgeschichte der Bundesrepublik im Twitterformat (unter dem Hashtag #GG70 zu finden), eine Fachtagung im Bundesministerium des Inneren, für Bauen und Heimat am 8./9. November 2018, Lehrveranstaltungen zum Verfassungsrecht am 23. Mai 2019 in der Göttinger Innenstadt und eben dieses Buch, für das wir hochkarätige Persönlichkeiten aus der Staatsrechtslehre, der Politikwissenschaft sowie dem Qualitätsjournalismus eingeladen haben. Sie waren gebeten, Beiträge für ein breiteres, allgemeines Lesepublikum zu schreiben, die die Pointierung nicht scheuen. Beiträge, die zugleich Rückschau halten, die aufzeigen, wie das Grundgesetz zu dem wurde, als das wir es heute wahrnehmen, aber auch den Blick auf die Herausforderungen der Gegenwart und nahen Zukunft richten.

Im Mittelpunkt unseres Interesses stehen dabei einige Leitfragen: Welche entscheidenden Weichenstellungen 1949, aber auch später in der Deutung und Praxis des Verfassungsrechts, machen das Grundgesetz aus? Hat die eine oder andere verfassungskulturelle Errungenschaft der Bundesrepublik inzwischen vielleicht doch Patina angesetzt und eine gründliche Auffrischung verdient? Wie verhalten sich Pfadtreue und Innovationsfähigkeit in der Entwicklung des Verfassungsdenkens? Wie kann das Grundgesetz eine Verfassung bleiben, die die gesellschaftliche Dynamik und das Politische in Deutschland normativ moderiert? Welche jeweiligen Wirkungen zwischen politischer Kultur und Verfassungskultur lassen sich beobachten?

Nicht alle Themen der Zeit können in diesem Band behandelt werden. In exemplarischer Weise würdigen die hier vorgelegten Beiträge das Grundgesetz, preisen es zuweilen auch und befragen es doch auch auf seine schwachen Momente. Herausgekommen ist eine Denkschrift im besten Sinne. Ein Buch, das zum Mitdenken und Weiterdenken einzelner Themen der Verfassung, zum Diskutieren und zur Mitgestaltung unserer liberaldemokratischen Verfassungsordnung anregen soll. Ein Buch, das deutlich macht: Es lohnt sich, für diese Verfassungsordnung und ihr bislang eingelöstes Freiheitsversprechen einzutreten. Dass das Grundgesetz den Menschen in den Mittelpunkt stellt, symbolisiert für uns die großartige Aufnahme der Fotografin Erna Wagner-Hemke, die wir für die Titelseite ausgewählt haben. Bonner Bürger schauen den Mitgliedern des Parlamentarischen Rates interessiert über die Schulter, durch die offenen Fenster der Pädagogischen Akademie. Die Szene steht für politische Neugierde, Anteilnahme, Transparenz, Zukunftshoffnung.

Wir danken den Autorinnen und Autoren für ihre engagierte Beteiligung an diesem Buchvorhaben, dem Bundesinnenministerium für die großzügige Unterstützung der Tagung zu 70 Jahren Grundgesetz, der Stiftung Haus der Deutschen Geschichte für die Erlaubnis, das Titelfoto zu verwenden und dem Verlag Vandenhoeck & Ruprecht für die verlegerische Betreuung und Begleitung.

Göttingen, im Februar 2019

Hans Michael Heinig — Frank Schorkopf

I.
Identität, Integration und Inszenierung

Bonn ist nicht Weimar

Zweiter Aufbruch in die Kultur der Demokratie

Udo Di Fabio, Bonn

I. Demokratischer Neubeginn und konstitutionelle Kontinuität

Ist das Bonner Grundgesetz ein Gegenentwurf zur Weimarer Reichsverfassung? Die Antwort ist nicht ganz so klar wie eine ähnliche, aber doch anders gelagerte Einsicht: Die mit Inkrafttreten des Grundgesetzes konstituierte Bundesrepublik Deutschland ist Gegenentwurf zur nationalsozialistischen Diktatur, so wie dies das Bundesverfassungsgericht im Wunsiedel-Beschluss vom 4. November 2009 gesehen hat:[1] Sie ist eine freiheitliche Republik, die kontradiktorisch zur Nazidiktatur und zu jedem totalitären Herrschaftsprinzip steht. So sehr die neue Bonner Republik des Jahres 1949 ein demokratischer Neuanfang, eine antitotalitäre Neugründung war, so wollte sie doch weder den Nationalstaat von 1871 noch gar die ältere ideelle Tradition des Liberalismus und der Demokratie des 19. Jahrhunderts, den Geist der Paulskirche dementieren, sondern beides eben neu fundieren. Die Bonner Verfassung ist deshalb kein stringenter Gegenentwurf zu der von Weimar, sondern sie will lediglich Mängel dieser gescheiterten demokratischen Grundordnung beseitigen; der Parlamentarische Rat zeigte insofern ein deutliches Bestreben zur Differenzierung.[2] Das betrifft aber nicht die ideelle Substanz demokratischer Selbstregierung unter Achtung der bürgerlichen Grundrechte.[3] Es gibt eben auch eine ausgeprägte Traditionslinie von der Frankfurter Paulskirche über Weimar nach Bonn zum Grundgesetz.

II. Volkssouveränität und Repräsentativität

1. Gescheiterte Volkssouveränität: Weimarer Erfahrungen als Folie für konsistente Repräsentativität

Die Verfassung von Weimar war im Blick auf die Volkssouveränität keine Halbheit wie die nur mit groben Pinselstrichen gezeichnete Bismarckverfassung. Die Weimarer Nationalversammlung verfasste die Republik durch und durch demokratisch. Die am 14. August 1919 in Kraft getretene republikanische Verfassung kannte deutlich mehr unmittelbare Herrschaftsmöglichkeiten des Volkes als Souverän: Sie kannte allein auf der Ebene des Reiches die Wahl des Reichstages, die Direktwahl des Reichspräsidenten sowie die Möglichkeiten von Volksbegehren und Volksentscheid.

Das Grundgesetz gibt sich – daran gemessen – zugeknöpft, mit seinem parlamentsrepräsentativen System; hier werden allein die Abgeordneten des Bundestages gewählt (Artikel 38 Absatz 1 GG). Insofern ging das Bonner Grundgesetz wieder einen Schritt zurück. Das große Fest der Volkssouveränität fand – anders als 1919 – dreißig Jahre später nicht mehr statt. Den Müttern und Vätern des Grundgesetzes steckte jene Abwahl der Demokratie im Jahr 1932 in den Gliedern.[4] Sie hatten nicht vergessen, dass in der Juli-Wahl und dann in der November-Wahl 1932 zwar die Nationalsozialisten keine Mehrheit errungen hatten, sondern im Gegenteil im November Verluste erlitten und bei der letzten noch uneingeschränkt freien Wahl nicht mehr als ein Drittel der Stimmen erringen konnten.[5] Indes hatten die wahlberechtigten deutschen Frauen und Männer bei den beiden Reichstagswahlen 1932 (und ähnlich bei der Landtagswahl im größten Land Preußen im selben Jahr) mit fast 60% der abgegebenen Stimmen drei recht eindeutig verfassungsfeindliche Parteien gewählt, die NSDAP, die DNVP und die KPD. Damit war parlamentarisches Regieren vom Souverän selbst unmöglich gemacht, und der rechtsautoritär orientierte Reichspräsident war vielleicht nicht willens, aber womöglich nach der Machtlage auch nicht imstande, den präsidialen Staatsstreich zur Selbstbehauptung der Demokratie oder auch nur eines Kerns zivilisierter Staatlichkeit zu wagen. Das Volk hätte vermutlich nicht stillgehalten, wenn nach der Novemberwahl 1932 der obstruktive Reichstag aufgelöst und kein Termin zur Neuwahl bestimmt worden wäre. Also hatte die Demokratie sich in vielen Augen selbst blockiert und sturmreif für die Nazidiktatur gemacht. Die Wähler konnten wissen, wen sie wählten. Die Nazis hatten nie verhehlt, dass sie zur demokratischen Verfassung ein allein taktisches Verhältnis besaßen und die Machterlangung zum Zwecke des Missbrauchs ihr Ziel war, um die demokratische Verfassung des von ihnen gehassten »Systems« zu beseitigen. Die Kommunisten der KPD hatten durch Wilhelm Pieck im Reichstag erklärt, dieses Parlament auseinandertreiben zu wollen, um die von ihnen ersehnte Rätediktatur nach russischem Vorbild zu errichten.[6] Und die Deutschnationale Volkspartei (DNVP) hatte seit ihrem (weiteren) Rechtsruck unter Alfred Hugenberg seit 1928 und sogar anlässlich des Verfassungstages 1932 ebenfalls keinen Zweifel daran gelassen, dass die Verfassung gravierend umgestaltet und Weimar in eine autoritäre Republik verwandelt werden müsse. Diese drei Parteien – das hatten sie seit Jahren öffentlich propagiert – waren zu keiner Art von parlamentarischer Regierung nach den Spielregeln der Demokratie bereit. Sie waren aggressive Obstruktionskräfte im Reichstag, die vom Wähler zusammengerechnet mit der Juli- und der Novemberwahl 1932 mit einer beklemmend deutlichen Mehrheit ausgestattet worden waren.

Wer eine Demokratie neu gründen will, redet über dieses Trauma nicht gerne. Aber ein gewisses Misstrauen gegenüber dem Volk herrschte im Parlamentarischen Rat, der aus politischen Zeitzeugen der gescheiterten Weimarer Demokratie bestand. Eine nähere Analyse nötigt zwar zur Vorsicht, wenn man die von der Wirtschaftskrise verelendeten und zu einem nicht geringen Teil verzweifelten Massen (»Unsere letzte Hoffnung Hitler« stand auf den Plakaten) verantwortlich macht und das Spiel der politischen, militärischen, intellektuellen und publizistischen Eliten in den Hintergrund treten lässt. Das ändert aber nichts daran, dass die Mitglieder des Parlamentarischen Rates die näheren Umstände des Untergangs der Republik nicht vergessen hatten – und auch nicht den beträchtlichen Enthusiasmus eines großen Teils des Volkes zur Unterstützung der plebiszitär geschminkten Naziherrschaft bis weit in den Krieg hinein.

2. Verfassungsentscheidung für das repräsentative System

Wer das Grundgesetz in seiner besonderen Fixierung auf Stabilität, Kontrolle, überstaatliche Einbindung und Gewaltenhemmung und auch die ersten Jahrzehnte der neuen Bundesrepublik verstehen will, darf das

Trauma der 1932 gescheiterten Volkssouveränität nicht zu gering veranschlagen. Die Bonner Verfassung von 1949 zeigt eine sehr deutliche Ausrichtung auf stabile, regierende Parlamentsmehrheiten mit einer reinen Repräsentativität auf Bundesebene, starke horizontale und föderal vertikale Gewaltenteilung, Bereitschaft zur europäischen und internationalen Eingliederung, mit dem Verbot des Angriffskrieges: Wie soll man all das anders verstehen denn als normative Verkörperung eines tief sitzenden Misstrauens gegen das eigene Volk – Ausdruck zumindest einer ambivalenten Vorsicht im Blick auf die deutsche Kultur der Demokratie? »Bonn sollte nicht Weimar werden.«[7]

Die Zäsuren zu Weimar liegen in einer anderen Art von Demokratie, weniger direkt, weniger von den Zufällen der Personalauswahl durch eine plebiszitäre Reichspräsidentenwahl abhängig: Die versachlichte Demokratie, die sich stärker rechtlich und international bindende Herrschaftsgewalt des Grundgesetzes. Sie verweigert die Einlösung des Versprechens in Artikel 20 Absatz 2 Satz 2 GG, das Volk abstimmen zu lassen,[8] sie optiert für rigide Kompetenzbeschränkung des Bundespräsidenten,[9] später dann zunächst auch für die Limitierung des Streitkräfteeinsatzes in Artikel 87a GG. Es herrscht insofern ein kaum übersehbares Misstrauen gegenüber dem Souverän im Regeltext, auch gegenüber charismatischen Organwaltern, die nur neben dem Parlament stehen und sich als Legitimitätskonkurrenten[10] eigensinnig entfalten könnten. Es gehört zur Ironie solch institutioneller Lerneffekte, dass auch die starke Verfassungsgerichtsbarkeit eine Begrenzung politischer Herrschaftsgewalt als zusätzliche Sicherung gewährleisten sollte, aber letztlich die Rolle des Bundesverfassungsgerichts in der Nebenwirkung allmählich doch zu einer Legitimitätskonkurrenz zu Bundestag und Bundesregierung führte. Die Verfassungsentscheidung für strikte Repräsentativität auf Bundesebene ist aber auch ein Beitrag zur klaren Verantwortungslozierung. In Weimar fanden identitäre Demokratiekonzepte eine bessere Nahrung im Verfassungssystem als in der Bonner Verfassung. Die Volkssouveränität Weimars konnte in verschiedenen Gewändern auftreten, des Reichstages, des Reichspräsidenten, des Plebiszits, wobei indes die Reichsregierung in diesem Legitimitätsdreieck unklar verankert war. So konnte man über den »wahren« Ort demokratischer Substanz bestens räsonieren und fallweise nach politischer Lage optieren.[11]

III. Stabilitätsmechanismen der Kanzlerdemokratie

Jeder kennt die Stabilitätsgarantien der Artikel 63, 67 und 68 GG, die Begrenzungen politischer Herrschaft auch durch eine starke Verfassungsgerichtsbarkeit, die über Jahrzehnte manchmal eine stark gedämpfte Demokratie mit Phasen einer gewissen Langeweile und nur beim Kanzlersturz oder beim Versuch eines solchen Dramatik aufkommen ließen. Der durch stärker werdendes Knirschen im Koalitionsgefüge (vor allem von der FDP) herbeigeführte Wechsel von Konrad Adenauer zu Ludwig Erhard war ein solches, an späteren Maßstäben gemessen eher harmloses Beben im politischen System der Bonner Republik. Der Sturz Erhards dann und die große Koalition waren demgegenüber bereits von einem größeren Kaliber und ein Regierungswechsel durch Wahlentscheidung mit überraschender Koalitionsbildung 1969 war ebenfalls etwas, das die Republik in erhebliche Unruhe versetzte und ihren Nachklang im von Rainer Barzel versuchten konstruktiven Misstrauensvotum gegen Willy Brandt 1972 fand.

Die Behauptung, das Grundgesetz habe anders als Weimar inhärente Stabilitätsgarantien, ist gewiss zutreffend, gerade im Hinblick auf den Zwang für das Parlament, Mehrheiten zu bilden, um Regierungen zu schaffen oder zu stürzen. Klar ist auch, dass die seit der Verfassung des Kaiserreichs bestehende Ambivalenz zwischen Staatsoberhaupt und Parlament mit unklarer politischer Zentralität endlich beseitigt ist. Die Richtlinienkompetenz des Kanzlers ist anders als in Weimar nicht nur eine auf dem Papier. Aber eine nähere Betrachtung zeigt, dass die Kanzlerdemokratie[12] nicht unverletzlich ist, sondern nur so stabil wirkt, solange ein Kanzler oder eine Kanzlerin die bestehende Zentralität des Amtes zu nutzen versteht, um ein personell auf ihn oder sie zugeschnittenes Netzwerk aufzubauen. Das Kanzleramt erfordert geschicktes Jonglieren mit Koalitionären und föderalen Machtkonstellationen sowie das Tarieren von Innen und Außen im zunehmend wichtigeren europäischen Regierungsalltag, all das auch, um eine Position zu erlangen, die andere konkurrierende Kräfte in eine reaktive Defensive bringt. Gerade der Erfolg von Kanzlern wie Konrad Adenauer, Helmut Kohl oder Angela Merkel, die dieses System jeweils über mehr als ein Jahrzehnt auf sich zuschneiden konnten, führte nicht nur zu Phasen großer Stabilität, sondern auch zur Möglichkeit großer strategischer Entscheidungen, wie die für die Westbindung unter Adenauer und die für die Wiedervereinigung unter Kohl. Als Nebenwirkung ergab sich mitunter auch eine Verhärtung und eine Verkantung des politischen Systems wie in der Endphase Adenauers (Spiegelaffäre), in der Endphase der sozial-liberalen Koalition unter Helmut Schmidt (Nachrüstung) oder in der Regierungszeit Merkels seit 2015 (Migrationspolitik). Insofern gerieten Kanzlerwechsel und Kanzlerstürze rasch in eine gewisse dramatische Zuspitzung; es konnte im Kanzlersystem nicht anders sein. Der vielleicht dramatischste aller Kanzlerstürze war einer, der scheiterte – der von 1972. Rainer Barzel hatte bereits eine Kabinettsliste präsentiert und angeblich die Vereidigung seines Kabinetts schon vorbereitet, weil alle Gespräche und Absprachen vor dem entscheidenden konstruktiven Misstrauensvotum auf eine konstruktive Mehrheit nach Artikel 67 GG hinwiesen, bevor in einer einmaligen Situation durch eine wohl von der DDR verantwortete Abgeordnetenbestechung die Abstimmungslage kippte.[13] Zugleich ging eine Welle der Sympathie für den mit dem konstruktiven Misstrauensvotum attackierten Kanzler durch Deutschland, die zeitweise den verfassungsrechtlich eröffneten Kanzlersturz wie eine illegitime Verschwörung aussehen ließ.

Die Deutschen, zumindest diejenigen nach 1945, liebten eben nicht die Kabale, sondern im Grunde das geräuschlose und verlässliche Regieren. Eine Mehrheit der Deutschen fand auch ganz in der Stabilitätserwartung des Grundgesetzes, dass nach Wahlen die Repräsentanten der Parteien sich gefälligst auf eine Regierung einigen und keine Spielereien mit der vorzeitigen Auflösung des Bundestages anstellen sollten. Doch gab es jeweils besondere Lagen. Die vorzeitige Auflösung des Bundestages 1972 war doch einigermaßen wohlbegründet. Die knappe Mehrheit der ersten sozial-liberalen Koalition war gebröckelt – schon seinerzeit war von Bestechung die Rede – und ohne den bereits erwähnten Stimmenkauf beim konstruktiven Misstrauensvotum gegen Willy Brandt hätte der Kanzler ersichtlich keine Mehrheit im Parlament gefunden, weshalb die Wähler für klare Verhältnisse sorgen mussten. Die zweite Parlamentsauflösung genau zehn Jahre später war jedoch im Grunde eine manipulierte, um dem Volkszorn ein Ventil zu geben. Der als Verrat empfundene Koalitionswechsel einer FDP, die nur zwei Jahre zuvor im Wahlkampf sich als die eigentliche Stütze des lagerübergreifend beliebten Helmut Schmidts versprochen hatte, hätte ansonsten möglicherweise das Vertrauen in das parlamentarische System allzu tief erschüttert.[14] Nur fehlte es anders als 1972 und wohl auch anders im Jahr 2005[15] an einer Erschütterung der stabilen parlamentarischen Mehrheit für die Bundesregierung, weil die soeben neu gebildete Regierung Kohl / Genscher funktionierte.[16]

Nur höchst hintersinnig konnte man für 1982/83 annehmen, dass auch die öffentliche Stimmungslage ein Teil der verfassungsrechtlichen Stabilitätserwartung sei, etwas, das bei einer Missbrauchskontrolle der auf Bundestagsauflösung gerichteten Vertrauensfrage aber schwerlich als verfassungsrechtliches Argument würde durchgehen können.

Das Grundgesetz als Entscheidung für die Kanzlerdemokratie zu lesen, kann gut vertreten werden. Allerdings ist es die Entscheidung für einen parteipolitisch, parlamentarisch, öffentlich, föderal, europäisch und justiziell kontrollierten, gleichsam eingehegten Kanzler. In diesem komplizierten Parallelogramm der Macht kommt es sehr auf die Person an, die verschiedene Optionen je nach Naturell, Fähigkeiten und Gegebenheiten entwickeln kann und muss. Konrad Adenauer konnte mit seiner reichen Erfahrung, seiner Intelligenz und seiner Fähigkeit zur rheinisch-jovialen Konfrontation zu einer beherrschenden Figur werden, während Willy Brandt im Gestus charismatischen Neuaufbruchs das Amt für eine Zeit lang auszufüllen schien. Helmut Schmidt als die Inkarnation des sachlichen Kanzlers, des weltökonomisch inspirierten Vernunftmenschen, entsprach dann dem Traum der Deutschen von einer sachlich mediatisierten, womöglich sogar entpolitisierten Politik doch schon sehr. Insofern knüpft Angela Merkel in gewisser Weise an diesen von seiner SPD nicht durchweg geliebten Kanzler an, während Gerhard Schröder immer auch etwas von einem Volkstribun hatte, der männlich markant eine Bühne beherrschte, und Helmut Kohl mit wiederum anderem Auftritt von mitunter bräsig aufgenommener Dominanz eine Art pfälzisch-gemütliche, aber gerade dadurch überwältigende Macht ausübte.

IV. Charisma und kultureller Wandel

Zieht man die Summe, so wird erkennbar, dass kein politisches System ohne Gesicht und ohne Person auskommt. Demokratien beweisen ihre Vitalität dadurch, dass sie immer wieder in ihrem Institutionensystem nicht nur Personen, sondern auch Persönlichkeiten nachwachsen lassen. Insofern motiviert die Kanzlerdemokratie zu politischen Karrieren hin zum Kanzleramt, kann aber bei erfolgreichen Kanzlern auch zu einer Lähmung der Personalauswahl in der regierenden Partei führen, wenn die Kronprinzen und -prinzessinnen allzu klein gehalten werden. Aber dann bleibt ja in einer Demokratie die Opposition, die im Plenarsaal des Parlaments und auf der öffentlichen Bühne ebenfalls eine Art kompetitive

Personalauswahl ermöglicht und in gewisser Weise funktionell erzwingt, wie dies Max Weber bereits im monarchisch kupierten Parlamentarismus des Kaiserreichs mehr erhoffte als beobachtete.[17]

Die vom Grundgesetz verfasste Republik kommt demnach auch ohne die Figur des Weimarer Reichspräsidenten, unter Verzicht auf den plebiszitären Präsidentialismus, doch nicht ganz ohne personales Charisma aus. Dass der Kanzler oder die Kanzlerin bereits innenpolitisch sowohl Stärke und Führungskraft ausstrahlen muss, während er oder sie zugleich in einem System der horizontalen und vertikalen Gewaltenteilung eine Art ewiger Verhandlungsführer ist, gehört zu jenen Merkmalen, die den Kanzler oder die Kanzlerin für die europäische und internationale Bühne vielleicht besonders ertüchtigen. Wer eine Partei auf Linie halten kann, Koalitionen zu schmieden und Länderinteressen zu koordinieren vermag, der kann auch in Brüsseler Verhandlungsrunden sich erfolgreich behaupten. Insofern hat das Grundgesetz womöglich einen politischen Typus begünstigt, der in das europäisch supranationale System hineinpasst und Deutschland bislang vor ernsthaften populistischen Blockaden wie sie in anderen Ländern der Europäischen Union zu beobachten sind, bewahrt hat.

Die politische Kultur der Deutschen wandelt sich wie die aller Gesellschaften, dennoch lassen sich vielleicht auch Konstanten ausmachen. Die politische Oberschicht, die Regierenden, sind auch heute nicht frei von jenem Misstrauen gegenüber dem Volk, das im Grundgesetz durch den Verzicht auf alle Plebiszite auf Bundesebene und die strikte Entscheidung für das repräsentative System abgebildet ist. Dadurch entsteht eine gewisse, der Exekutive vielleicht ohnehin eigentümliche Neigung zu einem Regierungsstil, der öffentliche Aufmerksamkeit und Konfrontationen meiden will. Es drohen nämlich Deformation und Blockade, die inzwischen im Vereinigten Königreich, den USA und womöglich auch in Frankreich bereits kennzeichnend geworden sind. Dem korrespondiert manchmal eine Neigung der Regierten, sich nicht allzu tief in komplexe Zusammenhänge eindenken und sie aushalten zu müssen, sondern allenfalls die Windrichtung politischer Trends zu spüren. Doch an dieser Stelle verschieben sich gerade die geopolitischen Proportionen der Macht. Im System des atlantischen Rechtsraums von 1945 bis etwa 2008[18] konnte Deutschland als Juniorpartner der USA und Konsensmacht der EU im Windschatten agieren. Heute sind wir Europäer der EU doch recht allein und zur Selbstbehauptung auf eigene politische Konzepte angewiesen – in einem robusteren Umfeld nationaler Interessenwahrnehmung.[19] Die alte Vorstellung, es solle im Windschatten der USA geschmeidig regiert und Deutschland außenpolitisch nicht in Abenteuer gezogen werden, ist sympathisch, aber wohl kein Kompass für die Zukunft. Im demokratischen Selbstverständnis der Deutschen haben sich die »Abenteuer« der ersten Hälfte des 20. Jahrhunderts als negative Signatur tief eingegraben, haben jeden machtpolitischen Hurra-Patriotismus in klassischer Art beerdigt, und dürften deshalb jedenfalls einer sich zum Rechtsextremen hin entwickelnden AfD mittelfristig Ausbreitungserfolge immerhin im bevölkerungsstarken Westen der Republik versagen. Aber hat die ausgleichende Kanzlerdemokratie auch die Kraft zu außen-, europa- und sicherheitspolitischer Führung?

V. Das wirklich Neue: Westbindung und Supranationalität

Schaut man auf die Staatspraxis der jungen Bundesrepublik, so erkennt man die politische Kultur der Diagonalen zwischen Innen und Außen sowie zwischen Wirtschaft und Demokratie. Es fällt nicht nur auf, dass Adenauers Westbindung, die ihm manche Vorwürfe im Hinblick auf die Einheit Deutschlands gerade auch durch die SPD (»Kanzler der Alliierten«) eintrug, für den Kanzler immer auch eine Versicherungspolice gegen nationale Alleingänge eines künftig womöglich »wiedererwachenden« Deutschlands war. Adenauer und die Mehrheit der Deutschen erkannte auch, welch geschichtliche Verirrung es gewesen wäre, eine deutsche »Einheit in Unfreiheit« zu wählen, zu der die UdSSR eine Zeit lang Leimruten zu legen schien. Eine dem Vorsichtsprinzip der Verfassung wie dem Konzept der sich international bindenden Souveränität ganz und gar entsprechende Politik war auch die Eingliederung Deutschlands in die NATO und die europäischen Gemeinschaften. Es ging den maßgeblichen Akteuren, auch Walter Hallstein, nicht um die Abwicklung oder Überwindung der Nationalstaaten. Die Antwort auf verheerende europäische Kriege, ja für die Deutschen auch die Antwort auf Auschwitz, war die entschlossene kooperative Verflechtung auf einem westlich-demokratischen Wertefundament und mit der Bereitschaft, kollektive Sicherheit, die Erhaltung des Weltfriedens, auch militärisch, in einer Weltgemeinschaft im Sinne der Atlantikcharta zu garantieren. Fritz René Allemann, hat in seinem vielzitierten, vermutlich nicht ebenso häufig gelesenen, aber sehr lesenswerten Buch aus dem Jahr 1956 »Bonn ist nicht Weimar«

sehr genau beschrieben, was der europäische Integrationsmechanismus ist und warum er anfangs von »Kartellkapitalisten« der Schwerindustrie und sozialistischen Positionen, auch von der damaligen SPD und der englischen Labour Party, gleichermaßen abgelehnt wurde. Die sachlich-pragmatische überstaatliche Autorität der Hohen Behörde und die Unterbindung von Beihilfen und Kartellen schienen nach Ansicht Allemanns die Wiederauflage kapitalistischer Nutzenmaximierung ebenso wie diejenige von sozialistisch lenkenden Wirtschaftseingriffen allzu sehr einzuschränken, als dass die jeweiligen Interessenvertreter dem zuzustimmen bereit gewesen wären.[20]

Für Deutschland ging es bei der Entwicklung der Montanunion zur Europäischen Wirtschaftsgemeinschaft gewiss auch um politische Ziele, aber eben auch um wirtschaftliche Rahmenbedingungen, die als substantiell für die Erhaltung der Demokratie angesehen wurden. Die soziale Marktwirtschaft – die nicht im Grundgesetz, heute wohl aber in den europäischen Verträgen explizit institutionell verankert ist[21] – war für Ludwig Erhard nicht nur ökonomisch klug und sinnvoll, sondern auch eine Notwendigkeit der demokratischen Selbstbehauptung. Die Erfahrung Weimars war eben die, dass die Deutschen in wirtschaftlichen Turbulenzen, wie sie von 1920 bis 1923 und dann wieder seit dem Herbst 1929 herrschten, ihren im internationalen Vergleich eigentlich gar nicht so schlecht eingestellten demokratischen Kompass gleichsam über Nacht verlieren konnten. Vergleicht man die Wahlergebnisse der Wahl zur Nationalversammlung Anfang 1919 mit der Reichstagswahl vom Juni 1920, so wurde aus einer stattlichen Dreiviertelmehrheit der Parteien der Weimarer Koalition fast der Verlust selbst der einfachen Mehrheit. Und vergleicht man das Ergebnis der Reichstagswahl 1928 mit der von 1930 oder gar der beiden Reichstagswahlen von 1932, so wird klar, welcher Kontinuitätsabbruch gerade auch mit wirtschaftlicher Verelendung und Zukunftsängsten verbunden war. In diesem Sinne war nicht nur für Ludwig Erhard eine erfolgreiche stabile Wirtschaft, mit Aufstiegschancen breiter Schichten, starken kooperativen Gewerkschaften und vernünftigen Unternehmern, einer stabilen Währung und guten Außenhandelsbeziehungen die eigentliche Voraussetzung für die Stabilität der demokratischen Kultur in Deutschland. Die deutsche politische Kultur war über lange Zeit in der Diagonale von innen nach außen auf Sicherheit und offene Märkte als dem eigentlichen politischen Interesse der gescheiterten Mittelmacht ausgerichtet worden. Die Deutschen wollten Europa und gaben dafür sogar ihre Währung auf, die sie mit Stolz erfüllt hatte, um nur nicht in außenpolitische Machtkonkurrenzen und Konflikte zu geraten und um die Bedingungen wirtschaftlicher Prosperität in einer offenen Welt zu erhalten. Die Deutschen waren in ihrer politischen Kultur nach 1945 so vollständig auf die Sequenz des atlantischen Völkerrechts[22] eingestellt, dass sie heute fast wie die letzten Vertreter dieses inzwischen tief erschütterten Systems wirken.

An dieser Stelle wird die Rückbesinnung auf 70 Jahre Grundgesetz zu einer hochaktuellen Reflexion der Gegenwart. Können sich die außenpolitischen und wirtschaftlichen großen Linien weiterzeichnen lassen? Was würde mit einer deutschen Kultur geschehen, die bei einer Erschütterung des äußeren Ordnungsrahmens sich wieder nach innen wendet? Drohen dann womöglich historische Wiedergänger einer romantischen und insofern über die Welt falsch informierten politischen Kultur? Drohen dann wieder die übermäßige Moralisierung und »Naivisierung« deutscher Politik, die bereits vor dem Ersten Weltkrieg sich durch einen erheblichen Mangel an pragmatischer Rationalität ausgezeichnet hatte? Heute erst, nach der Erschütterung im System der europäischen Währungsunion und durch die Migrationskrise des Jahres 2015 zeichnet sich auch in Deutschland ein Strukturwandel der demokratischen Kultur ab, der noch nach seinem Begriff sucht. Der Prozess der Individualisierung, der Mobilisierung einer weltoffenen Gesellschaft mit kosmopolitischer Perspektive trifft auf gegenrebellierende Kräfte, die man nicht einfach als vorübergehende Artikulation von Modernisierungsverlierern abtun kann. Auch die Integration der neuen Bundesländer, also der Prozess der deutschen Einheit, ist im soziokulturellen Fundament nicht so gelungen wie erwartet oder sogar partiell gescheitert. Die Zerstörung der bürgerlichen Öffentlichkeit, auch der religiösen Strukturen durch zwei Diktaturen, hat deutlich tiefere Spuren hinterlassen als in der westlich geprägten Bonner Bundesrepublik unter dem langen Patronat der Westmächte. Das vielleicht notwendige, aber doch sehr rasche Überstülpen einer ganzen Rechts- und Gesellschaftsordnung mitsamt subtilen Sprachregelungen und sozialtechnischen Überheblichkeiten hat diesen Prozess mitunter sehr belastet. Vor diesem Hintergrund stehen Deutschland und die demokratische Kultur der Deutschen vor einer echten, womöglich neuen epochalen Bewährungsprobe. Wie kann die Stabilität in der Mitte Europas bewahrt und mit einer Perspektive zur Entwicklung der Europäischen Union verbunden werden?

Das Grundgesetz steht gewiss in der Kontinuität der konstitutionellen Versuche zur Begründung von Demokratie der Paulskirche und der Verfassung von Weimar. Aber das 70 Jahre alte Grundgesetz ist eben auch eine Verfassung, die aus dem totalitären Abgrund des 20. Jahrhunderts gelernt hat. Es normativiert jene konstruktive Spannungslage einer sich selbst bindenden Volkssouveränität: mit der Eingliederung in ein vereintes Europa, dem Friedensauftrag und mit dem Auftrag zur verfassungsrechtlichen Identitätsbewahrung. Es ist eine Verfassung, die entschlossen auf Demokratie in rechtsstaatlicher Form und in sozialer Verantwortung setzt und dabei stärker noch als ihre historischen Vorbilder von der axiomatischen Vergewisserung im Eigenwert des Einzelnen lebt, seiner Würde und der darin gespiegelten Selbstachtung der Gattung.

Anmerkungen

1 »Das Grundgesetz kann weithin geradezu als Gegenentwurf zu dem Totalitarismus des nationalsozialistischen Regimes gedeutet werden und ist von seinem Aufbau bis in viele Details hin darauf ausgerichtet, aus den geschichtlichen Erfahrungen zu lernen und eine Wiederholung solchen Unrechts ein für alle Mal auszuschließen.« BVerfGE 124, 300 (328) – Wunsiedel (2009).

2 Friedrich Karl Fromme, Von der Weimarer Verfassung zum Bonner Grundgesetz, 3. Aufl. 1999, S. 21.

3 Diese ideelle Substanz war unter den Sachverständigen auf Herrenchiemsee und den im Parlamentarischen Rat vertretenen Parteien (die KPD wird man hier ausnehmen) unbestritten und entsprach auch dem Willen der westlichen Besatzungsmächte, die bereits im Schlusskommuniqué der Londoner Sechs-Mächte-Konferenz über Deutschland (Außenminister-Konferenz der drei westlichen Besatzungsmächte Deutschlands sowie der Benelux-Staaten) vom 7.6.1948 die Notwendigkeit festgestellt hatten, dem deutschen Volk Gelegenheit zu geben, die gemeinsame Grundlage für eine freie und demokratische Regierungsform zu schaffen, um dadurch die Wiedererrichtung der deutschen Einheit zu ermöglichen. Die sollte in Form einer Verfassung erfolgen, mittels einer föderativen Regierungsform, die die Rechte der einzelnen Staaten (scil. Länder) angemessen schützt und gleichzeitig eine angemessene zentrale Gewalt vorsieht, und die Rechte und Freiheiten des Individuums garantiert. Die westlichen Militärgouverneure konkretisierten das mit Empfehlungen im Dokument I: Klaus Stern, Das Staatsrecht der Bundesrepublik Deutschland. Die geschichtlichen Grundlagen des deutschen Staatsrechts, Bd. V, 2000, S. 1244 f. Für die Dokumente siehe auch Der Parlamentarische Rat 1948–1949. Akten und Protokolle, hrsg. für den Deutschen Bundestag von Kurt G. Wernicke, für das Bundesarchiv von Hans Booms unter Mitwirkung von Walter Vogel. Bd. 1: Vorgeschichte. Bearb. von Volker Wagner. 1974, Dokumente Nr. 1 und Nr. 4.

4 Udo Di Fabio, Die Weimarer Verfassung. Aufbruch und Scheitern, 2018, S. 255.

5 Die NSDAP erreichte bei der Novemberwahl 1932 33,1 % der Stimmen, die KPD 16,9 % und die DNVP 8,3 %.

6 Heinrich August Winkler, 1918–1933. Die Geschichte der ersten deutschen Demokratie, 4. Aufl. 2005, S. 395.

7 Eckart Conze, Die Suche nach Sicherheit. Eine Geschichte der Bundesrepublik Deutschland von 1949 bis in die Gegenwart, 2009, S. 42.

8 Die Ausnahme des Artikels 29 GG ist eigentlich nur eine föderale Abstimmung der von der Neugliederung betroffenen Volksteile, nicht die des Bundesvolkes. Siehe zur Volksabstimmung über den Südwest-Staat vom 9.12.1951, die zum Zusammenschluss von drei Ländern zum Land Baden-Württemberg führte, Paul Sauer, Die Entstehung des Landes Baden-Württemberg. Eine Dokumentation, hrsg. vom Landtag von Baden-Württemberg in Verbindung mit dem Hauptstaatsarchiv Stuttgart, 1977.

9 »Der parlamentarische Rat sah die Präsidialregierung als eine Entartungserscheinung der parlamentarischen Demokratie an, und, was schwerer wog, als die institutionelle Voraussetzung für die Etablierung der Diktatur.«, Fromme (Fn. 2), S. 88.

10 Zum Begriff der Legitimität als Anerkennungsmaß politischer Herrschaft: Udo Di Fabio, Herrschaft und Gesellschaft, 2018, S. 42 ff.

11 Dabei ist es gerade das Plebiszit, das zu einem Oszillieren im Organisationsgefüge der Verfassung führt. »Das Volk als Träger der verfassungsgebenden Gewalt ist keine feste, organisierte Instanz. […] Heute wird in der politischen Praxis der meisten Länder der Wille des Volkes in einem Verfahren geheimer Einzelabstimmung oder geheimer Wahlen festgestellt […]. Es wäre aber ein Irrtum – und zwar ein undemokratischer Irrtum – diese Methoden des 19. Jahrhunderts ohne weiteres für eine absolute und endgültige Norm zu halten.«, Carl Schmitt, Verfassungslehre, 1928, S. 83.

12 Arnulf Baring, Am Anfang war Adenauer. Die Entstehung der Kanzlerdemokratie, 1991. Zur Begriffsbildung siehe auch Wolf-Rüdiger Schenke, Die Bundesrepublik als Kanzlerdemokratie – zur Rechtsstellung des Bundeskanzlers nach dem Grundgesetz, in: Juristenzeitung 2015, S. 1009 ff.

13 Zum Erfolg des konstruktiven Misstrauensvotums nach Artikel 67 GG fehlten nur zwei Stimmen. »Wir wissen heute, dass der CDU-Abgeordnete Julius Steiner vom Ost-Berliner Ministerium für Staatssicherheit 50.000 DM erhalten hat, damit er gegen Barzel und damit für Brand stimmte. Ob der Fraktionsgeschäftsführer der SPD-Bundestagsfraktion Karl Wienand weitere Zahlungen an Steiner geleistet hat, ihn womöglich sogar wegen seiner Stasi-Verbindung erpresste, ist heute ungewiss. Wer die anderen Überläufer waren, dazu gibt es nur Vermutungen.«, Eckart Conze, Die Suche nach Sicherheit. Eine Geschichte der Bundesrepublik Deutschland von 1949 bis in die Gegenwart, 2009, S. 444. Ob Steiner auch noch zusätzlich Geld von der SPD erhalten hat, ist offen, ob die Stasi-Hauptverwaltung Aufklärung auch einen CSU-Abgeordneten, gegebenenfalls über einen Mittelsmann, bestochen hat, ist ebenfalls nicht belegt. Siehe dazu näher Daniela Münkel, Kampagnen, Spione, geheime Kanäle. Die Stasi und Willy Brandt, BF informiert, 32/2013, S. 47 ff., http://www.nbn-resolving.org/urn:nbn:de:0292-97839421307526 (letzter Zugriff: 8.1.2019).

14 BVerfGE 62, 1 (44 ff.) – Bundestagsauflösung I (1983).

15 BVerfGE 114, 121 ff. – Bundestagsauflösung II (2005).

16 Aber das Bundesverfassungsgerichts wies darauf hin, dass es sich nur um ein so deklariertes »Notprogramm« handelte. BVerfGE 62,1 (59) – Bundestagsauflösung I (1983).

17 Siehe dazu in der Typenlehre der Herrschaft: Max Weber, Wirtschaft und Gesellschaft, Kapitel III 4., §§ 10–12a, Studienausgabe 1980, S. 140 ff.

18 Di Fabio (Fn. 10), S. 254 ff.

19 Der Westen steht vor der Notwendigkeit, sich gegenüber seinen Herausforderern etwa durch das putinistische Russland oder durch einen hegemonial neu aufgestellten chinesischen Staatskapitalismus zu behaupten, Heinrich August Winkler, Geschichte des Westens. Die Zeit der Gegenwart, 2015, S. 578.

20 René Allemann, Bonn ist nicht Weimar, 1956, S. 180 f.

21 Artikel 3 Absatz 3 EUV schreibt »eine in hohem Maße wettbewerbsfähige soziale Marktwirtschaft« vor.

22 Di Fabio (Fn. 10), S. 254 ff.

Adlerfederlesen

Zur Staatssymbolik der Bundesrepublik

Patrick Bahners, Köln

> Ganz sicher wird man Art. 22 Abs. 2 GG dagegen keine Vorgaben für die Gestaltung der ›Schnüre, mit denen bei Staatsbanketten für ausländische Gäste die Speisekarten gehalten werden‹, entnehmen können.[1]

I. Ornithologie

Der Liedermacher Funny van Dannen veröffentlichte 2005 sein Album »Nebelmaschine«. Eines der 23 Lieder der Platte trägt den Titel »Bundesadler«. Es verrät uns, was alles geschah, so der erste Vers, »bevor der Bundesadler Bundesadler wurde«. Wie ein klassisches Mittel der Herrscherkritik in Fürstenstaaten die auf der Grundlage von Indiskretionen oder Erfindungen verfasste Geschichte der Geheimnisse des allerhöchsten Schlafzimmers war, so enthüllt uns Funny van Dannen das Privatleben des Staatswappentiers der Bundesrepublik Deutschland. »Bevor der Bundesadler Bundesadler wurde, ging er seiner Frau auf die Nerven. Und sie war fast täglich drauf und dran, ihn aus dem Horst zu werfen.« Nach außen der König der Vögel; daheim ein Haustyrann. Obwohl drastische O-Töne eine verbale Grausamkeit des Adlers gegenüber der Adlerin dokumentieren, wie man sie aus den Nachmittagsshows des Privatfernsehens kennt, wird der Zuhörer so etwas wie Mitleid empfinden mit diesem Arbeitslosen, der sich in die sexuelle Frustration flüchtet, weil ihn kränkt, dass das Weibchen für seinen Lebensunterhalt sorgt. »Bevor der Bundesadler Bundesadler wurde, war er völlig unmotiviert. Seine Frau kam von der Jagd und fragte sich, ob ihn überhaupt was interessiert.« Unser Mitgefühl kann sich sogar auf Fabeltiere erstrecken – eine ganz typische Lektion Funny van Dannens. Die Moral der phantastischen Geschichte: So abgestumpft, wie wir uns einbilden, sind wir vielleicht gar nicht. Wie kommt es, dass ein solches aberwitziges Gedankenspiel funktioniert, dass man es irgendwie realistisch verstehen kann? In unserem Fall möchte ich vermuten: Es hat damit zu tun, dass der Bundesadler tatsächlich ein Vorleben hat.

Seit unvordenklicher Zeit werden Adler vom Menschen in den bezeichnenden Dienst genommen. Die Handbücher der Heraldik führen den Stammbaum des Bundesadlers gemeinhin mindestens bis zu dem Artgenossen zurück, den Karl der Große nach seiner Kaiserkrönung auf seine Pfalz in Aachen setzte. Aber hier soll nicht nur von den Vorfahren des Bundesadlers die Rede sein. Er ist nicht erst in der Bundesrepublik aus dem Ei geschlüpft, sondern blickte schon auf eine Karriere im deutschen Staatsdienst zurück. Rechtsgrundlage der Gestaltung des Bundeswappens ist eine Bekanntmachung des ersten Bundespräsidenten Theodor Heuss vom 20. Januar 1950: »Aufgrund eines Beschlusses der Bundesregierung gebe ich hiermit bekannt, dass das Bundeswappen auf goldgelbem Grund den einköpfigen schwarzen Adler zeigt, den Kopf nach rechts gewendet, die Flügel offen, aber mit geschlossenem Gefieder, Schnabel, Zunge und Fänge von roter Farbe.« Diese Mitteilung wiederholte nahezu exakt den Wortlaut der entsprechenden Verlautbarung Friedrich Eberts, des ersten Reichspräsidenten, vom 11. November 1919.[2] Insbesondere erfolgte beide Male die Festlegung des Staatswappens formal kraft der Autorität des Staatsoberhaupts und inhaltlich auf der Grundlage eines Beschlusses der Regierung, »betont unauffällig und ohne Beteiligung des Parlaments.«[3]

Der Untergang des Deutschen Reiches, der Wechsel der Staatsgestalt vom »Reich« zum »Bund«, den man angesichts der Konnotationen der Begriffe in der deutschen Verfassungsgeschichte für höchst bedeutsam zu halten geneigt ist, hat in der emblematischen Selbstdarstellung des Staatsgebildes keine Spuren hinterlassen: Das Bundeswappen ist identisch mit dem Reichswappen. Und das gilt nicht nur für die Beschreibung gemäß den Vorschriften der Heraldik, sondern auch für die grafische Ausführung. In der Verfügung von Heuss heißt es weiter: »Die im Bundesministerium des Innern verwahrten Muster sind für die heraldische Gestaltung des Bundeswappens maßgebend.« Hinterlegt ist im Ministerium die Vorlage von Karl Tobias Schwab, die der Reichskunstwart Erwin Redslob 1928 für maßgeblich erklärt hatte. Der Entwurf von Schwab, einem Lehrer für Typografie und Glasmalerei an den von Bruno Paul begründeten Vereinigten Staatsschulen für freie und angewandte Kunst in Berlin-Charlottenburg, ist so kompakt wie elegant; das raffinierteste Detail ist die abstrakte, scheinbar perspektivisch verjüngte Gestaltung des Gefieders, die an zwei Pfeilerreihen denken lässt. Man wird Schwabs Lösung noch heute als modern empfinden. Dass sie 1950 ein zweites

Mal verbindlich gemacht wurde, nachdem die zwischenzeitlich an den öffentlichen Gebäuden angebrachten Reichsadler mit waagerecht ausgebreiteten Schwingen oder wenigstens die Hakenkreuze in deren Fängen abgeschlagen worden waren, hatte aber offenkundig mit dem historischen Status von Schwabs Entwurf zu tun. Ebert und Heuss erließen identische Anweisungen für die Gestaltung des Staatswappens, jeweils im ersten Jahr nach der Neugründung des Staates. Einmal unterstellt, dass die identischen Piktogramme dieselbe Bedeutung haben sollten – gilt das denn auch von den in identischer sprachlicher Form vorgenommenen Staatsakten, die das Wappenbild fixierten?

Das kann schon deshalb so einfach nicht der Fall sein, weil Heuss Ebert kopierte, wo Ebert ohne ein solches Vorbild gehandelt hatte. Unter den amtlichen Zeichen, die Staatssymbole genannt werden, steht das Staatswappen, auch in der Variante des Siegels, jedenfalls in historischer Betrachtung an erster Stelle. Am Beispiel des Bundesadlers bekommen wir die Problematik der Symbole und der Rede von den Symbolen zu fassen: Interpretationsbedürftigkeit, Uneindeutigkeit, unvermeidliche Unschärfe. Diese Eigenart der sogenannten Staatssymbole steht in eigentümlichem Gegensatz zu der Klarheit und Wiedererkennbarkeit, die Schwabs Adler musterhaft realisiert. Es ist fraglich, ob die »Symbolklarheit«, die angeblich gefordert ist, damit die Staatszeichen ihre »identitätsstiftende Funktion« erfüllen können,[4] überhaupt herzustellen ist, wenn man Klarheit nicht ausschließlich auf die äußere Gestaltung bezieht. Hier sei nur eine behelfsmäßige Definition des Symbols geboten, so allgemein wie möglich gehalten, damit sie die Erörterung nicht durch ästhetische Vorentscheidungen präjudiziert. Ein Symbol ist ein Zeichen, das sinnfällig und gleichwohl aus sich heraus nicht ohne weiteres verständlich ist. Man muss die Symbole selbst, die sichtbaren oder auch hörbaren Zeichengebilde, von den Handlungen ihrer amtlichen Definition, Kodifizierung und Konstitutionalisierung, aber auch ihrer alltäglichen Verwendung unterscheiden. Jedoch können diese Handlungen ihrerseits wieder symbolisch aufgefasst werden. Denn ein Symbol kommt selten allein. Symbole nehmen aufeinander und auf sich selbst Bezug. In der Nationalhymne der Vereinigten Staaten wird die Nationalflagge besungen. Diese Neigung der Symbole zur Clusterbildung ist eine eigene Quelle ihrer Undeutlichkeit.

Nach den Maßgaben Schwabs werden gemäß einem Erlass des Bundesministers des Innern vom 25. September 1951 bis heute die Amtsschilder der Bundesbehörden gestaltet. Bundespräsident, Bundesrat, Bundestag und Bundesverfassungsgericht führen als Verfassungsorgane hingegen jeweils eigene, von Schwabs Muster abweichende Adler. Staatssekretär a.D. Jürgen Hartmann, Protokollchef von Rheinland-Pfalz unter Ministerpräsident Helmut Kohl und Verfasser eines Handbuchs zum Staatszeremoniell,[5] spottet deshalb, die Bundesrepublik kenne offenbar mehr Adler als die Tierwelt. In Hartmanns Augen fehlt es damit an der für die Heraldik konstitutiven »Unverwechselbarkeit des Wappens«. Ohne die Sachdienlichkeit der Analogie zu begründen, misst Hartmann die dekorative Staatspraxis an der Werbung von Unternehmen, in der Markenzeichen als »Katalysatoren eines Wir-Gefühls« dienen sollen. »Jede Vermehrung solcher betriebsspezifischer Zeichen würde auf Identifikationsprobleme des Unternehmens hinweisen, ihm ein diffuses oder auch einseitiges Image verpassen.« Die Übertragung auf den Staat: »Stimmen die Zeichen, die Symbole nicht, hat das Gemeinwesen ein Identifikationsproblem. Für den Staat ist das ein existentielles Problem.«[6] Aber in welchem Sinne ist der Staat so etwas wie eine Firma? Der englische Philosoph Michael Oakeshott hat Gemeinwesen und Unternehmen gerade als Fälle zweier gegensätzlicher Typen sozialer Organisation gedeutet, die er mit dem lateinischen Begriffspaar »societas« und »universitas« bezeichnet: Die Bürger eines Staates (»societas«) verfolgen im Gegensatz zu den Mitarbeitern einer Firma (»universitas«) nicht alle denselben Zweck.[7] Die von Hartmann beklagte »Artenvielfalt« im Amtsschilderwald kann dann symbolisieren, dass ein demokratischer Staat von Abweichung lebt und Spielräume schafft. Eine demokratische Zeremonialwissenschaft könnte sich von der Ökologie anregen lassen, um das Bild von der Nischengesellschaft neu zu erfinden, zur Bezeichnung des Pluralismus und Individualismus einer modernen Sozietät im Sinne Oakeshotts. Die institutionelle Evolution bringt mehr Adlerarten hervor als die biologische: Das ergibt einen schönen Sinn.

Dass der Befund von Hartmanns Spaziergängen durch das Regierungsviertel auf ein Identifikationsproblem der Republik verweist, ist abwegig, sobald man den Begriff der Identifikation nicht im Sinne jener republikanischen Staatsmystik versteht, die damit eine Art ideeller Verschmelzung von Bürger und Staat beschreibt, sondern als Bezeichnung der technischen Leistung, die von einem amtlichen Zeichen erwartet wird. Wenn »einige Bundesbehörden neben dem durch Erlass festgelegten Adler ihres Amtsschildes« noch ein anderes Schild mit anderem Adler führen,[8] verwirrt das die Bürger offenkundig nicht: Sie haben keine Schwierigkeiten, auch die Adlervarianten als Kennzeichen für amtliche

Stellen zu identifizieren. Auf eine Eintragung in die Liste der Hoheitszeichen der Bundesrepublik ist der Bundesadler allem Anschein nach nicht angewiesen. Gemäß der Pariser Übereinkunft zum Schutz des gewerblichen Eigentums von 1883 hinterlegte die Bundesrepublik diese Liste 1956 in Paris. Auf ihr stehen die Standarte des Bundespräsidenten, die Bundesflagge, die Dienstflagge der Bundesbehörden, die Truppenfahnen, die Dienstflaggen der Seestreitkräfte, das Erkennungszeichen für die Luft- und Kampffahrzeuge der Bundeswehr, die Bundeskokarde, die Flaggen der Dienstkraftwagen, die Amtsschilder und Dienstsiegel der Bundesbehörden sowie die entsprechenden Hoheitszeichen der Bundesländer, aber nicht der Bundesadler als solcher.

In der schmalen rechtswissenschaftlichen Diskussion der Staatssymbole werden sie fast ausschließlich als »Integrationsmittel«[9] oder »Integrationsfaktor«[10] erörtert und nicht als »Identifizierungszeichen«[11] oder »Verweisungszeichen«.[12] Die schwärmerische Beschwörung der Einheit von »Integrations- und Identifikationswirkung« setzt dabei die identifizierenden Leistungen der von professionellen Designern entworfenen Zeichen stillschweigend voraus. In politischen Symboldebatten werden die technischen Aspekte ästhetischer Entscheidungen erfahrungsgemäß nur vorgeschoben. So wurde in den Weimarer Verfassungsberatungen vorgetragen, »dass die seemännischen Sachverständigen sich einstimmig für die Beibehaltung des Schwarz-weiß-rot mit seiner vorzüglichen Sichtigkeit und klaren Erkennbarkeit auf weite Entfernung, und gegen die stumpfen, unsichtigen Farben Schwarz-rot-gold aussprächen«.[13]

II. Soziologie

Von den Staatsrechtslehrern der Bundesrepublik hat sich Peter Häberle dem Thema mit dem größten Enthusiasmus zugewandt. Abgesehen von zahlreichen Einzelstudien hat er sowohl den Nationalhymnen als auch den Nationalflaggen eine Monografie gewidmet.[14] Im Zuge seiner komparatistischen Katalogaufnahmen zeigt sich Häberle immer dort ganz besonders begeistert, wo ein Staat auf demselben normalen demokratischen Wege zu seinen Symbolen gelangt wie zu seinen Gesetzen oder an sein politisches Personal: durch freie, nicht durch die tote Hand der Vergangenheit beschränkte, mehr oder weniger gründlich debattierte Wahl zwischen Alternativen. Häberle empfiehlt das Verfahren des Preisausschreibens. Doch solche kreative Symbolfindung ist die Ausnahme. Auch demokratischen Staaten fällt das Inventar ihrer zeichenhaften Selbstdarstellung in aller Regel im Wege des Erbgangs zu. Deshalb sprach sich Theodor Heuss im Parlamentarischen Rat gegen den Vorschlag aus, Schwarz, Rot und Gold in der Bundesflagge in Kreuzesform zu kombinieren: »So entstehen Symbole nicht! Sie entstehen aus einem geschichtlichen Vorgang und nicht durch Abstimmungen.«[15] Die Grundeinsicht von Percy Ernst Schramms Untersuchungen der Herrschaftszeichen behält für die moderne Zeit ihre Gültigkeit: In der Sphäre des Protokolls, wo politisches Handeln zeremoniell geregelt ist, werden ältere, von Funktionsverlust betroffene oder bedrohte Formen konserviert.[16] Insoweit aber unter demokratischen Bedingungen nichts Geltung beanspruchen kann, nur weil es alt ist, sondern alles, was gelten soll, als Inhalt des gegenwärtigen gemeinschaftlichen Willens ausgewiesen werden muss, schließt die Staatssymbolik zwangsläufig gewollte Anachronismen ein.

»Stimmt die Hymne der Marseiller an und ihr werdet siegen!« Das konnte der General Dumouriez im Tagesbefehl vom 4. März 1793 den in Belgien bedrängten Revolutionstruppen zurufen.[17] Aber als Rouget de Lisle, dem Verfasser der Hymne, hundert Jahre später ein Denkmal in seinem Geburtsort errichtet wurde, sagte der französische Außenminister: »Die Marseillaise ist kein Kriegslied mehr.« Aus der blutigen Standarte des Textes sei eine Fahne des Fortschritts, der Zivilisation und der Freiheit geworden.[18] Das Musterbeispiel der Nationalhymnen konnte zum Staatssymbol werden durch symbolische Interpretation des Wortlauts. Staatssymbole haben eine Geschichte und auch eine Vorgeschichte, waren meist schon vor ihrer amtlichen Anerkennung in Umlauf. In diesem historischen Charakter liegt im Vergleich zu frei erfundenen Symbolen von vornherein eine eigene Quelle von Uneindeutigkeit.

Die Übereinstimmung des Textes der Bekanntmachungen von Ebert und Heuss bildet nun durchaus eine Korrespondenz der Intentionen ab: Beide Gründungspräsidenten wollten einen soeben eingetretenen Bruch der staatlichen Existenz überbrücken. Dass die Weimarer Republik am Adler des Kaiserreichs festhielt, sagte im Bild mehr oder weniger dasselbe wie die Beibehaltung des Staatsnamens Deutsches Reich. Der Adler war schon das Zeichen des Heiligen Römischen Reiches gewesen; die Wörter Reich und Adler bildeten eine feste Verbindung, die sozusagen natürlich wirkte. Es wurden 1919 auch Alternativen vorgeschlagen, die darauf zielten, den Bruch nicht symbolisch zu heilen, sondern im Gegenteil symbolisch zu markieren, mit anderen, direkten Worten: nicht herunterzuspielen, sondern zu übertreiben oder jedenfalls zu betonen.

Faszinierend die Idee, auf die Bildsprache der Heraldik zu verzichten und das Wappen buchstäblich lesbar zu machen, die grafische Chiffrierung durch eine Abkürzung des Staatsnamens zu ersetzen: DR nach dem Muster von RF für die Französische Republik. Dieser Einfall hätte es möglich gemacht, bei einem Namenswechsel zu Deutsche Republik das Staatswappen beizubehalten. Eberts Wille zum Brückenschlag auf dem Papier des amtlichen Schriftverkehrs wurde von den Feinden des republikanischen Gedankens nicht honoriert. Eine Warnung davor, die integrative Wirkung der Staatssymbole zu überschätzen.

Der Wechsel der Staatsform machte Modifikationen der Wappenfigur nötig; gerade weil der Adler auf dem Schild blieb, wurde der Bruch sichtbar. Getilgt wurden die Krone, der Brustschild und die Ordenskette mit den Insignien der Hohenzollern; der Adler, so die präzise, in der Beschreibung den Gehalt des Vorgangs erfassende Formulierung von Gerhard Anschütz, wurde »entkleidet«.[19] Man könnte auch sagen: Er musste symbolisch Federn lassen. In Funny van Dannens Lied schlägt der spätere Bundesadler seiner Gattin eine Intimrasur vor – und fängt sich den Vorwurf ein, sein sexueller Phantasiehaushalt widerspreche den Geboten artgerechten Verhaltens. Spielerisch macht Funny van Dannen Ernst mit den Voraussetzungen der Heraldik, wenn er seinen Adler als Tier nach Art des Menschen schildert, bei dem die natürlichen Bedürfnisse die kulturelle Prägung spiegeln und das sich deshalb eine moralische Blöße geben kann. So kann man der Empörung über den gerupften Adler von Weimar die Kontrollverlustängste ablesen, die Klaus Theweleit in seinem Kultbuch zur Pathogenese des deutschen Faschismus auf den Begriff der Männerphantasien gebracht hat.[20]

Reichskunstwart Redslob, dem in seinem neu geschaffenen Amt die Aufgaben zukamen, die in monarchischer Zeit Sache der Heroldsämter gewesen waren, beauftragte zunächst einen Protagonisten der modernen Malerei und Grafik, den Expressionisten Karl Schmidt-Rottluff, mit einem Entwurf. Schmidt-Rottluffs Bundesadler wurde als »erschrockener Papagei« verspottet. Zur Rechtsmaterie des Staatssymbols gehört der Schutz vor Verunglimpfung. Dabei waltet eine gewisse Zirkularität. Da das Zurschaustellen oder Zugehörbringen von Bildern oder Liedern sich im Bereich des prima facie folgenlosen Handelns bewegt, ist es für das Recht als Regelwerk der äußerlichen Freiheit nicht leicht, mit seinen Mitteln zu bezeichnen, was die Staatssymbole von beliebigen anderen Symbolen unterscheidet. Für das Gefühl der herrschenden Lehre, nach welcher Flagge, Hymne und Wappen unentbehrlich sind für die sogenannte Integration der Bürger in den Staat durch Identifikation mit dem Staat, ergibt sich die Schutzbedürftigkeit der Staatssymbole aus der Natur der Sache. Bei nüchterner Betrachtung lässt sich auch umgekehrt behaupten, dass die Schutzbestimmungen nötig sind, um die rechtliche Qualität einer besonderen Würde zu begründen, deren Verletzung dann mit Sanktionen belegt werden kann. Die Kosten der Operation sind die kleine Münze der Gerichtsverfahren in diesem Themenkreis: Das Verbot der Verunglimpfung schafft den Anreiz der Verunglimpfung. Gefährlicher für die Autorität des Staates »könnte in einem freiheitlichen Staatswesen sein, dass der Staat in der Strafverfolgung solcher Angriffe die Grenze zum Lächerlichen überschreitet«.[21]

Die Selbstverstrickung auf der Ebene der Normlogik hat eine Entsprechung in psychologischer Hinsicht. Der klassische Einwand gegen die Verfolgung von Sittlichkeitsdelikten in Wort und Bild, dass der Leser und Betrachter, der sein sittliches Empfinden verletzt sieht, selbst die schmutzige Phantasie aufbringen muss, an deren Produkten er Anstoß nimmt, lässt sich übertragen. Das Bundesverfassungsgericht hat in zwei Urteilen von 1990 das Schutzbedürfnis der Staatssymbole Flagge und Hymne gegen die Kunstfreiheit abgewogen.[22] Dass Funny van Dannens Lied zwei Jahrzehnte später nicht den Stoff für ein drittes Grundsatzurteil hergab, ist schon damit zu erklären, dass der Bundesadler nur als Bestandteil des Bundeswappens, nicht für sich ein Staatssymbol im Sinne des Strafgesetzbuchs ist; dessen Paragraf 90a zählt die Nationalfarben, die Flagge, das Wappen und die Hymne auf.

Das Verfassungsgericht entschied in den beiden ihm durch Verfassungsbeschwerde vorgelegten Fällen zugunsten der Kunstfreiheit. Es hielt den Fachgerichten vor, die Logik der Kunstgattung der Satire nicht hinreichend gewürdigt zu haben. Wichtiger als die Kritik an Rudimenten eines vulgäridealistischen, auf das Schöne und Erhebende fixierten Kunstbegriffs sind die Ausführungen des Gerichts zu den Regeln des demokratischen Meinungskampfes, in dem auch symbolische Waffen zum Einsatz kommen. Provokation ist eine moderne ästhetische Strategie und eine alte politische Taktik. Insofern letzte Überzeugungen und höchste Werte Gegenstand des politischen Streits werden, ist auch die Profanierung prinzipiell ein legitimes Mittel. Unter Anwendung einer Hermeneutik des Wohlwollens, die dem Bürger beim Grundrechtsgebrauch die bestmögliche Absicht unterstellt, kam das Verfassungsgericht zu dem Schluss, dass auch die Darstellung der Besudelung der Bundesflagge oder die Überschreibung des Deutschlandliedes mit Kraftausdrücken im Zweifel als

Kritik am Missbrauch der Staatssymbole durch eine grundgesetzwidrige Politik zu interpretieren ist, also als Ehrenrettung der Symbole.

In diesem idealistischen Sinne könnte man allerdings auch die Kritiker Redslobs verteidigen, die sich herabsetzend über die von ihm engagierten modernen Künstler ausließen. Sie glaubten wohl, den Staatsehrenschutz nur auf dem Weg der Selbstjustiz durchsetzen zu können, im Zweifel auch gegen die Organe der Republik. Es bleibt abzuwarten, ob das Bundesverfassungsgericht an seiner Linie zugunsten der Kunstfreiheit, das heißt hier: eines Expressionismus der Agitation, festhalten wird, wenn die Collagen zerrissener Flaggen nicht mehr von linksextremen Kriegsgegnern per Flugblatt verbreitet werden, sondern von rechtsextremen Bürgerkriegspredigern bei Facebook.

Eine Korrektur dieser Rechtsprechung schiene allerdings nur dadurch denkbar, dass die Staatssymbole, nur weil sie die Staatssymbole sind, aus der Kommunikation herausgezogen würden, in der es das Schicksal jedes Symbols ist, dass es zitiert, aus dem Zusammenhang gelöst, in einen neuen Kontext gestellt und verfremdet werden kann. Das liefe auf eine Sakralisierung der Hoheitszeichen hinaus, und diese Tendenz wäre gegenläufig zur Entwicklung der Blasphemieparagrafen, nach deren Vorbild der Schutz der Staatssymbole einmal modelliert worden war, weil himmlische und irdische Welt in Alteuropa als umgreifender Verweisungszusammenhang gedacht wurden. Just in dem Moment, da die Ehre Gottes kein Rechtsgut mehr ist, weil blasphemische Handlungen allenfalls noch unter den engen Voraussetzungen bestraft werden können, dass ihre sozialschädliche Wirkung nachweisbar ist und sich die Sanktion nicht gegen die gottlose Überzeugung richtet, würde das Blasphemietabu wieder errichtet, zugunsten des sterblichen Gottes, des Staates. Stieße der demokratische Staat mit einer solchen Einschränkung der Kommunikation in eigener Sache, bezogen ausgerechnet auf Symbole, die per definitionem auf Interpretation angewiesen sind, nicht an eine innere Grenze seiner Möglichkeiten?

Ein kluger Satz aus dem Flaggenurteil des Bundesverfassungsgerichts lautet: Allerdings sei »der Staat gehindert, beliebig Symbole zu schaffen, deren Schutz in Widerstreit« zur Freiheit der Kunst gemäß Artikel 5 Absatz 3 Satz 1 des Grundgesetzes treten könnte.[23] Das Gericht macht auf den Umstand aufmerksam, dass der Staat, wenn er Sinnbilder seiner selbst herstellen lässt, in Konkurrenz zu den Künstlern tritt, obwohl er dabei gewöhnlich Aufträge an Künstler vergibt. Im Genre des Selbstporträts sind Künstler vollkommen frei und müssen allenfalls darauf bedacht sein, sich in malerfürstlicher Pose nicht dem Spott preiszugeben. Für die Symbolproduktion des Staates dagegen gilt: Wenn man in seinem Handeln überhaupt den Ausdruck einer ihm per Analogie zugesprochenen Kunstfreiheit sehen will, so muss sie strikt beschränkt sein.

III. Philologie

Der Staat des Grundgesetzes macht von seinen Symbolen wenig förmliches Aufheben. Erst seit der Föderalismusreform von 2006 erwähnt Artikel 22 GG auch die Hauptstadt; bis dahin war die Flagge das einzige Staatssymbol mit Verfassungsrang. »Die Bundesflagge ist schwarz-rot-gold.« Die Sprache unterläuft hier sozusagen den Regelungsgegenstand, die Ästhetik des Staates, mit einer denkbar »lakonischen Kürze«:[24] Selbst von den Nationalfarben ist nur implizit die Rede.[25] Andere Staaten schreiben in ihren Verfassungen auch das Wappen fest, das Siegel, die Hymne, einen Wahlspruch oder die Nationalsprache. Die Verfassung von Nepal bestimmt außerdem sogar eine Nationalfarbe, eine Nationalpflanze und mit Gültigkeit auch jenseits des Geheges der Heraldik einen nationalen Vogel.

Wenn die Zurückhaltung des Grundgesetzes im Symbolischen herangezogen wird, um einen gerne mit Begriffen wie Bescheidenheit umschriebenen Stil der Verfassung zu illustrieren, wird dem Symbolverzicht selbst, ob man dieses Understatement nun mit Wohlgefallen oder mit Missfallen betrachtet, ein symbolischer Sinn zuerkannt. Es liegt nahe, diese Abwendung vom Ornament mit den historischen Umständen zu erklären. Eine provisorische Verfassung sollte eben nur das Nötigste regeln. Dass sich, wie wir an Paragraf 90a des Strafgesetzbuchs sahen, die Zurückhaltung auf der einfachgesetzlichen Ebene fortsetzt, spricht allerdings dafür, dass die Sache System hat. Das Grundgesetz als sprachliches Sinngebilde macht zumal in der Gestalt des Urtextes von 1949 den Prinzipien des Werkbunds Ehre, die Schwabs schlanker Adler so bezwingend umgesetzt hat. Die »unvollständige Konzeption«[26] des Artikels 22 GG lässt sich als ein Akt der Abstraktion begreifen. Den Verzicht des Grundgesetzes auf die normative Überhöhung von Zeichengebrauchsgegenständen wie Wappen und Siegel dürfen wir dann als Selbstverständnishinweis einer Republik nehmen, die Obrigkeitskritik nicht bloß toleriert, sondern zu den Staatsgeschäftsgrundlagen zählt. Überpointiert gesagt: Der Bundesadler steht nicht unter Artenschutz, denn Symbole sind Freiwild.

Wer nun aber aus Rudolf Smends für die Grundgesetzinterpretation so einflussreicher Integrationstheorie auch das Lehrstück über das politische Symbol rezipieren möchte, muss die Selbstbeschränkung des Grundgesetzgebers wohl für eine Panne oder doch einen mit der Zeit hervortretenden Mangel halten. Die »Symbolneurose« gilt dann als Nationalkrankheit »der Deutschen«.[27] Und »im internationalen Vergleich« lässt sich beklagen, dass Deutschland sich im offiziellen Symboleinsatz »nach wie vor auf einem sehr niedrigen Niveau« bewege.[28] Aus Anlass des hundertsten Geburtstages der Weimarer Reichsverfassung hat Marcus Llanque einen Überblick über die Symboldeutungsschlachten der Republik gegeben. Er weist Smend eine Ausnahmestellung in der Weimarer Staatsrechtslehre zu – auch im Sinne der Antizipation eines heute angeblich gesicherten kulturwissenschaftlichen Wissens über die fundierende Kraft von Symbolen. Llanque erinnert an Artikel 148 der Verfassung, der bestimmte, dass alle Schüler nach Erfüllung der Schulpflicht einen Abdruck der Verfassung erhalten sollten, und beschreibt die Gestalt dieser Staatsgeschenke an die Jungbürger. Auf dem Einband war das Reichswappen abgebildet, das heißt der Reichsadler gemäß dem Entwurf zunächst von Schmidt-Rottluff, später von Schwab. Den schönen Gedanken, dass »der heute immer noch diskutierte Verfassungspatriotismus« durch solche »Maßnahmen unterstützt werden könnte«,[29] verbindet Llanque mit einer sehr weitgehenden Lektion aus dem Untergang von Weimar, wie sie vom Denkansatz her aus der Gründungsgeschichte der Bundesrepublik vertraut ist. »Die Anhänger der Republik lernten zu spät von ihren ärgsten Feinden.«[30]

Als Aussage zur Chronologie ist dieser Satz falsch. Der sozialdemokratische Bund der Weltkriegsveteranen, der sich unter dem Namen Reichsbanner Schwarz-Rot-Gold um die Flagge der von den Mördern Erzbergers und Rathenaus bedrohten Republik scharte, wurde schließlich schon 1924 gegründet. Übrigens existiert ein Verein desselben Namens noch heute, wiederbegründet 1953; der Vorsitzende ist der SPD-Bundestagsabgeordnete Johannes Kahrs. Was immer man nun von der kontrafaktischen Überlegung halten mag, dass das Ende der Republik womöglich hätte abgewendet werden können, wenn deren Verteidiger ihre Fahnen heftiger geschwenkt und ihre Lieder lauter gesungen hätten – Smends Theorie und die an sie anschließende Kommentierung von Artikel 22 GG leiden unter ihrer Abhängigkeit von der Massenpsychologie der Zwischenkriegszeit.

In welchem Sinne bedarf ein »auf die Akzeptanz seiner Bevölkerung angewiesener Staat« wie die Bundesrepublik »eigenständiger Integrationsverfahren und geeigneter Identifikationsobjekte«?[31] Um die Symbolik als einen irgendwie erheblichen eigenen Faktor für die Erzeugung der Legitimität des Staates zu veranschlagen, muss man der sogenannten Masse der Wahlbürger unterstellen, dass ihnen die von ihnen getroffenen kollektiven Entscheidungen nicht genügen, um zu diesen Entscheidungen auch zu stehen. Im Motivhaushalt des einzelnen Bürgers wird eine Begründungslücke angenommen, die durch irrationale Größen gefüllt werden muss.

Smend formulierte seine Lehre vom Sinn der Staatssymbole 1928 in seiner Abhandlung über »Verfassung und Verfassungsrecht« mit der Absicht der »Richtigstellung« der These, dass der Staat »zur Verwirklichung gemeinsamer Zwecke begründet« oder »durch solche Zwecke jedenfalls gerechtfertigt« werde. Das gemeinsame Wollen allein konstituiert demnach den Staat noch nicht, den Smend als »Erlebniszusammenhang« bestimmt. Tautologisch postuliert er: »Vermöge des Erlebnisses« einer »Wertfülle«, die »individuelle Totalität« und nicht »Summe« sei, also nicht Ergebnis einer Addition von Willensentscheidungen, »erlebt man den Staat, wird man staatlich integriert«. Die »Fülle« dessen, was der Staat an Wertvollem leistet, soll nun aber in der Gegenwart »so ungeheuer« sein, »dass sie vom Einzelnen nicht mehr übersehen werden kann, und sie ist zugleich vermöge dieser Ungeheuerlichkeit und ihrer Rationalität dem Einzelnen so fremd, dass er ihren Eindruck als entfremdend empfindet, seinen eigenen Anteil daran gar nicht erlebt«.[32] Ausdrücklich identifiziert Smend also das Rationale am modernen Staat als das (für die Mehrheit der Bürger) Unbegreifliche; die »Notwendigkeit zur Symbolisierung« ergibt sich aus »den kognitiven Mängeln der Individuen«.[33]

Aus der angeblich neuen Unübersichtlichkeit der Werte schließt Smend auf eine neue Unersetzlichkeit der Symbole – paradoxerweise, liegen die historischen Gründe der politischen Zeichensprache doch »in der Ausdrucksnot ursprünglicherer Zeiten mit undifferenzierter Wertwelt«. Um »erlebt zu werden, um integrierend zu wirken«, muss die »Totalität« des Lebens der Staatsgemeinschaft »gewissermaßen in ein Moment zusammengedrängt, durch dieses repräsentiert werden«. Die »Symbolisierung« eines »Sachgehalts« bewirkt, »dass er als irrationale und individuelle Fülle mit besonderer Intensität erlebt wird«; es ist der Witz des Symbols, dass der Gehalt nicht mehr ausbuchstabiert werden kann wie in »der extensiven, rationalen, gesetzlichen Formulierung«. Smend hat »besonders viel zur Theorie und Praxis des politischen Symbols in der Literatur zum Faschismus« gefunden.[34]

Dem Antiquitätencharakter auch der demokratischen Staatssymbole entspricht bis heute ein konservativer Duktus der staatsrechtlichen Lehre vom Symbol, ein Überhang von Kulturkritik. Der »moderne Mensch, der sich eher rational zu geben trachtet«,[35] wird über die Grenzen seiner Schulweisheit belehrt. Seine mutmaßlich »distanzierte Haltung entspricht einer intellektuellen Arroganz, für die an das innere Erleben appellierende Symbole dem Maßstab einer für sich selbst in Anspruch genommenen Rationalität nicht zu entsprechen scheinen«.[36] Die Vorstellung, ein nur sparsam beflaggter Staat biete Neubürgern »keine ausreichenden Identifikationsmöglichkeiten«,[37] unterstellt Migranten einen latenten Analphabetismus.

Llanque erinnert daran, dass in den Verfassungskämpfen von Weimar die Verfassung als Ganzes zum Symbol geworden sei. Der Appell, den Hermann Heller 1930 an die Mitglieder des Deutschen Studentenbundes richtete, die Verfassung notfalls mit der Waffe in der Hand zu verteidigen, bewegt ihn zu dem Kommentar: »Ein politisches Symbol kann auch wie ein Banner sein, um das sich die Kämpfenden sammeln.«[38] Aus Anlass des fünfzigsten Jahrestags der Verabschiedung des Grundgesetzes hat es hingegen Ernst Benda, der frühere Präsident des Bundesverfassungsgerichts, skeptisch kommentiert, dass ein namhafter Politiker von der Verfassung als von einem Feldzeichen gesprochen hatte. Alfred Dregger, der spätere Fraktionsvorsitzende von CDU und CSU im Bundestag, sagte 1977, auf dem Höhepunkt des Kampfes gegen den Terrorismus der RAF, im Parlament: »Scharen wir uns um die Verfassung!« Zustimmend zitierte Benda den Politikwissenschaftler Hans Vorländer, der in seiner Bonner Dissertation zu diesem Satz Dreggers ein Zitat aus Ferdinand Lassalles Vortrag »Über Verfassungswesen« von 1862 stellt: »sooft […] eine Partei auftritt, welche zu ihrem Feldgeschrei den Angstruf macht, sich ›um die Verfassung zu scharen!‹, was werden Sie hieraus schließen können? […] Diese Verfassung liegt in ihren letzten Zügen; sie ist schon so gut wie tot.« Benda stellte 1999 fest, das Grundgesetz sei nicht zum »Gegenstand einer fast kultischen Verehrung« geworden wie die Verfassung der Vereinigten Staaten.[39]

Rupert Scholz behauptet in seiner Kommentierung zu Artikel 22 GG, die Verfassung selbst sei kein Staatssymbol.[40] Im politischen Streit wird das Grundgesetz indes immer häufiger in einer Manier angesprochen, die Anlass zur Revision dieser Aussage sein könnte. Das gilt namentlich im Kontext des Themas Migration, wenn es um Integration im spezifischen Sinne der Eingliederung von Eingebürgerten geht. Daniel Thym äußerte Anfang des Jahres 2018 in einem Zeitungsbeitrag die Prognose: »Der stete Verweis besitzt eine Eigendynamik, die das Grundgesetz zum Symbol für den Gemeinsinn erstarken lässt.«[41] Es setzt sich die von Alexander Graf zu Dohna schon in der Weimarer Republik bemerkte »Tendenz« fort, »das Staatssymbol zu vergeistigen«, es auch jenseits des Fundus der »sinnlich wahrnehmbaren Gegenstände« mit traditioneller Zeichenfunktion »aufzustöbern«, in »verfassungsmäßigen Institutionen und Zwecksetzungen«.[42] Problematisch erscheint Thym an der Entwicklung die Suggestion, das Grundgesetz erübrige den Streit, den es doch ermöglichen soll. Eine solche Stillstellung des Streits ist im Einzelfall sogar von Beschreibungen des Grundgesetzes aus dem Kreis derer nahegelegt worden, deren Amtspflicht es ist, im Disput zu verbindlichen Interpretationen der Verfassungsbestimmungen zu kommen: der Richter des Bundesverfassungsgerichts.

IV. Ikonologie

Paul Kirchhof charakterisierte im Jahre 2000 den Stil der Verfassung als »eher andeutend, bilderreich, von großer Allgemeinheit«. Das Grundgesetz wolle »das Staatsvolk in einer elementaren Werteordnung einen« und wähle »deshalb die feierliche, grundsatzbewusste, verheißende Rhetorik«.[43] Hier nähert Kirchhof das Grundgesetz religiösen Texten an, die auf symbolische Auslegung angewiesen sind. Sinn ergibt das im Lichte von Smends Ansicht, eine vollständige »Rationalisierung des politischen Denkens, die die Erfassung des politischen Gehalts als Glaubensgehalt ausschließt«, müsste »zugleich jede politisch verbindliche Gestalt in Frage« stellen.[44] Die verfassungsrichterliche Kunst besteht nach Kirchhofs Darstellung in der Ausdeutung des Grundgesetzes im Lichte der vom Text gegebenen Andeutungen. »Wie die Sprache gefestigte Sprechgewohnheiten, die Begriffe ein beständiges Begreifen der Welt voraussetzen, so überbringt auch die Rechtssprache verlässliche Rechtsgedanken, die in der Entscheidung des Gesetzgebers als bewährt erkannt und anerkannt worden sind.« Als Paradigma präsentiert er ausgerechnet den kargen Artikel 22 GG alter Fassung. Wenn er dessen Wortlaut im Seminar zitiere, berichtet er, überlegen die Studenten, »ob diese Flagge längs oder quer gestreift ist, ob das Schwarz nach oben oder nach unten gehört«; alle »versuchen sich daran zu erinnern, wie dieses Zeichen für Einheit, Freiheit und Demokratie in der Tradition gezeichnet wird; sie denken an das Hambacher Fest, die Lützowschen Reiter, die Paulskirche und finden dadurch die richtige Antwort«.

Kirchhof unterstellt seinen historisch bemerkenswert gebildeten Studenten ein instinktiv funktionierendes Bildgedächtnis – und gleichzeitig dem Zeichen der schwarz-rot-goldenen Flagge eine Stabilität des Sinngehalts, die auf die Verfassungsartikel von größerer Allgemeinheit abfärben soll. Er unterschlägt, dass das Zeichen in der Tradition auch Bedeutungen transportierte, die nicht so einfach mit der elementaren Werteordnung des Grundgesetzes zu vermitteln sind. So war es im ausgehenden Kaiserreich bei den Alldeutschen beliebt und wurde 1919 auch deshalb zum Symbol des neuen Staates gemacht, weil es »als Zeichen der nationalen Hoffnung« für den großdeutschen Gedanken stand, die Option der Vereinigung des Reiches mit Deutsch-Österreich.[45] Der »unmissverständlichen«[46] Formulierung des heutigen zweiten Absatzes des Artikels 22 GG zum Trotz findet man in der Kommentarliteratur zum Sinn der Bundesfarben Gegensätzliches. Einerseits: »Sie stehen für die freiheitliche demokratische Grundordnung.«[47] Andererseits: »steht die Bundesflagge nicht juristisch abstrakt für die freiheitliche demokratische Grundordnung«.[48]

Die Formulierungen des Grundgesetzes »bauen« laut Kirchhof »auf einen Gleichklang des Wertens und Wollens in Staat und Gesellschaft«, werden von ihm also allen Ernstes ausdrücklich als Reimwörter präsentiert. Im Verkündigungsstil erklärt er, dem Bundesverfassungsgericht seien »die Worte mehr als die Wörter des Grundgesetzes« anvertraut. Soll vom Grundgesetz wirklich nicht gelten, was in der modernen Literatur sogar vom Gedicht gesagt wird: dass es aus Wörtern gemacht ist? Die Annahme von Worten, das heißt Sinnsprüchen, als Elementarteilchen der Textstruktur würde die Herrschaft des Vorurteils festschreiben.

Smend hatte in der schrankenlosen Ausdeutbarkeit von Symbolen nicht etwa eine Gefährdung für die Identität des Staates gesehen, der sich absichtlich in einem solchen undeutlichen Medium darstellt, sondern genau andersherum eine Bedingung der Möglichkeit von Integration: »einen symbolisierten Wertgehalt kann jeder so erleben, ›wie ich ihn verstehe‹, ohne Spannung und Widerspruch, wie ihn Formulierung und Satzung unvermeidlich hervorrufen«.[49] Kirchhof betont umgekehrt die Sinnfälligkeit des Verfassungstextes auf Kosten der Deutungsbedürftigkeit: Um die Spannung gebracht, die eine Verfassung als Satzung deshalb hervorruft, weil die Knappheit der Rechtssprache Auslegung erforderlich macht, wird das Grundgesetz zum Symbol im schlechtesten

Sinne. Thym tritt der symbolischen Überfrachtung des Grundgesetzes mit dem Gedanken entgegen, dass es »einen sozialen Zusammenhalt jenseits der Verfassung« gibt, erliegt dann aber doch der von Smends Integrationslehre ausgehenden Versuchung, auch in dieser Kultur einer alltäglichen Verständigung wieder einen Spiegel der Wertsetzungen des Grundgesetzes sehen zu wollen. Der Gedanke, Artikel 22 GG fordere eine »einheitliche Wertorientierung« für »alle Staatssymbole«,[50] kopiert dieses Bild einer formierten Gesellschaft noch einmal in die Sphäre des Zeichensystems.

Wie wurde nun laut Funny van Dannen der Bundesadler zum Bundesadler? Die Frau des zu nichts zu gebrauchenden Hausmanns wandte sich an den Förster: »Er fing den Adler ein, hat ihn nach Bonn gebracht. Da haben sie ihn aufgehängt und festgemacht. Jetzt hängt er in Berlin, es geht ihm wunderbar. Aber haben Sie gewusst, was das für einer war?« Nein, bevor wir das Lied hörten, haben wir nicht gewusst, was für ein kaputter Typ er war. Wie hätten wir sehen können, dass die »fette Henne« des Bildhauers Ludwig Gies, deren Ersetzung durch ein »gestalterisch oder heraldisch korrekteres Wappentier« Experten für Staatsformfragen in Eingaben an den Bundestagspräsidenten jahrzehntelang vergeblich gefordert haben,[51] ein Hahn ist? Eine Geschlechtsumwandlung, im englischen Verfassungsdenken die klassische groteske Illustration für die Grenzen der Allmacht des souveränen Parlaments,[52] schien undenkbar: Wir sind daran gewöhnt, dass Allegorien von Natur aus weiblich sind. Vorbildlich, gerade weil »behäbig«,[53] erfüllt der an der Wand des Plenarsaals festgemachte Greifvogel ohne Beute seine Pflicht als Staatsdiener: Er hält still. Die Vernachlässigung seiner ehelichen Pflichten begründet keinen Eignungsmangel. »Entscheidend ist vielmehr die objektive Wirkung des Symbols.«[54] Andersherum gewendet: Das Privatleben des Bundesadlers steht symbolisch dafür, dass es im Leben jedes Bürgers eine Seite gibt, die nicht in den Staat integriert werden kann und nicht integriert werden muss.

Anmerkungen

1 Zitat: Daniel Heck, in: von Münch / Kunig (Hg.), GG-Kommentar, Bd. 1, 6. Aufl., 2012, Artikel 22 Rn. 20; a. A. Roman Herzog, in: Maunz / Dürig (Begr.), GG-Kommentar, Loseblatt, Artikel 22 [33. Ergänzungslieferung], Rn. 17.

2 Frank Ebert, Bundesdeutsche Staatssymbole, 2017, S. 32.

3 Hans Hattenhauer, Deutsche Nationalsymbole, 4. Aufl., 2006, S. 139.

4 Claus Dieter Classen, in: von Mangoldt / Klein / Starck (Hg.), GG-Kommentar, Bd. 2, 7. Aufl., 2018, Artikel 22, Rn. 19.

5 Jürgen Hartmann, Staatszeremoniell, 4. Aufl., 2007, S. 284–292.

6 Ders., Der Bundesadler, in: Vierteljahrshefte für Zeitgeschichte 2008, S. 495 (497, 508). Siehe auch Hartmanns Leserbrief in der Frankfurter Allgemeinen Zeitung vom 6.7.2007.

7 Michael Oakeshott, On Human Conduct, 1975.

8 Hartmann (Fn. 6), S. 505.

9 Rüdiger Sannwald, in: Schmidt-Bleibtreu / Hofmann / Henneke (Hg.), GG-Kommentar, 14. Aufl., 2017, Artikel 22, Rn. 2.

10 Alfred Dahlmann, Die Befugnis des Bundespräsidenten, Staatssymbole zu setzen, 1959, S. 2.

11 Klaus Stern, Das Staatsrecht der Bundesrepublik Deutschland, Bd. 1, 2. Aufl., 1984, S. 279.

12 Helmut Quaritsch, Probleme der Selbstdarstellung des Staates, 1977, S. 17.

13 Gerhard Anschütz, Die Verfassung des Deutschen Reichs vom 11. August 1919, Kommentar, 14. Aufl., 1933, S. 49 (Artikel 3).

14 Peter Häberle, Nationalflaggen, 2008; ders., Nationalhymnen als kulturelle Identitätselemente des Verfassungsstaates, 2. Aufl., 2013.

15 Der Parlamentarische Rat 1948–1949. Akten und Protokolle, Bd. 14: Hauptausschuss. Bearbeitet von Michael F. Feldkamp, 2009, S. 125.

16 Percy Ernst Schramm, Herrschaftszeichen und Staatssymbolik. 3 Bände, 1954–1956.

17 Elisabeth Fehrenbach, Über die Bedeutung der politischen Symbole im Nationalstaat, in: Historische Zeitschrift, 1971, S. 296 (304).

18 Fehrenbach (Fn. 17), S. 308.

19 Anschütz (Fn. 13), S. 60 (Artikel 3).

20 Klaus Theweleit, Männerphantasien, 2 Bände, 1977/1978.

21 Ernst Gottfried Mahrenholz, Freiheit der Kunst, in: Benda / Maihofer / Vogel (Hg.), Handbuch des Verfassungsrechts der Bundesrepublik Deutschland, 2. Aufl., 1994, § 26 Rn. 113.

22 BVerfGE 81, 278 – Bundesflagge (1990); 81, 298 – Nationalhymne (1990).

23 BVerfGE 81, 278 (294) – Bundesflagge (1990).

24 Joachim Wieland, in: Dreier (Hg.), GG-Kommentar, Bd. 2, 3. Aufl., 2015, Artikel 22, Rn. 36.

25 Dagegen Artikel 3 Satz 1 Weimarer Reichsverfassung: »Die Reichsfarben sind schwarz-rot-gold.«

26 Sannwald (Fn. 9), Rn. 13.

27 Ute Krüdewagen, Die Selbstdarstellung des Staates, 2002, S. 83.

28 Peter Michael Huber, in: Sachs (Hg.), GG-Kommentar, 8. Aufl., 2018, Artikel 22, Rn. 6a.

29 Marcus Llanque, Die Weimarer Reichsverfassung und ihre Staatssymbole, in: Dreier/Waldhoff (Hg.), Das Wagnis der Demokratie, 2018, S. 87 (107).
30 Llanque (Fn. 29), S. 109.
31 Huber (Fn. 28), Rn. 6a.
32 Rudolf Smend, Verfassung und Verfassungsrecht, in: ders., Staatsrechtliche Abhandlungen, 1955, S. 119 (160 ff.).
33 André Brodocz, Neue Integrationslehre, in: Lhotta (Hg.), Die Integration des modernen Staates, 2005, S. 191 (197).
34 Smend (Fn. 32), S. 162 ff.
35 Stern (Fn. 11), S. 282.
36 Eckart Klein, Staatssymbole, in: Isensee/P. Kirchhof (Hg.), Handbuch des Staatsrechts, Bd. II, 3. Aufl., 2004, § 19 Rn. 6.
37 Huber (Fn. 28), Rn. 6a.
38 Llanque (Fn. 29), S. 90.
39 Ernst Benda, Die Würde des Menschen ist unantastbar, in: Frankfurter Allgemeine Zeitung, 22.5.1999.
40 Rupert Scholz, in: Maunz/Dürig (Begr.), GG-Kommentar, Loseblatt, Artikel 22 [71. Ergänzungslieferung], Rn. 43.
41 Daniel Thym, Freiheit, Vielfalt und Gemeinsinn, in: Frankfurter Allgemeine Zeitung, 15.1.2018.
42 Alexander Graf zu Dohna, Die staatlichen Symbole und der Schutz der Republik, in: Anschütz/Thoma (Hg.), Handbuch des deutschen Staatsrechts, Bd. 1, 1930, S. 200.
43 Paul Kirchhof, Das Grundgesetz beim Wort genommen, in: Frankfurter Allgemeine Zeitung vom 12.2.2000.
44 Smend (Fn. 32), S. 164 f.
45 Egmont Zechlin, Schwarz-Rot-Gold und Schwarz-Weiß-Rot in Geschichte und Gegenwart, 1926, S. 1.
46 Daniel Heck, in: von Münch/Kunig (Hg.), GG-Kommentar, Bd. 1, 6. Aufl., 2012, Artikel 22, Rn. 27.
47 Sannwald (Fn. 9), Rn. 24.
48 Heck (Fn. 46), Rn. 19.
49 Smend (Fn. 32), S. 164.
50 Sannwald (Fn. 9), Rn. 1.
51 Hartmann (Fn. 6), S. 503.
52 Albert Venn Dicey, An Introduction to the Study of the Law of the Constitution, 1885, S. 43, zitiert Jean-Louis de Lolme: »It is a fundamental principle with English lawyers, that Parliament can do everything but make a woman a man, and a man a woman.«
53 Hartmann (Fn. 6), S. 503.
54 BVerfGE 108, 282 (328) – Kopftuch I (2003).

II.
Selbstbestimmung des Einzelnen – was uns zusammenhält

Erst antitotalitäre Grundnorm, nun rätselhafte Supernorm

Artikel 1 Absatz 1 GG

Manfred Baldus, Erfurt

I. Würdenorm als Supernorm[1]

Die Unantastbarkeit der Menschenwürde und die staatliche Pflicht, diese Würde zu achten und zu schützen, kann ohne Übertreibung als Supernorm des Grundgesetzes bezeichnet werden. Das Bundesverfassungsgericht, die letzte Instanz der verbindlichen Auslegung und Anwendung des Grundgesetzes, versteht diese Würdenorm nicht nur als »tragendes Konstitutionsprinzip im System der Grundrechte«; es sieht in ihr sogar den »höchsten Rechtswert innerhalb der verfassungsmäßigen Ordnung« und betrachtet ihren Schutz »als obersten Zweck allen Rechts«. Ähnliche Superlative finden sich in der juristischen Literatur: Die Norm sei Leitstern, Fundamentalnorm, archimedischer Punkt der Rechtsordnung, Ausgangs- und Mittelpunkt des Staatsverständnisses, ja, die Würde des Menschen und ihre Wahrung mache gar die Staatsräson der Bundesrepublik Deutschland aus.[2]

Doch nicht nur an diesen Beschreibungen lässt sich die alles überragende Bedeutung dieser Norm erkennen. Keine andere Bestimmung des Grundgesetzes wird auch in Politik und Gesellschaft, also nicht nur innerhalb des Rechtssystems, so konstant und vehement zur Geltung gebracht. Dies ist vor allem dann der Fall, wenn es darum geht, eine Verständigung über die großen moralischen oder gesellschaftspolitischen Fragen herbeizuführen. Man denke dabei nur an die Debatten um die Grenzen der Humangenetik, der Terrorismusbekämpfung oder Sterbehilfe oder aber an das Thema der Migrations- und Flüchtlingspolitik.[3]

Wie tief die Würdenorm inzwischen im gesellschaftlichen Bewusstsein verankert ist, zeigt sich nicht zuletzt auch daran, dass sie selbst bei Alltagskonflikten ohne Zögern zum Einsatz kommt. Um ein Beispiel aus jüngerer Zeit zu nennen: Als Medien die Spieler eines bedeutenden Profifußballvereins als Alte-Herren-Fußballer abwerteten, führte die Vereinsführung den Satz von der Unantastbarkeit der Menschenwürde an, um die Spieler vor einer solchen negativen Berichterstattung zu schützen. Dieser Vorgang, die Berufung auf die Würdenorm selbst, wurde dann wiederum Gegenstand einer breiten Berichterstattung und medialen Erregung.[4]

Was zeichnet diese Supernorm aus? Es sind im Wesentlichen drei juristische, genauer verfassungsrechtliche Besonderheiten. Zunächst betrifft dies ihren Anwendungsbereich, also die Frage, wer sich auf sie berufen kann, wer Träger dieses Rechts ist, das aus dieser Norm fließt. Schon der Text von Artikel 1 legt nahe, dass dies alle Menschen sind, ganz unbesehen ihrer Herkunft oder Nationalität, also Deutsche wie Nicht-Deutsche. Dementsprechend hat das Bundesverfassungsgericht auch mehrfach betont, dass »jeder Mensch« »als Person« diese Würde besitze, ganz ohne Rücksicht auf seine Eigenschaften, seinen körperlichen oder geistigen Zustand, seine Leistungen und seinen sozialen Status. Folglich könne sie auch keinem Menschen genommen werden, es handele sich um eine unverlierbare Qualität.[5]

Träger der Würde – es handelt sich hierbei um eine erste Erweiterung – sei aber nicht nur der lebende und geborene Mensch, erfasst sei auch das ungeborene Leben. Die verschiedenen Phasen des vorgeburtlichen Lebensprozesses, so das Gericht, seien »unabdingbare Stufen der Entwicklung eines individuellen Menschseins«, daher komme Menschenwürde schon dem ungeborenen menschlichen Leben zu. Und so wie die Wirkungen der Norm nicht erst mit dem geborenen Leben einsetzten, so endeten diese auch nicht mit dem Tod; die aller staatlichen Gewalt auferlegte Verpflichtung, den Einzelnen gegen Angriffe auf seine Menschenwürde zu schützen, reiche über das Lebensende hinaus. Aber, auch damit noch nicht genug: Die Würdenorm – dies ist die dritte Erweiterung des Anwendungsbereichs – schütze nicht nur den individuellen Menschen, sondern auch »die Würde des Menschen als Gattungswesen«, mithin den Menschen schlechthin. Mit anderen Worten: Die Norm verweise auch auf eine bestimmte Vorstellung vom Menschen, also auf ein Menschenbild.[6]

Die zweite Besonderheit der Würdenorm besteht in ihrer innovatorischen Kraft. Sie birgt den Stoff, aus dem neue Grundrechte geformt und entwickelt werden können. Das Bundesverfassungsgericht hat dies in der Vergangenheit mehrfach demonstriert, indem es aus der Würdenorm neue Grundrechte abgeleitet hat, solche, nach deren Existenz man zumindest in dem 1949 beschlossenen und verabschiedeten Text des

Grundgesetzes vergeblich sucht. So hat das Gericht unmittelbar aus der Würdenorm oder durch ihre Verbindung mit anderen Normen der Verfassung das allgemeine Persönlichkeitsrecht als eigenständiges Grundrecht abgeleitet, das Grundrecht auf informationelle Selbstbestimmung, das auf Vertraulichkeit und Integrität informationstechnischer Systeme sowie die Gewährleistung eines menschenwürdigen Existenzminimums, zudem den Anspruch des Bürgers auf Demokratie. Auch dieser wurzele letztlich in der Würde des Menschen.[7]

Schließlich eine dritte Besonderheit, die erkennen lässt, dass es sich bei der Würdenorm um eine außerordentliche Norm handelt: Im Unterschied zu anderen Grundrechtsbestimmungen geht von dieser Norm auch eine ganz spezifische Schutzwirkung aus. Sie gewährleistet einen absoluten Schutz, was das Bundesverfassungsgericht daraus folgert, dass das Grundgesetz die Würde des Menschen für »unantastbar« erklärt. Die Würde des Menschen sei daher mit keinem anderen Rechtsgut abwägungsfähig, weder mit einem anderen Individualrechtsgut, etwa einem Grundrecht, noch mit einem Kollektivrechtsgut wie beispielsweise den Strafverfolgungsinteressen des Staates. Die verfassungsrechtliche Würdegarantie sperre sich gegen jede Einschränkung, und zwar ausnahmslos.[8]

II. Ursprüngliche Absicht

Dieses Verständnis der Norm wie auch ihre außerordentliche Bedeutung in Recht, Politik und Gesellschaft – all dies lag weit außerhalb der Vorstellungswelt derer, die 1948 und 1949 das Grundgesetz geschaffen haben. Eine solche Norm war damals eine Norm ohne Tradition. In früheren Rechtstexten war zwar hin und wieder von der Würde des Staatsoberhauptes, des Kaisers, eines Parlaments oder eines Gerichts die Rede, in der Weimarer Verfassung auch davon, dass die Ordnung des Wirtschaftslebens den Grundsätzen der Gerechtigkeit mit dem Ziele der Gewährleistung eines menschenwürdigen Daseins für alle entsprechen müsse. Die Wendung von der »Würde des Menschen« oder der »menschlichen Persönlichkeit« hielt indessen erst ab Mitte der vierziger Jahre des vergangenen Jahrhunderts Einzug in Rechtsdokumente, einmal in diversen Beschlüssen und Erklärungen der Vereinten Nationen sowie, schon vor dem Grundgesetz, in einigen Verfassungen der westdeutschen Länder.[9]

Was aber war die Absicht der Mitglieder des Parlamentarischen Rates, als sie entschieden, eine solche Norm von der Würde des Menschen auch in das Grundgesetz aufzunehmen? Eines wollten die Mitglieder des Rates, die aus den Landtagen der zuvor gegründeten westdeutschen Länder sowie aus Berlin abgesandt wurden, zumindest nicht: Die Statuierung einer alles überstrahlenden und umfangenden Supernorm der neu zu schaffenden Verfassungsordnung. In den überlieferten Protokollen und sonstigen Materialien fehlen dafür jegliche Anhaltspunkte. Noch nicht einmal als eigenes, selbstständiges Grundrecht war sie gedacht. Auch ihr Verhältnis zu den Bestimmungen, die ohne Zweifel als Grundrechtsbestimmungen aufgenommen wurden, blieb unklar: Man sah entweder in den Grundrechten den Grund der Menschenwürde, ein Mittel zur Gewährleistung der Menschenwürde oder aber wiederum in der Menschenwürde den Grund der Grundrechte. Sodann, was den Inhalt der Norm, was die »Würde« anging, von der die Rede war: Man glaubte nicht, zu einer Bestimmung des Norminhalts mit Hilfe der Philosophie oder Theologie zu gelangen. Gewiss haben einige Mitglieder den Versuch unternommen, sie zu definieren oder positiv zu umschreiben und es gab auch Bestrebungen, mit der Würdenorm bestimmte philosophische oder theologische Konzepte von der Würde des Menschen, bestimmte Würdeideen, in das Grundgesetz aufzunehmen und diese verfassungsgesetzlich festzuschreiben. Doch diese Bestrebungen wurden mit dem Argument zurückgewiesen, die Würde des Menschen könne in sehr unterschiedlicher Weise verstanden werden. Inhaltlich sollte insoweit keine Festlegung erfolgen. Dementsprechend sprach ein Mitglied des Rates, Theodor Heuss, der später der erste Bundespräsident werden sollte, auch von einer »nicht interpretierte[n] These«.[10]

Eines wollten die Mitglieder des Rates mit dieser Norm dann aber doch festschreiben. Mit den in das Grundgesetz aufzunehmenden Grundrechten und insbesondere mit der Würdenorm sollte eine Abkehr von der nationalsozialistischen Vergangenheit dokumentiert werden. Und dabei blickten sie nicht nur zurück, sondern auch nach Osten: In der Würdenorm sollte sich ebenso die Ablehnung bolschewistischer Gewaltherrschaft manifestieren. Der Parlamentarische Rat wollte diese Norm als unmissverständliche Absage an die zu jener Zeit bekannten Formen des Totalitarismus verstanden wissen, also als antitotalitäre Grundnorm der neu zu schaffenden Verfassung.

Dieser Grundaussage entsprach es, dass die Mitglieder in ihren Beratungen auch ganz konkrete Tatbestände und Sachverhalte benannten, die sie für unvereinbar mit der Würdenorm hielten. Es waren, so die Originalvokabeln,

Arbeitszwang und Zwangsarbeit, Übersteigerung des Staates zur Totalität der Lebensregelung und damit zum polizeistaatlichen Terror, Entrechtungen, Erniedrigungen, Versklavungen, grausame Quälereien, Massenmorde, Zwangssterilisierungen, Sippenbestrafungen, Brandmarkungen, Zwang, gegen seine Überzeugung zu handeln, Prügel, Unterstützungsverweigerungen, Infragestellung der Mindestanforderungen für Nahrung, Kleidung und Wohnung, Verhungern lassen, Verletzung der Rechtspersönlichkeit des Menschen, des Mindeststandards an Rechten, die die Rechtspersönlichkeit ausmachen.

Solche Vorgänge und Tatbestände sollten für alle Zukunft ausgeschlossen sein – und zwar aufgrund der Würdenorm.

Mit ihr wollte der Parlamentarische Rat eine unwiderrufliche Abkehr von totalitären Herrschaftsformen artikulieren. Auch in der frühen Bundesrepublik wurde darauf immer wieder hingewiesen. Allerdings ist bei einem Blick in die Literatur jener Zeit ebenfalls zu beobachten, dass manche Autoren schon eine Ahnung beschlich: Es werde dabei wohl nicht bleiben, es könnte mit dieser Norm noch unvorhersehbare Wendungen nehmen. Einige äußerten sogar in raunendem Tonfall, möglicherweise stecke in ihr eine Dynamik, Energie und ethische Unruhe, die vieles umstürzen könne.[11]

III. Erklärungen

Diese Ahnungen haben sich bekanntlich bestätigt. Der Würdenorm ist in den vergangenen rund siebzig Jahren eine Bedeutung zugewachsen, die für ihre Urheber unvorstellbar gewesen sein musste. Bei dieser Entwicklung von einer antitotalitären Grundnorm zu einer alles überstrahlenden und überwölbenden Supernorm dürften mehrere Faktoren maßgeblich gewesen sein.

1. Verfassungsrechtliche Durchdringung des öffentlichen Lebens

Der Aufstieg der Würdenorm zur Norm aller Normen der deutschen Rechtsordnung ist nicht zu denken ohne die geradezu übermächtige Verrechtlichung des sozialen und politischen Lebens nach 1949, nicht ohne eine umfassende verfassungsrechtliche Durchdringung von Staat und Gesellschaft. Das Grundgesetz blieb nicht nur ein Normenwerk mit dem

Ziel, Herrschaft zu rationalisieren, eine friedliche Austragung von Konflikten zu ermöglichen und die Freiheiten der Bürgerinnen und Bürger zu sichern. Das Grundgesetz wurde vielmehr Basis nationaler Identität und herausragender Integrationsfaktor der bundesrepublikanischen Gesellschaft. In den ersten Jahrzehnten nach Gründung der Bundesrepublik wurde sogar eine Art »Verfassungspatriotismus« ausgemacht, der den tradierten und historisch belasteten Patriotismus abgelöst habe. Eine weitere Steigerungsstufe erlebte das Grundgesetz schließlich in der Tendenz, es als eine Art heiliger Text, als eine »säkularisierte Bibel« zu betrachten.[12]

Dieser triumphale Aufstieg der westdeutschen Verfassung zu einem in nahezu allen Bereichen wirkenden und nach 1989 auch von den Menschen in Ostdeutschland als vorbildhaft angesehenen Normenwerk erklärt auch den Aufstieg der Würdenorm: Je populärer und strahlender das Grundgesetz wurde, desto bedeutender musste auch die Norm werden, die an seiner Spitze stand.

Natürlich konnte diese umfassende verfassungsrechtliche Durchdringung des öffentlichen Lebens nur aufgrund einer effektiven Verfassungsgerichtsbarkeit geschehen, einer Gerichtsbarkeit, die mit der Kompetenz ausgestattet war, den Anspruch auf den Vorrang der Verfassung durchzusetzen und, vor allem, über Grundrechtsbeschwerden zu entscheiden. Die deutsche Verfassung verdankt daher ihre Popularität nicht sich selbst, sondern in ganz herausragendem Maße dem mit beträchtlichen Zuständigkeiten ausgestatteten Bundesverfassungsgericht. Diese Zuständigkeiten hat das Gericht nicht nur wahrgenommen, ausgebaut und behauptet. Es hat sich dabei auch eine bemerkenswerte Akzeptanz und Autorität erworben und ist zu einem wesentlichen Machtfaktor geworden. Und beim Aufbau seiner Macht hat es nicht zuletzt auch die Würdenorm eingesetzt, um mitunter mit großer Flexibilität, juristischer Phantasie und kühnen Konstruktionen Freiheitsbeschränkungen zu rechtfertigen, staatliche Eingriffe in Freiheiten zu begrenzen und subjektive Rechte als Grundrechte zu begründen.

Mit jeder Entscheidung des Gerichts, in der es die Würdenorm als zentrales Argument einsetzte, gewann auch diese Norm an Bedeutung. Nahezu einmütig sind ihm dabei auch die Fachgerichtsbarkeiten von Bund und Ländern, zudem deren Verfassungsgerichte, gefolgt. Erlebt eine Verfassungsnorm auf diese Weise einen kontinuierlichen Gewinn an Relevanz und Resonanz in der Rechtspraxis, zieht sie zwangsläufig auch die Aufmerksamkeit der Fachöffentlichkeit und mit einer gewissen Verzögerung auch die der allgemeinen Öffentlichkeit auf sich.

2. Würdenorm als Rezeptionsnorm

Die durch die Verfassungsgerichtsbarkeit bewirkte verfassungsrechtliche Durchströmung des öffentlichen Lebens erklärt allerdings nicht allein, dass die Würdenorm im Laufe der Zeit auch in den großen *politischen* und *gesellschaftlichen* Debatten, also auch jenseits rechtsförmlicher und gerichtlicher Verfahren, eine stetig wachsende Bedeutung gewann und regelmäßig sogar im Zentrum der Auseinandersetzungen stand.

Dieses Phänomen dürfte auf eine andere Ursache zurückzuführen sein, nämlich darauf, dass die Norm schon sehr rasch nach Inkrafttreten des Grundgesetzes als Rezeptionsnorm verstanden wurde, als eine Brücke, die das Verfassungsrecht – ganz im Gegensatz zur ursprünglichen Absicht der Verfassungsgeber – mit der Philosophie, der Theologie oder Sozialtheorie verband. Die Interpreten sahen in dieser Norm schon sehr früh eine Einladung und zugleich eine Ermächtigung, sich aus dem großen Angebot der Philosophien, Theologien sowie seit den sechziger Jahren auch der Politik- und Gesellschaftstheorien das herauszunehmen, was sinnvoll erschien und gefiel und dies dann als Gehalt der grundgesetzlichen Würdenorm auszugeben. Ob es sich etwa um einen frühneuzeitlichen Philosophen wie den Italiener Pico della Mirandola, ob es sich um einen christlichen Theologen wie Nikolaus von Kues oder um philosophische Klassiker wie etwa Pufendorf, Locke, Rousseau, Kant, Fichte oder sogar zeitgenössische Denker wie Margalit handelte – sie alle haben schon Pate gestanden bei Versuchen, die Würdenorm des Grundgesetzes auszudeuten.

Dass die Interpreten dem im Wortlaut vermeintlich mitschwingenden Aufruf, die Würdenorm durch den Rückgriff auf Philosophien, Theologien und Sozialtheorien zu deuten, auch tatsächlich mit so großer Bereitschaft nachkamen, hatte dabei einen einfachen Grund: Von einer Norm, die so inhaltsoffen, philosophie-, theologie- und theorienah schien, zugleich aber an einer so prominenten Stelle in einer Verfassung angesiedelt war, ging ein unwiderstehlicher Reiz aus. Gelang es, die jeweiligen weltanschaulichen Prämissen und Grundüberzeugungen in die Würdenorm einfließen zu lassen und sie als deren wesentlichen Gehalt darzutun, war ein Weg gefunden, die jeweils vertretene Weltanschauung, die eigene religiöse und philosophische Disposition als Bestand des geltenden Verfassungsrechts auszuweisen. Und konnte dann auch noch das, was sich als Gehalt der Norm ergab, mit dem Anspruch des »Unantastbaren« und Absoluten versehen werden, so besaß man den unüberbietbaren Trumpf, mit dem sich die großen Debatten nicht nur politisch-moralisch, sondern eben auch verfassungsrechtlich besetzen und beherrschen ließen. Das sonst übliche und mühsame Geschäft, die unterschiedlichen Interessen, Haltungen und Überzeugungen im demokratischen Verfahren zum Ausgleich zu bringen, musste nicht mehr betrieben werden.

Wie stark dieser Reiz war, die Würdenorm als Rezeptionsnorm, als Brücke hin zu außerrechtlichen Denkfiguren und Argumentationen zu verstehen, lässt sich auch daran ablesen, dass die seit den achtziger Jahren immer wieder vorgetragenen Mahnungen zur Zurückhaltung ohne nennenswerte Wirkung blieben. Es wurde zuvor nicht ohne Nachdruck und von gänzlich unterschiedlichen weltanschaulichen und politischen Vorverständnissen aus immer wieder auf Rationalitätsdefizite hingewiesen, auf eine Moralisierung des Rechts infolge des Verständnisses als Rezeptionsnorm, auf den damit verbundenen potentiellen Einbruch des Ideologischen in die politische und rechtliche Auseinandersetzung, nicht zuletzt auch auf die Beliebigkeit, die dem Würdeargument mehr und mehr anhaftete. Doch diese Mahnungen haben kaum zu einem veränderten Umgang mit der Norm geführt. Im Gegenteil: Die Vehemenz, Schärfe und Härte, mit der insbesondere die Debatten seit der Jahrtausendwende bestritten wurden, haben eher zugenommen. Zu groß war und ist im Übrigen auch gegenwärtig noch die Hoffnung, sich mit ihr im Getümmel der Meinungskämpfe am Ende erfolgreich behaupten zu können.

3. Beruhigung in der Ideenwelt

Das Verständnis als Rezeptionsnorm sowie die verfassungsrechtliche Durchdringung des öffentlichen Lebens vermögen die außergewöhnliche Stellung der Würdenorm in Deutschland aber nicht vollständig zu erklären. Zu beobachten ist nämlich, dass in vielen Staaten der Welt verfassungsrechtliche Würdenormen an Bedeutung gewonnen haben und auch im völkerrechtlichen Raum scheint sie einen Aufstieg zu erleben. Doch die Stellung der Würdenorm in der deutschen Rechts- und Verfassungsordnung ist im internationalen Vergleich hinsichtlich der eingangs beschriebenen Besonderheiten einzigartig. Die Gründe für diesen ganz exzeptionellen Rang der Norm dürften dabei in tieferen Schichten der deutschen Geschichte zu suchen sein, konkret: in der ideenpolitischen Unruhe, die in den beiden letzten Jahrhunderten in Deutschland herrschte.

Die deutsche Geschichte der letzten beiden Jahrhunderte ist ohne Zweifel eine Geschichte großer Umbrüche und dies auch auf der Ebene der politischen Leitideen – oder wie dies ein bedeutender zeitgenössischer Historiker ausgedrückt hat: der »wirre Wechsel in der politischen Ideenwelt« ist ein hervorstechendes Kennzeichen der jüngeren deutschen Geschichte. So wurde die Idee der *Freiheit* und der universellen *Menschenrechte,* die die nordamerikanische und französische Revolution im ausgehenden 18. Jahrhundert auf die europäische Tagesordnung gesetzt hatte, in Deutschland durch gegenrevolutionäre Kräfte zunächst erfolgreich abgewehrt. Der Drang zur politischen *Einheit* war stärker als der zur Freiheit. Auch der einige Jahrzehnte später durch Liberale und Demokraten forcierte Versuch, die Idee der Einheit mit der Idee der Freiheit zu verbinden und beide zugleich zu verwirklichen, scheiterte 1848/49. Die Idee der Einheit wurde dann infolge des deutsch-österreichischen und deutsch-französischen Krieges durch eine »Revolution von oben« verwirklicht, nicht aber wurde die Freiheitsfrage gelöst. Die Novemberrevolution von 1918 bescherte Deutschland dann zwar die *Republik* und eine parlamentarische *Demokratie.* Doch Weimar und seine Ideen waren nach 1945 diskreditiert, weil Weimar Hitler und den Nationalsozialismus hervorgebracht hatte. Und dass sämtliche der Ideen, die während dieses dunklen Kapitels der deutschen Geschichte gewirkt hatten – *Volk, Volksgemeinschaft* oder *Reich* – nach 1945 kontaminiert waren, bedarf keiner weiteren Erklärung.

Vor diesem Hintergrund wurde nach dem Zweiten Weltkrieg der westdeutsche Teilstaat geschaffen, vor dem Hintergrund eines extremen ideenpolitischen Schwankens in den vorausgehenden anderthalb Jahrhunderten und dem nicht mehr reparablen Bruch gegenüber den vor 1945 wirkenden Traditionen und Ideenbeständen. Mit anderen Worten: Dieser Staat startete mit einer beträchtlichen ideenpolitischen Leerstelle.

Bis in die sechziger Jahre hinein wurde dies im Übrigen von aufmerksam beobachtenden Zeitgenossen immer wieder moniert. Man beklagte, die Bundesrepublik sei ein »Staat ohne geistigen Schatten«, langweilig und ideenlos, nicht fähig »zur geistigen Selbstdarstellung«. Gewiss, es handele sich um ein wirtschaftlich prosperierendes und aus diesem Grunde stabiles Gebilde, aber dessen Identität bleibe unbestimmt, ja, es bestehe in ihm ein »Vakuum des politischen Bewusstseins«.

Und – dies ist eine weitere Erklärung für den Aufstieg der Würdenorm – in dieses ideenpolitische Vakuum schob sich seit dem letzten Drittel des vergangenen Jahrhunderts mehr und mehr diese Norm des

Grundgesetzes von der Würde des Menschen. Das Bedürfnis, ja die Sehnsucht, den nach dem Zweiten Weltkrieg neu errichteten Staat auf eine eigene leitende politische Idee zurückzuführen, die ihn legitimierte und das Ganze zusammenzuhalten vermochte, ohne dabei auf Bestände und Reserven der Tradition zurückgreifen zu können, erklärt nicht zuletzt den ganz exzeptionellen Rang, den die Würdenorm in der Bundesrepublik Deutschland im Laufe der letzten Jahrzehnte eingenommen hat.[13]

IV. Erfolgsgeschichte trotz Inkonsistenzen und Unbestimmtheit?

Aber kann die Entwicklung der Würdenorm nach nun fast siebzig Jahren als triumphale Erfolgsgeschichte gefeiert werden? Ließe sich dafür vielleicht anführen, dass eine durchgehend liberalisierte, pluralistisch gewordene Gesellschaft nun doch auch eine gemeinsame Größe, eine leitende und das Ganze umfassende Norm gefunden habe, die von allen Kräften dieser Gesellschaft, so fern oder so entgegen sie sich in vielen Dingen auch stehen mögen, inzwischen rückhaltlos bejaht werde? Gegenüber solchen Einschätzungen ist Skepsis angebracht.

1. Inkonsistenzen

Aufgrund der Rechtsprechung des Bundesverfassungsgerichts ist inzwischen ein Normverständnis, ein rechtsdogmatisches Konzept, herrschend geworden, das mit zahlreichen Inkonsistenzen behaftet ist und zu einem beträchtlichen Defizit an juristischer Rationalität geführt hat. Dazu nur einige Beispiele.

Das Gericht geht davon aus, dass die dem Menschen zugeschriebene Würde eine unverlierbare Eigenschaft sei und keinem Menschen genommen werden könne. Doch wie passt das zusammen? Warum soll denn das, was gar nicht verloren werden kann, überhaupt durch das Recht geschützt werden? Der Schutz von etwas, das unverlierbar und damit gar nicht in Gefahr geraten kann, ist überflüssig.

Sodann, was die Vorstellung von der angeblichen Absolutheit des Würdeschutzes betrifft: Dem Gericht zufolge sperrt sich die Garantie gegen jede Einschränkung und gegen jegliche Abwägung. Allerdings zeigt sich schon bei einer flüchtigen Betrachtung, dass das Bundesverfassungsgericht bei der Anwendung der Würdenorm in konkreten Fällen gerade das tut, was es auch sonst tut, wenn es Grundrechte prüft: Es wägt Rechtsgüter ab. In Wirklichkeit ist die Absolutheitsbehauptung dem Gericht nur ein rhetorisches Mittel, mit dem es die tatsächlich vorgenommenen Abwägungen letztlich verschleiert.

Auch die Konzeption des persönlichen Anwendungsbereichs erscheint mehr als fragwürdig, da sie erhebliche Unsicherheit hervorruft. Das Gericht verfährt von seinem Ansatz zwar konsequent, wenn es die in der Würdenorm enthaltenen Grundrechte nicht als »Deutschen-Grundrechte« versteht. Doch die Wendung des Bundesverfassungsgerichts von der Verwurzelung des »Anspruchs auf Demokratie« in der Menschenwürde überspielt die konkreten und speziellen Aussagen des Grundgesetzes, denen zufolge eben nicht jeder, der von deutscher Staatsgewalt betroffen ist, auch mit dem Recht ausgestattet wurde, über diese Staatsgewalt mitzubestimmen.

Und schließlich, eine weitere Ungereimtheit: Sie betrifft das Kriterium einer Würdeverletzung. Das Gericht hat zwar oft betont, verletzt sei die Würde, wenn der Mensch zum bloßen Objekt der Staatsgewalt werde. Im selben Atemzug begrenzt und relativiert es dieses Kriterium aber wieder – und zwar mit dem Hinweis, der Mensch sei nicht selten bloßes Objekt nicht nur der Verhältnisse und der gesellschaftlichen Entwicklung, sondern auch des Rechts, dem er sich zu fügen habe. Die tatsächlich herangezogenen Kriterien für die Prüfung eines Verletzungsvorgangs werden also nicht offengelegt und bleiben völlig unbestimmt.

Das sich so aufdrängende Bild einer inkonsistenten und an nicht unbeträchtlichen Rationalitätsdefiziten leidenden Dogmatik der Würdenorm wird schließlich noch dadurch abgerundet, dass sich aus ihr in konkreten Fällen Rechtsfolgen ergeben, die nicht miteinander zu vereinbaren sind. Zurückzuführen ist dies auf den weiten Anwendungsbereich der Norm sowie auf die von ihr ausgesprochene Verpflichtung zum Schutz *und* zur Achtung der Würde. Das Gericht behalf sich in solchen Fällen dann gelegentlich damit, bestimmte Rechte und Ansprüche, die sonst ganz selbstverständlich als Gehalte der Norm anerkannt wurden, schlichtweg auszublenden.[14]

2. Unbestimmtheit

Die Entwicklung der Würdenorm zu einer Supernorm hatte jedoch nicht nur in normdogmatischer Hinsicht einen beträchtlichen Preis. Mindestens ebenso beunruhigend ist, dass die Norm trotz ihrer herausragenden Bedeutung mit Blick auf den Norminhalt inhaltlich letztlich eine der großen Unbekannten des deutschen Verfassungsrechts geblieben ist.

Das Bundesverfassungsgericht hat sich bislang davor gescheut, exakt zu definieren, was unter der Würde des Menschen zu verstehen ist. Hin und wieder ist in seinen Entscheidungen zwar zu lesen, dem Schutz der Menschenwürde liege die »Vorstellung vom Menschen als einem geistig-sittlichen Wesen zugrunde«, das darauf angelegt sei, »in Freiheit sich selbst zu bestimmen und zu entfalten«. Doch mehr als die Freiheits- und Moralfähigkeit des Menschen sagt diese Definition nicht aus. Infolgedessen begnügte sich das Gericht auch nicht selten mit einer negativen Umschreibung des Schutzes, den die Würdenorm bewirke; es beschreibt den »Begriff der Menschenwürde« häufig »vom Verletzungsvorgang her«. Doch wie soll eine Würdeverletzung festgestellt werden können, wenn das, was verletzt wurde, nicht zuvor klar bestimmt worden ist?

In der nicht mehr restlos zu überblickenden Literatur zur Würdenorm wimmelt es gewiss von kaum mehr zu überschauenden Versuchen, das zu bestimmen und zu definieren, was mit der Würde des Menschen gemeint ist. Doch diese Versuche haben nur zu einem kakophonischen Stimmengewirr geführt: So wird etwa vorgeschlagen, Würde zu verstehen als etwas, das

- sich mit der Freiheitsfähigkeit des Menschen decke,
- dem Menschen eigen sei, weil dieser sich seiner selbst bewusst werden, sich selbst bestimmen und seine Umwelt gestalten könne,
- aus dem christlichen Menschenbild folge, mithin aus der Gottesebenbildlichkeit des Menschen, seiner Gottesnähe und damit aus seiner Sonderstellung in der Natur,
- im menschlichen Dasein »um seiner selbst willen« liege,
- sich in Momenten der Kommunikation ergebe, in denen der Mensch sich und damit sein Selbst den anderen darstelle, oder aber
- im Modell des Gesellschaftsvertrages zu denken sei,
- sich in sozialer Anerkennung konstituiere,
- den Menschen zum »Selbstentwurf« befähige und zur »Partizipation an der Kultur«, oder wiederum

- aus dem empirischen Menschen ein Rechtssubjekt mache oder schließlich
- im Interesse der Menschen liege, nicht erniedrigt und gedemütigt zu werden.

Es ist offensichtlich, dass diese Vorschläge – und sie sind keinesfalls abschließend – in ihren Prämissen und bezüglich der aus ihnen abzuleitenden Folgerungen nicht miteinander zu vereinbaren sind.

Wie groß das Problem der Unbestimmtheit der Würdenorm ist, zeigt sich inzwischen auch daran, dass der Streit um das richtige Verständnis der Würdenorm sogar schon eine Metaebene erreicht hat. Mittlerweile hat sich sogar schon bezüglich der Vorfrage, also der Frage, mit welcher Methode der Norminhalt zu ermitteln ist, ein eigenes Feld der Kontroverse gebildet. Hier konkurrieren zahlreiche Vorschläge miteinander, so etwa der Rückgriff auf die christliche Theologie, spezielle philosophische Traditionen, die Erkenntnisse empirischer Wissenschaften oder auf die Funktion der Normfunktion, die Anwendung eines »interdisziplinär-kulturtheoretischen« Ansatzes oder das Verfolgen eines gänzlich verfassungsautonomen Ansatzes. Aber auch hier ist ein Konsens nicht in Sicht.[15]

V. Prekäre Folgen

Die inhaltliche Unbestimmtheit der Würdenorm ist auch nicht ohne Folgen geblieben. Zum einen hat diese weitgehende Offenheit dazu geführt, dass sie als rechtlicher Maßstab zur Geltung gebracht wurde bei der rechtlichen Bewertung von Sachverhalten, die unterschiedlicher nicht sein könnten. So sollte nach der Würdenorm etwa zu entscheiden sein, ob es erlaubt ist, dass Modefirmen mit schockierenden Bildern werben, Soldaten ihre Haare über ihre Ohren wachsen lassen, Frauen sich nackt zur Schau stellen oder, bekleidet, im Schlamm gegeneinander Ringkämpfe führen, Kriegsspielinteressierte mit Laserpistolen aufeinander schießen, Mütter für fremde Ehepaare Kinder austragen, Ärzte plastinierte Leichenteile ausstellen, Diskothekenbesitzer Weitwürfe mit kleinwüchsigen Menschen veranstalten oder Behörden einem Sozialleistungsberechtigten die staatliche Zuwendung für Hausbesuche von Prostituierten in Höhe von 160 Euro pro Besuch verweigern. So skurril mancher dieser Fälle auch anmuten mag: Es handelt sich ausnahmslos um Fälle, bei denen Gerichte in Deutschland eine Menschenwürdeverletzung zumindest geprüft, wenn auch nicht durchgehend bejaht haben.[16]

Sodann, und dies illustriert die prekären Folgen noch deutlicher, die sich aus der Unbestimmtheit dessen ergeben, was die Würde des Menschen genau ausmacht: Die Norm wird inzwischen von diametral entgegenstehenden Positionen und Meinungslagern in Anspruch genommen. Tatsächlich könnten die Gegensätze nicht größer sein: Die Befürworter eines liberaleren Umgangs etwa mit dem Schwangerschaftsabbruch, der Humangenetik oder der Sterbehilfe beriefen und berufen sich auf die Menschenwürdenorm: sie schütze die Selbstbestimmung der Frau, des Forschers oder des Sterbenden. Doch die Gegner einer solchen Position führten und führen die Norm ebenfalls an: Sie schütze das Leben und dessen Unverfügbarkeit – und zwar vorrangig vor dem Recht auf Selbstbestimmung. Ähnliches ist zu beobachten bei Reaktionen auf ein als anstößig und unsittlich empfundenes Verhalten. Auf die Würdenorm verwiesen diejenigen, die meinten, dass die Mehrheitsgesellschaft solche Verhaltensweisen dulden müsse, schütze die Norm doch auch die Freiheit zu Provokationen und Grenzüberschreitungen, die sich noch im Rahmen der Legalität bewegten. Die Gegner wendeten wiederum ein, dieser Norm liege ein bestimmtes Bild vom Menschen oder von der Menschheit als Gattung zugrunde, woraus dann doch entsprechende Freiheitsbeschränkungen zu folgern seien. Ein drittes Beispiel: Die Debatten um die Rettungsfolter oder den Flugzeugabschuss. Die einen beriefen sich auf die Würdenorm zur Rechtfertigung solcher staatlicher Maßnahmen, die anderen, um ihr Verbotensein zu begründen.[17]

Wir haben also ohne Zweifel eine Supernorm. Aber – diese ernüchternde Bilanz ist nach siebzig Jahren zu ziehen – es handelt sich um eine rätselhafte Supernorm. Wir sind uns heute nicht mehr wirklich sicher, was sie genau umfasst und was sich im Einzelnen tatsächlich aus ihr ableiten lässt.

VI. Ausblick

Was ist in den kommenden Jahren zu erwarten? Wie könnte es weitergehen mit dieser so bedeutenden, aber letztlich unbestimmten und damit paradoxen Supernorm?[18]

Das Bundesverfassungsgericht dürfte die Würdenorm auch in Zukunft so wie bisher zum Einsatz bringen. Sie wird ihm in seinen Entscheidungen weiter als flexibles Begründungselement dienen, um Freiheiten zu schützen oder Freiheitsbeschränkungen zu rechtfertigen oder im Wege verfassungsrichterlicher Rechtsfortbildung neue Schutzpositionen zu kreieren und diese zur Not auch gegen den verfassungsändernden Gesetzgeber in Anschlag zu bringen oder – wie jüngst geschehen – auch gegen die Anwendung des Rechts der Europäischen Union.[19] Es wird auf der Grundlage der von ihm entwickelten Normdogmatik weiter judizieren, so inkonsistent diese auch immer sein und so unbestimmt auch weiter das bleiben mag, was mit der Würde des Menschen eigentlich gemeint ist und was durch sie genau geschützt werden soll. Sollte es fallbezogene Modifikationen seines Konzepts für nötig erachten, so wird es diese vornehmen und man wird insoweit seine allseits bekannte Situationsjurisprudenz weiter beobachten können. Wahrscheinlich wird das Gericht durch diese Rechtsprechung aber auch in Zukunft keine substanziellen Akzeptanzverluste erleiden.

Dagegen dürften eher die zukünftigen Debatten um die Würdenorm in Wissenschaft, Gesellschaft und Politik mit Fragezeichen zu versehen sein. Sicher wird auch weiterhin die Position zu vernehmen sein, nach der die Würdenorm eben die ersehnte politische Leitidee sei, es sich bei ihr um einen notwendigen zivilreligiösen Glaubenssatz handele und ihr deshalb eine wichtige Integrationsfunktion zuwachse: Sie fange dann das ein, was in einer pluralistischen Gesellschaft auseinander- und gegeneinanderstrebe, sie verbinde es und halte es zusammen. Und das Entscheidende: Eine solche integrierende Idee, die ihre Kraft gerade in den großen weltanschaulichen und religiösen Meinungskämpfen entfalten und unter Beweis stellen müsse, könne dann in einer nicht mehr von Juristen dominierten, sondern offenen Gesellschaft der Verfassungsinterpreten gar nicht mehr anders als unbestimmt sein und sie dürfe dann auch nicht mehr nach den sonst für Rechtsnormen und Rechtsanwendung üblichen Rationalitätsansprüchen bewertet werden – die Würdenorm mithin als Norm, die sich öffne hin zur gesellschaftlichen Kommunikation, und zwar so, dass die je eigenen Ethiken, Wert- und Moralvorstellungen bei ihrer Deutung und Verwendung einfließen könnten.[20]

Wie stark diese Position in den zukünftig zu erwartenden Debatten vertreten sein wird, ist allerdings noch keinesfalls ausgemacht. Denn diese Sichtweise von der notwendigen Unbestimmtheit und Offenheit der Würdenorm übersieht offenkundig, dass bei einer solchen Offenheit und Unbestimmtheit gar nicht mehr die *Idee* und die *Garantie* der Menschenwürde die auseinanderstrebenden Kräfte der pluralistischen Gesellschaft bindet, sondern allenfalls die Auseinandersetzung, der *Streit* um sie, der Kampf um die Deutung, die sich am Ende durchzusetzen vermag. Und vor allem bleibt das Grundproblem erhalten: Wenn eine Norm aufgrund ihrer Unbestimmtheit alles in sich aufnehmen kann, lässt sich mit ihr auch alles begründen. Das, was man zu bestimmen sich weigert, kann auch nicht in rational nachvollziehbarer und damit befriedender Weise angewendet werden.

Und nicht zuletzt: Die Öffnung der Würdeformel hin zur gesellschaftlichen Kommunikation mag tatsächlich die Gesellschaft näher an die Verfassung und das Recht heranbringen. Zugleich machen sich Recht und Verfassung damit aber abhängig von den jeweiligen Kommunikationslaunen der Gesellschaft. Doch die Würdenorm ist eine Norm des positiven Rechts. Und bleibt sie unbestimmt, dann lädt sie ein zu beliebigem Meinen, lässt subjektiv Hintergründiges einbrechen und ruft im Ergebnis Unsicherheit und Willkür hervor, also das, was sie ja gerade verhindern soll.

Doch trotz dieser Einwände und der schwachen Steuerungs- und Befriedungskraft der Würdenorm ist zu vermuten, dass auch in den kommenden Jahren von ihr ein verführerischer Reiz und Zauber ausgehen wird. Zu stark wird auch in Zukunft das Verlangen sein, mit dieser Norm doch das erhoffte »K.O.-Argument« zu besitzen, mit dem man glaubt, die Debatten politisch-moralisch und zugleich auch verfassungsrechtlich dominieren zu können.

Allerdings, eine Unwägbarkeit bleibt: Gegenwärtig sind Phänomene und Tatbestände zu erkennen, die irritieren und verunsichern, auch wenn es sich dabei noch nicht um veritable Krisenphänomene handeln mag, so das Aufkommen populistischer Kräfte, eine zunehmende Verschärfung und Verrohung öffentlicher Debatten, der Verlust des Vertrauens gegenüber den staatlichen Institutionen, Erosionen rechtsstaatlicher Strukturen und gravierende Verwerfungen im überstaatlichen Raum der Europäischen Union und der transatlantischen Beziehungen. Sollten sich in der Tat größere Teile der Bevölkerung und insbesondere der gesellschaftlichen und staatlichen Funktionseliten vom überkommenen kulturellen, politischen und rechtlichen Überbau abwenden, so dürfte dies auch nicht ohne Wirkung auf die Debatten um die Menschenwürde und den Umgang mit der Würdenorm bleiben. Die Vehemenz könnte noch zunehmen, mit der die Berufung auf die Menschenwürde erfolgt, und die Gräben könnten sich noch vertiefen, die Fronten verhärten. Aber vielleicht tritt auch das Gegenteil ein. Vielleicht wird es auch zu Momenten kommen, in denen die Erkenntnis mehr als bisher in den Vordergrund gelangt, dass der ideelle Grund, auf dem man mit dem je eigenen Verständnis der Würdenorm zu stehen glaubt, doch gar nicht so fest ist wie angenommen. Dann bleibt vielleicht als letzter Anker, sich wieder stärker an das zu erinnern, was der Parlamentarische Rat ursprünglich mit dem Satz von der Unantastbarkeit der Menschenwürde im Sinne hatte, nämlich den antitotalitären Grundkonsens des vor siebzig Jahren neu zu errichtenden Staates zum Ausdruck zu bringen. Vielleicht könnte es sogar gelingen, das Verständnis der Würdenorm wieder auf diesen Gehalt zu beschränken.

Anmerkungen

1 Die nachfolgenden Ausführungen beruhen zu großen Teilen auf dem Buch des Verfassers »Kämpfe um die Menschenwürde. Die Debatten seit 1949«, das 2016 erschienen ist. Auch manche Formulierung ist ihm entnommen. Umfangreiche Nachweise und Belege für die folgenden Ausführungen finden sich ebenfalls in diesem Buch, worauf in den nachstehenden Endnoten hingewiesen wird. Soweit in den Endnoten weitere Belege und Nachweise angeführt sind, so deshalb, weil sie für besonders bedeutsam erachtet wurden oder aber in dem genannten Buch nicht enthalten sind.

2 BVerfGE 27, 1 (66) – Mikrozensus (1969): oberster Wert; 12, 45 (53) – Wehrpflichtgesetz (1960): oberster Zweck allen Rechts; 87, 209 (228) – Tanz der Teufel (1992): tragendes Konstitutionsprinzip; Bundesverfassungsgericht, Beschluss des Zweiten Senats vom 15.12.2015, 2 BvR 2735/14, Rn. 49, in: Neue Juristische Wochenschrift 2016, S. 1149 (1152): höchster Rechtswert; Josef Isensee, »Die Würde des Menschen«, in: Merten / Papier (Hg.), Handbuch der Grundrechte, Bd. 4, 2011, § 87, Rn. 189: Leitstern; Werner Maihofer, Rechtsstaat und menschliche Würde, 1968, S. 9: Fundamentalnorm und Grundnorm; Ernst Benda, »Die Würde des Menschen ist unantastbar«, in: Archiv für Rechts- und Sozialphilosophie, Beiheft 22 (1985), S. 23: Ausgangs- und Mittelpunkt des Staatsverständnisses des Grundgesetzes; Horst Dreier, Säkularisierung und Sakralität. Zum Selbstverständnis des modernen Verfassungsstaates, 2013, S. 79: archimedischer Punkt der Rechtsordnung und der Sozialphilosophie; Udo Steiner, »Der deutsche Sozialstaat auf dem Weg nach Europa – Sind christliche Sozialvorstellungen dabei?«, in: Manns (Hg.), Die christlichen Sozialprinzipien als Gestaltungsauftrag für Europa, 2004, S. 11: Würde des Menschen und ihre Wahrung mache die Staatsräson der Bundesrepublik Deutschland aus.

3 Vgl. Baldus (Fn. 1), S. 195–219 sowie S. 230–237. Zum Einsatz der Würdegarantie in der Migrations- und Flüchtlingspolitik vgl. etwa Bundeskanzlerin Merkels Berufung auf die Würdenorm zur Rechtfertigung ihrer Politik der offenen Grenzen, etwa in der Rede am 4.9.2015 anlässlich der Feier des siebzigsten Geburtstages der nordrhein-westfälischen CDU in Köln: »Die Würde des Menschen ist unantastbar. Wer vor Not, vor politischer Verfolgung flieht, da haben wir die Verpflichtung, auf der Grundlage der Genfer Flüchtlingskonventionen, unseres Asylrechts und

des Artikels 1 unseres Grundgesetzes Hilfe zu leisten – ob uns das passt oder nicht«; zitiert nach Robin Alexander, Die Getriebenen, 2018, S. 54; vgl. des Weiteren: Sommerpressekonferenz vom 31.8.2015, Mitschrift der Konferenz unter: https://www.bundesregierung.de/breg-de/aktuelles/pressekonferenzen/sommerpressekonferenz-von-bundeskanzlerin-merkel-848300 (letzter Zugriff: 21.12.2018); Interview in: Die Welt vom 5.10.2016; Rede im Deutschen Bundestag am 12.9.2018 in: Deutscher Bundestag, Protokolle, 19. Wahlperiode, 48. Sitzung, 12.9.2018, S. 5039.

4 Vgl. dazu etwa Süddeutsche Zeitung, Online-Beitrag vom 19.10.2018; Frankfurter Allgemeine Zeitung vom 26.10.2018, S. 1 sowie vom 2.11.2018, S. 7.

5 Vgl. Baldus (Fn. 1), S. 413.

6 Vgl. Baldus (Fn. 1), S. 412. Zur Auffassung eines Artikels 1 zugrunde liegenden Menschenbildes vgl. BVerfGE 4, 7 (15) – Investitionshilfe (1954); 6, 32 (36) – Elfes (1957); 27, 1 (5) – Mikrozensus (1969); 30, 173 (193) – Mephisto (1971); 41, 29 (50) – Simultanschule (1975); 108, 282 (300 f.) – Kopftuch I (2003).

7 BVerfGE 75, 369 (380) – Strauß-Karikatur (1987); 79, 256 (268) – Kenntnis der eigenen Abstammung (1989); 101, 361 (380) – allgemeines Persönlichkeitsrecht (1999); 65, 1 (41 ff.) – Volkszählung (1983); 120, 378 (397) – informationelle Selbstbestimmung (2008); 120, 274 (302) – Grundrecht auf Integrität und Vertraulichkeit informationstechnischer Systeme (2008); 123, 267 (341, 343) – Lissabon (2009); 129, 124 (169) – Anspruch auf Demokratie (2011).

8 Vgl. Baldus (Fn. 1), S. 413.

9 § 68 Verfassung des Deutschen Reiches vom 28.3.1849: Würde des Reichsoberhauptes; § 19 Absatz 1 Geschäftsordnung des Reichstages: Würde des Reichstages; Beschluss des Senats der französischen Republik vom 18.5.1804: Würde des Kaisers; § 176 Absatz 1 Gerichtsverfassungsgesetz vom 27.1.1877: Würde des Gerichts; Artikel 151 Weimarer Reichsverfassung: menschenwürdiges Dasein; zu den Würdenormen in Länderverfassungen vgl. S. 284 f. und zu den Würdenormen in Dokumenten der Vereinten Nationen vgl. Baldus (Fn. 1), S. 296 f.

10 Kurzbiografien zu den Mitgliedern des Parlamentarischen Rates in Michael F. Feldkamp, Der Parlamentarische Rat 1948–49, 1998, S. 185–198.

11 Vgl. Baldus (Fn. 1), S. 17–28 und S. 310.

12 Vgl. Horst Dreier, 60 Jahre und kein bisschen heilig, in: Die Zeit vom 7.5.2009.

13 Vgl. Baldus (Fn. 1), S. 418–426. Zur Relevanz von Würdenormen im Europa- und Völkerrecht sowie dem Recht anderer Staaten: etwa Christian Walter, Menschenwürde im nationalen Recht, Europarecht und Völkerrecht, in: Bahr / Heinig (Hg.), Menschenwürde in der säkularen Verfassungsordnung, 2006, S. 127 ff. und Paulo Becchi / Klaus Mathis (Hg.), Handbook of Human Dignity in Europe, 2018.

14 Vgl. Baldus (Fn. 1), S. 412–415.

15 Vgl. Baldus (Fn. 1), S. 267–272 sowie S. 402–410.

16 Schockwerbung: BVerfGE 102, 347 (366 ff.); Trageweise des Haupthaares von Soldaten: BVerwGE 46, 1 f.; Peepshow: BVerwGE 64, 274 (268 ff.); Frauenringkämpfe im Schlamm: VGH München, in: Bayrische Verwaltungsblätter 1984, S. 152; »Zwergenweitwurf«: Verwaltungsgericht Freiburg, in: Neue Zeitschrift für Verwaltungsrecht 1993, S. 98 f.; fehlerhaft geschriebener Nachname: BerlVerfGH, Entscheidung vom 8.9.1993, in: LVerfGE 1, 149 (151 f.); Telefon-Sex: Landgericht Mannheim, in: Neue Juristische Wochenschrift 1995, S. 3398; Leihmutterschaft: BGH, Beschluss vom 10.12.2014, XII ZB 463/13; simulierte Tötungsspiele: Bundesverwaltungsgericht,

Neue Zeitschrift für Verwaltungsrecht 2002, S. 598; VGH München, in: Deutsches Verwaltungsblatt 2013, S. 525 ff.; Anspruch auf Prostituiertenbesuch: Thüringer Landessozialgericht, Beschluss vom 22.12.2008, L 1 S= 619/08 ER, unter ausführlicher Bezugnahme auf das Verständnis von Artikel 1 Absatz 1 GG durch das Bundessozialgericht stellte das Landgericht fest, dass ein Leben in Würde aber auch ohne die vom Antragsteller begehrten Sexualkontakte denkbar sei.

17 Zur Frage des Schwangerschaftsabbruchs vgl. Baldus (Fn. 1), S. 387–389, zur Debatte um die Humangenetik S. 162–165, 355 f., 339–340 sowie S. 367–373, zur Sterbehilfe S. 394–397, zur Rettungsfolter S. 380–387 und zum Abschuss eines Passagierflugzeuges S. 375–380.

18 Dazu etwa jüngst Christoph Enders, Die Würde des Menschen als Leitidee des Grundgesetzes und Rechtsnorm. Ein zweifaches Scheitern, in: Kirste / Gonzaga De Souza / Sarlet (Hg.), Menschenwürde im 21. Jahrhundert, 2018, S. 114 ff.

19 Bundesverfassungsgericht, Beschluss des Zweiten Senats vom 15.12.2015, 2 BvR 2735/14, in: Neue Juristische Wochenschrift 2016, S. 1149.

20 Vgl. zu dieser Position Baldus (Fn. 1), S. 427 f.

Eine Grammatik der Freiheit?

Zur gesellschaftspolitischen Dimension der Grundrechtsdogmatik

Jannis Lennartz, Berlin

I. Grundrechte als Sprache der Republik?

Die gesellschaftliche Dimension der Grundrechtsdogmatik liegt darin, dass sie die gesellschaftspolitische Bedeutung der Grundrechte möglich macht. Dogmatik hat also eine Ermöglichungsfunktion, sie gibt den Grundrechten erst die Reichweite, die sie nicht nur für unsere Rechtsordnung, sondern auch für unsere politische Selbstbeschreibung so wichtig macht.

Nicht erst seit 2015 wird die Frage nach der deutschen Identität oder unseren Werten gestellt, und als Antwort hört man oft einen Verweis auf das Grundgesetz, damit zuvorderst auf die Grundrechte. Nun mag diese Antwort kaum die einzig mögliche sein, aber ihre Häufigkeit sagt doch etwas aus über die gesellschaftspolitische Bedeutung von Grundgesetz und Grundrechten. Nun ist man auch anderswo stolz auf die eigene Verfassung, aber in der Bundesrepublik hat sie – wie am Begriff des Verfassungspatriotismus deutlich wird – eine doch seltene Aufmerksamkeit als (zumindest erhoffte) Identitätsressource erfahren. Ich glaube nicht, dass Grundrechte selbst zum Inhalt einer Selbstbeschreibung taugen: Weil es keine prästabilisierte Harmonie zwischen ihnen gibt, sondern Widersprüche, und weil wir über ihr Verständnis im konkreten Fall ja gerade streiten. Ich meine aber: Grundrechte geben einen semantischen Rahmen dafür, wie wir über Identität sprechen. Die Grundrechte dienen dann nicht als ein Inhalt, sondern als Vokabular, mit dem wir Inhalte, Werte, Überzeugungen verhandeln. Sie sind kein goldenes Kalb, vor dem wir stehen, sondern Werkzeuge, derer wir uns bedienen – und unsere Werkzeuge prägen uns.

Gleichwohl: Es ist auf den ersten Blick einfach, die Grundrechtsrechtsprechung als (liberale) Fortschrittsgeschichte zu erzählen. In ihr kommt dem Bundesverfassungsgericht dann die Rolle des Akteurs zu: Lüth leuchtet schnell so hell, dass das Homosexuellen- und das erste Abtreibungsurteil wenig stören.[1] Auch wenn die Bewertung, die man vornimmt, die Erzählung, der man glaubt, von persönlichen Überzeugungen abhängig ist: Der Blick in die Geschichte, etwa zum Wirken des Gerichts in der Zeit der sozialliberalen Koalition in den 1970er-Jahren, zeigt, dass man das Wirken des Gerichts nicht einer politischen Linie zuordnen kann.[2] Jenseits des Beitrages zur Bewältigung des Nationalsozialismus in der Frühzeit kann man über alles streiten: Man kann das Gericht ganz klassisch als Bollwerk individueller Freiheit gegen die anderen Gewalten beschreiben, ihm freilich auch die Auflösung juristischer Methode und die politische Verunreinigung des Rechtes vorwerfen.[3] Eine einfache Fortschrittsgeschichte wäre naiv, auch weil Ursache und Wirkung schwer zu bestimmen sind: Die Linie von Grundrechtsdogmatik zu den Grundrechten und dann weiter zur Gesellschaft ist auf der Ebene konkreter Fälle schwer zu ziehen. Es ist schwer zu sagen, ob die Grundrechte die Deutschen auf dem Weg der kulturellen Westintegration angeleitet haben oder ob eine positive gesellschaftliche Entwicklung im Recht einfach ihren Widerhall gefunden hat. Dogmatik als Zwischenschicht zwischen Recht und Entscheidung ist formaler Natur, sie hat Werkzeugcharakter. Sie lässt sich nicht einer Weltanschauung zuordnen, weil gerade die wichtigen Weichenstellungen – jenseits der Auslegung einzelner Begriffe – formaler Natur sind. Nicht jeder für die Entwicklung der spezifischen Grundrechtsdogmatik bedeutende Fall war oder ist gesellschaftspolitisch relevant, nicht jeder auf diese Weise wichtige Fall ist dogmatisch innovativ. Dogmatik wird oft genug in einem unscheinbaren Fall entwickelt, um dann in einem anderen zur Blüte zu kommen: So ist das Apothekenurteil sicherlich dogmatisch höchst bedeutsam, gesellschaftspolitisch aber irrelevant.[4] Ein Fall wie Lüth, in dem beides zusammenkommt, steht gerade darum in so hellem Licht, ist aber eben nicht die Regel.

Das eigentlich Interessante ist die dogmatisch ermöglichte Verwendung der Grundrechte als eine Semantik, eine Sprache, mit der sich Ansprüche an die Politik und Gesellschaft formulieren lassen. Der Wert der Grundrechte liegt dann weniger in einer spezifischen Substanz als in den gesellschaftlichen Folgen des Umstandes, dass wir Geltungsansprüche in der Sprache individueller Rechte und Bedürfnisse diskutieren. Eine Gesellschaft, die Entscheidungen in dieser Sprache begründet, wird im Zweifel eine humanere sein als eine solche, die Entscheidungen regelmäßig mit einem homogenen Volkswillen begründet. Die humanisierende Kraft der Rechte liegt dann in ihrer Formkraft für das Sprechen vom Politischen.

II. Der Jargon der Republik – Die Wertordnung als semantische Rahmenordnung

1. Die Leerstelle in der politischen Semantik

Jede politische Ordnung hat eine eigene Sprache, die mit ihren handfesteren Eigenheiten natürlich in einem engen Zusammenhang steht, konkrete Politik und einzelne Institutionen aber weder determiniert noch von diesen ganz determiniert wird. Sie macht sich an einem wiederkehrenden Vokabular, an immer wiederholten Sprachbildern fest, mit denen sie sich selbst beschreibt und mit denen sie Beschreibungen vornimmt. Beginnen wir mit einem Gegenbild: Blut, Boden, Opfer, Gemeinschaft, Führer, Volk, Rasse – der Nationalsozialismus bediente sich nicht nur eines kämpferischen Gestus, welchen er mit dem italienischen Faschismus teilte, sondern einer eigenen Semantik, die zentrale Wertüberzeugungen versprachlichte. Diese Semantik war nach dem Krieg desavouiert, damit auch die Sprache verloren, in der Höheres und Verbindendes zum Ausdruck gebracht wurde. Für die Bundesrepublik ist insgesamt typisch, dass der Nationalsozialismus wie ein Riegel affirmative Bezugnahmen auf die deutsche Geschichte abschneidet; die NS-Zeit hatte damit einen historischen Überschuss, der aus der Sicht vieler auch Vorgängiges verdarb; die eigene Nationalgeschichte fällt damit als Archiv für Bilder und Geschichten aus – Heinrich der Löwe und Friedrich der Zweite klingen als Bezugspunkt hohl. Der Historiker-Streit zeigte noch in den 80er-Jahren, wie politisch Fragen der historischen Bezugnahme in Deutschland sind, ähnliches gilt für die Einwürfe Martin Walsers.[5]

Die junge Bundesrepublik war jedenfalls seltsam sprachlos.[6] Attestiert wurde ihr das interessanterweise von rechts und links – eine spezifisch linke Kritik lieferte Anfang der 1960er-Jahre Adorno mit seinem Jargon der Eigentlichkeit. Der kurze Text ist so manches: eine Heidegger-Kritik, eine typisch kulturmarxistische Ideengeschichte, wie man sie auch von Georg Lukács kennt: Bürgertum und Liberalismus sind nur Pappkameraden, in deren Schatten sich immer schon der Faschismus versteckt – insofern bietet Adornos Sprachkritik reichlich eigenen Jargon auf. Interessanter als diese typischen Frankfurter-Schule-Requisiten ist die im Titel des Textes bereits angekündigte Beschreibung eines Jargons, einer Redeweise, derer sich Amts- und Würdenträger bedienen. Typische Vokabeln sind dabei »Auftrag«, »Begegnung«, »Anliegen«, »Bindung«.[7] Genau wie das titelgebende »Eigentliche« behaupten sie Emphase und Erhabenheit, ohne einen konkreten Gegenstand dieser Zustände vorweisen zu können.[8] Bindung, woran denn?

Der Hintergedanke, die Zeitdeutung Adornos ist ein bisschen die, dass die Deutschen erst das Kreuz, dann das Hakenkreuz hatten und aufgrund bleibender Bedürfnisse trotz Verlust dieser Symbole und der verbundenen Sprache nun eine Leerstelle umsprechen, die keinen spezifischen Inhalt mehr vorzuweisen hat. Die Problembeschreibung ist kein Spezifikum linker Kritik: Wir finden sie auch auf der Rechten, insbesondere bei von Carl Schmitt beeinflussten Personen: Forsthoff sieht den Staat nicht mehr zur geistigen Selbstdarstellung in der Lage, Rüdiger Altmann spricht von einem Land ohne geistigen Schatten.[9] Die in verschiedenen Lagern gespürte Leerstelle haben in 70 Jahren Grundgesetz die Grundrechte (zumindest mit-)gefüllt. Freilich nicht sofort: Als Mittel geistiger Selbstdarstellung kommen sie in der frühen Republik kaum vor – die 1950er-Jahre waren sicher keine Zeit der Grundrechtseuphorie, eher wurde die Herausforderung gewachsener Institutionen durch die Moderne (immer noch) nachvollzogen.[10] Die »formierte Gesellschaft« war als Stichwort sicher nicht dem Grundgesetz entnommen. Wichtige Entscheidungen wie das Beamtenurteil sowie solche zur Gleichstellung der Frau waren durchaus liberaler als die Gesellschaft, für die sie galten: Als Selbstbeschreibung taugen Grundgesetz und Grundrechte in dieser Situation kaum.[11] Und auch für die gesellschaftspolitischen Debatten der 1960er- und 70er-Jahre spielen die Grundrechte als Semantik kaum eine Rolle – erst mit dem Niedergang des Sozialismus und dem Verlust an theoretischer Anziehungskraft universalisiert sich die Zustimmung zu einer Beschreibung von Politik in der Sprache des Rechts. Insgesamt spricht viel dafür, dass die Bedeutung der Grundrechte für die Selbstbeschreibung mit der Auflösung traditioneller Institutionen zunimmt, zumal die Frage nach der eigenen Identität mit ihr immer dringender wird.

Dabei bot das Recht für die frühe Bundesrepublik auch spezifische Vorteile, welche nach und nach erkannt und angenommen wurden: Der Bonner Republik erlaubte der Verweis auf das Grundgesetz eine Abgrenzung zur eigenen Vergangenheit, dem nationalsozialistischen Unrechtsstaat, genau wie zum feindlichen Bruder im Osten, der DDR. Die in ihm aufgehobenen Werte waren ein Angebot für eine universelle Identität, die von manchen später als »Verfassungspatriotismus« affirmiert wurde.[12] Verfassungspatriotismus will aus abstrakten, weil beliebig reproduzierbaren Rechten eine Quelle für die affektive Beziehung zu einer konkreten politischen Ordnung schöpfen. Eine gelungene Praxis, in der sich Akteure auch an diese Normen halten, ist mit einem Set aus Normen freilich nicht verbunden. Eine ordinäre Variante des Verfassungspatriotismus verkennt dies zuweilen, genau wie den etwas abstrakteren Umstand, dass man dem Allgemeinen nur im Besonderen dienen kann. Wir haben eine Vervielfachung der Individualrechtsgarantien auf europäischer Ebene erlebt, die keinen erheblichen Zuwachs an Zustimmung zu den verbundenen Institutionen ausgelöst hat. Zu bedenken ist auch: Rechtsstaat ist mehr als Grundrechte, geht und ging historisch auch ohne Grundrechte – er lebt von gut funktionierenden Gerichten, einem komplizierten Verfahrens- und Prozessrecht, effizienter Strafverfolgung, Normeinhaltung –, aber auf der Ebene der Symbole wird man den Grundrechten eine besondere Bedeutung hier nicht absprechen können. Hier sind sie als Substanzen aber gerade schlecht beschrieben. Die eigentliche gesellschaftliche Leistung der Grundrechte ist meines Erachtens formaler. Es ist kein Wunder, dass der Verfassungspatriotismus zuerst ein Konzept von Nicht-Juristen ist, die gewissermaßen von außen lobend vom Recht, von der Verfassung sprechen. Die »Verfassung« ist für sich abstrakt für den Juristen genauso wenig eine verbindliche Kategorie wie »Religion« für den Theologen.

2. Grundrechte als semantisches Angebot

Betrachtet man Grundrechte in den Sprachspielen ihrer juristischen Verwendung, dann sind sie Hüllen, derer sich Akteure für ihre Belange – wie auch immer diese qualifiziert werden – bedienen. Grundrechte sind Projektionsfläche für unterschiedliche Vorstellungen von einer guten Ordnung, die sich aber alle in der Sprache individueller Rechte und privater Belange ausbuchstabieren lassen. Das Recht ist damit nicht die substanzielle Wertüberzeugung, sondern das Trägersystem, das dieser Wertüberzeugung normatives Gewicht gibt. Es ist für den Rechtsanwender eine Sprache, die er spricht, um konkrete Ziele zu erreichen. Oft genug hat jede Seite in einem Rechtsstreit ein verfassungsrechtliches Argument. Gerade darin, dass die Verfassung qua Dogmatik für mehrere Argumentationen einen Anknüpfungspunkt gibt, liegt ihr Vorzug: Eine Meinung, der die Verfassung keinen Anknüpfungspunkt gibt, ist eher geneigt, sich von dieser abzukehren, als eine Position, die sich in einer konkreten Entscheidung nicht durchsetzt, sich im Kosmos der Grundrechtspositionen aber zumindest aufgehoben weiß.

Genau zu sagen, was Religion ist, erlaubte Meinung, Ehe – das wirkt anders als die Klärung der Frage, ob eine Sonderabgabe Gruppennützigkeit voraussetzt oder mit der Finanzverfassung vereinbar ist. Man ist immer ganz schnell bei nicht nur politisch brisanten, sondern auch für das Selbstverständnis vieler Menschen wichtigen Fragen. Das Aufgehoben-Sein im Schutzbereich eines Grundrechtes birgt dann auch gesellschaftliche Anerkennung, zumindest den Anspruch auf gesellschaftliche Anerkennung. Der Wert der Rechtsprechung liegt daher auch in dem, was sie gerade offenlässt. Die Hinnahme einer Pluralität von konfligierenden Belangen in Form einer Wertordnung, die nur im Einzelfall konkretisiert wird, birgt eine Pluralität, die Schmitts Kritik einer Tyrannei der Werte widerlegt und Smends antipluralistischen Integrationsgedanken überwindet.[13] Dass im Grundgesetz Widersprüche aufgehoben sind, macht es zum passenden Korrelat einer pluralen Gesellschaft. Sie sind dann eine Art Universalgrammatik für eine notwendige plurale Rechts- und Gesellschaftsordnung. Eine solche Beschreibung liefert auch eine Alternative zum Rekurs auf die symbolisch wie begrifflich überlastete Menschenwürde als Urgrund von allem Wahren, Guten und Schönen.[14] Grundrechte als Plural erlauben eine agonale Fügung, jedenfalls aber – auch wenn die einzelne Entscheidung nicht befriedigt – einen Rahmen, in dem sich unterschiedliche Positionen aufgehoben fühlen können. Die Grenze des Rahmens ist der normative Individualismus, der einzig die Person als letztgültigen moralischen Zurechnungspunkt akzeptiert und damit kollektivistischen Ideen von der Letztgültigkeit von Volk, Rasse oder Klasse entgegensteht.[15] Was die Würde nur in Momenten der Eintracht zu leisten imstande ist, das vermögen die Grundrechte als Rahmen auch in der Situation des Streits. Was juristisch so oft als Nachteil der Grundrechte und ihrer Dogmatik erscheint – die geringe begriffliche Durchdringung und Festlegung –, das ist gesellschaftlich gerade ein Vorteil! Sie hält das Verständnis der Grundrechte als Projektionsfläche offen und ermöglicht gerade dadurch ihre integrative Wirkung. Die gesellschaftliche Funktion der Grundrechte jenseits der spezifisch juristischen Praxis und des spezifisch juristischen Sprechens vom Recht liegt darin, dass sie heute als Vokabular der Republik dienen – um zwei Gegensätze der Verfassungstheorie zusammenzuzwingen: Die Wertordnung dient als semantische Rahmenordnung.

Die Semantik der (Grund-)Rechte dient daher heute als Klammer akademischer Fächer und als Legitimationsfigur der politischen Gemeinschaft generell.[16] Eine ähnliche Bedeutung haben individuelle Rechte sonst nur im Völkerrechtsdiskurs, wo sie nach dem totalen Bedeutungsverlust kollektivistischer, sozialistischer Systemkritik dem westfälischen Modell entgegengehalten werden.[17]

3. Grenzen der Integrationskraft

Grenzen findet die integrative Kraft der Grundrechtssemantik gerade in konkreten Entscheidungen: Politische Konflikte lassen sich als Grundrechtskonflikte ausbuchstabieren: Zensur in sozialen Netzwerken, Kopftücher bei Referendarinnen, die erneute Heirat des Chefarztes eines katholischen Krankenhauses, um nur einige Beispiele zu nennen. Dass dergleichen möglich ist, hängt auch an der noch zu beschreibenden Dogmatik: der Grundentscheidung für Abwägung und gegen klare begriffliche Grenzen. Ausbuchstabiert heißt freilich nicht gelöst – die gesellschaftspolitische Befriedungswirkung der Entscheidungen des Bundesverfassungsgerichts darf nicht überschätzt werden. Kontroverse Entscheidungen haben dem Ansehen des Gerichts zeitweilig geschadet: Historisch mag man an den Schwangerschaftsabbruch denken, das Kruzifix oder an die Kontroverse um den Satz »Soldaten sind Mörder!«.[18] Die integrative Kraft der Grundrechte führt nicht zwangsläufig zu einer integrativen Kraft der Rechtsprechung, Urteile als juristisch notwenige Konkretisierung wirken vielleicht sogar eher schwächend. Das muss nicht wundern: In der konkreten Entscheidung endet die beschriebene Pluralität. Was im Allgemeinen gut klingt – wer ist schon gegen Meinungsfreiheit? –, zerbröselt in der Konkretisierung. Gleichzeitig sind einzelne Abwägungsentscheidungen durchaus arbiträr; es ist also klar zwischen den Grundrechten zum einen und der Grundrechtsrechtsprechung zum anderen zu unterscheiden. Es sind zwei Ebenen, die etwa Häberles bekannter Aufsatz von der »offenen Gesellschaft der Verfassungsinterpreten« vermischt.[19] Je konkreter die Frage, desto juristischer wird sie, und desto enger wird zwangsläufig der Kreis der Interpreten.

III. Dogmatik als juristische Grammatik

Wie nun ermöglicht aber Dogmatik die beschriebene gesellschaftliche Bedeutung der Grundrechte? Erst einmal ist nichts gesellschaftsferner als Dogmatik – sie kennzeichnet die fachliche Auseinandersetzung, findet jenseits dieser kaum (gesellschaftliche, nicht einmal politische) Aufmerksamkeit. Dogmatik meint in der Rechtswissenschaft die Summe an Begriffen und Methoden, die sich auf das positive Recht beziehen, es ordnen, seine Anwendung anleiten, ohne selbst positive Vorgaben der Rechtsquellen zu sein. Vermittels der Dogmatik liefern die Wissenschaft und teilweise auch die Gerichte den Über- und Unterbau der Rechtsquellen. Es sind oft einigermaßen abstrakte Begriffe, mit denen wir das Recht sortieren: Leistungsrecht, Schutzbereich, subjektives Recht. Sie strukturieren den juristischen Blick, die juristische Argumentation beim Umgang mit Norm und Sachverhalt. Schon Jhering sprach von der Norm als Laienperspektive auf das Recht, die sich im Blick des Juristen in eine stratifizierte Begriffsordnung ausfaltet.[20]

Dogmatik ermöglicht damit den Schritt von der abstrakten Norm zur gelingenden Praxis, indem sie der sonst formlosen juristischen Argumentation eine juristische Grammatik beigibt. Sie bildet die Architektur, in der sich Rechtsanwendung in einer akzeptanzfähigen Mischung aus Erwartungssicherheit und Flexibilität realisiert. Diese sprachliche Architektur wird oft als Proprium der deutschen Rechtswissenschaft gefasst: mit guten Gründen. Grammatik bestimmt darüber, wie man etwas sagen kann, nicht, was man sagen kann, sie ist formal. Mit der Dogmatik verhält es sich ganz ähnlich. Gleichwohl kann sie je nach ihrer konkreten Gestalt bestimmte Argumente erschweren oder bestimmte Argumente erleichtern. Genau wie manche Sprachen eine feinere Grammatik aufweisen, hat auch der Charakter einer Dogmatik Folgen dafür, was sich mit dem Recht machen lässt. Dogmatik überzieht qua Interpretation den blanken Text aber auch mit normativ gesättigten Bedeutungsschichten. Sie leistet also eine inhaltliche Ausfüllung, ist aber auch Methode, versetzt den Text in Bewegung: Dogmatische Figuren wie die Verhältnismäßigkeitsprüfung lassen sich als Lehrsätze beschreiben, dienen auf dem Weg zu Urteilen aber als Techniken der Problemlösung.

Spricht man allgemein über das Verhältnis von Recht und Gesellschaft, dann spricht man über den Einfluss des einen auf das andere. Des Rechts auf die Gesellschaft – hier ist es wahlweise Überbau, Auflöser gewachsener Sittlichkeit, Versöhnung von Freiheit und Ordnung. Auffällig ist, wie negativ jedenfalls von Juristen der Einfluss der Lebenswelt auf das Recht und seine Sprache gesehen wird: der Einfall zeitgebundener Wertevorstellungen in das Recht, durch den Gesetzgeber zum einen, durch Interpretation zum anderen. Das Einsickern der Moral in das Verständnis der Rechtsbegriffe ist ein Horror zumindest der bundesrepublikanischen Methodenlehre. Die fehlende Determiniertheit des Rechts führt zu einem ständigen Influx, der als Bedrohung der Wissenschaftlichkeit, der Eigenständigkeit, der Objektivität des Rechts empfunden wird. Der Fehler dieser Angst, der Trost für die fürchtenden Juristen liegt nicht in einer Abschottung der Rechtssprache gegenüber der moralisch getränkten Alltagssprache, sondern in der Formalität juristischer Argumentation, der Hoffnung, dass dem Parcours der juristischen Argumentation, wie sie dogmatisch angeleitet wird, selbst eine rationalisierende Kraft innewohnt.[21]

IV. Grundrechtsdogmatik als Universalgrammatik

Wie ist nun die Grundrechtsdogmatik beschaffen, warum und wie ermöglicht sie die skizzierte Bedeutung der Grundrechte für die Selbstbeschreibung unserer Gesellschaft? Die beschriebene Aufladung der Grundrechte als politisches Symbol hat Folgen für akzeptanzfähige juristische Arbeit, weil die verwendeten Begriffe zugleich politische Symbole sind. Wichtig sind vor diesem Hintergrund meines Erachtens zwei Merkmale, die sich als Universalisierung und Flexibilisierung beschreiben lassen. Universalisierung meint die Tiefe, mit der die Grundrechte auf die Gesamtrechtsordnung einwirken. Ihr Ausgang ist die Wertordnung des Lüth-Urteils. Flexibilisierung betrifft die Anwendungsdogmatik: die Art und Weise, die Methode der Lösung konkreter Fälle. Für sie ist die Abfolge von Schutzbereich, Eingriff und Rechtfertigung kennzeichnend, die regelmäßig mit einer Verhältnismäßigkeitsprüfung endet. Die Kombination aus beidem führt dazu, dass Grundrechte in einer maximalen Zahl an Situationen und Bezügen relevant sein können, ihre Rolle dabei aber irgendwie unsicher bleibt. Nimmt man den Vergleich zu einer Sprache wieder auf: Man muss in ihr möglichst viel sagen können. Die Grundrechtsdogmatik macht gerade das möglich, sie maximiert die Anwendungsbreite der Grundrechte, ohne viele allgemeine Festlegungen vorzunehmen.

Der Platz der Grundrechte in der Rechtsordnung wird durch die Höhe in der Geltung und die Tiefe ihrer Reichweite bestimmt. Ihre Höhe in der Normenhierarchie hat den Grundrechten der Verfassungsgeber mitgegeben. Grundrechte binden alle staatliche Gewalt (Artikel 1 Absatz 3 GG) und haben am Vorrang der Verfassung selbst vor dem demokratischen Gesetzgeber teil.[22] Ihre Tiefe, ihre Reichweite hingegen ist eine dogmatische Leistung, sie hat ihnen das Bundesverfassungsgericht beigegeben, maßgeblich durch den Gedanken der Wertordnung. So heißt es im Lüth-Urteil:

> Ebenso richtig ist aber, daß das Grundgesetz, das keine wertneutrale Ordnung sein will […], in seinem Grundrechtsabschnitt auch eine objektive Wertordnung aufgerichtet hat und daß gerade hierin eine prinzipielle Verstärkung der Geltungskraft der Grundrechte zum Ausdruck kommt […]. Dieses Wertsystem, das seinen Mittelpunkt in der innerhalb der sozialen Gemeinschaft sich frei entfaltenden menschlichen Persönlichkeit und ihrer Würde findet, muß als verfassungsrechtliche Grundentscheidung für alle Bereiche des Rechts gelten; Gesetzgebung, Verwaltung und Rechtsprechung empfangen von ihm Richtlinien und Impulse. So beeinflußt es selbstverständlich auch das bürgerliche Recht; keine bürgerlich-rechtliche Vorschrift darf in Widerspruch zu ihm stehen, jede muß in seinem Geiste ausgelegt werden.[23]

Diese Wertordnung ist es, welche die Grundrechte aus dem festen Schema des Abwehrrechtes gegen den Staat herauslöst, zugleich Drittwirkung und Mehrpoligkeit eingängig macht. So werden die Grundrechte für das Verhältnis Privater, aber auch für solche Beziehungen zwischen Einzelnem und Staat maßgeblich, die sich nicht im klassischen Über-Unterordnungsmodell fassen lassen. Jellineks Statuslehre wird plötzlich (zumindest in Ansätzen) praktisch.[24] Die Wertordnung stützt Schutzpflichten für das ungeborene Leben genau wie Organisationsvorgaben für die Hochschulen.[25]

Mit dem Begriff der Wertordnung ist stets die Frage nach der Bedeutung Smends verbunden, eine Genealogie des Wertbegriffs kommt dann selten ohne Verweis auf materielle Wertlehren der Weimarer Zeit aus. Die Wertordnung ist heute nicht mehr in aller Munde, weil durch konkretere Dogmatik ersetzt;[26] dabei nicht spezifisch überholt, weil sie so allgemein ist und keine spezifisch philosophische Genealogie braucht. Auf der ganz banalen alltagssprachlichen Ebene ist die Wertordnung – die Vorstellung von in den Grundrechten aufgehobenen Werten – immer noch eingängig.

Die Anwendungsdogmatik wird weniger durch eine bestimmte Interpretationstechnik bestimmt als durch den für die Grundrechtsprüfung typischen Parcours aus Prüfungsschritten. Hier hat sich ein weites Verständnis der Reichweite der Grundrechte, abgesichert noch durch die Ausdeutung des Artikels 2 Absatz 1 GG als allgemeiner Handlungsfreiheit, etabliert. Die Weite der Schutzbereiche führt gewissermaßen automatisch zu Situationen grundrechtlicher Horizontalwirkung, zu Mehrpoligkeit. Das Persönlichkeitsrecht trifft auf die Meinungsfreiheit, die Religionsfreiheit auf Elternrecht, Demonstrationsrecht oder Kunstfreiheit auf Eigentum. Weil auch die Kategorie des Eingriffes – vielleicht aus guten Gründen – eine Entgrenzung erfahren hat, decken Grundrechte ein weites Feld bürgerlichen wie staatlichen Verhaltens ab, das am Ende für den Einzelfall durch die Prüfung der Verhältnismäßigkeit in einen Ausgleich gebracht wird.[27] Damit geht einher, dass Wertkonflikte nicht im Allgemeinen gelöst, sondern nur in konkreten Fällen entschieden werden müssen. Hieraus folgt eine besondere Flexibilität in der Anwendung. Man kann sie als Beliebigkeit kritisieren, sollte aber den pluralen Effekt dieser Darstellungsform juristischer Entscheidung nicht unterschätzen: Es macht einen Unterschied, ob ein bestimmtes Verhalten von Anfang an begrifflich nicht den Schutz eines Grundrechtes genießt oder als schutzwürdig anerkannt wird, sich aber am Ende nicht durchsetzt. Das juristische Ergebnis mag das gleiche sein, es wird aber gewissermaßen rhetorisch schonender kommuniziert. Im Aushalten der Pluralität grundsätzlich anerkennungswürdiger Rechtspositionen liegt die Differenz zu Smends Integration und auch zu Schmitts Tyrannei der Werte, deren Popanz eine Hierarchie der Werte bildet. Die so beschriebene Dogmatik bietet daher eine attraktive Mischung aus Pluralität und Bindung.

Die Bedeutung der Grundrechte für die Anwendung des Fachrechts ist wohl kaum zu bestreiten. Fritz Werners Satz vom Verwaltungsrecht als konkretisiertem Verfassungsrecht von 1959 beschreibt – freilich übertrieben – einen Prozess, der sich in der Bundesrepublik nach und nach tatsächlich vollzog.[28] Und auch im Strafrecht drängen die Grundrechte in die Fugen der Fachdogmatik. Vor allem durch die Urteilsverfassungsbeschwerde hat das Bundesverfassungsgericht die wiederkehrende Möglichkeit zu weitgehenden Eingriffen in die Fachdogmatik, welche es trotz der stets wiederholten Beteuerung, es sei keine Superrevisionsinstanz, durchaus regelmäßig ausnutzt.[29] Kritische Geister mögen sich bei Dogmatik und ihrer Anwendung zuweilen an die Instrumente des Begriffshimmels in Jherings »Scherz und Ernst« erinnert sehen, die

Mehrheit des Faches und die Mehrheit des Volkes scheinen aber zufrieden zu sein.

Wissenschaftliche Kritik, auch spezifisch methodische Kritik, hat es gleichwohl immer gegeben. Schon früh beginnt eine Debatte um die richtige Methode der Verfassungsinterpretation, in der vor allem Ernst Forsthoff recht polemisch für die klassischen Canones der Auslegung wirbt.[30] Im weitesten Sinne der Schmitt-Schule zuzurechnende Personen bleiben ein kritischer Pol, so setzt Ernst-Wolfgang Böckenförde sich kritisch mit der Konkretisierung und anderen alternativen Deutungsformen des Verfassungsverständnisses auseinander und möchte den Umgang mit dem Grundgesetz aus dem Charakter der Verfassung als Rahmenordnung begründen.[31] Auch um die Anwendungsdogmatik gab es nach den Entscheidungen Osho und Glykolwein eine Debatte, die sich an der Weite der grundrechtlichen Schutzbereiche festmachte.[32] Insgesamt gibt es eine Entwicklung hin zur Historisierung: zum einen zur Historisierung einzelner Entscheidungen.[33] Zum anderen aber auch der methodischen Perspektive: Durch eine stärkere Kontextualisierung wird dem selbstreferenziellen Maßstabsteil der Bundesverfassungsgerichtsentscheidungen seine Kontingenz vorgeworfen, er erscheint nicht mehr als monolithische Konkretisierung des Verfassungstextes, sondern macht die zerklüftete Struktur der judikativen Praxis deutlich, die von Widersprüchen nicht frei ist.[34]

V. Eine Grammatik der Freiheit?

Die Grundrechte sind nicht unsere Identität, aber wir sprechen über sie, verhandeln sie in der Sprache der Grundrechte. Wir können nun nicht sagen, dass man im Namen der Grundrechte nur Gutes tun kann: Ihre Verwendung ist genau wie ihre Bedeutung nicht voll determiniert. Mit jedem Werkzeug kann man Unfug treiben. Wir können aber sagen, dass das Bundesverfassungsgericht und sicher auch andere Interpreten der Bundesrepublik mit den Grundrechten wohltaten. Man kann also eine affirmative Genealogie erzählen, ohne sich der Zukunft allzu sicher zu sein. Auch die Grundrechte lassen sich missbrauchen, aber es ist vielleicht leichter, mit ihnen Gutes als Schlechtes zu tun: Fasst man sie als Sprache, so kann man mit den Grundrechten leichter für Freiheit als für ihre Beschränkung argumentieren. In diesem Sinne ist auch ihre Dogmatik eine Grammatik der Freiheit.

Anmerkungen

1 BVerfGE 6, 389 – Homosexuellenurteil (1957); 39, 1 – Schwangerschaftsabbruch I (1975).

2 Siehe kritisch zum Bundesverfassungsgericht Gerhard Biehler, Sozialliberale Reformgesetzgebung und Bundesverfassungsgericht, 1990; für die integrative Kraft des Grundgesetzes in den ersten Jahrzehnten seiner Geltung insgesamt Ulrich Herbert, Integration der jungen Bundesrepublik durch Verfassungsrecht?, in: Michael Stolleis (Hg.), Das Bonner Grundgesetz. Altes Recht und neue Verfassung in den ersten Jahrzehnten der Bundesrepublik Deutschland, 2006, S. 85 ff.

3 Auch als Redoute gegen den Verlust der gelungenen rechtsstaatlichen und demokratischen Substanz an einen europäischen Moloch mag es mancher sehen – wie jede mächtige Institution ist auch Karlsruhe Projektionsfläche (bisher) enttäuschter Erwartungen.

4 BVerfGE 7, 377 – Apothekenurteil (1958).

5 Zum Beispiel Martin Walser, Über Deutschland reden, 1989; Erfahrungen beim Verfassen einer Sonntagsrede (Rede zum Friedenspreis des Deutschen Buchhandels 1998), 1998.

6 Zur Ideengeschichte der frühen Bundesrepublik siehe Jens Hacke, Die Bundesrepublik als Idee. Zur Legitimationsbedürftigkeit politischer Ordnung, 2009.

7 Theodor W. Adorno, Jargon der Eigentlichkeit, 1964, S. 9.

8 Es handelt sich um die Überladung von Alltagssprache, siehe Theodor W. Adorno (Fn. 7), S. 10: »Bestandstücke der empirischen Sprache werden in ihrer Starrheit manipuliert, als wären sie solche einer wahren und geoffenbarten; die empirische Umgänglichkeit der sakralen Wörter täuscht dem Sprecher und dem Hörer Leibnähe vor.«

9 Rüdiger Altmann, Das Erbe Adenauers, 1960.

10 Zur frühen Bundesrepublik und dem Grundgesetz siehe Ulrich Herbert (Fn. 2), S. 85 ff.

11 BVerfGE 3, 58 – Beamtenurteil (1953); 3, 225 – Gleichberechtigung (1953); 10, 59 – Stichentscheid (1959).

12 Zum Begriff und seiner Geschichte insb. bei Sternberger und Habermas siehe Jan-Werner Müller, Verfassungspatriotismus, 2007, S. 21 ff.

13 Schmitt behauptet eine Hierarchie von Werten, in denen sich ein Oberwert zwingend und tyrannisch auf Kosten anderer Werte durchsetzt, siehe Carl Schmitt, Die Tyrannei der Werte, 3. Aufl. 2011, S. 50; zu Smends Integrationsbegriff siehe Rudolf Smend, Verfassung und Verfassungsrecht, in: ders., Staatsrechtliche Abhandlungen, 3. Aufl. 1994, S. 119 ff.

14 Zur Diskussion um die Würde und ihre Unbestimmtheit siehe Manfred Baldus, Kämpfe um die Menschenwürde: Die Debatten seit 1949, 2016, passim.

15 Für eine Grundlegung des normativen Individualismus siehe Dietmar von der Pfordten, Normative Ethik, 2010; ders., Rechtsethik, 2. Aufl. 2011.

16 Interessant ist dabei auch, welche alternativen Figuren und Begriffe an den Rand gedrängt werden: Wer spricht heute noch vom Volk? Die Berufung auf dieses wird schnell als Merkmal von Populisten behauptet. Grund- und Menschenrechte werden dabei von manchen auch als Projektionsfläche für soziale Transformation gefasst, siehe Christoph Menke / Francesca Raimondi, Die Revolution der Menschenrechte, 2011.

17 Zu Grund- und Menschenrechten im Völkerrecht siehe Samuel Moyn, The Last Utopia. Human Rights in History, 2010; ders., Not Enough. Human Rights in an Unequal World, 2018.

18 BVerfGE 39, 1 – Schwangerschaftsabbruch I (1975); 93, 1 – Kruzifix (1995); 93, 266 – ›Soldaten sind Mörder‹ (1995).

19 Peter Häberle, Die offene Gesellschaft der Verfassungsinterpreten, Juristenzeitung 1975, S. 297 ff.

20 Rudolf v. Jhering, Geist des römischen Rechts, Bd. I, 1852, S. 37.

21 Zum Ganzen siehe Jannis Lennartz, Dogmatik als Methode, 2017.

22 Die Norm signalisiert die Wachablösung der Rechtsformen, vom Gesetz zur Verfassung, bei welcher der alte demokratische Hochpunkt unter das Joch der Verfassung und damit der Rechtsprechung gezwungen wird.

23 BVerfGE 7, 198 (205) – Lüth (1958).

24 Zur Statuslehre siehe Georg Jellinek, System der subjektiven öffentlichen Rechte, 2. Aufl. 1905, S. 86 ff.

25 BVerfGE 35, 79 (113) – Hochschulorganisation (1973); zum Schwangerschaftsabbruch BVerfGE 39, 1 (42) – Schwangerschaftsabbruch I (1975).

26 Zu Genealogie und Konjunktur der Wertordnung siehe Dominik Rennert, Die verdrängte Werttheorie und ihre Historisierung. Zu »Lüth« und den Eigenheiten bundesrepublikanischer Grundrechtstheorie, Der Staat 53 (2014), S. 31 ff.

27 In jüngerer Rechtsprechung scheint das Bundesverfassungsgericht eine Wirkung der Grundrechte zwischen Privaten auch ohne den Umweg der mittelbaren Drittwirkung annehmen zu wollen, siehe BVerfGE 128, 226 – Fraport (2011) sowie Bundesverfassungsgericht, Beschluss des Ersten Senats vom 11.4.2018, 1 BvR 3080/09 – Stadionverbot, in: Neue Juristische Wochenschrift 2018, S. 1667 ff.

28 Zur Entwicklung Christoph Schönberger, »Verwaltungsrecht als konkretisiertes Verfassungsrecht«. Die Entstehung eines grundgesetzabhängigen Verwaltungsrechts in der frühen Bundesrepublik, in: Michael Stolleis (Hg.), Das Bonner Grundgesetz. Altes Recht und neue Verfassung in den ersten Jahrzehnten der Bundesrepublik Deutschland, 2006, S. 53 (61 ff.).

29 Zu Maßstab und Selbstbeschreibung siehe etwa BVerfGE 18, 441 (450) – AG in Zürich (1965); 59, 63 (89) – Eurocontrol II (1981); 89, 1 (14) – Eigenbedarfskündigung (1993); 94, 315 (328) – Zwangsarbeiter (1996); 99, 145 (160) – Kindesrückführungsanträge (1998); 118, 124 (135) – Argentinien-Anleihen (2007).

30 Eine Summa der wichtigsten Beiträge zur frühen Debatte liefert der Sammelband von Ralf Dreier/Friedrich Schwegmann (Hg.), Probleme der Verfassungsinterpretation, 1976; eine zusammenfassende Rückblende mit Überblickscharakter gibt Ernst-Wolfgang Böckenförde, Die Methoden der Verfassungsinterpretation – Bestandsaufnahme und Kritik, Neue Juristische Wochenschrift 1976, S. 2089.

31 Dazu Ernst-Wolfgang Böckenförde, Die Methoden der Verfassungsinterpretation – Bestandsaufnahme und Kritik, in: ders., Wissenschaft, Politik, Verfassungsgericht, 2011, S. 120 (152).

32 Siehe m.w.N. Benjamin Rusteberg, Der grundrechtliche Gewährleistungsgehalt, 2009.

33 Siehe als Beispiel und Vorbild hierzu Thomas Henne/Arne Riedlinger (Hg.), Das Lüth-Urteil aus (rechts-)historischer Sicht. Die Konflikte um Veit Harlan und die Grundrechtsjudikatur des Bundesverfassungsgerichts, 2005.

34 Siehe zum Maßstabsteil insbesondere Oliver Lepsius, Die maßstabsetzende Gewalt, in: Jestaedt / Lepsius / Möllers / Schönberger, Das entgrenzte Gericht: Eine kritische Bilanz nach sechzig Jahren Bundesverfassungsgericht, 2011, S. 161 ff.

»Gedöns« im Grundgesetz

Ehe und Eltern, Kinder und Schule

Matthias Jestaedt, Freiburg

I. »Nicht-Klassisches« im Grundrechtsteil: Ehe – Familie – Eltern – Schule

1. Unplanmäßige Verfassungsgewährleistungen

Im internationalen Vergleich sticht das Grundgesetz heraus, was Art und Maß der verfassungsrechtlichen Gewährleistung von Lebensgemeinschaften mit und ohne Kinder anbelangt. Im Grundrechtsteil, genauer in Artikel 6 GG mit seinen fünf Absätzen, stellt es Ehe und Familie unter den besonderen Schutz der staatlichen Gemeinschaft (Absatz 1), weist es den Eltern die Primärverantwortung für Pflege und Erziehung ihrer Kinder zu (Absatz 2, s. ergänzend Absatz 3), verspricht es der Mutter den Schutz und die Fürsorge der Gemeinschaft (Absatz 4) und verpflichtet es die Staatsgewalt, nichtehelichen Kindern »die gleichen Bedingungen für ihre leibliche und seelische Entwicklung und ihre Stellung in der Gesellschaft zu schaffen wie den ehelichen Kindern« (Absatz 5). Die Folgebestimmung – Artikel 7 – beschäftigt sich mit der Schule und weist hinsichtlich der Bildungs- und Erziehungsverantwortung für Kinder einen deutlichen Überschneidungsbereich mit Artikel 6 GG auf. Die Rechtsprechung des Bundesverfassungsgerichts hat Artikel 6 und 7 GG in den Folgejahrzehnten in differenzierter und detaillierter Weise entfaltet und ihnen einen wichtigen Platz unter den GG-Vorschriften zuerkannt – nicht zuletzt dadurch, dass es eine Reihe neuartiger, die rechtliche Bedeutung von Verfassungsbestimmungen steigernder Gewährleistungsdimensionen just an Artikel 6 oder 7 entwickelte. Die Geschichte der 1948/49 noch unabsehbaren, entscheidend vom Bundesverfassungsgericht bewerkstelligten Wirkungssteigerung der Grundrechte kann daher ohne Artikel 6 und 7 nur unvollständig erzählt werden.

Das ist umso bemerkenswerter, als die beiden Artikel in den Jahren 1948/49 zunächst gar nicht zur Aufnahme in das als bloße Übergangsverfassung der sich aus den drei westlichen Besatzungszonen (einschließlich der Westsektoren Berlins) herausbildenden Bundesrepublik Deutschland konzipierte Grundgesetz vorgesehen waren. Der von den westdeutschen Ministerpräsidenten im August 1948 initiierte Entwurf des Verfassungskonvents von Herrenchiemsee, der neben der Weimarer Reichsverfassung die wirkmächtigste Referenz für die Beratungen des vom September 1948 bis zum Mai 1949 tagenden Parlamentarischen Rates sein sollte, enthielt weder eine Artikel 6 noch eine Artikel 7 entsprechende Verbürgung. Auch im Parlamentarischen Rat hatten sich die Fraktionen zu Beginn der Beratungen darauf geeinigt, dass – anders als bei der Weimarer Reichsverfassung, die eine große Zahl in ihrer rechtlichen Wirkung heterogener Grundrechte und Grundpflichten enthielt (Artikel 109 bis 165) – das zu schaffende Grundgesetz auf relativ wenige, dafür aber unmittelbar geltende und gerichtlich einklagbare Grundrechte beschränkt werden sollte. Zu diesen sogenannten klassischen Grundrechten (wie etwa Meinungs-, Religions-, Versammlungs- oder Eigentumsfreiheit) aber gehören Gewährleistungen zu Ehe, Familie, Eltern, Mutterschutz und nichtehelichen Kindern gerade nicht. Und auch eine Schulbestimmung sollte das Grundgesetz, das sich länderfreundlicher verstand als die prononciert unitarisch angelegte Weimarer Reichsverfassung und Schulfragen in die ausschließliche Zuständigkeit der Länder verwies (»Schulhoheit der Länder«), nach den ursprünglichen Plänen des Jahres 1948 nicht enthalten.

2. Getrennte Diskurse – verschränkte Dispositionen

Wie aber kam es dann zur Aufnahme von Verbürgungen für Ehe, Familie, Eltern, Kinder einerseits und Schule andererseits ins Grundgesetz? Die heutige Regelungsanlage, die trotz der mittlerweile 62 Änderungsgesetze zum Grundgesetz[1] unverändert geblieben ist, stellt das Familienleben (Artikel 6) der Schule (Artikel 7) gegenüber; so einleuchtend und stimmig dies unter inhaltlich-systematischen Aspekten erscheint, so wenig bildet es doch die politischen Initiativen, Diskurse und Kompromisse ab, die den Parlamentarischen Rat in einer fortgeschrittenen Phase der Beratungen dazu bewogen haben, sich just für dieses – im diachronen wie synchronen Verfassungsvergleich ungewöhnliche – Regelungsarrangement zu entscheiden. Der Verlauf der Entstehungsgeschichte aber ist wichtig, um die Sinnzusammenhänge der einzelnen Verbürgungen in Artikel 6 und 7 GG begreifen zu können.[2]

Erst zu einem Zeitpunkt, als die Einzelregelungen zu Ehe und Familie, zu Elternverantwortung und Trennung des Kindes von der Familie, zu Mutter- und Nichtehelichenschutz, zu Schulaufsicht, Religionsunterricht und Privatschulen weithin in ihrem Wortlaut konsolidiert waren, wurde auf der Basis eines interfraktionellen Kompromisses über Zusammenstellung und Abfolge der Absätze in Artikel 6 einerseits und in Artikel 7 GG andererseits entschieden. Zuvor gab es zwar auch zwei Beratungsfelder; ihr Zuschnitt deckte sich aber nicht mit der inhaltlich-gegenständlichen Aufteilung, wie sie Artikel 6 und 7 GG festschreiben sollten. Gemeinsam – und das heißt: mit inhaltlichem Bezug aufeinander – beraten wurden Fragen des Ehe- und Familienschutzes mit solchen des Mutter- und des Nichtehelichenschutzes (zusammengestellt in Artikel 7a der GG-Entwürfe) auf der einen und solche des Elternrechts mit solchen des Religionsunterrichts, der Zulässigkeit von Privatschulen und des staatlichen Schulmandats (vereinigt in Artikel 7b der GG-Entwürfe) auf der anderen Seite.

Anders als die Weimarer Reichsverfassung, die das Familienleben nicht selbständig, sondern nur über den Schutz der Ehe gewährleistete, stellte der Parlamentarische Rat Ehe und Familie auf dieselbe Stufe – und folgte damit dem Beispiel der 1946 und 1947 erlassenen Landesverfassungen der US-amerikanischen und der französischen Besatzungszone. Begründet wurde die Aufnahme dieses nicht-»klassischen« Grundrechts zugunsten von Ehe und Familie mit den Unrechtserfahrungen aus der NS-Zeit, der kriegsbedingten Sondersituation unzähliger Familienverhältnisse, dem Vorbildcharakter des noch während der Bonner Verfassungsberatungen beschlossenen Artikels 16 der Allgemeinen Erklärung der Menschenrechte der Vereinten Nationen und schließlich dem Willen, dem Ehe(- und Familien)schutz eine gegenüber den Weimarer Verhältnissen deutlich erhöhte rechtliche Bindungswirkung zuzumessen. Dabei folgte der Parlamentarische Rat zwar grundsätzlich den überkommenen Begriffen von Ehe und Familie, öffnete beide aber doch in entscheidender Weise: die Ehe musste nicht zwingend Reproduktionsgemeinschaft, die Familie nicht zwingend eheliche Gemeinschaft sein. Die Konsequenz, die das Bundesverfassungsgericht in seiner Rechtsprechung ausbuchstabieren sollte: Einer Rechtfertigung der Ehe aus der Familie bedarf es nicht mehr; umgekehrt erschöpft sich der Schutz der Familie nicht im Schutz der Ehe. Beide, Ehe- und Familienschutz, sind folglich, wenn auch inhaltlich vielfach aufeinander bezogen, zu unterscheiden.

Abweichend stellte sich die Situation bei Elternrecht und Schule dar: Angesichts der erlittenen Übergriffe durch den totalitären NS-Staat wurde die Sicherung des Rechts der Eltern, über die religiös-sittliche Erziehung ihrer Kinder auch in der Schule mitzubestimmen, aus Sicht der CDU/CSU- und der Zentrums-Fraktion zu den »essentials« der Verfassungsberatungen erklärt; die Haltung gegenüber dem Verfassungsprojekt im Ganzen werde, so ließ sich das christlich-bürgerliche Lager vernehmen, dadurch bestimmt. Elternrecht, religiöse Erziehung und Schule waren damit in eine Regelungsabhängigkeit gesetzt worden, die namentlich bei der SPD-, der FDP- und der KPD-Fraktion auf teils heftigen Widerstand stieß. Die Weimarer Konflikte, die sich zentral um die Rolle des Religiös-Weltanschaulichen im Gemeinschaftsleben drehten und 1919 im Weimarer Schul- und Kirchenkompromiss ihre Einhegung fanden, drohten drei Jahrzehnte später unter veränderten Vorzeichen erneut aufzubrechen. Der Bonner Elternrecht-Schule-Kompromiss bestand darin, dass einerseits die Stellung der Eltern in puncto Erziehung und Pflege ihrer Kinder deutlich gestärkt und im Schulbereich mit Religionsunterricht und Privatschulen den religiös-weltanschaulichen Wünschen der Eltern Rechnung getragen, dass aber andererseits – als Gegengewicht – die staatliche Verantwortung für das Schulwesen als Ganzes herausgestrichen wurde.

3. Zukunftsgewandte Antwort auf Erfahrenes

Will man ermessen, inwieweit das Grundgesetz mit seinen Regelungen zu Familie und Erziehung (Artikel 6 und 7) Neuland betreten hat, bietet sich ein Textvergleich mit Vorgängerreglungen, namentlich der Weimarer Reichsverfassung an. Dabei wird man zwei gegenläufige Feststellungen treffen können: Auf der einen Seite ist fast nichts an den Textbausteinen von Artikel 6 und 7 GG originell, sondern entstammt entweder – und zwar recht überwiegend – der Weimarer Reichsverfassung oder aber den 1946 und 1947 geschaffenen Landesverfassungen. Auf der anderen Seite stechen die Textauswahl (Was ist aufgenommen, was weggelassen worden?) und die Textkomposition (Was ist zu einem Artikel in welcher Reihenfolge zusammengefügt worden?) ins Auge; sie stellen ein originelles Werk des Parlamentarischen Rates dar. Dem entspricht der juristisch konzis-schnörkellose Gewährleistungsstil, der sich anders als die Weimarer Reichsverfassung (»Ehe […] als Grundlage des Familienlebens und der Erhaltung und Vermehrung der Nation«; »Die Reinerhaltung, Gesundung und soziale Förderung der Familie ist Aufgabe des Staats«; »Erziehung des Nachwuchses zur leiblichen, seelischen und gesellschaftlichen Tüchtigkeit«) emphatischer Zweckzuschreibungen enthält.

Dass einerseits Bestimmungen zu Ehe und Familie, Müttern und nichtehelichen Kindern (Artikel 6 Absatz 1, 4 und 5 GG) und andererseits solche zu Elternverantwortung (Artikel 6 Absatz 2, auch Absatz 3 GG) und Fragen des Schulehaltens (Artikel 7 GG) in das Grundgesetz aufgenommen worden sind, obwohl sie entweder keine »klassischen Grundrechte« oder gar keine Grundrechtsbestimmungen sind, lässt sich, wie gezeigt, nicht ohne weiteres auf eine allgemeine Begründung zurückführen. Gemeinsam ist den beiden Regelungskomplexen indes, dass sie die Nachkriegssituation Deutschlands in je besonderer Weise reflektieren und in ihnen der Wille zur (Um-)Gestaltung der bisherigen Rechtslage – im Sinne einer Stärkung des Familienlebens und einer Weitung des familienbezogenen Schutzes – zum Ausdruck kommt. Weder bei Artikel 7 GG noch gar bei den Einzelgewährleistungen des Artikels 6 GG ist ein Festschreiben des Überkommenen, sprich: des aus der Weimarer Zeit Tradierten, intendiert. Es handelt sich sowohl ihrer gegenüber den Weimarer Bestimmungen erhöhten Bindungswirkung als auch und gerade ihrer Inhalte wegen nicht um vergangenheitsbewahrende, sondern um prononciert zukunftsgestaltende Gewährleistungen, mit denen der Verfassunggeber nicht zuletzt dem Gesetzgeber bewusst ein Modernisierungs- und Liberalisierungsprogramm verordnete. So zukunftsweisend sich das Gros der in Artikel 6 (und 7) GG zusammengefassten Einzelregelungen in den Folgejahrzehnten erweisen sollte, so sehr ist das Grundgesetz insoweit doch Ausdruck und Folge des spezifischen deutschen Nachkriegskontextes.

Im Weiteren seien aus dem weiten, mit Ehe, Familie und Erziehung nur unzureichend umschriebenen Feld drei wichtige Fragenbereiche näher beleuchtet, und zwar die Gewährleistung der Ehe (nachfolgend II.), das Eltern-Kind-Verhältnis (unten III.) sowie die Stellung der staatlichen Schule (abschließend IV.).

II. Ehe – Offenheit eines Rechtsinstituts

1. Ein »spätberufenes« Grundrecht als Schrittmacher des Grundrechtsschutzes

Die den Ehe- und Familienschutz verbürgende Bestimmung des Artikels 6 Absatz 1 GG ist im Kreis der Grundrechte des Grundgesetzes Ausnahme und Regel zugleich: Sie stellt – gemeinsam mit den übrigen Gewährleistungen in Artikel 6 (und 7) GG – schon deswegen einen Sonderling unter den Grundrechten dar, weil es sich bei ihr nach Auffassung der Verfassungsmütter und -väter nicht um eines der »klassischen Grundrechte« handelt, auf deren Verbürgung das Grundgesetz an sich hätte beschränkt werden sollen. Auch genießen, betrachtet man die Textierung der Grundrechte, allein Ehe und Familie den »besonderen Schutz der staatlichen Ordnung« – eine Wendung, die an die Weimarer Vorgängervorschrift (Artikel 119 Absatz 1 Satz 1 WRV) angelehnt war.

Auf der anderen Seite kann Artikel 6 Absatz 1 GG aber auch als Regel oder, wohl präziser, als Vorreiter aller übrigen Grundrechte betrachtet werden: Dies deshalb, weil und insofern das Bundesverfassungsgericht an ihm die für den Grundrechtsschutz unter dem Grundgesetz charakteristische Multifunktionalität von Grundrechtsbestimmungen entfaltet hat. Bereits ein Jahr vor dem richtungweisenden »Lüth-Urteil« vom 15. Januar 1958[3] stellte der Erste Senat im »Steuersplitting-Beschluss« vom 17. Januar 1957 fest:

> Art. 6 Abs. 1 GG ist nicht nur ein ›klassisches Grundrecht‹ zum Schutze der spezifischen Privatsphäre von Ehe und Familie sowie Institutsgarantie, sondern darüber hinaus zugleich eine Grundsatznorm, das heißt eine verbindliche Wertentscheidung für den gesamten Bereich des Ehe und Familie betreffenden privaten und öffentlichen Rechts.[4]

Dem bereits aus Weimarer Zeiten bekannten Schutz der Ehe vor gesetzgeberischer Aushöhlung oder Beseitigung, der sogenannten Institutsgarantie, stellte das Bundesverfassungsgericht damit zwei zusätzliche Schutzfunktionen zur Seite: Es rechnete, erstens, Artikel 6 Absatz 1 GG – anders als noch der Parlamentarische Rat – unter die »klassischen Grundrechte«; damit wirkt Artikel 6 Absatz 1 GG – wie die sonstigen Freiheitsrechte auch – als gegen jeden ungerechtfertigten staatlichen Eingriff gerichtetes Abwehrrecht. Und zweitens legte es Artikel 6 Absatz 1 GG die Funktion einer auf die Rechtsordnung im Übrigen, also auch und gerade auf das unter Privaten geltende Bürgerliche Recht ausstrahlenden »wertentscheidenden Grundsatznorm« bei, und bereitete damit der sogenannten Konstitutionalisierung der Rechtsordnung, also der Ausrichtung allen innerstaatlichen Rechts an der und auf die Verfassung, den Weg. Man könnte dementsprechend formulieren: Wiewohl ein »spätberufenes« Grundrecht, kommt Artikel 6 Absatz 1 GG in der Formationsphase der bundesverfassungsgerichtlichen Judikatur die Funktion eines Schrittmachers eines modernen, multifunktionalen Grundrechtsverständnisses zu.

2. Eheliche und nichteheliche Lebensgemeinschaft

Artikel 6 Absatz 1 GG enthält keine Definition dessen, was Ehe (und Familie) ausmacht und umfasst. Das unterscheidet dieses Grundrecht allerdings nicht von anderen Grundrechten. Und es bedeutet auch nicht, dass es dem Gesetzgeber freistünde, das Schutzobjekt selbst zu bestimmen. Vielmehr lassen sich für die Ehe (und die Familie) Strukturelemente benennen, die der Verfassunggeber am Regelungsideal des überkommenen Ehebegriffs des Bürgerlichen Rechts »abgelesen« und zu einem grundgesetzlichen Ehebegriff zusammengefügt hat, ohne deswegen jenen vollumfänglich in Verfassungsrang zu erheben.

Das Bundesverfassungsgericht nennt folgende Gewährleistungselemente:

> Zum Gehalt der Ehe, wie er sich ungeachtet des gesellschaftlichen Wandels und der damit einhergehenden Änderungen ihrer rechtlichen Gestaltung bewahrt und durch das Grundgesetz seine Prägung bekommen hat, gehört, dass sie die Vereinigung eines Mannes mit einer Frau zu einer auf Dauer angelegten Lebensgemeinschaft ist, begründet auf freiem Entschluss unter Mitwirkung des Staates, in der Mann und Frau in gleichberechtigter Partnerschaft zueinander stehen und über die Ausgestaltung ihres Zusammenlebens frei entscheiden können.[5]

Verfassungsrechtliche Prägemerkmale der Ehe sind demnach: (1) eine auf freiwilliger Entscheidung beruhende, (2) auf Dauer angelegte und (3) exklusive, (4) als wechselseitige Beistands- und Verantwortungsgemeinschaft ausgestaltete Lebensgemeinschaft (5) zweier (6) verschiedengeschlechtlicher und (7) gleichberechtigter Partner, (8) an deren Zustandekommen der Staat in der Rolle eines beurkundenden Dritten mitwirkt und (9) die den Eheleuten eine selbstverantwortliche Lebensgestaltung ermöglicht.

Unstreitig nicht unter den Schutz der Ehe fällt damit die – weithin nicht verrechtlichte, nicht vor staatlichen Behörden geschlossene und nicht mit Ehebindungswillen eingegangene – nichteheliche Lebensgemeinschaft. Eine Erstreckung des Eheschutzes auf diese nicht formalisierte Verantwortungs- und Einstehensgemeinschaft ist umso weniger angezeigt, als es den Partnern einer auf selbstbestimmter Wahl beruhenden nichtehelichen Lebensgemeinschaft freisteht, eine Ehe einzugehen – und damit am Schutz von Artikel 6 Absatz 1 GG teilzuhaben. Halten sie hingegen an der bewusst alternativ zur Ehe konzipierten nichtehelichen Lebensgemeinschaft fest, können sie sich nur auf den Grundrechtsschutz aus Artikel 2 Absatz 1 GG, die allgemeine Handlungsfreiheit, berufen. Soweit die Partner einer nichtehelichen Lebensgemeinschaft Eltern eines gemeinsamen (nichtehelichen) Kindes sind, genießt ihre Lebens-, Fürsorge- und Unterhaltsgemeinschaft den Schutz der Familie gemäß Artikel 6 Absatz 1 GG. Zugunsten nichtehelicher Kinder streitet zudem Artikel 6 Absatz 5 GG, der dem Gesetzgeber aufträgt, nichtehelichen Kindern die gleichen Bedingungen für ihre leibliche und seelische Entwicklung und für ihre Stellung in der Gesellschaft zu schaffen wie ehelichen Kindern. Dass die nichteheliche Lebensgemeinschaft nicht am Eheschutz gemäß Artikel 6 Absatz 1 GG teilhat, bedeutet freilich nicht, dass der Gesetzgeber von Verfassungs wegen gehindert wäre, Schutzbestimmungen zugunsten dieser Lebensform zu schaffen.

3. Von der Eingetragenen Lebenspartnerschaft zur »Ehe für alle«

Das im Jahre 2001 bundesgesetzlich eingeführte und seinerzeit politisch umstrittene Institut der Eingetragenen Lebenspartnerschaft[6] stand exklusiv gleichgeschlechtlichen Partnern offen. Mangels Verschiedengeschlechtlichkeit der Partner war und ist es keine Ehe, noch nicht einmal, wie das Bundesverfassungsgericht 2002 unmissverständlich feststellte, eine »Ehe unter falschem Etikett«: Die Eingetragene Lebenspartnerschaft

> kann mit der Ehe schon deshalb nicht in Konkurrenz treten, weil der Adressatenkreis, an den sich das Institut richtet, nicht den der Ehe berührt. Die eingetragene Lebenspartnerschaft ist wegen dieses Unterschieds […] ein aliud zur Ehe. Nicht ihre Bezeichnung begründet ihre

Andersartigkeit, sondern der Umstand, dass sich in der eingetragenen Lebenspartnerschaft nicht Mann und Frau, sondern zwei gleichgeschlechtliche Partner binden können.[7]

Während das Bundesverfassungsgericht in diesem Punkt den politischen Gegnern der Eingetragenen Lebenspartnerschaft recht gab, versicherte es deren politische Befürworter darin, dass der in Artikel 6 Absatz 1 GG der Ehe versprochene »besondere Schutz« nicht bedeutete, dass sie (und die Familie) deswegen insgesamt besser, also auf einem höheren Niveau, geschützt werden müsse als alle sonstigen Lebensformen. Damit war für den Gesetzgeber der Weg frei, die Regeln der Eingetragenen Lebenspartnerschaft jenen der Ehe immer weiter anzunähern.

Das Bundesverfassungsgericht beförderte ab 2009 diesen nach Abwahl der rot-grünen Koalition ins Stocken geratenen gesetzgeberischen Angleichungsprozess dadurch, dass es auf eine gleichheitsrechtliche, sprich: am allgemeinen Gleichheitssatz aus Artikel 3 Absatz 1 GG ausgerichtete Perspektive umstellte. Es rückte den Umstand in den Mittelpunkt, dass es sich bei Ehe und Eingetragener Lebenspartnerschaft gleichermaßen um rechtlich verbindliche und in besonderer Weise mit gegenseitigen Einstandspflichten ausgestattete dauerhafte Paarbeziehungen handelt. Dementsprechend forderte es für noch bestehende Ungleichbehandlungen von (verschiedengeschlechtlicher) Ehe und (gleichgeschlechtlicher) Eingetragener Lebenspartnerschaft »jenseits der bloßen Berufung auf Art. 6 Abs. 1 GG«[8] einen hinreichend gewichtigen Sachgrund. In der Folge scheiterten in Karlsruhe alle Versuche, noch bestehende Privilegierungen der Ehe gegenüber der Eingetragenen Lebenspartnerschaft (in puncto Hinterbliebenenversorgung, Erbschaft-, Schenkung- und Grunderwerbsteuer, Sukzessivadoption sowie Ehegattensplitting) zu rechtfertigen. Zusammenfassend kann die Haltung des Bundesverfassungsgerichts bis 2017 wie folgt charakterisiert werden: In der Sache statuierte das Bundesverfassungsgericht eine Gleichbehandlungsverpflichtung von auf Dauer angelegten verschieden- und gleichgeschlechtlichen Zweiergemeinschaften, hielt aber am traditionellen – auf die Verschiedengeschlechtlichkeit der Partner abstellenden – Ehebegriff fest.

Mit der Verabschiedung des am 1. Oktober 2017 in Kraft getretenen Gesetzes zur Einführung des Rechts auf Eheschließung für Personen gleichen Geschlechts vom 20. Juli 2017[9] hat der Bundesgesetzgeber die bürgerlich-rechtliche Ehe auch für gleichgeschlechtliche Paare geöffnet und damit die (nicht ganz zutreffend sogenannte, da weiterhin nicht allen

Paarbeziehungen offenstehende) »Ehe für alle« eingeführt. Die vielfach erhobene Behauptung, dass sich mit dem Inkrafttreten des Gesetzes vom 20. Juli 2017 die Verfassungslage in Bezug auf die Ehe geändert habe, trägt nicht: Weder hat eine Verfassungsänderung in dem vom Grundgesetz selbst vorgesehenen Verfahren stattgefunden – der »einfache« Bundesgesetzgeber kann das Grundgesetz nicht durch eine Ergänzung des Bürgerlichen Gesetzbuchs ändern –, noch hat sich ein entsprechender Verfassungswandel vollzogen. Insbesondere liefert die bisherige Rechtsprechung des Bundesverfassungsgerichts keinen Anhaltspunkt für eine in Bezug auf die Geschlechtszugehörigkeit der Partner gewandelte Deutung des verfassungsrechtlichen Ehebegriffs. Damit treten bürgerlich-rechtlicher Ehebegriff und grundgesetzlicher Ehebegriff (nicht anders als etwa beim Eigentums- oder beim Elternbegriff) auseinander. Was den grundrechtlichen Schutz betrifft, so genießen ihn verschiedengeschlechtliche Eheleute unmittelbar aus Artikel 6 Absatz 1 GG (originärer verfassungsrechtlicher Eheschutz), gleichgeschlechtliche Eheleute hingegen – legt man die Rechtsprechung des Bundesverfassungsgerichts zur Eingetragenen Lebenspartnerschaft zugrunde – aus Artikel 3 Absatz 1 GG (derivativer verfassungsrechtlicher Eheschutz): Jede die (verschiedengeschlechtliche) Ehe im Sinne von Artikel 6 Absatz 1 GG begünstigende Regelung ist kraft des Gleichheitssatzes auf eine gleichgeschlechtliche Ehe im Sinne des bürgerlichen Rechts zu übertragen. Es ist Sache des Verfassungsgesetzgebers, diesen nicht ganz einfach zu erklärenden Rechtszustand in eine ebenso stimmige wie verständliche Regelung zu überführen.

III. Elternverantwortung – die rechtliche Vermessung des Eltern-Kind-Verhältnisses

1. Elternverantwortung

Nicht anders als den in Artikel 6 Absatz 1 GG verbürgten Ehe- und Familienschutz verstand das Bundesverfassungsgericht das in Artikel 6 Absatz 2 GG gewährleistete Elternrecht von Beginn an als reguläres Abwehrrecht. Dass gleichwohl die den Eltern zukommende Rechte- und Pflichtenstellung in puncto Pflege und Erziehung der Kinder ein in mehrfacher Hinsicht besonderes Grundrecht darstellt, rührt daher, dass es ihm nicht primär um die Selbstbestimmung der Grundrechtsberechtigten – der Eltern –, sondern um den Freiheitsschutz und die

Freiheitshilfe zugunsten eines Dritten – des Kindes – geht. Diese Singularität unter den Grundrechtsverbürgungen reflektiert die Singularität der rechtlich zu bewältigenden Lage, dass das Kind ohne fremde Hilfe und Sorge weder lebens- noch freiheitsfähig ist. Das Elternrecht hebt sich infolgedessen in vierfacher Weise von sonstigen Grundrechten ab:

Es ist, erstens, ein vorrangbewehrtes Kindesbestimmungsrecht: Indem Artikel 6 Absatz 2 Satz 1 GG – in der Annahme, »daß diejenigen, die einem Kinde das Leben geben, von Natur aus bereit und berufen sind, die Verantwortung für seine Pflege und Erziehung zu übernehmen«[10] – die Sorge um und für das Kind dessen Eltern als deren »natürliches Recht« und die »zuvörderst ihnen obliegende Pflicht« zuweist, begründet es die allen sonstigen Miterziehern gegenüber vorrangige Sorgeverantwortung der Eltern (sog. Elternprimat). Das – mit Ausschlusswirkung gegenüber allen anderen verbundene – Handeln *für* das Kind wird ergänzt durch ein Handeln *gegenüber* dem Kind.

Es hat, zweitens, Grund und Grenze im Kindeswohl: Weil das Kind selbst Grundrechtsträger und mit eigener Menschenwürde begabt ist, ist die kindesbezogene »Fremd«-Bestimmungsbefugnis der Eltern keine Freiheit im Sinne ungebundener elterlicher Selbstbestimmung, sondern in doppelter Hinsicht gebundene Rechtsmacht: Die elterliche Macht ist, obwohl Selbstbestimmungsrecht, fremdnützig (»dienend«) und pflichtgebunden. Es ist – primär – Recht im Interesse und zum Wohle des Kindes. Das Kindeswohl ist mithin das legitimierende und zugleich limitierende Um-willen elterlicher Bestimmungsmacht. Das Kindeswohl, welches nicht identisch sein muss mit dem tatsächlich gebildeten Kindeswillen, kann als die kindesspezifische Adaption der Menschenwürde gemäß Artikel 1 Absatz 1 Satz 1 GG bezeichnet werden; Kindes*wohl* und Kindes*würde* fallen insoweit in eins.

Drittens korrespondiert dem elterlichen Grund*recht* auf Pflege und Erziehung ihres Kindes eine inhaltsgleiche elterliche Grund*pflicht*. Diese tritt nicht erst als eine das Grundrecht von außen begrenzende Schranke hinzu; vielmehr stellt sie einen »wesensbestimmenden Teil des Elternrechts«[11] dar. Terminologisch bringt das Bundesverfassungsgericht diese janusköpfige Recht-Pflicht-Position in dem Begriff der »Elternverantwortung«[12] auf den Punkt.

Schließlich ist, viertens, der (sachliche) Schutzbereich der Elternverantwortung mit Rücksicht auf das Kindeswohl nicht starr, unveränderlich und absolut zu bestimmen, sondern beweglich, veränderlich und relativ: In dem Maße nämlich, in dem die tatsächliche Selbstbestimmungs- und Selbstverantwortungsfähigkeit des Kindes zunehmen und dessen Pflege- und Erziehungsbedürftigkeit abnehmen, schwinden die im Elternrecht wurzelnden Befugnisse. Mit wachsender Mündigkeit des Kindes schrumpfen die Fremdbestimmungsbefugnisse der Eltern, wird deren Lebens- und Freiheitshilfe für das Kind überflüssig. Die plakative Doppel-Formel für dieses Verhältnis der Komplementarität lautet: »Wachsendes Kindesrecht – weichendes Elternrecht«.[13]

2. Staatliches Wächteramt

Die Elternverantwortung ist ihrem Sinn und Zweck nach eine durch das Kindeswohl begründete wie begrenzte Rechtsmacht. Das heißt dreierlei: Soweit die Eltern ihr kindbezogenes Verhalten objektiv nicht am Wohl ihres Kindes ausrichten, steht dieses Verhalten, erstens, von vornherein nicht unter dem Schutz der Elternverantwortung; staatliche Maßnahmen, welche diesem Verhalten Schranken setzen, stellen folglich keinen rechtfertigungsbedürftigen Eingriff zulasten der Eltern dar. Zweitens: Als Pflicht-Recht stellt Artikel 6 Absatz 2 Satz 1 GG es den Eltern darüber hinaus nicht frei, ob sie ihrer Elternverantwortung nachkommen oder nicht. Und drittens: Im Rahmen des in Artikel 6 Absatz 2 Satz 2 GG aufgerichteten staatlichen Wächteramtes fungiert die Kindeswohlbeeinträchtigung als Tatbestandsvoraussetzung für die Pflicht des Staates (des Jugendamtes, des Familiengerichts, der Polizei) zum Eingreifens zugunsten des Kindes.

Eine Kindeswohlbeeinträchtigung ist anzunehmen, wenn die Entwicklung des Kindes zu einer und als eine selbstbestimmte(n) und gemeinschaftsverantwortliche(n) Persönlichkeit ernsthaft gefährdet, gestört oder gar verunmöglicht wird. Wegen des Elternvorrangs müssen die Wächteramtsmaßnahmen allerdings primär darauf gerichtet sein, die Elternverantwortung wiederherzustellen; nur wenn und soweit sich damit der Kindeswohlbeeinträchtigung nicht erfolgversprechend begegnen lässt, darf (und muss) der staatliche Wächter die Verantwortung für Pflege und Erziehung des Kindes in andere als die elterlichen Hände legen (z.B. in die von Pflegeeltern). Den gravierendsten Eingriff in die Elternverantwortung stellt insoweit die Herausnahme des Kindes aus der Familie dar, die nur unter den verschärften Anforderungen des Artikels 6 Absatz 3 GG (drohende Verwahrlosung des Kindes) statthaft ist.

3. Elternrecht und Kinderrechte

Unbestrittenermaßen ist auch das Kind Grundrechtsträger. Es ist – nicht anders als jeder Erwachsene auch – Träger *sämtlicher* Jedermann-Grundrechte und, bei Besitz der deutschen Staatsangehörigkeit, *sämtlicher* Deutschen-Grundrechte. Eine kindesspezifische Grundrechtsfähigkeit – sei sie enger oder weiter als jene von Erwachsenen – kennt das Grundgesetz nicht. Unbeschadet dessen fehlen Kindern aber regelmäßig oder typischerweise mehr oder weniger die tatsächlichen – physischen oder psychischen, mentalen oder intellektuellen – Voraussetzungen, um die von den Freiheitsgrundrechten geschützte Selbstbestimmung im Rechtssinne ausüben zu können. Damit können sie ihre Grundrechte nicht ohne fremde (Selbstbestimmungs-)Hilfe wahrnehmen.

Diese Freiheitshilfe weist das Grundgesetz in Artikel 6 Absatz 2 Satz 1 vorrangig und bis zur Grenze der Kindeswohlbeeinträchtigung den Eltern zu (dazu vorstehend 1. und 2.). In Ausübung der Elternverantwortung nehmen sie folglich die Grundrechte ihrer Kinder gegenüber dem Staat als Grundrechtsverpflichtetem wahr: Zu einer Kollision von Elternverantwortung und Kindesgrundrecht kann es entgegen bisweilen anzutreffender Kollisionsrhetorik (wie etwa »Kindesrecht vor/gegen Elternrecht«) wesensmäßig nicht kommen. Elternverantwortung und Kindesgrundrechte befinden sich in einem effektiven Schutzgleichlauf. Kindesgrundrechte können »gegen« die Eltern nur in Stellung gebracht werden, soweit deren Verhalten kindeswohlbeeinträchtigend ist (und daher sowieso nicht von der Elternverantwortung geschützt ist).

Im Lichte des Vorstehenden ist die in den vergangenen Jahren mehrfach geführte rechtspolitische Diskussion zu Kindesgrundrechten (»Kinderrechte ins Grundgesetz!«) zu würdigen: Da Kinder uneingeschränkt Grundrechtsträger sind, enthält das Grundgesetz bereits umfassenden Kindesgrundrechtsschutz – und erfüllt damit alle in der Kinderrechtskonvention der Vereinten Nationen von 1989[14] aufgerichteten Standards. Eigens als Kindesgrundrechte ausgeflaggte Grundrechtsbestimmungen führten dementsprechend zu einer Gewährleistungsverdoppelung – ohne dass klar wäre, wie sich dies auf das austarierte System des geltenden verfassungsgesetzlichen Kindesschutzes auswirkte. Darüber hinaus könnten als solche gekennzeichnete Kindesgrundrechte das für alle Grundrechte von Kindern geltende Problem, dass diese noch nicht im Rechtssinne selbstbestimmungsfähig und daher zur Ausübung ihrer Rechte auf Hilfe angewiesen sind, nicht beseitigen. An diesem Punkt – der Freiheitsausübungshilfe – setzt just die Elternverantwortung an. Als solche bezeichnete Kindesgrundrechte würden den grundgesetzlich prästierten Kindesschutz, soweit erkennbar, nicht erhöhen; inhaltlich-substanzielle Schutzdefizite werden der bisherigen Rechtsprechung des Bundesverfassungsgerichts (mit Recht) nicht entgegengehalten. Im Falle ihrer Aufnahme in das Grundgesetz wäre, im Gegenteil, darauf zu achten, dass sie nicht die Elternverantwortung zugunsten anderer Erziehungskonkurrenten wie namentlich dem Staat einschränkten.

IV. Öffentliche Schule – zwischen grundrechtlicher Selbstbestimmung und gesellschaftlicher Integration

1. Schulhoheit der Länder in bundesverfassungsrechtlicher Prägung

Anders als die Weimarer Reichsverfassung, die im Zweiten Hauptteil einen eigenen Abschnitt zu »Bildung und Schule« (Artikel 142–150) enthielt und sich der Verstaatlichung, der Verreichlichung, der Verrechtlichung und der Vereinheitlichung des Schulwesens verschrieben hatte, sollte das Grundgesetz zunächst überhaupt keine schulbezogenen Bestimmungen enthalten. Schule galt (und gilt) dem Bonner Verfassunggeber vielmehr als Ländersache – und damit als Sache der Landesverfassungen, die allesamt mehr oder minder ausführliche Schulbestimmungen enthalten. Im Zuge des Disputs um eine Aufnahme des Elternrechts in den Grundrechtsabschnitt fand, aus Gründen der Austarierung staatlich-schulischer und elterlicher Befugnisse, der Schulartikel 7 Eingang in den Ersten Abschnitt des Grundgesetzes (oben I.2.). Er statuiert kein geschlossenes, gar abschließendes grundgesetzliches Regelungssystem in puncto Schule.

So fragmentarisch der bundesverfassungsrechtliche Regelungszugriff auf die Schule ist, so sehr lassen sich dem Grundgesetz doch fünf, den Bonner Schulkompromiss konstituierende Richtungsentscheidungen entnehmen: erstens für die »Schulhoheit« der Länder bei Achtung der (recht wenigen) bundesverfassungsrechtlichen Eckpunkte, zweitens für die umfassende staatliche Schulverantwortung bei Absage an ein staatliches Schulmonopol, drittens für die Eigenständigkeit des schulischen Erziehungsmandats bei Achtung der Elternverantwortung, viertens für die Gewähr der Privatschulfreiheit bei Verbot der »Sonderung« der Schülerschaft nach sozialen Aspekten und schließlich fünftens für die

Pflichtigkeit des Religionsunterrichts bei Gewährleistung der Freiwilligkeit der Teilnahme. Damit bewegt sich der Bonner Schulkompromiss, unbeschadet des sehr unterschiedlichen Regelungszugriffs, erkennbar in den Bahnen des 1919 ausgehandelten Weimarer Schulkompromisses. Den mächtigen Unitarisierungssog der (Bundes-)Grundrechte, der die Schulhoheit der Länder in den Folgejahrzehnten nachhaltig sachlich-inhaltlich relativieren sollte, hat bei Schaffung des Grundgesetzes 1948/49 niemand vorhersehen können.

2. Grundrechte versus staatliches Schulmandat

Mag der Parlamentarische Rat sich bei der Formulierung und Zusammenstellung von Artikel 7 GG auch weithin im Textfundus der Weimarer Reichsverfassung bedient haben, so weicht das Grundgesetz doch bewusst und radikal von der Weimarer Tradition in puncto Geltungsbereich und Bedeutung, Handhabung und Schutz der Grundrechte im Schulrechtsverhältnis ab. Die – staatliche – Schule kann unter der Geltung des Grundgesetzes mit dessen umfassender Grundrechtsbindung aller Staatsgewalt (Artikel 1 Absatz 3 GG) nicht mehr als »grundrechtsfreier Raum«, das Schulverhältnis nicht mehr als »besonderes Gewaltverhältnis« betrachtet werden. Dies gilt für Schüler, deren Eltern und Lehrkräfte grundsätzlich gleichermaßen. Eine Folge dessen ist, dass der Gesetzgeber verpflichtet ist, die (grundrechts)wesentlichen Entscheidungen im Schulwesen selbst zu treffen und nicht der Schulverwaltung zu überlassen (sogenannte Wesentlichkeitstheorie). Beispiele für derlei Entscheidungen sind jene über die Bildungs- und Erziehungsziele, den zwangsweisen Schulausschluss, die Festlegung des Fächerkatalogs einschließlich der Pflichtfremdsprachen sowie die Einführung des Sexualkundeunterrichts; als nicht wesentlich wurde demgegenüber die inhaltliche Festlegung des Lehrplans eines bereits bestehenden Unterrichtsfachs, die Einführung der Fünftagewoche, die Frage der Nichtversetzung in die nächste Klasse und schließlich auch die Einführung der reformierten deutschen Rechtschreibung in Schulen eingestuft.

Unter den Grundrechten verdient die Elternverantwortung nach Artikel 6 Absatz 2 Satz 1 GG besondere, bereits entstehungsgeschichtlich untermauerte Hervorhebung (vorstehend I.2. sowie III.). Da nach der Entscheidung des Grundgesetzes die Eltern die Verantwortung für den Gesamtplan von Bildung und Erziehung ihres Kindes tragen, wirken die elterlichen Befugnisse in die Schule hinein. Dort trifft die Elternverantwortung auf die gleichfalls im Verfassungsrang, nämlich durch Artikel 7 Absatz 1 GG gewährleistete staatliche Schulverantwortung, die inhaltlich als Bildungs-, als Erziehungs- und – in Zeiten zunehmender gesellschaftlicher Fliehkräfte immer stärker sichtbar werdend – als Integrationsverantwortung zu verstehen ist und »die Gesamtheit der staatlichen Befugnisse zur Organisation, Planung, Leitung und Beaufsichtigung des Schulwesens« bündelt.[15] Im – schon angesichts der Heterogenität elterlicher Bildungs- und Erziehungsvorstellungen unvermeidlichen – Kollisionsfall ist der Staat zur Herstellung praktischer Konkordanz verpflichtet. Als Leitlinien der im Einzelfall zu treffenden Abwägungsentscheidungen können gelten: Der dem Prinzip religiös-weltanschaulicher Neutralität verpflichtete Staat hat die Verantwortung der Eltern für den Gesamtplan der Kindeserziehung zu achten; er hat für die Vielfalt der Anschauungen in Erziehungsfragen so weit offen zu sein, wie es sich noch mit einem geordneten staatlichen Schulehalten verträgt; die Grundanlage staatlichen Schulehaltens in organisatorischer, pädagogischer und didaktischer Hinsicht steht umgekehrt grundsätzlich nicht zur Disposition der Elternverantwortung; das in der Abwägung zu berücksichtigende Gewicht von Eltern- und Schulverantwortung bestimmt sich wesentlich anhand der Intensität, mit welcher es in concreto beeinträchtigt wird; schließlich kann, im Sinne einer Argumentationslastregel, auch darauf abgestellt werden, ob es sich um eine Frage des familiären Binnenbereiches oder der Vermittlung von Religion oder Weltanschauung handelt oder aber um eine solche, bei der der Bildungsaspekt den Erziehungsaspekt deutlich überwiegt.

3. Bewährung staatlicher Schulverantwortung: Grundrechte von Lehrkräften

Das Aufeinandertreffen von Grundrechten und staatlicher Schulverantwortung spitzt sich zu, wenn Grundrechte von Lehrkräften in Rede stehen, die nicht nur mit Artikel 7 Absatz 1 GG in Spannung geraten, sondern auch mit Grundrechten von Eltern und Schülern. Die bekannteste Konstellation ist das »Kopftuch der (muslimischen) Lehrerin«. Die staatliche Schulaufsicht kann der Lehrkraft das an sich grundrechtsgeschützte Tragen des Kopftuches im Unterricht verbieten, wenn sich Gründe finden lassen, die den im Verbot liegenden Eingriff in concreto rechtfertigen:

Neben dem Erziehungsrecht jener Eltern, die es nicht wünschen, dass ihre Kinder im Unterricht durch Lehrkräfte mit religiös-weltanschaulich motivierten Accessoires beeinflusst werden, kommt als Rechtfertigungsgrund eines Kopftuchverbotes insbesondere der staatliche Bildungs- und Erziehungsauftrag der Schule, der in religiös-weltanschaulicher Neutralität zu erfüllen ist, in Betracht.

Eine Eingriffsrechtfertigung dürfte umgekehrt bei kumulativem Vorliegen folgender fünf Voraussetzungen ausscheiden: wenn nämlich (1) das Zeichen oder Kleidungsstück nicht per se das Unterrichtsgeschehen zwischen Lehrer und Schülern behindert, wie dies bei Tschador oder Burka der Fall wäre, die beide das Gesicht der Lehrkraft verhüllen und dadurch die pädagogische Beziehung in Mitleidenschaft ziehen; wenn (2) ausschließlich das Tragen eines religiösen Zeichens – und nicht etwa eine damit verbundene Werbung für verbindliche Glaubensinhalte – in Frage steht; wenn (3) für diejenigen, die mit der Lehrkraft im Unterricht konfrontiert werden, erkennbar ist, dass die religiös motivierte Verhaltensweise der Lehrkraft nicht Ausdruck staatlicher Amtsgewalt, sondern persönlicher Überzeugung ist; wenn (4) aus den Umständen hervorgeht, dass das Tragen des Kopftuchs nicht Ausdruck einer gegen die freiheitliche demokratische Grundordnung gerichteten Auffassung ist; und wenn schließlich (5) auszuschließen ist, dass es in der konkreten Situation eines religiös-weltanschaulich motivierten Konfliktes in der betreffenden Schule als Parteinahme der Lehrerin für eine der widerstreitenden Glaubensansichten verstanden werden kann oder dass es selbst einen solchen, den Schulfrieden störenden Konflikt auslöst. Ein gesetzliches Verbot, welches bloß auf einer *abstrakten*, also von den konkreten Umständen der einzelnen Schule absehenden Gefahreneinschätzung beruht, dürfte dem – entgegen dem Zweiten und mit dem Ersten Senat des Bundesverfassungsgerichts[16] – nicht gerecht werden.

Anmerkungen

1 Stand: Dezember 2018.

2 Dazu Klaus-Berto von Doemming / Rudolf Werner Füßlein / Werner Matz (Bearb.), Entstehungsgeschichte der Artikel des Grundgesetzes, in: Jahrbuch des öffentlichen Rechts der Gegenwart, Neue Folge 1 (1951), S. 92–101 (Artikel 6) und S. 101–113 (Artikel 7).

3 BVerfGE 7, 197 – Lüth (1958); zum Lüth-Urteil siehe auch die Beiträge von Lennartz und Steinbeis in diesem Band.

4 BVerfGE 6, 55 (55, Leitsatz 5) – Steuersplitting (1957).
5 BVerfGE 105, 313 (345, Rn. 87) – Lebenspartnerschaft (2002).
6 Gesetz zur Beendigung der Diskriminierung gleichgeschlechtlicher Gemeinschaften: Lebenspartnerschaften (LPartDisBG) vom 16.2.2001, BGBl. I S. 266.
7 BVerfGE 105, 313 (351, Rn. 103) – Lebenspartnerschaft (2002).
8 BVerfGE 124, 199 (226, Rn. 105) – Hinterbliebenenversorgung (2009).
9 BGBl. I 2017, S. 2787.
10 BVerfGE 24, 119 (150) – Einwilligung zur Adoption (1968).
11 BVerfGE 68, 176 (190) – Pflegeeltern (1984).
12 BVerfGE 24, 119 (143) – Einwilligung zur Adoption (1968).
13 In umgekehrter Reihung: Walter Becker, Weichendes Elternrecht – wachsendes Kindesrecht, in: Recht der Jugend und des Bildungswesens 1970, S. 364 ff.
14 Convention on the Rights of the Child, abrufbar unter: https://treaties.un.org/Pages/ViewDetails.aspx?src=TREATY&mtdsg_no=IV-11&chapter=4&lang=en (letzter Zugriff: 22.12.2018).
15 BVerwG, Beschluss vom 10.1.1958, in: Die öffentliche Verwaltung 1958, S. 468 (469, Rn. 9).
16 Vgl. einerseits BVerfGE 108, 282 – Kopftuch I (2003), andererseits BVerfGE 138, 296 – Kopftuch II (2015), jeweils mit Sondervoten.

Wer ist Lüth? Und wer ist Harlan?

Über Meinungsfreiheit, Öffentlichkeit und Privatisierung im 70. Lebensjahr des Grundgesetzes

Max Steinbeis, Berlin

I. Die öffentliche Sache

Es gibt den öffentlichen Dienst, das öffentliche Amt, die öffentliche Gewalt, die öffentliche Sicherheit und die öffentliche Verhandlung. Es gibt die öffentliche Fürsorge, die öffentlichen Straßen, den öffentlichen Personennahverkehr und die Körperschaften und Anstalten des öffentlichen Rechts, und es wird allerhand veröffentlicht. 69 Mal erscheint im Text des Grundgesetzes die Zeichenfolge »öffentlich«. Nimmt man das Wort »Republik« dazu, in dem die Öffentlichkeit ja auch drinsteckt, kommt man auf weitere 18 Fundstellen: 14 davon im Eigennamen »Bundesrepublik Deutschland«, zwei in der Übergangsbestimmung Artikel 135a mit Bezug auf die DDR und eine in Artikel 28, wo von den Grundsätzen des »republikanischen Rechtsstaats« als Bindung für die Bundesländer die Rede ist.

Öffentlichkeit durchzieht die Verfassung in allen ihren Teilen, aber kommt selbst explizit gar nicht vor in ihr. Es gibt keine Norm, die das deutsche Staatswesen expressis verbis auf die Bereitstellung eines Raums verpflichtet, in dem sich die Bürgerinnen und Bürger der Bundes-Öffentlichensache als Freie und Gleiche um ihre öffentliche Sache kümmern und einander dafür Rede und Antwort schulden. Dass es einen solchen Raum geben muss, ist der freiheitlich-demokratischen Staatsordnung so inhärent, so sehr ihr »Lebenselement«, um das Lüth-Urteil[1] des Bundesverfassungsgerichts zu zitieren, dass es ihrer Verfassung gar keiner besonderen Erwähnung wert zu sein scheint. Das Individualgrundrecht auf freie Meinungsäußerung haucht der Staatsordnung nach der Lüth-Formel dieses Lebenselement ein und konstituiert sie damit als freiheitlich und demokratisch, indem es »die ständige geistige Auseinandersetzung, den Kampf der Meinungen« ermöglicht – Öffentlichkeit.

II. Die Froschteich-Dystopie

Meinungsfreiheit ist in erster Linie etwas Öffentliches. Sie ist kein Recht auf Privacy, wie das Recht auf Eigentum oder auf freie Entfaltung der Persönlichkeit. Sie ist kein Recht, in Ruhe gelassen zu werden und unbehelligt von den Zumutungen der öffentlichen Sache, als Privatbourgeois minding his/her own business, vor sich hinmeinen zu dürfen, was man eben meinen möchte. Sondern sie ist das Recht, anderen, auch Mächtigeren, mit Gründen zu widersprechen, wenn man mit ihrer Meinung nicht übereinstimmt. Sie ist das Recht, Rede und Antwort zu fordern und Rede und Antwort zu stehen. Sie ist ein republikanisches, ein demokratisches, ein öffentliches Recht.

Es ist kaum zu bestreiten, dass zum Ende des siebten Lebensjahrzehnts des Grundgesetzes die Öffentlichkeit in Schwierigkeiten steckt. Die Erzählung des Lüth-Urteils, liberale Demokratie und politische Öffentlichkeit vitalisierten und reproduzierten sich wechselseitig, ist in den letzten Jahren massiv unter Druck geraten, und zwar, wie es scheint, von zwei einander diametral entgegengesetzten Seiten her. Von der einen Seite aus betrachtet – sagen wir: der liberalen – hat sich die Arena der geistigen Auseinandersetzung in ein wüstes, licht- und luftloses Kellerverlies voller Hass und Lügen verwandelt, bevölkert von Trollen, Bots und anderen Ungeheuern, die auf das Kommando von zynischen Manipulateuren der Massen hören. Von der anderen – sagen wir: rechten – Seite aus betrachtet kann von Meinungsfreiheit schon lange keine Rede mehr sein vor lauter Denkverboten, Tabuisierung und Dämonisierung, und in der sogenannten Arena der geistigen Auseinandersetzung werden ohnehin nur unter dem Jubel der »Lügenpresse« die letzten aufrechten Patrioten der »political correctness« zum Fraß vorgeworfen. Einig sind sich beide Seiten nur in einem: Geistige Auseinandersetzung, das kann man in diesem Konflikt vergessen. Es hat sich ausgelüthet. Die schöne Erzählung von Freiheit, Demokratie und Öffentlichkeit weicht einer albtraumhaften Dystopie, der Kreislauf der Ermöglichung kommt zum Stillstand und kippt um in einen fauligen Froschlaichschaum aus Myriaden vereinzelter, kaulquappenartiger Mikro-Öffentlichkeiten, die sich wechselseitig nur durch die trüben Membrane ihrer Filterblasen wahrnehmen, wenn überhaupt. Und vielleicht ist auch dieses wenig appetitliche Bild noch zu idyllisch, wenn man in den USA in diesen Wochen sieht, was nach hinreichender Brutzeit aus diesen Filterblasen so alles ausschlüpft und übereinander herfällt.

Diese dystopische Erzählung trifft in vielen Einzelheiten und als Abbild unserer momentanen Stimmungslage sicherlich zu. Einen Teil ihrer Evidenz bezieht sie aber daraus, dass sie gegenüber diesem unappetitlichen Gewimmel eine unbeteiligte, neutrale Beobachterperspektive einnimmt: Man steht sozusagen in Gummistiefeln mitten in diesem Sumpf und ekelt sich, aber wenigstens zappelt man nicht selber in einer dieser schillernden Blasen. Vor allem suggeriert diese Erzählung zwischen diesen ganzen Blasen eine Art reflexiver Symmetrie: Wer Lügner ist und wer Belogener, wer Fressfeind und wer Opfer, wer die Meinungsfreiheit bedroht und wessen Meinungsfreiheit bedroht wird – das erscheint als eine bloße Frage der Perspektive. Von oben betrachtet sehen sie alle im Wesentlichen gleich fürchterlich aus, ganz gleich, welche Blase welche ist. Diese Sichtweise fühlt sich neutral und unvoreingenommen und pluralismusoffen an und dürfte deshalb gerade Leuten, denen an Öffentlichkeit, Freiheit und Demokratie gelegen ist, besonders plausibel erscheinen.

Ich will aber etwas Zweifel säen an dieser Gummistiefel-Sichtweise, und damit auch an dem dystopischen Bild, das sich aus ihr ergibt. Mir scheint diese Sichtweise den Konflikt, den sie beobachtet, gleichzeitig zu verabsolutieren und zu neutralisieren und sich eben dadurch blind dafür zu machen, wer da mit wem streitet und worum und mit welchen Mitteln. Diese Sichtweise scheint mir womöglich sogar einen ganz eigenen Beitrag zu der Misere zu leisten, in der wir uns befinden. Ich will stattdessen eine andere Sichtweise anbieten, nämlich die des Betreibers einer Online-Plattform mit Kommentarfunktion, also eines dieser Orte, die zum Froschtümpel zu degenerieren geradezu verdammt zu sein scheinen und das auch oft genug tun, wenn man sich in der Medienlandschaft umschaut – aber halt nicht immer.

III. Hausregeln

Auf dem Verfassungsblog kann man Beiträge kommentieren und mit anderen Kommentatoren kontrovers diskutieren. Das ist eigentlich eine schöne Sache und funktioniert auch oft gut, besser jedenfalls als anderenorts, aber dennoch bleibt auch der Verfassungsblog nicht davon verschont, periodisch von sogenannten Trollen und anderen Leuten heimgesucht zu werden, die sich darauf verstehen, Diskussionen durch teilweise ziemlich raffinierte Strategien systematisch zum Entgleisen zu bringen.

Viele Online-Diskussionen verlaufen nach einem von vier Mustern oder einer Kombination daraus:[2] Jemand stellt mir irgendeine Setzung hin, irgendeine Behauptung über das Wesen der Deutschen, über meine Person und Motive, über George Soros oder was auch immer, meist provozierenden und/oder wehleidigen Tons und Inhalts. Wird er aufgefordert, sich zu rechtfertigen und seine Position zu belegen und zu begründen, zieht er sich oft auf einen sentimentalen Relativismus zurück, nach dem Motto: Das kann man nicht belegen und begründen, das fühle ich halt so, jeder hat seine eigene Weltwahrnehmung. Wenn man ihn damit auch nicht davonkommen lässt, wird er plötzlich zum abgeklärten Skeptizisten, der Wahrheits- und Geltungsansprüche ohnehin von sich weist und einen faulen Frieden nach dem Motto »agree to disagree« anbietet, oft unter Anrufung von liberalen Werten wie Toleranz, Offenheit und Pluralismus. Wenn das auch nicht mehr hilft, landet er zuletzt im düsteren Nihilismus des bekennenden Selbstwiderspruchs, den er sich selbst als Zeichen der eigenen Stärke und Überlebenskraft auslegt und gegen den endgültig kein diskursives Kraut mehr gewachsen zu sein scheint. So weit kommt es aber in den allermeisten Fällen nicht, weil zumeist schon lange vorher der Geduldsfaden gerissen und das vermeintliche Gespräch in das Geschrei wechselseitiger Beschimpfung ausgeartet ist, als das es von Anfang an intendiert war.

Das Ergebnis ist erstens, dass man vollkommen wahnsinnig wird, wenn man versucht, diese Art von Diskutanten »diskursiv zu stellen«: Das Gespräch unmöglich zu machen, ist ja gerade die Pointe dieser Strategie. Das Ergebnis ist aber zweitens, dass derjenige, der sich dieser Strategie bedient, sich damit erfolgreich gegen das Risiko immunisieren kann, für seine Behauptungen und Setzungen Verantwortung übernehmen zu müssen. Das ist die Strategie von Leuten, die nicht im Meinungsstreit obsiegen, sondern den Meinungsstreit ad absurdum führen und so (vermeintlich) über ihre Gegner obsiegen wollen. Das ist die Strategie von Leuten, die Recht behalten wollen, ohne sich streiten zu müssen. Das ist das inhärent Autoritäre an dieser Strategie.

Was macht man da als Betreiber einer Online-Plattform? Man überlegt sich Regeln. Auf dem Verfassungsblog kann man seit einiger Zeit nur noch kommentieren, wenn man zumindest eine valide Email-Adresse angibt. Das hält schon mal all diejenigen fern, die sich nur im Schutz totaler Anonymität zu trollen trauen (erfahrungsgemäß die meisten). Für alle anderen gibt es Regeln, welche Art von Kommentaren erwünscht sind und welche nicht, und was passiert, wenn gegen diese Regeln verstoßen wird. In Geltung gesetzt habe diese Regeln ich als Eigentümer des Verfassungsblogs. Das sind Hausregeln. My turf, my rules.

Orientiert habe ich mich dabei an der »Comments Policy« von Crooked Timber,[3] einer renommierten politikwissenschaftlichen Plattform aus den USA: »We welcome comments from readers on posts, but you do so as guests in our private space«, heißt es da. Die Eigentümer des Blogs behalten sich und den Autorinnen und Autoren der Blogposts das Recht vor, so ziemlich aus jedem Grund Kommentare zu löschen, der ihnen plausibel erscheint. »It is up to us.«

So voluntaristisch wie Crooked Timber betreibe ich das nicht. Aber trotzdem führt offenbar kein Weg drum herum: Um Öffentlichkeit im Sinn der Lüth'schen »ständigen geistigen Auseinandersetzung« schaffen zu können, muss man sie als »a private space« einzäunen, so paradox das auch erscheint.

IV. Privatisierte Öffentlichkeit

Der Fall des Lüth-Urteils handelt, wenn man genauer hinschaut, von der umgekehrten Konstellation: dem Versuch, die Öffentlichkeit durch Privatisierung nicht ein-, sondern auszugrenzen. Auf die Gefahr hin, den gesammelten Abrieb aller Staatsrecht-II-Vorlesungen der Republik aus sechs Jahrzehnten aufzuwirbeln, noch einmal kurz der Sachverhalt, auch wenn er Ihnen allen bekannt ist: Lüth hatte 1950 zum Boykott einer Kinoschnulze aufgerufen, weil deren Regisseur Harlan ein Nazi- und Holocaust-Propagandist gewesen war. Harlans Produktionsfirma verklagte Lüth daraufhin beim Landgericht Hamburg auf Unterlassung und bekam Recht: Der Boykottaufruf sei sittenwidrig und eine deliktische Schädigung Harlans, weil dieser nämlich im Strafprozess und im Entnazifizierungsverfahren von jedem NS-Makel freigesprochen worden sei. Das Gebot, Harlan nicht sittenwidrig zu schädigen, sei ein »allgemeines Gesetz« im Sinne von Artikel 5 Absatz 2 Grundgesetz und schränke daher Lüths Meinungsfreiheit ein, und das habe dieser zu akzeptieren.

Es ging in dem Prozess, in den Worten von Lüths Anwalt Adolf Arndt, um eine Frage von nichts weniger als »geschichtsbildender Bedeutung«, nämlich »ob Lüth sagen durfte, was er gesagt hat, oder ob ihm der Mund verboten werden konnte«.[4] Geschichtsbildend war das Urteil des Bundesverfassungsgerichts in der Tat. Es wies bekanntlich die Zivilgerichtsbarkeit an, Lüths Meinungsfreiheit nicht auf ihre Abwehrdimension gegenüber dem Staat zu beschränken, sondern ihr als Teil, und zwar als Freiheit und Demokratie »schlechthin konstituierender« Teil, einer alles Recht übergreifenden und durchdringenden »Werteordnung« auch im privaten Rechtsverkehr zur Geltung zu verhelfen und sie bei der Auslegung des privatrechtlichen Begriffs »sittenwidrig« entsprechend ins Kalkül zu ziehen. Ergebnis: Lüth durfte das sagen. Ihm konnte und durfte der Mund nicht verboten werden.

Was heißt das, wenn man diese Konstellation, mutatis mutandis, auf die heutige Situation der Social-Media-Trollerei überträgt? Wer ist Lüth? Und wer ist Harlan? Auf den ersten Blick fällt die Antwort leicht: Der, dem wegen seiner Hassrede und gruppenbezogenen Herabsetzung der Mund verboten werden soll – das ist Lüth. Und der, der ihm den Mund verbieten will – der ist Harlan.

Auf den zweiten Blick ist die Sache aber komplizierter. Harlan hatte Lüth durch das Landgericht Hamburg den Mund verbieten lassen, indem er ihr Verhältnis radikal privatisierte: Er und Lüth traten einander nicht als Bürger einer Republik gegenüber, die einander Rede und Antwort stehen und sich für die Wahrheit und Gültigkeit ihrer Rede verantwortlich sind. Harlan war gänzlich desinteressiert daran, Lüth zur Rede zu stellen, im Gegenteil. Er legte überhaupt keinen Wert auf die Wahrheit von Lüths Behauptungen und die Gültigkeit seines moralischen Urteils über ihn. Stattdessen bestand er darauf, dass er und Lüth einander als privatautonome Rechtssubjekte begegnen, die sich wechselseitig für ihr Tun und Reden keine Rechenschaft schuldig sind, solange sie den anderen nicht schädigen. Das Bilden einer Meinung dazu, ob Harlan am Holocaust Mitschuld trug oder nicht, habe Lüth gefälligst der Obrigkeit zu überlassen. Damit entzog sich Harlan der Verantwortung für sein Tun und Reden und schnitt gleichzeitig Lüth die Möglichkeit ab, sich für das Seinige zu rechtfertigen. Ob es einem Nazipropagandist nach verlorenem Krieg vergönnt sein soll, einfach als Schnulzenregisseur weiterzumachen, wurde zu einer Frage, die Harlans Mitbürger Lüth schlicht nichts angehen sollte.

Eine gewisse Parallele zu dieser Konstellation, auf die heutige Situation übertragen, findet man in der Antidiskriminierungs-Debatte: Harlan ist gewissermaßen der Taxifahrer, der keinen schwarzen Fahrgast befördert, der Vermieter, der kein schwules Paar in seinem Haus haben will, und die sich dafür auf ihre Privatautonomie berufen. Und Lüth ist derjenige, der sie dafür Rassisten nennt.

Von da aus ist es nicht mehr weit zur Trollerei in den sozialen Medien. Nur wird hier nicht mehr die Privatautonomie in Anspruch genommen, sondern die Meinungsfreiheit gleich selbst privatisiert. So seh' ich das halt, heißt es dann, und wer mich dafür kritisiert und von mir Gründe fordert und meine Motive hinterfragt und mich am Ende einen Rassisten nennt – der bedrängt mich. Das wird man doch noch sagen dürfen! Die Meinungsfreiheit wird so unter der Hand zu einem Recht, in Ruhe gelassen zu werden – zu einem Recht auf Privacy.

V. Facebook als privatautonomer Akteur

Am eklatantesten begegnen wir der privatisierten Öffentlichkeit in den sozialen Medien selbst. Der Verfassungsblog hat eine Facebook-Seite und einen Twitter-Account mit jeweils rund 7000 Followern, und beide sind für den Verfassungsblog genauso alternativlos wie für den Berufspendler Straßennetz und S-Bahn. Ich kann nicht einfach Facebook nicht nutzen, so gerne ich es würde. Ich würde auf einen Schlag ein Viertel meiner Leserinnen und Leser einbüßen. Die Öffentlichkeit, die der Verfassungsblog schafft, ist abhängig von den sozialen Medien, die keine Medien sind, sondern Infrastruktur. Und die ist privat.

Facebook ist ein gigantischer, weltumspannender Raum mit aktuell etwa 2,3 Milliarden sogenannten Nutzern,[5] die jeden Tag in unfassbarem Ausmaß Öffentlichkeit produzieren, aber an diesem Raum als *öffentlichem* Raum keinen Anteil haben. Sie sind Kunden eines Privatunternehmens, und wie dieses Privatunternehmen den Raum ausgestaltet, den es ihnen zum Herstellen von Öffentlichkeit zur Verfügung stellt, das geht sie nichts an. Es gibt sogenannte »Community Standards«,[6] aber wer in welchen Verfahren danach das Verhalten der Nutzer reguliert und sanktioniert, weiß kein Mensch. Facebook behält sich die Entscheidung darüber vor, was gelöscht und wer gesperrt wird und wer/was nicht, aber wer je versucht hat, einen Nazi bei Facebook zu melden, liest von Stund an Kafka wie einen Tatsachenbericht. Gleichzeitig wehrte sich Facebook-Gründer Mark Zuckerberg lange Zeit mit Händen und Füßen dagegen, als Medienunternehmen betrachtet und behandelt zu werden,[7] das etwas veröffentlicht und dafür zur Verantwortung gezogen werden kann. Facebook veröffentlicht nichts! Das tun nur seine Nutzer. Facebook selbst ist rein privat.

Ich hatte selbst kürzlich in einem etwas anderen Kontext ein Erlebnis mit Facebook, das mich ziemlich erschüttert hat. Ich bin gerade dabei, mit einem juristischen Wissenschaftsverlag über ein Sponsoring des Verfassungsblogs zu verhandeln, und eines der Dinge, über die wir reden, ist, dass ich über meine Facebook-Seite gelegentlich Neuerscheinungen dieses Verlags bewerbe. Das darf man nach den Facebook-Regeln nur, wenn man sich eines bestimmten, von Facebook bereitgestellten Tools bedient.[8] Und damit man zu diesem Tool Zugang bekommt, muss man das bei Facebook beantragen. Das geht ganz leicht, braucht nur einen Mausklick.

Die Antwort von Facebook will ich Ihnen in ihrer ganzen Pracht nicht vorenthalten:

»Thanks for submitting your application«, schreibt mir Facebook. »We've reviewed your account and unfortunately at this time it isn't eligible for access to the branded content tool. It's our policy not to discuss the standards we use in evaluating accounts for access to the branded content tool. This decision doesn't limit your ability to grow and develop your account and followers. Thanks again for taking the time to contact us.«

It's our policy not to discuss the standards we use: Welcome to the brave new world of privatized Öffentlichkeit! Regulierung findet statt: Es gibt Regeln, deren Befolgung eingefordert und deren Nichteinhaltung sanktioniert wird. Ich darf nicht einfach Verlagswerbung auf meiner Facebook-Seite posten, ohne das dafür vorgeschriebene Tool zu benutzen. Zu diesem Tool muss ich aber Zugang bekommen. Den bekommt man oder nicht. Es wird unterschieden. Ich stelle einen Antrag, der aus einem Mausklick besteht. Ich kann nichts erklären, nicht einmal etwas fragen. Der Antrag wird abgelehnt. Und nicht nur die Gründe, auch der Beurteilungsmaßstab wird mir nicht mitgeteilt. Und das wiederum wird mir mitgeteilt. Ganz ausdrücklich. Damit ich da gar nichts missverstehe. Das ist Absicht. »It's our policy.« Privatsache. Privatautonomie.

Ich will nichts dramatisieren. Aber als ich diese Email von Facebook bekam, hatte ich einen Moment lang das Gefühl: So muss es sich anfühlen, in einem autoritären Staat zu leben.

VI. Das Lebenselement der freiheitlichen Demokratie

So weit also die Kaulquappenperspektive eines Online-Plattform-Betreibers. Was folgt daraus? Was können wir im Sinne der Lüth-Formel tun, damit die Stagnation unseres Diskursfroschteichs wieder durchlüftet wird und das Lebenselement der freiheitlichen Demokratie wieder zirkulieren kann? Meinungsfreiheit schafft Öffentlichkeit schafft Demokratie schafft Meinungsfreiheit: Wie kriegen wir diesen Kreislauf wieder in Gang?

Diese Frage kann ich nicht abschließend beantworten, daher nur zwei kurze Punkte: Zum einen scheint mir die Linie sehr vielversprechend zu sein, die das Bundesverfassungsgericht in den letzten Jahren eingeschlagen hat. Auch rein private Unternehmen könnten von Verfassungs wegen für den materiellen Schutz von Meinungsfreiheit und Öffentlichkeit verantwortlich sein, soweit diese »einen öffentlichen Verkehr eröffnen und damit Orte der allgemeinen Kommunikation schaffen«, heißt es in einem Obiter Dictum im Fraport-Urteil von 2011. »Und wenn es um öffentliche Veranstaltungen geht, darf der Veranstalter »nicht ohne sachlichen Grund« Einzelne davon ausschließen, heißt es im Leitsatz des Stadionverbot-Urteils aus dem April 2018.[9] Das könnte man wohl auch auf Facebook übertragen. Sollte das Gericht bald einmal einen Fall auf den Tisch bekommen, der es erlaubt, aus diesem Konjunktiv einen Indikativ zu machen, würde ich es dazu sehr ermutigen wollen.

Zum anderen scheint mir bei dem letztes Jahr verabschiedeten Netzwerkdurchsetzungs-Gesetz der Skandal nicht ein Zuviel, sondern ein Zuwenig an Regulierung zu sein. Dass Facebook rechtswidrige Inhalte löschen muss, halte ich für vollkommen richtig, was denn auch sonst. Was fehlt, ist eine weitergehende Pflicht für Facebook, seine Entscheidungen transparent zu machen und zu begründen[10] und nötigenfalls zu korrigieren, insbesondere gegenüber dem, dessen Beitrag gelöscht wird. Facebook ist ein öffentlicher Raum, jetzt muss er sich konstitutionalisieren. Und da das nicht freiwillig passiert, muss staatlich gesetztes Recht nachhelfen.

Die deutsche und europäische Grundrechtsdoktrin ist bekanntlich in puncto free speech weniger »liberal« oder jedenfalls weniger libertär als die amerikanische, und das scheint mir angesichts der Gegenwart eher ein Anlass zu gestärktem konstitutionellem Selbstbewusstsein zu sein. Dennoch haben wir über die letzten Jahre und Jahrzehnte zugelassen, dass die Meinungsfreiheit mitsamt der zu ihrem Gebrauch erforderlichen Infrastruktur in viel zu weitem Umfang zu einer Privatsache geworden ist. Das Grundgesetz können wir dafür nicht verantwortlich machen. Das waren wir schon selber.

Anmerkungen

1 BVerfGE 7, 198 (208)) – Lüth (1958).

2 Per Leo/Maximilian Steinbeis/Daniel-Pascal Zorn, Mit Rechten reden, 2017, S. 117 ff.

3 http://crookedtimber.org/notes-for-trolls-sockpuppets-and-other-pests/ (letzter Zugriff: 22.12.2018).

4 Christian Boulanger, Hüten, richten, gründen. Rollen der Verfassungsgerichte in der Demokratisierung Deutschlands und Ungarns, S. 149.

5 Facebook Inc., Pressemitteilung zum 3. Quartal 2018, https://investor.fb.com/investor-news/press-release-details/2018/Facebook-Reports-Third-Quarter-2018-Results/default.aspx (letzter Zugriff: 22.12.2018).

6 https://www.facebook.com/communitystandards/ (letzter Zugriff: 22.12.2018).

7 Facebook-Gründer Mark Zuckerberg hat im April 2018 vor dem US-amerikanischen Kongress eingeräumt, dass er Verantwortung dafür trägt, was auf seiner Plattform veröffentlicht wird, bestand aber darauf, dass Facebook ein Technologie- und kein Medienunternehmen sei, https://www.cnbc.com/2018/04/11/mark-zuckerberg-facebook-is-a-technology-company-not-media-company.html (letzter Zugriff: 22.12.2018).

8 https://www.facebook.com/policies/brandedcontent/ (letzter Zugriff: 22.12.2018).

9 Bundesverfassungsgericht, Beschluss des Ersten Senats vom 11.4.2018 – 1 BvR 3080/09, Leitsatz 2: »[…] Mittelbare Drittwirkung entfaltet Artikel 3 Absatz 1 GG etwa dann, wenn einzelne Personen mittels des privatrechtlichen Hausrechts von Veranstaltungen ausgeschlossen werden, die von Privaten aufgrund eigener Entscheidung einem großen Publikum ohne Ansehen der Person geöffnet werden und wenn der Ausschluss für die Betroffenen in erheblichem Umfang über die Teilhabe am gesellschaftlichen Leben entscheidet. Die Veranstalter dürfen hier ihre Entscheidungsmacht nicht dazu nutzen, bestimmte Personen ohne sachlichen Grund von einem solchen Ereignis auszuschließen.«. Siehe dazu auch Matthias Ruffert, Common Sense statt strikte Dogmatik? Zutreffendes aus Karlsruhe zu Stadionverboten, Verfassungsblog, https://verfassungsblog.de/common-sense-statt-strikte-dogmatik-zutreffendes-aus-karlsruhe-zu-stadionverboten/ (letzter Zugriff: 22.12.2018).

10 So auch Martin Eifert, Rechenschaftspflichten für soziale Netzwerke und Suchmaschinen, Neue Juristische Wochenschrift 2017, S. 1450 (1452).

Die Ordnung religiös-weltanschaulicher Vielfalt

Uwe Volkmann, Frankfurt

I. Vom Beten in der Schule

Für das, was sich in der Wahrnehmung von Religion verändert hat, sind die Schulen seit jeher ein guter Seismograf. Bei Inkrafttreten des Grundgesetzes waren die Volksschulen, also die Grund- und Hauptschulen, fast überall Konfessionsschulen, die katholischen Kinder gingen auf katholische, die evangelischen auf evangelische Schulen, die sich meist schon durch ihren Namen als solche zu erkennen gaben. In den sechziger Jahren wurden die Konfessionsschulen dann aufgelöst, an ihre Stelle trat die Gemeinschaftsschule, in der die Kinder fortan unabhängig von ihrem Bekenntnis unterrichtet wurden. Aber noch lange begann der Unterricht, vor allem bei den Kleinen und Kleinsten, mit einem gemeinsamen Gebet, man versammelte sich dazu auf dem Schulhof oder in den Klassenzimmern, und nach dem Amen ging es in den Unterricht. Konflikte darüber hielten sich in Grenzen; wo sie auftraten, betrafen sie einzelne Schüler, die von der Teilnahme dispensiert werden wollten, was man, gelegentlich nach Einschaltung der Gerichte, insgesamt großmütig gewährte.[1] Dann, ohne dass sich der Zeitpunkt exakt bestimmen ließe und wahrscheinlich noch vor den Kreuzen, verschwand das Gebet aus der Schule, zunächst in den Städten, nach und nach auch auf dem Land; nur in einzelnen Regionen und den wenigen Schulen freier oder kirchlicher Träger dürfte es noch fortgeführt werden. Wenn sich heute Fragen des Gebets in der Schule stellen, stellen sie sich in etwa so: Eine Gruppe muslimischer Schüler, ausschließlich männlich, versammelt sich in den Unterrichtspausen regelmäßig zum gemeinsamen Gebet auf dem Schulhof; die Schüler knien dazu auf ihren Jacken, vollziehen die nach islamischem Ritus erforderlichen Körperbewegungen und deklamieren den vorgegebenen Text, das Ganze jeweils etwa zehn Minuten. Zuvor fanden die Gebete in einem eigens zu diesem Zweck eingerichteten Gebetsraum statt; dieser musste allerdings wieder geschlossen werden, nachdem es zu Auseinandersetzungen zwischen Schülerinnen, die ein Kopftuch getragen, und anderen, die dies nicht getan hatten, gekommen war, und nachdem die Jungen es abgelehnt hatten, gemeinsam mit Mädchen zu beten. Die Schule, ein Gymnasium in Berlin, verbietet nun das Gebet auf dem Schulhof und begründet dies mit der heterogen zusammengesetzten Schülerschaft und den Konflikten, die sich über religiöse Fragen immer wieder aus geringstem Anlass entzünden: Das Gebet sei ein Kollektivritus mit politischem Charakter, es sei demonstrativ und missionarisch, andersgläubige Schüler würden ausgegrenzt, säkulare muslimische Schüler unter Druck gesetzt.[2] Auch wenn ein Fall wie dieser derzeit noch nicht repräsentativ sein mag, ist es doch interessant, wie sich die Sicht auf das Gebet hier gewandelt hat: Von der trostspendenden Gemeinsamkeit, die man darin einst zu finden hoffte, bleibt es als Bedrohung für den Schulfrieden zurück.

II. Das Ordnungsmodell der alten Bundesrepublik

In alledem spiegelt sich eine Veränderung der religiösen Landschaft, die die Züge einer grundlegenden Umwälzung trägt. Im Gegensatz dazu sehen die Bestimmungen des Grundgesetzes, die diese Landschaft einrahmen und ordnen sollen, immer noch genauso aus, wie sie 1949 aussahen: Nach wie vor steht dort, ziemlich am Anfang, die Garantie der Glaubens-, Religions-, Weltanschauungs- und Gewissensfreiheit, es gibt Vorschriften über den Religionsunterricht in den staatlichen Schulen, und es gibt einen ganzen Abschnitt von Kirchenartikeln aus der Weimarer Reichsverfassung, den man en bloc in das Grundgesetz übernommen hat. Nun sind allerdings Rechtstexte, wie man weiß, seit jeher nur ein »Durchzugsgebiet für konkurrierende Interpretationen«[3], in die je nach Grad ihrer sprachlichen Offenheit dann Verschiedenes eingeht: ein juristisches Element, meist bestimmte Anhaltspunkte aus dem Text, an denen mit dem herkömmlichen dogmatischen Instrumentenkasten gearbeitet wird; sodann bestimmte intuitive Vorstellungen von Richtigkeit und Angemessenheit, die sich ihrerseits aus unterschiedlichen Beständen speisen können (Kultur, Moral, politische Theorie etc.); zuletzt bestimmte Realitätsannahmen, die in dieser oder jener Weise mit dem Recht vermittelt werden.[4] Manchmal werden diese Hintergrundvorstellungen explizit gemacht, meistens eher nicht. Aber gerade für die Zuordnung von Staat und Religion in der Bundesrepublik runden sie sich zu einem Modell, das wie zugeschnitten scheint auf eine Welt, in der es religiös-weltanschauliche Vielfalt als Problem noch gar nicht gab.[5] In seinem Kern ruht es auf drei Säulen, die in einer prinzipiellen Sympathie für die Religion bei gleichzeitigem Verzicht auf jeden Standpunkt gegenüber ihrem möglichen Inhalt zusammenfinden.

1. Maximale Freiheit

Die Sympathie für die Religion drückt sich dabei in einer allgemeinen Leitidee der Freiheit aus, die bis heute am Grund des gesamten Modells liegt und auch in seine anderen Momente hinüberwirkt. Sie tritt vor allem in einer großzügigen Auslegung der Glaubens- und Religionsfreiheit selbst hervor, die man einerseits auf Schutzbereichsebene zu einer privilegierten Sonderform der allgemeinen Handlungsfreiheit bei religiöser Motivierung ausgeweitet hat, nämlich als umfassendes Recht, sein gesamtes Leben nach den Regeln des eigenen Glaubens auszurichten, während gleichzeitig die Möglichkeiten der Beschränkung weit zurückgefahren wurden; als Schranken kommen nach bis heute vorherrschender Auffassung nicht die allgemeinen Gesetze in Betracht, sondern nur Rechtsgüter, die gleichfalls Verfassungsrang haben.[6] Auch der irgendwann in den fünfziger Jahren formulierte Kulturvorbehalt zugunsten solcher Verhaltensbetätigungen, die sich bei den heutigen Kulturvölkern auf dem Boden gemeinsamer sittlicher Grundanschauungen entwickelt haben, ist längst gefallen, die Formel ist mittlerweile weitgehend vergessen und auch in der Rechtswissenschaft oft nur noch religions- und verfassungsgeschichtlich Interessierten ein Begriff.[7] Zusammen waren all dies interpretatorische Weichenstellungen, die durch den Text nicht vorgegeben waren und von denen die meisten ohne weiteres auch hätten anders vorgenommen werden können. Sieht man etwa speziell auf die Ausweitung des Schutzbereichs, wie sie in der Lumpensammler-Entscheidung des Bundesverfassungsgerichts vorbereitet und seitdem immer nur referiert worden ist, so ist die dort gegebene Begründung – und eine andere gibt es nicht – ausgesprochen dünn; zu jedem der vorgetragenen dogmatischen Argumente lässt sich ein nicht weniger plausibles Gegenargument formulieren.[8] Noch deutlicher wird diese autoritative Setzung bei dem angesprochenen Kulturvorbehalt, der ohne jede Begründung in die Interpretation des Grundrechts aufgenommen wurde, wo er sich dann noch bis zum Ende der 1960-Jahre findet, und später erneut ohne jede

Begründung, nämlich ohne überhaupt noch einmal darauf einzugehen, wieder herausgenommen worden ist.

2. Prinzipielle Neutralität

Zu diesem Moment maximaler Freiheit tritt innerhalb des bisherigen Ordnungsmodells die grundsätzliche Ausrichtung auf das Prinzip der Neutralität hinzu. Dabei kommt es an dieser Stelle nicht darauf an, ob es sich dabei um ein echtes Rechtsprinzip mit eigenständigen normativen Wirkungen oder bloß um eine nachträgliche Zusammenfassung verschiedener Einzelaspekte von lediglich beschreibendem Wert handelt; das ist seit einiger Zeit nicht mehr unumstritten.[9] Stattdessen geht es hier um die Begründung von Neutralität, also um das, was diese Neutralität von innen her trägt und woraus sie heute verstanden wird. Historisch lassen sich im Wesentlichen zwei solcher Begründungen unterscheiden, die man die pragmatische und die liberale nennen kann; vereinfacht kann man auch von einer Neutralität aus Taktik und einer Neutralität aus Prinzip sprechen.[10] Für die pragmatische Begründung ist Neutralität ebenso wie die Toleranz, die ihr historisch vorausging und mit der sie hier möglicherweise zusammenfällt, im Wesentlichen eine Sache des Kalküls, der politischen Klugheit im Umgang mit religiöser Differenz. Ein bekanntes Muster liefert die Religionspolitik im alten Preußen: Wenn der Herrscher danach jedem Bürger seinen Glauben ließ, konnten sich am Ende auch diejenigen mit ihm identifizieren, die einen anderen hatten als er.[11] Die liberale Begründung findet ihren Grundgedanken demgegenüber in der individuellen Freiheit, die als Axiom legitimer politischer Ordnung gesetzt und inhaltlich als ganz offenes Belieben verstanden wird.[12] Sie läuft in der Sache auf ein Identifikations- und Bewertungsverbot hinaus, das den Staat zu den religiösen Einstellungen seiner Bürger in eine prinzipielle Distanz rückt: Diese gehen ihn nichts an, er darf sich dazu nicht einmal verhalten. Im Ergebnis ist es diese Begründungslinie, die sich flächendeckend durchgesetzt hat. Besonders deutlich tritt sie in der Entscheidung des Bundesverfassungsgerichts zum Körperschaftsstatus der Zeugen Jehovas hervor, nach der es den demokratischen Staat für die Verleihung dieses Status nicht einmal zu interessieren hat, ob die betreffende Gemeinschaft ihn als einen solchen ablehnt oder nicht.[13] Das bedeutet nicht, dass taktische Argumente dadurch immer schon ausgeschlossen wären. So wird ja auch bei uns die Forderung nach Einführung islamischen Religionsunterrichts in der politischen Debatte häufig damit begründet, man müsse die Kinder dem als verhängnisvoll betrachteten Einfluss der Koranschulen entziehen. Oder man verweist im Kopftuchurteil darauf, dass die Konfrontation der Schüler mit einer religiös motivierten Bekleidung der Lehrkräfte zum Erlernen von Vielfalt und Ausübung von Toleranz beitragen kann.[14] Dies sind typisch taktische Argumente. Aber sie sind in die zweite Reihe verdrängt und haben nur mehr den Charakter von Hilfsargumenten, die das Ergebnis als solches nicht tragen können. Und speziell das Argument der Zurückdrängung der Koranschulen dürfte wahrscheinlich vor den Augen der Lordsiegelbewahrer der Neutralität kaum Gnade finden.

3. Relative Öffentlichkeit

Das dritte und letzte Moment schließlich betrifft die Rolle von Religion in der Öffentlichkeit oder überhaupt die öffentliche Wirksamkeit von Religion. Von dem umfassenden Verständnis religiöser Freiheit aus, wie es bei uns vorherrscht, ist diese Rolle von vornherein eine andere als in laizistischen Modellen, in denen Religion tendenziell aus der öffentlichen Sphäre herausgehalten oder auch ganz auf den häuslichen Bereich beschränkt wird. Stattdessen schließt, nach einem Wort Ernst-Wolfgang Böckenfördes, dieses Verständnis ein, dass »Religion und religiöses Bekenntnis zur Betätigung und Wirksamkeit im Bereich individueller und gesellschaftlicher Freiheit positiv freigegeben werden«; beide »vermögen daher, je nach der Kraft und dem Engagement ihrer Anhänger, durchaus gesellschaftliche und auch politische Bedeutung zu erlangen, entbehren keineswegs des potenziell öffentlichen Charakters«.[15] Religion erhält damit gleichsam von unten, nämlich von Seiten der Freiheitsträger her, die Möglichkeit, in den öffentlichen Raum auszugreifen und das gesellschaftliche und politische Leben mitzuprägen, sie wird zu einem konstituierenden Element gesellschaftlicher Wirklichkeit insgesamt. Dem entspricht von der Seite des Staates her, also gleichsam von oben, dass das Prinzip der religiösen und weltanschaulichen Neutralität bei uns nicht nach dem Muster einer negativ-distanzierenden Neutralität praktiziert wird, sondern als eine positiv-übergreifende, bei der der Staat selbst sich zur Religion hin öffnet und diese sogar aktiv fördert, solange er nur eben religiöse Inhalte nicht bewertet oder zu Gunsten oder zu Lasten einer bestimmten Religion Partei ergreift.[16] Zur Begründung wird meist auf die Gewährleistung des Religionsunterrichts als ordentliches Lehrfach in den Schulen in Artikel 7 Absatz 3 GG sowie die Kirchenartikel der Weimarer Reichsverfassung verwiesen, die auf diese Weise zu einem umfassenden Gesamtkonzept der Zuordnung von Staat und Religion verbreitert werden. In der letzten Kopftuchentscheidung aus dem Jahre 2015 hat das Bundesverfassungsgericht in Gestalt des Ersten Senats dieses Konzept zumindest für den Schulbereich sogar zum einzig maßgeblichen erklärt, nachdem der Zweite Senat zwölf Jahre vorher ausdrücklich noch die Möglichkeit eröffnet hatte, im Falle der Zunahme religiöser Konflikte die Schule stärker von religiösen Bezügen freizuhalten und auf eine Vorstellung negativ-distanzierender Neutralität hinzuordnen.[17] Diese Tür scheint nun erst einmal verschlossen, jedenfalls so lange, bis die nächste Richtergeneration kommt und es möglicherweise wieder anders sieht.

III. Verschiebungen

Die Welt, in der die Grundlagen dieses Modells gelegt wurden, gibt es nicht mehr, und sie kehrt auch nicht mehr zurück. Die Veränderungen werden, gerade mit Blick auf die religiöse Landschaft, üblicherweise auf die Begriffe der Individualisierung, der Pluralisierung und der Säkularisierung gebracht, die alle für sich gesehen auch vollkommen zutreffend sind.[18] Aber sie beschreiben nur eine, gleichsam die gesellschaftliche Seite des Vorgangs. Dieser hat daneben aber auch eine politische Dimension, wie sie in der kurzen Geschichte des Schulgebets andeutungsweise hervortritt. Sie führt hinunter in die historischen Tiefenschichten des Verhältnisses von Staat und Religion, in die älteren und vermeintlich abgelegten Fragen, was Religion für politische Ordnung bedeutet, wie diese sich bildet, was sie trägt und erhält. Bis zum Ausgang des Mittelalters war die Religion in der Gestalt, die sie durch die katholische Kirche und die päpstliche Autorität bekommen hatte, selbst die alleinige Grundlage dieser Ordnung: der transzendentale Kern, der die Welt im Innersten zusammenhielt. Von einer solchen Grundlage wurde sie mit der konfessionellen Spaltung zum Problem: Statt wie bisher eine gab es nun zwei Religionen, die miteinander um die richtige Deutung des Lebens und dessen Gestaltung nach ihrem Maß konkurrierten. Das Resultat ist bekannt, es waren die konfessionellen Bürgerkriege, die Europa zwischen dem 16. und 17. Jahrhundert verheerten. Aus diesen ging schließlich nach dem geläufigen Narrativ der neuzeitliche Staat hervor, der sich über die streitenden Parteien erhob und sie mit Gewalt zum Frieden zwang. Aber noch ein Vordenker moderner Staatlichkeit wie Thomas Hobbes billigte dem Staat das Recht zu, über den Glauben seiner Bürger zu bestimmen, weil für ihn wie selbstverständlich feststand, dass zwei Religionen in einem Staat nicht zusammenleben können.[19]

Unter diesen Bedingungen konnte der Staat keine Religionsfreiheit gewähren, weil sie sein eigenes Fundament, nämlich die neue und sich gerade erst bildende weltlich-politische Einheit, untergraben hätte. Möglich wurde das erst, als die religiösen Gegensätze in einer dritten Phase zurücktraten und sich entschärften. Man bringt dies üblicherweise auf die Formel, dass Religion Privatsache wird, und beschreibt so zugleich das an den Staat gerichtete Verbot, sich aus allen sie betreffenden Angelegenheiten herauszuhalten. Aber nicht weniger ist damit auf eine Vorbedingung verwiesen, die dieses Heraushalten erst möglich macht und darin liegt, dass die Religion ihren früheren öffentlich-politischen Charakter verliert. Stattdessen wird sie nun zurückgestuft auf etwas bloß Individuelles, das über die engere persönliche Lebenssphäre nicht mehr hinausweist. Sie ist damit auch für das Zusammenleben auf einem Territorium zweitrangig geworden: Über die Frage, welches die wahre Religion sei, hat sich die andere, pragmatische Frage geschoben, wie man miteinander auskommen kann. Bei Karl Marx findet sich dieser Zusammenhang in gläserner Klarheit formuliert:

> Der Mensch emanzipiert sich *politisch* von der Religion, indem er sie aus dem öffentlichen Recht in das Privatrecht verbannt. Sie ist nicht mehr der Geist des Staats, wo der Mensch – wenn auch in beschränkter Weise, unter besonderer Form und in einer besondern Sphäre – sich als Gattungswesen verhält, in Gemeinschaft mit andern Menschen, sie ist zum Geist der *bürgerlichen Gesellschaft* geworden, der Sphäre des Egoismus, des bellum omnium contra omnes. Sie ist nicht mehr das Wesen der *Gemeinschaft,* sondern das Wesen des *Unterschieds.* Sie ist zum Ausdruck der *Trennung* des Menschen von seinem *Gemeinwesen,* von sich und den andern Menschen geworden […] Sie ist unter die Zahl der Privatinteressen hinabgestoßen und aus dem Gemeinwesen als Gemeinwesen exiliert.[20]

Die Entwicklung ist aber dabei nicht stehengeblieben und mündete vor allem hierzulande in eine weitere Phase, in der die Religion in jener Gestalt, die sie mittlerweile durch die großen Kirchen angenommen hatte, nun selbst wieder staats- oder auch gesellschaftstragend wird. Sie antwortet damit auf ein spezifisches Problem, das sich der Staat gerade als liberaler und neutraler Staat einhandelt: Bloß noch als Einheit des Friedens, des Rechts und der Freiheit definiert, kann er aus sich heraus keine Einheit der Gesinnung mehr erzeugen. Gleichwohl bleibt er nach verbreiteter Überzeugung, über deren Richtigkeit hier nicht zu reden ist, angewiesen auf ein Mindestmaß an gemeinsamen Wertüberzeugungen zwischen seinen Bürgern und bestimmte Bindekräfte, die den Gebrauch ihrer Freiheit von innen heraus regulieren. Er lebt dann nach der bekannten These Ernst-Wolfgang Böckenfördes von Voraussetzungen, die er selbst nicht garantieren kann, wenn er nicht seine Freiheitlichkeit aufgeben will. Und gerade für Böckenförde kommt hier der Religion eine tragende Rolle zu: »So wäre denn«, schrieb er, als er diese These zum ersten Mal formulierte, »noch einmal – mit Hegel – zu fragen, ob nicht auch der säkularisierte weltliche Staat letztlich aus jenen inneren Antrieben und Bindungskräften leben muss, die der religiöse Glaube seiner Bürger vermittelt.« Bezogen war dies aber, wie die weitere Lektüre ebenfalls klar erkennen lässt, allein auf das Christentum und die Christen; diese waren es, die den Staat als ihren Staat erkennen und innerlich annehmen sollten, und nennenswerte andere Gruppen gab es ja auch nicht.[21]

Es ist nun gerade diese Phase, in der das hier skizzierte Ordnungsmodell ausgeformt wurde und für die es natürlich auch vollkommen angemessen erschien. Das ging nie so weit, dass die Verbindung ausdrücklich hergestellt wurde, so dass sich der Zusammenhang überhaupt nur vermuten lässt. Entsprechend ist auch darauf verzichtet worden, die religiösen Freiheiten oder die Institutionen, in denen sie wirksam werden sollte, für die Zwecke sozialer oder politischer Integration zu funktionalisieren, wie das in anderen gesellschaftlichen Funktionsbereichen durchaus geschehen ist.[22] Die Religionsfreiheit blieb davon immer ausgenommen, und zwar aus nachvollziehbaren Gründen: Religion ergreift den Menschen tiefer als viele andere Sinnbezüge, sie rührt an sein Innerstes, an die letzten Fragen, auf die jeder nur für sich eine Antwort geben kann. Aber es hat aus der Rückschau natürlich einfach zueinander gepasst, die still stützende Funktion der Religion für die Gesellschaft einerseits und die grundsätzliche Sympathie für sie andererseits, wie man sie aus den Entscheidungen jener Jahre auch deutlich herauslesen kann. Jedenfalls ist es diese Phase, in der eine großzügige Auslegung der religiösen Freiheiten, eine voraussetzungslose staatliche Neutralität und ein Grundvertrauen auf die öffentliche Wirksamkeit von Religion ihren guten Sinn ergeben, und man kann sich sogar, wie noch im Jahre 2000 auf einer Staatsrechtslehrertagung, auf den Standpunkt stellen, der Staat solle zu Religion und Religiosität ermutigen, um es dem Einzelnen zu ermöglichen, ein verantwortlicher Bürger zu sein.[23]

Allerdings ist, wenn nicht alles täuscht, diese Phase schon seit längerem an ihr Ende gekommen, teils weil die christlichen Kirchen an Bindekraft ständig verlieren, teils weil nun neue Glaubensgemeinschaften in das öffentliche Leben der Bundesrepublik hineindrängen, deren Stellung zu den Grundprinzipien und der Struktur des Gemeinwesens weniger klar ist. Unter diesen Umständen wirkt – und die Wandlung in der Wahrnehmung des Schulgebets zeigt dies ebenso wie von der anderen Seite die Leichtigkeit, mit der heute Populisten gegen »den Islam« Stimmung machen können – Religion nicht mehr homogenitätsverbürgend, sondern weit stärker dissoziativ. Sie wird nicht zum Anker sozialer Integration, sondern zum Ausweis dessen, was Bürger voneinander trennt: das »Wesen des Unterschieds«, wie es Karl Marx hellsichtig bezeichnet hat. Dieses Trennende hat jedenfalls bei uns nicht mehr die Sprengkraft früherer Zeiten, als sich religiöse Gegensätze regelmäßig in gewaltsamen Auseinandersetzungen entluden. Aber wenn man heute über zunehmende Konflikthaftigkeit und Polarisierung der Gesellschaft klagt, dürfte Religion wahrscheinlich weniger eine Lösung als vielmehr selbst Teil des Problems sein. »Religiöse Freiheit als Gefahr?«, lautete denn auch die vorerst letzte Fragestellung der Staatsrechtslehrertagung zu diesem Thema.[24]

IV. Das Ordnungsmodell in der Welt von heute

Mit diesen Veränderungen ist es nicht überraschend, dass auch das überkommene Ordnungsmodell religiös-weltanschaulicher Vielfalt zunehmend unter Druck gerät. Die Folgen zeigen sich in verschiedenen Irritationen, die derzeit noch eher von den Rändern des Rechtssystems ausgehen, während man es im Zentrum, vor allem beim Bundesverfassungsgericht, vorerst weiter mit business as usual versucht. Aber jenseits dessen gibt es doch viel Bewegung, und zwar gerade als Absetzbewegung: Manches, was man noch vor ein oder zwei Jahrzehnten als acquis communautaire der Verfassungsrechtswissenschaft ansehen mochte, ist plötzlich nicht mehr unbestritten; Lösungen, die unter dem alten Modell und auf seiner Grundlage entwickelt wurden, werden teils vorsichtig, teils grundlegend revidiert. So wird etwa die Praxis der lange Zeit völlig voraussetzungslos gewährten Unterrichtsbefreiungen aus religiösen Gründen zunehmend durch Kompromisse ersetzt, die wieder stärker auf die Integration in das Gesamtsystem Schule setzen.[25] Und dass das Bundesverwaltungsgericht im Berliner Fall das von der Schule ausgesprochene Betverbot im Ergebnis bestätigt hat, wäre vor fünfzehn oder zwanzig Jahren schlicht nicht vorstellbar gewesen.[26] All dies sind Zeichen, wie sie typisch sind für eine Phase der Irritation und möglicherweise auch des Übergangs. Sie äußert sich derzeit in verschiedenen Anfragen an das überkommene Ordnungsmodell, die alle seine Momente betreffen.

1. Maximale Freiheit

Die erste Anfrage betrifft in diesem Sinne die großzügige Auslegung der Religionsfreiheit, die zu den Grundkonstanten des bisherigen Modells gehört. Diese war so lange völlig unproblematisch, wie alle von dieser Freiheit im Wesentlichen in gleicher Weise Gebrauch machten (also praktisch meist überhaupt nicht) und sich besonders weitreichende Inanspruchnahmen auf die Angehörigen kleinerer Gruppen beschränkten, die aufs Ganze gesehen nicht besonders auffielen, die Heiligen der Letzten Tage oder eine obskure »Vereinigung des evangelischen Brüdervereins«.[27] Sie wird aber zum Problem, wenn der Grad dieser Inanspruchnahme steigt und steigt, und dies vor allem durch solche Religionen, deren Glaubensregeln weit stärker als die der christlichen allgemeinen Lebensführungsregeln sind. Der Anspruch, dieses Leben auch führen dürfen, wie er in der weiten Auslegung der Religionsfreiheit enthalten ist, trifft irgendwann notwendig auf das Recht, das seinen eigenen Anspruch dann zurücknehmen muss; als Schranken der Religionsfreiheit kommen ja wie gesehen nur Werte von Verfassungsrang in Betracht. Die Folgen treten vor allem auf der Ebene der allgemeinen Rechtsgeltung ein, die fall- und bereichsweise immer weiter gelockert werden muss.[28] Tatsächlich lässt sich gerade dies in vielen Bereichen so beobachten: im Schulrecht, beim Tierschutzrecht, bei den beamtenrechtlichen Neutralitätspflichten etc.[29] In Kanada traf es vor einigen Jahren sogar das Familienrecht, als man islamischen Schiedsgerichten die Möglichkeit einräumte, allfällige Streitigkeiten auf der Basis der Scharia zu entscheiden. Auch wenn dies nach erheblichen öffentlichen Protesten zwischenzeitlich wieder zurückgenommen wurde, zeigt es doch, wie weit diese Praxis geht und wie wenig Grenzen sie aus sich heraus kennt. Folgerichtig werden seit einiger Zeit Forderungen nach Rückkehr zu einem restriktiveren Freiheitsverständnis laut, sei es in Gestalt einer stärker am Text des Grundgesetzes orientierten Begrenzung der Religionsfreiheit auf eine Freiheit des religiösen Kultus im engeren Sinne, sei es in Gestalt eines dogmatisch auf unterschiedliche Weise zu begründenden Vorbehalts zugunsten der allgemeinen Gesetze oder eben der allgemeinen Rechtsordnung.[30] Hier ist nicht der Ort, diese Debatten zu entscheiden; die notwendigen Begründungen lassen sich nicht mit einem Federstrich hinwerfen. Aber es sind Debatten, wie es sie früher nicht gab. Um einige Nachjustierungen wird man deshalb nicht herumkommen, und sei es nur durch eine stärkere Gewichtung der Funktionserfordernisse gesellschaftlicher Institutionen, mit denen religiöse Geltungsansprüche fallweise auch einmal zurückgewiesen werden können.[31]

2. Prinzipielle Neutralität

In ähnlicher Weise lässt sich auch für das zweite Moment des überkommenen Ordnungsmodells, das Bekenntnis zur Neutralität als unbedingtes Identifikations- und Bewertungsverbot, beobachten, wie eingespielte Standards, die lange als unmittelbar evident galten, wieder auf den Prüfstand gestellt werden. Resultat ist etwa die von durchaus gewichtigen Stimmen erhobene Forderung, von der Idee vollständiger Gleichbehandlung aller Religionen Abstand zu nehmen und zwischen diesen stärker nach dem Beitrag zu gewichten, den sie für das Gemeinwesen erbringen, also das bisherige »Paritäts-« zugunsten eines »Hierarchisierungsmodells« zu verabschieden.[32] Dies zielt vor allem auf die Verteidigung und Bewahrung der bisherigen Privilegien der christlichen Kirchen in den staatskirchlichen Kooperationsverhältnissen. Es ist aber in dieser Form nicht machbar, wenn überhaupt weiter an Neutralität als Prinzip festgehalten werden soll. Und wenn man es von den soziologischen Prämissen her betrachtet, setzt es mit den Kirchen gerade auf solche Institutionen, die das, was von ihnen hier einst erwartet worden war, aus tatsächlichen Gründen selbst immer weniger leisten. Es ist aber für unseren Zusammenhang deshalb interessant, weil hier nun zum ersten Mal explizit gemacht wird, was in der bisherigen Konzeptionierung des Ordnungsmodells als Ganzes immer nur stillschweigend mitlief: dass es für die prinzipielle Sympathie für die Religion, die sich darin ausdrückte, funktionale Gründe gab, die man nur deshalb nicht zur Sprache bringen musste, weil sie als selbstverständlich vorausgesetzt wurden; nun, wo das nicht mehr der Fall ist, kommen sie auf den Tisch. Andere stellen das Prinzip der Neutralität demgegenüber von der faktischen Seite her in Frage: Ein Staat, der vor Sekten warne und den Sonntag schütze, sei gar nicht neutral und solle das deshalb auch nicht von sich behaupten.[33] Auch das dürfte zu weit gehen und den zivilisatorischen Gewinn ignorieren, der im Abschied vom religiös gebundenen Staat nun einmal liegt.[34] Auf lange Sicht wird man aber auch hier nachjustieren müssen, und zwar in zweierlei Hinsicht: Zum einen müsste sich die tatsächliche Handhabung von Neutralität wieder stärker für pragmatische oder taktische Erwägungen öffnen, die durchaus auch Formen dezenter Steuerung einschließen; dies etwa bei der Frage, wem man den islamischen Religionsunterricht in den Schulen anvertraut, welche Inhalte dort vermittelt werden oder wie vielleicht auch bestimmte Strömungen außen vor gehalten werden. Zum anderen wäre die Vorstellung von Neutralität um eine Sicht auf den Staat zu erweitern, die wieder stärker dessen Regulierungsaufgabe betont und ihn als Moderator in religiös motivierten gesellschaftlichen Konflikten in die Pflicht nimmt. In der Sache ist das eine Rolle, die er für sich längst angenommen hat, auf kommunaler Ebene etwa in lokalen Präventionsräten, auf Bundesebene in der beim Innenministerium angesiedelten Islamkonferenz; sie ist aber in das bisherige Verständnis von Neutralität noch nicht hinreichend integriert.

3. Relative Öffentlichkeit

Zuletzt betreffen die Irritationen auch die Wirksamkeit von Religion im öffentlichen Raum, die das dritte Moment des alten Ordnungsmodells bildet. Innerhalb des juristischen Diskurses lassen sie sich ablesen an der neuen Konjunktur, die die Rechtsvergleichung in diesem Zusammenhang erlangt hat. In den letzten Jahren ist hier geradezu eine Flut von Veröffentlichungen zu verzeichnen, die die verschiedenen Organisations- und Zuordnungsmöglichkeiten einander gegenüberstellen und auf ihre Vor- und Nachteile befragen, und zwar gerade in ihrer Eigenschaft als Problemlöser für gesellschaftliche Konflikte: die französische Laizität, die US-amerikanische Variante, der kanadische Multikulturalismus, vor der autokratischen Wende in der Türkei immer auch noch der Kemalismus, sie alle zusammen dann gegen das bundesdeutsche Modell. Auch dieses wird dadurch verstärkt auf seine Tauglichkeit unter den veränderten Bedingungen hinterfragt. Konkret zeigt sich dies an der seit einiger

Zeit verstärkt geführten Diskussion über das Ausmaß religiöser Bezüge im Schulbereich, wie er zwischen den Verfechtern einer positiv-übergreifenden und denen einer negativ-distanzierenden Neutralität geführt wird. Politisch ist der Ausgang dieser Diskussion durchaus offen. Gerade deshalb erscheint es wenig sinnvoll, die Frage gleichsam schon auf der Verfassungsebene als entschieden anzusehen und dem Gesetzgeber die Orientierung an einem Modell vorzuschreiben, wie es das Bundesverfassungsgericht in seinem letzten Kopftuchurteil von 2015 unternommen hat. Damit schneidet es, wie eine Kritikerin formuliert hat, die dringend notwendige politische und gesellschaftliche Diskussion über die angemessene Handhabung des Prinzips in der religiös pluralen Gesellschaft ab und erschwert den pragmatischen Umgang mit einem eher distanzierenden Neutralitätsverständnis.[35] Die nächste Bewährungsprobe dürfte die grundsätzliche Bestätigung des Betverbots für einen muslimischen Schüler durch das Bundesverwaltungsgericht sein, die derzeit vor dem Bundesverfassungsgericht zur Überprüfung ansteht. Von den Verteidigern des traditionellen Ordnungsmodells ist sie schon als Rückfall in ein »laizistisches Schulverständnis« kritisiert worden.[36] Tatsächlich lässt sie sich auf abstrakterer Ebene als der Versuch lesen, religiös motivierten Konflikten dadurch die Spitze zu nehmen, dass man die gestiegenen Sichtbarkeitsansprüche einzelner religiöser Gruppen in einem bestimmten Bereich – hier dem Schulbereich – zurückdrängt. Das Gericht kann zu seiner Rechtfertigung freilich auf eine auch in der nüchternen Sprache von Urteilsgründen bedrückende Schilderung der Zustände an der betreffenden Schule verweisen, bis hin zu religiös motiviertem Mobbing, antisemitischen Beleidigungen und sexistischen Diskriminierungen.[37] Dagegen lässt sich leicht einwenden, die Schulen und vor allem die Lehrer müssten andere Wege finden, um mit solchen Konflikten umzugehen. So reden vor allem die, die es selbst nicht machen müssen. Aber es sind gerade Fälle wie dieser, die die Frage aufwerfen, ob sie auf der Grundlage eines unter ganz anderen Bedingungen ausformulierten Ordnungsmodells noch angemessen bewältigt werden können.

V. Und neue Unsicherheiten

Noch gar nicht war die Rede davon, dass die Irritationen jenes Modells seit einiger Zeit nicht nur von innen, sondern in steigendem Maße auch von außen kommen, und hier vor allem von den europäischen Rechtsebenen. Es muss sich auf diese Weise nicht nur gegen eine veränderte Realität behaupten, sondern auch gegen alternative Ordnungsmodelle, deren Elemente nun auf verschiedene Weise in das nationale Recht einströmen und hier Beachtung verlangen; sie lassen sich deshalb auch nicht so einfach ausblenden wie eine bloß veränderte Realität. Beispielhaft zeigt sich dies in den heftigen Erschütterungen, denen das kirchliche Arbeitsrecht in seiner bisher die Kirchen stark privilegierenden Lesart durch das Bundesverfassungsgericht aktuell von der Rechtsprechung des Europäischen Gerichtshofs ausgesetzt ist: möglicherweise nicht, wie es in einem Kommentar hieß, der Anfang vom Ende dieses Arbeitsrechts, sondern schon dieses Ende selbst.[38] Ein weiteres Beispiel ist der nicht enden wollende Konflikt um das Kopftuch in Beschäftigungsverhältnissen, in dem die neuerdings sehr religionsfreundliche Linie des Bundesverfassungsgerichts für den Fall einer Beschäftigung beim Staat nun durch eine deutlich restriktivere Linie des Europäischen Gerichtshofs für die Beschäftigung bei privaten Arbeitgebern konterkariert wird: mit der paradoxen Folge, dass Unternehmen für sich autonom eine Neutralitätspolitik festlegen und diese ihren Mitarbeitern auch abverlangen können, während dies dem verfassungsrechtlich selbst zur Neutralität verpflichteten Staat zunehmend verwehrt wird.[39] Und auch die Entscheidung des Europäischen Gerichtshofs für Menschenrechte zur Rechtfertigung eines allgemeinen Burkaverbots durch die Idee eines »vivre ensemble« folgt einer bestimmten Zuordnung von politischer Ordnung und Religion, die in der Entscheidung überraschend prominent hervortritt, aber hierzulande schon für erhebliche Irritationen gesorgt hat.[40] All diese Irritationen von außen sind aber ihrerseits nur ein Spiegel der inneren Verunsicherung, insofern sie für unterschiedliche Zugriffe auf die Phänomene religiöser Vielfalt stehen, also für Problemlösungsversuche, die von verschiedenen Gesellschaften auf je verschiedene Weise unternommen werden, in Frankreich etwa anders als in der Bundesrepublik und in beiden vielleicht wieder anders als in den skandinavischen Ländern oder in Italien. Natürlich kann man diese dann ihrerseits weiter für die hiesigen Verhältnisse unpassend oder auch ganz verfehlt halten. So oder so wird das bundesrepublikanische Ordnungsmodell nicht mehr bleiben können, wie es einst war.

Anmerkungen

1 Markante Ausnahme ist ein Urteil des Hessischen Staatsgerichtshofs von 1965, das das Schulgebet auf die Klage eines einzelnen Schülers hin insgesamt untersagte, ESVGH 16, 1; in der Sache aufgehoben durch BVerfGE 52, 223 – Schulgebet (1979).

2 So die Darstellung der Vertreter des Landes im Gerichtsverfahren s. Der Tagesspiegel vom 28.5.2010: Schule darf Muslim Gebet verbieten; die weiteren Angaben aus BVerwGE 141, 223 ff.

3 Friedrich Müller/Ralph Christensen/Michael Sokolowski, Rechtstext und Textarbeit, 1997, S. 19 ff.

4 Für Näheres muss ich auf frühere Veröffentlichungen verweisen; s. vor allem Uwe Volkmann, Grundzüge einer Verfassungslehre der Bundesrepublik Deutschland, 2013, S. 85 ff., 129 ff.

5 Dass es um ein zusammenhängendes Ordnungsmodell geht, zeigt sich an den zahlreichen Versuchen, es durch bestimmte Leit- und Schlüsselbegriffe zu bezeichnen und es so von entsprechenden Gegenmodellen abzugrenzen: Neutralität vs. Laizität, Parität vs. Abstufung etc., zuletzt »normativer Pluralismus« vs. »Laissez-faire-Pluralismus«, Hans Michael Heinig, Die Verfassung der Religion, 2014, S. 22 (23 f.).

6 Zu beidem BVerfGE 32, 98 (107 ff.) – Gesundbeter (1971).

7 BVerfGE 12, 1 (4) – Kirchenaustritt (1960); 24, 236 (246) – Rumpelkammer (1968); auch »Kulturadäquanzklausel« genannt.

8 Dass etwa die Religionsausübung »zentrale Bedeutung« für jeden Glauben und jedes Bekenntnis hat, ist eine Leerformel bzw. als Versuch eines Belegs eine petitio principii; dass die Religionsfreiheit nicht mehr wie in Artikel 135 WRV durch einen ausdrücklichen Gesetzesvorbehalt eingeschränkt ist, spräche vielleicht eher dafür, diesen zum Ausgleich dann enger zu fassen; dass die Religionsfreiheit nicht nach Artikel 18 GG verwirkt werden kann, stellt das übliche Verhältnis dieser Bestimmung zum möglichen Inhalt von Grundrechten geradezu auf den Kopf (Meinungs- und Versammlungsfreiheit etwa werden nicht zuletzt deshalb weit ausgelegt, *weil* sie in Artikel 18 GG als verwirkbare Grundrechte genannt sind, der Ausspruch aber dem Bundesverfassungsgericht vorbehalten ist); dass die Religionsfreiheit zusätzlich durch zahlreiche verfassungsrechtliche Sonderregelungen geschützt ist, könnte auch ein Indiz dafür sein, dass der Schutz auf der allgemeinen Ebene des Grundrechts schwächer ausfällt (wofür bräuchte man die Sonderregeln sonst?); und dass die Freiheit der Religionsausübung sich nicht nur auf die christlichen Kirchen erstreckt, sagt zur Frage, was unter dieser Ausübung konkret zu verstehen ist, ersichtlich überhaupt nichts. Sämtliche Argumente aus: BVerfGE 24, 236 (246) – Rumpelkammer (1968).

9 S. etwa die Kritik bei Heinig (Fn. 5), S. 133 ff.; grundsätzlich gegen ein Rechtsprinzip der Neutralität Christoph Möllers, Grenzen der Ausdifferenzierung, in: Zeitschrift für evangelisches Kirchenrecht 59 (2014), S. 115 (117 ff.); dagegen jeweils Stefan Huster, Die ethische Neutralität des Staates, 2. Aufl. 2017, S. XXIX ff., mit dem Konzept einer »Begründungsneutralität«.

10 Ähnliche Unterscheidungen bei Huster (Fn. 9), S. 47 ff.; Rainer Forst, Toleranz im Konflikt, 4. Aufl. 2014, S. 42 ff., dort bezogen auf Toleranz.

11 Martin Morlok, in: Dreier (Hg.), GG-Kommentar Bd. I, 3. Aufl. 2013, Artikel 4 Rn. 7.

12 Die Bezeichnungen weichen teils ab, s. etwa Huster (Fn. 9), S. 80 ff.: »moralische Begründung«; Forst (Fn. 10): »Respektskonzeption«.

13 BVerfGE 102, 370 (384 ff.) – Zeugen Jehovas (2000); maßgeblich soll dafür hauptsächlich nur die anhand des äußeren Verhaltens zu beurteilende Rechtstreue sein.

14 BVerfGE 138, 296 (342) – Kopftuch II (2015).

15 Ernst-Wolfgang Böckenförde, Bekenntnisfreiheit in einer pluralen Gesellschaft und die Neutralitätspflicht des Staates, in: Berghahn / Rostock (Hg.), Der Stoff, aus dem Konflikte sind: Debatten um das Kopftuch in Deutschland, Österreich und der Schweiz, 2009, S. 175 (183).

16 Statt vieler Böckenförde (Fn. 15), S. 183 f.

17 S. BVerfGE 138, 296 ff. – Kopftuch II (2015) einerseits und BVerfGE 108, 282 ff. – Kopftuch I (2003) andererseits.

18 Heinig (Fn. 5), S. 3 (4 f.) m. w. N.

19 Thomas Hobbes, Leviathan, 14. Aufl. 2008, S. 279.

20 Karl Marx, Zur Judenfrage, in: ders., Marx-Engels-Werke, Band I, 14. Aufl. 1983, S. 356.

21 Ernst-Wolfgang Böckenförde, Recht, Staat, Freiheit, 5. Aufl. 2013, S. 92 (112 ff.); zu den verschiedenen Deutungsmöglichkeiten des Satzes zuletzt Horst Dreier, Staat ohne Gott, 2. Aufl. 2018, S. 189 ff.

22 Beispiele: die Indienstnahme der Kommunikationsgrundrechte für den demokratischen Prozess bis hin zur Deutung der Rundfunkfreiheit als »dienende Freiheit«, zuletzt BVerfGE 136, 9 ff. – Aufsichtsgremien Rundfunk (2014); die Bestimmung des Inhalts der Koalitionsfreiheit von deren besonderer Aufgabe für den sozialen Ausgleich her, vgl. zuletzt BVerfGE 146, 71 (115) – Tarifeinheit (2017): »kein Recht auf [...] Blockademacht zum eigenen Nutzen«; die Freiheit der Parteien zur Mitwirkung an der politischen Mitwirkung als »öffentliche Aufgabe« (§ 1 Satz 2 PartG).

23 Michael Brenner, Staat und Religion, in: Veröffentlichungen der Vereinigung der Deutschen Staatsrechtslehrer 59 (2000), S. 264 (296 f.); dort die anschauliche Formulierung vom »freundlichen Nebeneinander« von Staat und Religion (275 ff.).

24 Veröffentlichungen der Vereinigung der Deutschen Staatsrechtslehrer 68 (2009), mit Referaten von Ute Sacksofsky und Christoph Möllers, allerdings unter teilweiser Zurückweisung der Fragestellung. Noch deutlicher: Christian Walter, Religiöse Freiheit als Gefahr? Eine Gegenrede, in: Deutsches Verwaltungsblatt, 2008, S. 1073.

25 S. etwa BVerwGE 147, 362 ff.: Zumutbarkeit der Teilnahme am Schwimmunterricht im Burkini; s. demgegenüber noch BVerwGE 94, 82 ff.

26 BVerwGE 141, 223 ff.

27 Um diese ging es im Gesundbeter-Fall, vgl. oben Fn. 6.

28 So sehr klar Huster (Fn. 9), S. XXXVI ff.

29 Huster a. a. O.

30 Zu Letzterem s. etwa den Vorstoß von BVerwGE 112, 227 (231 ff.); als Gesamtüberblick s. Christian Waldhoff, Neue Religionskonflikte und staatliche Neutralität, Gutachten D zum 68. Deutschen Juristentag, 2010, S. 66 ff.

31 Dafür stehen die angesprochenen Entscheidungen des BVerwG, s. die Nachweise in Fn. 2 und 25. Die letzte Kopftuchentscheidung des Bundesverfassungsgerichts (Fn. 14) schlägt demgegenüber auch hier den umgekehrten Weg ein und rekonstruiert den Konflikt vor allem aus der Perspektive der Grundrechtsträger; s. dazu

die treffende Kritik von Dreier (Fn. 21), S. 139: »völlig verfehlte Logik eines hypertrophen Konkretismus subjektiver Rechtsansprüche«.

32 Die Bezeichnung bei Heinig (Fn. 5), S. 9 f.; die Forderung selbst etwa bei Paul Kirchhof, Die Freiheit der Religionen und ihr unterschiedlicher Beitrag zu einem freien Gemeinwesen, in: Essener Gespräche zum Thema Staat und Kirche 39 (2005), S. 105 ff.; Karl-Heinz Ladeur / Ino Augsberg, Toleranz – Religion – Recht, 2007, S. 85.

33 So Möllers (Fn. 9), S. 117 ff.

34 Zutreffend Huster (Fn. 9), S. XXXI f.

35 Christine Langenfeld, Fängt der Streit um das Kopftuch jetzt erst an? in: Zeitschrift für evangelisches Kirchenrecht 60 (2015), S. 420 (432 f.).

36 So Hans Michael Heinig, Religionsfreiheit im Schul- und Mitgliedschaftsrecht, in: Zeitschrift für evangelisches Kirchenrecht 61 (2016), S. 202 (206 f.).

37 BVerwGE 141, 223 (236 ff.).

38 Daniel Deckers, Entkerntes Arbeitsrecht, in: Frankfurter Allgemeine Zeitung vom 26.10.2018, S. 8. Ausgangspunkt ist die nach einer Vorlage an den Europäischen Gerichtshof ergangene Entscheidung des Bundesarbeitsgerichts, nach der für bestimmte Stellen in kirchlich betriebenen Organisationen die Kirchenzugehörigkeit nicht mehr verlangt werden kann, BAG, Urteil v. 25.10.2018, Az: 8 AzR 501/14.

39 Instruktive Gegenüberstellung bei Armin Steinbach, Religion und Neutralität im privaten Arbeitsverhältnis, in: Der Staat 56 (2017), S. 621 ff. Nächster Anwendungsfall: das Kopftuch der Referendarin, vgl. Bundesverfassungsgericht, in: Neue Juristische Wochenschrift 2017, S. 2333.

40 Europäischer Gerichtshof für Menschenrechte, Neue Juristische Wochenschrift 2014, S. 2925 ff.; s. dazu Sarah Leyli Rödiger / Dana-Sophia Valentiner »living together« – Zum Pluralismuskonzept des EGMR unter besonderer Berücksichtigung der Burka-Entscheidung, in: Archiv des Völkerrechts 53 (2015), S. 360 ff.

III.
Form, Legitimation und Bindung des Politischen

Die Rolle politischer Parteien und ihre Regulierung

Frank Decker, Bonn

I. Parteiendemokratie und Parteienstaat

Die Kritik an den Parteien ist allgegenwärtig und kann – nicht nur in Deutschland – auf eine lange Tradition zurückblicken. In ihren Ursprüngen reicht sie bis zum Beginn der demokratischen Entwicklung zurück, die mit dem aufkommenden Parteiwesen aufs Engste verbunden ist. Dieses historische Verdienst, wenn es überhaupt ins Bewusstsein tritt, wird den Parteien allerdings nicht gedankt. So sehr der Parteienwettbewerb als Erscheinungsform der parlamentarisch verfassten Demokratie im Allgemeinen akzeptiert ist, so gering bleibt das Ansehen der Parteien selbst. Dies dürfte zum einen damit zusammenhängen, dass die Parteien aufgrund ihres intermediären, zwischen Gesellschaft und Staat vermittelnden Charakters eher zu den funktionalen als den »würdigen« Teilen des Regierungssystems gerechnet werden müssen, wie es der britische Verfassungstheoretiker Walter Bagehot ausgedrückt hat. Zum anderen sind sie ihrem Wesen nach partikulare, auf die Verfolgung eigener Machtinteressen programmierte Akteure, was der geforderten Gemeinwohlorientierung des politischen Systems dem Anschein nach widerstreitet.

Das Harmoniebedürfnis, das hinter solchen Urteilen vorscheint, arbeitet dem »Anti-Parteien-Affekt« in die Hände. Während sich beim Begriff Parteiendemokratie auch positive Assoziationen einstellen, sind Parteienstaat und Parteienregierung als Begriffe negativ besetzt. In ihnen schwingt der Vorwurf mit, dass die Parteien ihre Herrschaft zum Schaden des Gemeinwesens auch auf solche Bereiche der Gesellschaft und des Staates ausdehnten, in denen sie von Verfassungs wegen nichts zu suchen hätten. Aus ihrer Mitwirkungsfunktion an der politischen Willensbildung, wie Artikel 21 des Grundgesetzes unbekümmert formuliert, sei in Wahrheit ein Monopol geworden.[1]

Am Ausgangspunkt der Kritik am Parteienstaat steht die Diskrepanz zwischen den schwächer werdenden gesellschaftlichen Wurzeln der Parteien und dem Ausbau ihrer staatlichen Machtbastionen. Unterschiedliche Auffassungen gibt es, wie beide Prozesse zusammenhängen. Manche Autoren unterstellen, dass die Parteien das Wegbrechen ihrer gesellschaftlichen Basis durch eine Stärkung der Position im Staat gezielt wettgemacht hätten.[2] Dies dürfte in zweierlei Hinsicht zu kurz greifen. Erstens wäre es falsch, von einem generellen Machtzuwachs der Parteien im staatlichen Bereich zu sprechen. Nicht nur, dass der Staat im Zuge der Denationalisierung als Ganzes an Steuerungsfähigkeit eingebüßt hat. Die Parteien haben auch im Verhältnis zu anderen staatlichen und gesellschaftlichen Institutionen – etwa den Interessenverbänden und Medien – Positionsverluste hinnehmen müssen.

Zweitens handelt es sich beim Hineinwachsen der Parteien in den Staat um einen Prozess »sui generis«, der mit ihren gesellschaftlichen Funktionen zunächst gar nichts zu tun hat. Der Parteienstaat ist vielmehr das natürliche Pendant einer Entwicklung, die im 20. Jahrhundert zur Herausbildung des »arbeitenden« oder »Leistungsstaates« geführt hat und ein Produkt der modernen Industriegesellschaft darstellt. Je mehr sich der Staat aufgerufen fühlte, in das soziale und Wirtschaftsgeschehen regulierend einzugreifen, desto enger wurde auch die Symbiose zwischen Parteien und Staat. Betrachtet man die Folgen dieser Entwicklung, so stellt sich der Zusammenhang genau umgekehrt dar: Der Ausbau des Wohlfahrtsstaates ermöglichte es den Bürgern, die Bindungen zu »ihren« Parteien zu lockern, weil sie auf die Fürsorgeleistungen, die diese im gesellschaftlichen Bereich erbrachten, nicht mehr im selben Maße angewiesen waren. Die Parteien wurden dadurch zum einen gezwungen, sich neue Wählergruppen zu erschließen. Zum anderen mussten sie verstärkt auf staatliche Ressourcen zurückgreifen, um ihre Aufgaben weiter zu erfüllen.

Legitimatorisch birgt das ein schwieriges Dilemma. Dass die Parteien als Regierungsinstitutionen »in eigener Sache« entscheiden und in den Fragen, die sie als Organisation unmittelbar betreffen, mit der Konkurrenz ein Kartell bilden können, wäre für sich genommen schon heikel genug. Gravierender ist, dass der Selbstprivilegierung kein vergleichbares Gewicht mehr in Gesellschaft und Staat entspricht, das als Vertrauensvorschuss wirkt und ihnen ein »Legitimationspolster« verschafft. Die Akzeptanz des parteiendemokratischen Systems steht und fällt damit ausschließlich mit den durch die Politik erbrachten Leistungen. Bleiben diese hinter den Erwartungen zurück, dürfte auch die Bereitschaft der Bürger sinken, die Machtusurpation der Parteien als notwendiges Übel hinzunehmen.

II. Dimensionen der Parteienstaatlichkeit

Als empirische Begriffe werden Parteiendemokratie, Parteienregierung (party government) und Parteienstaat meistens synonym verwendet. Alle drei drücken die selbstverständliche Wahrheit (aus), »dass der moderne demokratische Staat durch politische Parteien regiert wird.«[3] Parteien sind also nicht nur Vermittlungsinstitutionen zwischen Gesellschaft und Staat, sondern wirken zugleich als zentrale politische Akteure innerhalb der von der Verfassung konstituierten Staatsorgane und prägen deren Funktionieren. Im engeren Sinne steht der Begriff Parteienstaat für ein System, in dem Parteien und Staat in ihren Strukturen eng miteinander verflochten sind. Ab welcher Grenze sich eine Parteiendemokratie zum Parteienstaat wandelt bzw. schwache in starke Parteienstaatlichkeit umschlägt, ist nicht genau bestimmbar. Einerseits hängt es von den normativen Maßstäben des Betrachters ab, der dem Parteienfluss mal mehr und mal weniger kritisch gegenüberstehen kann. Andererseits richtet es sich danach, an welchen Kriterien man die Verflechtung festmacht. Für die Bundesrepublik sind hier vor allem drei Bereiche zu nennen: die personelle, die rechtliche und die finanzielle Verflechtung.

1. Personelle Verflechtung

Die personelle Verflechtung bezieht sich auf die Rekrutierung des politischen Personals der zentralen wie peripheren Regierungsorgane (Parlament, Regierung, Staatsoberhaupt, Verfassungsgericht) sowie die Besetzung der staatlichen bzw. öffentlichen Ämter in den nachgelagerten und/oder politikferneren Bereichen der Verwaltung, Justiz, öffentlichen Unternehmen und Rundfunkanstalten. Für die Besetzung der dortigen Positionen nach Parteizugehörigkeit hat sich der auf Max Weber zurückgehende Begriff der »Amts-/Ämterpatronage« eingebürgert. Je nach Stoßrichtung gilt es zwischen Herrschafts- und Versorgungspatronage zu unterscheiden. Herrschaftspatronage dient der Macht- und Loyalitätssicherung, hilft den Parteien also, ihre politischen Ziele durchzusetzen. Im Bereich der zentralen Regierungsinstitutionen, wo die Parteien sich auf ein Mandat des Wählers berufen können, ist diese Form der Patronage nicht nur funktional, sondern auch legitim. Dies gilt bis hinunter zu den leitenden Positionen der Ministerialbürokratie und obersten

Regierungsbehörden, die den durch Wahlen erworbenen Regierungsauftrag umsetzen sollen. Es gilt dagegen nicht im Bereich der Justiz oder öffentlich-rechtlichen Rundfunkanstalten, wo die Vergabe der Ämter an Gefolgsleute dazu führen kann, dass zentrale Prinzipien der Gewaltenteilung unterminiert werden.

Grundsätzlich noch weniger legitimierbar erscheint die zweite Spielart, die Versorgungspatronage. Denn diese verfolgt gar keine im engeren Sinne politischen Ziele, sondern dient lediglich dazu, »verdiente« Parteigänger mit einem Posten zu belohnen (»Parteibuchwirtschaft«). Für Parteienstaatskritiker stellen solche Versorgungsfälle ein gefundenes Fressen dar, während überzeugte Anhänger der Parteiendemokratie sie eher als unvermeidbares Übel betrachten. Ein klares Urteil scheitert oft daran, dass legitime Herrschafts- und illegitime Versorgungspatronage miteinander einhergehen. Darüber hinaus lassen sich Patronagefälle nur selten eindeutig identifizieren, weil die Postenvergabe in einer rechtlichen Grauzone stattfindet. Gerade das erleichtert es den Kritikern freilich, die Parteipolitik unter Generalverdacht zu stellen und die Amtspatronage als allgemeines Handlungsmuster zu unterstellen.[4]

2. Rechtliche Einbindung

Dem Doppelcharakter der Parteien als gesellschaftliche und Regierungsinstitutionen gemäß ragt ihre Regulierung in die unterschiedlichsten Rechtsgebiete hinein. In Deutschland ist die Verrechtlichung des Parteiwesens unter allen verfassungsstaatlichen Demokratien wahrscheinlich am stärksten ausgeprägt:

> nicht nur durch die Verfassung, sondern auch durch das Parteiengesetz und die dort geregelte Parteienfinanzierung, durch die Wahlgesetze, durch Rundfunkgesetze und die dortige Parteienmitwirkung in Aufsichtsgremien, durch Geschäftsordnungen der Parlamente und die hier geregelten Rechte der Fraktionen und insbesondere auch durch die höchstrichterliche Rechtsprechung.[5]

Hinzu kommen die Satzungen der Parteien selbst, in denen neben dem Organisationsaufbau unter anderem die Verfahren der Kandidatenaufstellung geregelt werden. Die Satzungen unterliegen dabei zugleich dem Vereinsrecht, während bei der Parteienfinanzierung auch steuerrechtliche Vorschriften einschlägig sind. Eine wichtige Rolle kommt des Weiteren dem Verfassungsprozessrecht zu – bei Parteienverbots- und sonstigen Organstreitverfahren, in denen die »Parteien – wiederum aufgrund der Verfassungsrechtsprechung – als beteiligtenfähig angesehen werden.«[6] Der ultima ratio eines Parteienverbots vorgelagert sind die Möglichkeiten einer geheimdienstlichen Beobachtung von Parteien, die in den Verfassungsschutzgesetzen des Bundes und der Länder normiert werden. Last but not least gilt es, die Regelungen auf europäischer Ebene zu beachten (EU-Vertrag und -Grundrechtecharta und Europäische Menschenrechtskonvention).

Ausgangspunkt der Verrechtlichung und Hauptgrund für die im internationalen Vergleich auffällige Regulierungsdichte ist die Konstitutionalisierung der Parteien. Mit der Aufnahme des Artikels 21 in das Bonner Grundgesetz zogen dessen Autoren aus dem Scheitern der Weimarer Parteiendemokratie die richtige Konsequenz, dass sie die Parteien jetzt ausdrücklich anerkannten und in den Rang von verfassungsrechtlichen Institutionen erhoben. Die drei zentralen Bestimmungen des Parteienartikels – das Gebot innerparteilicher Demokratie, die Möglichkeit des Verbots verfassungswidriger Parteien als Ausdruck der wehrhaften Demokratie und die Pflicht der Parteien, Herkunft und Verwendung ihrer Mittel offenzulegen – gingen unmittelbar auf die Diktaturerfahrung zurück. Ihre Konkretisierung erfolgte im 1967 verabschiedeten Parteiengesetz (PartG). Daneben tritt als weiterer, im Grundgesetz nicht ausdrücklich normierter, aber verfassungsrechtlich anerkannter ungeschriebener Grundsatz die aus der »Parteienfreiheit« des Artikels 21 abgeleitete Chancengleichheit, von der nur bei Vorliegen zwingender Gründe abgewichen werden darf. Besondere Relevanz erlangt dieser Grundsatz im Wahlrecht, wo ihn Artikel 38 Absatz 1 Satz 2 GG festschreibt. »Er beschränkt sich aber nicht auf diesen Bereich, sondern greift überall dort ein, wo es um die Parteien und damit das Verhältnis der Parteien zueinander geht.«[7]

3. Staatliche Parteienfinanzierung

Um ihre Organisationen zu unterhalten und Wahlkämpfe zu bestreiten, brauchen die Parteien Geld. Über die eigenen Mittel (aus Mitgliedsbeiträgen und Spenden) hinaus tragen dabei auch Zuwendungen aus der Staatskasse zur Finanzierung bei. Die Ko-Finanzierung durch den Staat entspricht dem Doppelcharakter der Parteien als gesellschaftliche und staatliche Institutionen.[8] Die Zuwendungen können direkt oder mittelbar erfolgen. Letzteres gilt z.B., wenn Mitgliedsbeiträge oder Spenden steuerlich begünstigt werden.

Die staatliche Parteienfinanzierung wurde in der Bundesrepublik erst in den 1960er-Jahren eingeführt. Ihre beständige Ausdehnung verdankt sich einerseits gestiegenen Kosten (insbesondere für die immer aufwendiger werdenden Medienwahlkämpfe), andererseits ist sie ein Reflex der abnehmenden gesellschaftlichen Verankerung der Parteien. Betrachtet man nur die Mittel der direkten Parteienfinanzierung, die die Parteien »als Teilfinanzierung der allgemein ihnen nach dem Grundgesetz obliegenden Tätigkeit« (§ 18 Absatz 1 Satz 1 PartG) erhalten, und stellt man diese den aus Mitgliedsbeiträgen und Spenden aufgebrachten Eigenmitteln der Parteien gegenüber, wird der Zusammenhang zunächst nicht sichtbar. Hier zeigt sich im Gegenteil ein erstaunlicher Anstieg des Beitragsanteils von etwa einem Drittel bei Inkrafttreten des Parteiengesetzes auf nahezu 50 % der Gesamteinnahmen in den 1990er-Jahren, während der staatliche Finanzierungsanteil im selben Zeitraum von 55 % auf gut 40 % sank. Das Bild vervollständigt sich erst, wenn man über die Wahlkampfmittel hinaus auch die übrigen indirekten Finanzierungsquellen einbezieht. Darunter fallen z.B. die Abgaben von Mandatsträgern, die als »Parteisteuern« offiziell bei den Mitgliedsbeiträgen mitgezählt werden und deren Anteil dadurch künstlich in die Höhe treiben, die Finanzierung der Abgeordnetenmitarbeiter, die Zuschüsse an die Fraktionen, die Steuerbegünstigung von Spenden und Mitgliedsbeiträgen sowie – als größter Posten – die Zuwendungen an die Parteistiftungen, soweit sie in die Schulung und Weiterbildung des politischen Personals fließen. Summiert man all diese Mittel, so lag der staatliche Finanzierungsanteil ausgangs der 1990er-Jahre mit annähernd 80 % weit über der vom Bundesverfassungsgericht 1992 als zulässige Obergrenze festgelegten 50-Prozent-Marge. Profitiert von dieser Entwicklung haben vor allem die Parteizentralen.[9]

III. Staatsfreiheit, Staatsnähe oder Staatsferne?

Eine noch größere Bedeutung als auf anderen Rechtsgebieten kommt beim Parteienrecht der Verfassungsrechtsprechung zu. Der Grund liegt zum einen darin, dass die in Artikel 21 normierten Prinzipien sich zwar ergänzen, gleichzeitig aber auch in einem Spannungsverhältnis zueinander stehen. So stellt z.B. das Parteienverbot den stärksten denkbaren Eingriff in das Prinzip der Chancengleichheit überhaupt dar. Nur unwesentlich abgeschwächt gilt dasselbe für die vom Gesetzgeber erst vor kurzem eingeführte Möglichkeit, verfassungsfeindliche Parteien unterhalb der Verbotsschwelle von der staatlichen Parteienfinanzierung auszuschließen[10], für die das Verfassungsgericht im NPD-Verbotsverfahren vorher »grünes Licht« gegeben hatte. Selbst das mildeste Mittel der wehrhaften Demokratie in diesem Bereich – die Beobachtung einer potenziell verfassungsfeindlichen Partei durch den Verfassungsschutz – könnte deren Chancen als Wettbewerber empfindlich beeinträchtigen. Auch in sich betrachtet sind die Grundsätze für unterschiedliche Interpretationen und Abwägungen offen, wie etwa die – unter Politikwissenschaftlern stärker als unter den Staatsrechtlern – umstrittene Judikatur zur Fünfprozentklausel im Wahlrecht zeigt. Verfassungsrichter und der Gesetzgeber sind in diesem und anderen Bereichen des Parteienrechts regelmäßig gefordert, die vorhandenen Regelungen vor dem Hintergrund veränderter politischer Umstände zu überprüfen und sie gegebenenfalls anzupassen.

Der andere – noch wichtigere – Grund für das Gewicht der Verfassungsrechtsprechung besteht in der Befangenheit der Parteien, wenn diese als Regierung oder Gesetzgeber über die Angelegenheiten, die sie als Institutionen bzw. Akteure unmittelbar betreffen, auch selber entscheiden (können).[11] Das Bundesverfassungsgericht hat daraus für sich einen besonders hohen Kontrollanspruch abgeleitet, durch den es in weiten Bereichen des Parteienrechts zu einem faktischen Ersatzgesetzgeber geworden ist. Auf aus ihrer Sicht zu restriktive Regelungen haben die Parteien mit unterschiedlichen Strategien und wechselhaftem Erfolg reagiert. Im Bereich der Parteienfinanzierung konnten sie die Regelungen häufig umgehen, indem sie auf andere Finanzierungsquellen auswichen. Beim Wahlrecht haben sie gelegentlich versucht, die Urteile durch verfassungsunmittelbare oder europäische Regelungen auszuhebeln. Wie schwierig es für den Gesetzgeber werden kann, sich aus dem Teufelskreis von verfassungsgerichtlichen Fesseln und institutionellen Eigeninteressen zu befreien, zeigt die Diskussion um das Bundestagswahlrecht, dessen dringend gebotene Reform, die eigentlich schon in der vergangenen Legislaturperiode hätte zustande kommen müssen, auch in der laufenden Legislaturperiode zu scheitern droht.

Das Understatement des Artikels 21, wonach die Parteien an der politischen Willensbildung »mitwirken«, wirkt aus heutiger Sicht befremdlich. Durch die Formulierungen des Parteiengesetzes (in dessen § 1 Absatz 1 und 2) wurde es in das glatte Gegenteil verkehrt.[12] Diese trugen die

Handschrift des Verfassungsrichters und Göttinger Staatsrechtslehrers Gerhard Leibholz, dessen Parteienstaatstheorie den umfassenden Herrschaftsanspruch der Parteien zu legitimieren versuchte. Leibholz argumentierte, dass das klassisch-liberale Prinzip der parlamentarischen Repräsentation in der modernen Massendemokratie obsolet geworden sei. Der Gemeinwille werde nicht mehr durch unabhängige Abgeordnete gebildet, sondern durch Parteienvertreter, die als unmittelbare Sprachrohre des Volkes wirkten. Indem er die Trennung zwischen Gesellschaft und Staat im politischen Willensbildungsprozess aufhebe und den Willen der Parteienmehrheit mit dem Gemeinwillen identifiziere, galt der Parteienstaat Leibholz als »rationalisierte Erscheinungsform der plebiszitären Demokratie.«[13]

Die Gleichsetzung von Volkssouveränität und Parteienherrschaft wurde weder vom Verfassungsrecht noch von der Politikwissenschaft nachvollzogen.[14] Die Parteienstaatslehre fand zwar in der Rechtsprechung des Bundesverfassungsgerichts und im Inhalt des Parteiengesetzes Niederschlag, doch waren ihre Auswirkungen eher symbolischer als substanzieller Natur. Dies zeigte sich insbesondere in der Haltung zur staatlichen Parteienfinanzierung, der das Karlsruher Gericht bereits 1966, also noch vor Inkrafttreten des Parteiengesetzes, einen Riegel vorgeschoben hatte, indem es lediglich die Erstattung von Wahlkampfkosten für zulässig erklärte. Die Begründung, dass die politische Meinungs- und Willensbildung grundsätzlich »staatsfrei« bleiben müsse, stand in direktem Gegensatz zu Leibholz' Theorie. Sie wurde erst mit dem Parteienfinanzierungsurteil von 1992 durch das realitätsnähere Prinzip der »Staatsferne« ersetzt, das die allgemeine Staatsfinanzierung fortan ermöglichte, ihr aber zugleich strikte Grenzen auferlegte. Die staatlichen Zuwendungen dürfen danach nicht höher sein als die selbst erwirtschafteten Einnahmen der Parteien (relative Obergrenze) und auch eine bestimmte Gesamtsumme nicht überschreiten (absolute Obergrenze). Gleichzeitig sind sie an die gesellschaftliche Verankerung der Parteien geknüpft, indem die Wahlergebnisse, die Summe der Mitgliedsbeiträge und das Spendenaufkommen als Verteilungskriterien herangezogen werden.

Die Auswirkungen des Urteils waren zweischneidig. Auf der einen Seite stellte es eine angemessene Balance zwischen den gesellschaftlichen Funktionen der Parteien und ihrer Rolle im Staat her, die als Basis der direkten staatlichen Parteienfinanzierung bis heute trägt. Auf der anderen Seite ermunterte es die Parteien zur verstärkten Nutzung der indirekten Finanzierungsquellen, wo eine verfassungsgerichtliche

Kontrolle nicht oder nur rudimentär existierte. Eine weitere Herausforderung barg die in den 1980er-Jahren einsetzende Pluralisierung der Parteienlandschaft, die die etablierten politischen Kräfte mit neuen Wettbewerbern konfrontierte. Restriktive Bestimmungen des Wahlrechts wie die Fünfprozenthürde oder der Ausschluss freier Wählergemeinschaften von der staatlichen Parteienfinanzierung gerieten dadurch unter Rechtfertigungsdruck.[15] Auch hier griff Karlsruhe mehrfach korrigierend ein, indem es bestehende Regelungen öffnete oder von den Parteien durchgesetzte Verschärfungen wieder zurücknahm. Dasselbe gilt für die Verfahren der direkten Demokratie, mit deren Einrichtung bzw. Ausbau auf kommunaler und Länderebene die Parteien einem verbreiteten Bedürfnis nach zusätzlichen Partizipationsformen (jenseits der Parteiendemokratie) nachgekommen waren.[16]

IV. Dauerbaustellen und neue Herausforderungen der Regulierung

Bei der Regulierung der politischen Parteien haben wir es auf der einen Seite mit verfassungsrechtlichen Dauerbaustellen zu tun, das heißt mit Problemen, die einer kontinuierlichen Überprüfung und Anpassung der Rechtslage bedürfen. Diese Probleme sind durch äußere Entwicklungen induziert, die eher schleichend verlaufen – dies gilt vor allem für die gesellschaftliche Entwurzelung der großen Volksparteien (Union und SPD), die an rückläufigen Mitgliederzahlen, abnehmender Wählerunterstützung und der Etablierung neuer Konkurrenten im Parteiensystem festgemacht werden kann.

Auf der anderen Seite sind im letzten Jahrzehnt relativ unvermittelt ganz neuartige bzw. unerwartete Veränderungen hinzugetreten, die das Parteienrecht grundsätzlich herausfordern. Dazu gehört erstens der durch die sozialen Netzwerke herbeigeführte Strukturwandel der Medienöffentlichkeit, der eine Begleiterscheinung der fortschreitenden Digitalisierung darstellt. Zweitens ist mit der Etablierung der rechtspopulistischen Alternative für Deutschland eine einschneidende Zäsur in der Parteiensystementwicklung erfolgt. Diese schreibt den Anpassungsbedarf der rechtlichen Regelungen nicht einfach nur fort, sondern verändert ihn in grundlegender Weise, da es sich bei der AfD um eine in Teilen offen demokratie- und verfassungsfeindliche Partei handelt.

1. Parteienfinanzierung

Mit der direkten staatlichen Parteienfinanzierung wird sich das Bundesverfassungsgericht demnächst erneut zu beschäftigen haben, da Grüne, Linke und FDP gegen die von der Großen Koalition unmittelbar nach ihrem Regierungsantritt vorgenommene Erhöhung der absoluten Obergrenze von 165 auf 190 Millionen klagen. Der Überraschungscoup erfolgte auf Drängen der durch ihre schlechten Wahlergebnisse finanziell arg gebeutelten SPD. Begründet wird er von den Parteien mit den gestiegenen Ausgaben, die sich durch die Digitalisierung beim Datenschutz und der Kommunikation sowie durch neue Beteiligungsformen wie Mitgliederbefragungen ergäben. Bei beidem handelt es sich um Folgen des Organisationswandels der Parteien. Man darf gespannt sein, ob das Verfassungsgericht den Mehrbedarf für die Aufrechterhaltung der Funktionsfähigkeit der Parteien, die es selbst als Kriterium für den staatlichen Finanzierungsanteil benannt hat, anerkennt.[17]

Auch die relative Obergrenze ist in jüngster Zeit wieder verstärkt ins Gerede gekommen, weil sie die Parteien zu phantasiereichen Strategien ermuntert, ihre eigenen Einnahmen zu steigern. Das skurrilste Beispiel ist der von der AfD ab 2014 betriebene Goldhandel, der durch eine Neuregelung der staatlichen Zuschüsse im Parteiengesetz 2015 unterbunden wurde. Ein noch größeres Problem stellt die nach wie vor nicht vorhandene Einbeziehung der Parlamentsfraktionen und politischen Stiftungen in das staatliche Finanzierungssystem dar. Anders als bei der direkten staatlichen Finanzierung hat das Verfassungsgericht sich in diesem Bereich bisher Zurückhaltung auferlegt und darauf verzichtet, vom Gesetzgeber unterlassene Regelungen selbst zu treffen. Es ist nicht ohne Ironie, dass das die Parteien naheliegenderweise wenig interessierende Thema die Gemüter erst bewegt, seitdem die AfD entsprechende Mittel – etwa für die Einrichtung eines sogenannten News Rooms in ihrer Bundestagsfraktion – angeblich missbräuchlich verwendet oder – für die Einrichtung einer parteinahen Stiftung – bereits zum jetzigen Zeitpunkt reklamiert.[18]

Ebenfalls durch die AfD von Neuem aufgebracht worden ist das Problem der Transparenzpflicht, die durch getarnte Parteispenden an einzelne Wahlbewerber umgangen werden kann. Wenn Konzerne, einzelne Vermögende oder ausländische Regierungen, um anonym zu bleiben, statt direkt an eine Partei zu spenden, eine Agentur mit gezielter Wahlwerbung für diese Partei beauftragen, müssen die begünstigten Parteien und Politiker nur behaupten, davon nichts gewusst zu haben. Ein weiterer bisher nicht geregelter Bereich der versteckten Spendenfinanzierung sind die in den letzten Jahren immer stärker angestiegenen Sponsoring-Einnahmen der Parteien, die in den Rechenschaftsberichten bislang nur als Sammelposten ausgewiesen werden. Auch hier wird das Transparenzgebot des Grundgesetzes offensichtlich verletzt.

2. Digitalisierung

Durch die Digitalisierung verändern sich die Organisationsformen und -wirklichkeiten der Parteien nachhaltig. Dies betrifft nicht nur die neuen Formen der Kommunikation und Wahlkampfführung und ihre möglichen Auswirkungen auf den Finanzbedarf, sondern auch den Organisationsaufbau im klassischen Sinne. Die Regelungen des Parteiengesetzes, die sich am Top-Down-Modell demokratischer Legitimierung und am Territorialprinzip ausrichten, gehen an den neuen Organisationsformen, die durch das Netz ermöglicht werden, heute noch vollkommen vorbei. Um die z.B. von der SPD geplanten »digitalen Ortsvereine« einführen und mit Leben erfüllen zu können, müssten sie für die dazu erforderlichen Satzungsänderungen geöffnet werden.

Auch in anderen Rechtsbereichen stellt die Digitalisierung die Geltung bisheriger Regelungen in Frage. Bemächtigen sich die Regierungen im Rahmen ihrer Öffentlichkeitsarbeit der neuen Kommunikationsformen, wird z.B. die im parlamentarischen System ohnehin unklar verlaufende Trennlinie zwischen staatlichen und Parteifunktionen noch schwerer zu ziehen sein. Ungleich gravierender sind die Probleme, die sich aus den Manipulationsmöglichkeiten im Netz mit Blick auf den demokratischen Willensbildungsprozess und das Prinzip der Chancengleichheit ergeben. Diese erfordern Rechtsanpassungen auf zahlreichen Gebieten – vom Rundfunkrecht über das Wettbewerbs- und Kartellrecht bis hin zum Datenschutz –, die sich über die nationale Ebene hinaus zugleich auf die europäische Ebene erstrecken müssten.

3. Wahlrecht

Im Bereich des Wahlrechts hat die Transformation des einstmaligen Zweieinhalb- zum heutigen Sechsparteiensystem dazu geführt, dass die konkurrierenden Zielanforderungen an das personalisierte Verhältniswahlsystem mit Sperrklausel – proportionale Repräsentation, Mehrheitsbildung, Transparenz und Personalisierung – immer schwerer unter einen Hut zu bringen sind. Zur Lösung des Problems der Überhangmandate waren die Parteien wie gesehen – trotz oder gerade wegen der »Hilfestellung« der Karlsruher Richter – bislang nicht in der Lage. Die Fünfprozenthürde entfaltet wiederum zunehmend unerwünschte Nebenwirkungen in Gestalt nicht berücksichtigter Stimmen, ohne dass sie deshalb ihrer eigentlichen Zweckbestimmung, durch Vermeidung einer übermäßigen Zersplitterung die Koalitions- und Regierungsbildung zu erleichtern, besser entspräche: Im Gegenteil: Unter bestimmten Bedingungen kann sie sogar »inverse« Wirkungen erzeugen, wenn ihr gerade solche Parteien zum Opfer fallen, die zur Vermeidung einer negativen Mehrheit nicht regierungs- oder koalitionsfähiger »Randparteien« für die Regierungsbildung dringend gebraucht würden.

Weitere Baustellen des Wahlrechts liegen bei der Wahlberechtigung (Absenkung des Wahlalters auf 16 Jahre, Kommunalwahlrecht für Nicht-Deutsche) und der Frage, ob und welche institutionellen Maßnahmen zu einer Erhöhung der Wahlbeteiligung beitragen könnten. Aus demokratischer Sicht besonders prekär ist, dass Wahl und Nichtwahl eine immer größere soziale Schieflage aufweisen, es also überwiegend die randständigen und benachteiligten Bevölkerungsgruppen sind, die fernbleiben und damit dafür sorgen, dass ihre Interessen im politischen Prozess noch weniger Berücksichtigung finden. Am leichtesten ließe sich dem mit einer Wahlpflicht entgegentreten, deren Einführung freilich an derselben Klippe scheitern würde wie die meisten anderen Reformvorschläge im Bereich des Wahlrechts: nämlich der im Wählerwettbewerb erwartbaren oder vermuteten Benachteiligung eines Teils der Parteien, die ihr zustimmen müssten. Selbst auf der Länderebene, die sich als Labor für institutionelle Innovationen eigentlich anbieten würde, sind einschneidende Veränderungen deshalb nicht zu erwarten.

4. Regierungsform

Im Verhältnis von regierender Mehrheit und Opposition orientieren sich die Regeln des Grundgesetzes und deren verfassungsgerichtliche Interpretation an einem Regierungsmodell, in dem sich die beiden großen Parteien idealiter in der Regierungsführung ablösen. Dieses Modell scheint auf der Bundesebene seit 2005 der Vergangenheit anzugehören und stellt auch in den Ländern heute eher die Ausnahme als die Regel dar. Hieraus ergeben sich unter anderem Folgen für die parlamentarische Kontrollfunktion. Verfügen die Oppositionsparteien zusammengenommen über weniger als 25 % der Sitze, können sie weder die Einsetzung eines Untersuchungsausschusses noch die Anstrengung eines Normenkontrollverfahrens beantragen, die an das Viertelquorum gebunden sind. Und selbst wenn sie über diesem Wert liegen, laufen die Minderheitenrechte häufig ins Leere, da die Parteien nicht an einem Strang ziehen. Eine Klage der Partei Die Linke gegen diese vermeintliche Benachteiligung hat das Bundesverfassungsgericht 2016 zurückgewiesen.[19] Seine Begründung, wonach die Verfassung zwischen regierungstreuen und oppositionellen Abgeordneten keinen Unterschied mache, stellt eine merkwürdige Verkennung der Funktionsweise des parlamentarischen Systems dar. Selbst wenn das Grundgesetz im Unterschied zu den meisten Länderverfassungen auf eine Normierung dieser Funktionsweise (durch sogenannte Oppositionsklauseln[20]) bis heute verzichtet hat, kann man der Frage, wie eine effektive Opposition unter den veränderten Mehrheitsverhältnissen möglich bleibt, nicht einfach ausweichen oder die Wahrnehmung der Minderheitenrechte vom Wohlwollen der Regierungsparteien abhängig machen.[21]

Betroffen vom Wandel des Parteiensystems sind auch die übrigen Verfassungsorgane – Bundespräsident, Bundesrat und Bundesverfassungsgericht –, die als »gegen-majoritäre« oder »nicht-parteiliche« Institutionen in unterschiedlicher Form am Regierungsgeschehen teilnehmen. So wie Horst Köhler in der Regierungszeit der zweiten Großen Koalition von 2005 bis 2009 in zwei Fällen die Unterzeichnung eines Gesetzes verweigerte, so nutzte Frank-Walter Steinmeier nach den gescheiterten Jamaika-Verhandlungen Ende 2017 seinen Einfluss, um einer Neuauflage der Großen Koalition den Weg zu ebnen. Angesichts der Rekorddauer der Regierungsbildung drängt sich die Frage auf, ob diesem Prozess nicht durch eine Änderung des Artikels 63 nachzuhelfen wäre, indem man für die Kanzlerwahl eine Frist setzt. Entsprechende Regelungen sehen neun der 16 Landesverfassungen vor.

Im Bundesrat wirft die Pluralisierung des Parteiensystems Fragen nach der Sinnhaftigkeit der Abstimmungsregeln auf. In den Ländern amtieren heute überwiegend sogenannte »gemischte Koalitionen«, die sich aus (mindestens) einer Regierungspartei und einer Oppositionspartei des Bundes zusammensetzen. Sind die Parteien über das Abstimmungsverhalten im Bundesrat, das laut Grundgesetz einheitlich zu erfolgen hat, uneins, verpflichten sie sich in ihren Koalitionsverträgen zur Enthaltung. Da die Abstimmungsregeln des Bundesrates für alle Beschlüsse die absolute Mehrheit vorschreiben, führt das dazu, dass die Enthaltungen bei den zustimmungspflichtigen Gesetzen de facto wie Neinstimmen wirken.

Auch beim Verfassungsgericht werden die bisherigen Usancen der Richterbestellung durch die veränderte Parteien- und Koalitionslandschaft in Frage gestellt. So haben die Grünen aufgrund ihrer starken Position im Bundesrat erreicht, dass ihnen die anderen Parteien das Vorschlagsrecht für einen weiteren Richterposten abtreten. Weil dies die Mehrheitsverhältnisse im Ersten Senat – wenn auch nur vorübergehend – nach links verschieben würde, stößt der Proporzautomatismus im Gericht auf Unbehagen. Dabei spielt im Hintergrund sicher der Gedanke mit, dass auch Linke und AfD irgendwann ihre Ansprüche anmelden könnten.

5. Wehrhafte Demokratie

Die größte Herausforderung des Parteienstaates liegt im Erstarken demokratiefeindlicher Kräfte. Wie geht man mit einer rechtspopulistischen Partei wie der AfD um, die zum Teil extremistische Züge trägt und die demokratische und verfassungsstaatliche Prinzipien versteckt oder offen negiert? Beim ersten Anlauf in Hessen und auf der Bundesebene 2013 noch knapp gescheitert, ist die AfD seit dem Sommer 2014 in alle 16 Landesparlamente und in den Deutschen Bundestag eingezogen – mit überwiegend zweistelligen Ergebnissen. Selbst kühne Optimisten gehen inzwischen nicht mehr davon aus, dass es gelingen könnte, sie in absehbarer Zeit aus dem Parteiensystem wieder herauszudrängen. Dies liegt auch daran, dass sich die Neuankömmlinge die immensen Ressourcen zunutze machen, die ihr auf allen Ebenen des parteienstaatlichen Systems zufließen.

Um die Rechtspopulisten in ihrer Außenseiterrolle nicht ohne Not aufzuwerten, sollten die etablierten Parteien jeden Anschein vermeiden, dass sie die unliebsame Konkurrenz bei der Inanspruchnahme dieser Ressourcen gleichheitswidrig benachteiligen. Dasselbe gilt für die Beteiligung im vorgelagerten Bereich sowie die Handhabung informeller Proporzregeln, die in der Praxis eine größere Flexibilität gestatten. So wenig von den Parteien verlangt werden kann, jede nominierte Person automatisch mitzutragen, so unangebracht wäre es, deren Wahl an Bedingungen zu knüpfen, die über die Akzeptanz der Person selbst hinausgehen.

Genauso große Fallstricke birgt der Einsatz repressiver Mittel, wie die seit Mitte 2018 verstärkt einsetzende Diskussion um eine mögliche Beobachtung der AfD durch die Verfassungsschutzämter zeigt. Wie bei den noch stärkeren Mitteln des Parteienverbotes und des Ausschlusses von der staatlichen Parteienfinanzierung stehen die Akteure hier vor einem grundlegenden Dilemma: Sind die demokratiefeindlichen Kräfte zu schwach, braucht man sie nicht auf diese Weise zu bekämpfen. Sind sie zu stark, kann man sie nicht (mehr) bekämpfen, wobei mit »man« nicht in erster Linie das Verfassungsgericht gemeint ist, sondern die von den etablierten Parteien beherrschten antragsberechtigten Organe.

V. Schlussbemerkung

Die in einem kurzen Zeitraum erfolgte feste Etablierung einer in Teilen demokratie- und verfassungsstaatlichen Partei ruft in Erinnerung, dass der Bestand des politischen Systems nicht nur oder in erster Linie vom »Design« der institutionellen Ordnung abhängt. So wohl überlegt die Sicherungsmechanismen waren, die die Autoren des Grundgesetzes gegen einen möglichen Rückfall in Weimarer Verhältnisse vorgesehen hatten, konnten sich diese doch erst durch die Entwicklung des Parteiensystems richtig zur Geltung bringen. Dessen Stabilitätsanker war die jahrzehntelange Dominanz der beiden Volksparteien, die die Möglichkeit des demokratischen Wechsels gewährleistete und gleichzeitig für ein hohes Maß an Regierungskontinuität sorgte. Diese Ära scheint jetzt mehr oder weniger unwiderruflich an ihr Ende gekommen.

Dennoch sollte man den Beitrag der institutionellen Strukturen für die Aufrechterhaltung der Stabilität nicht unterschätzen. Wie viel Weitblick die Verfassungsgeber gerade auf dem Gebiet des Parteienrechts bewiesen haben, machen die internen Querelen in der AfD deutlich, die durch die rechtlichen und institutionellen Regelungen maßgeblich mit hervorgebracht werden. Dies gilt für die von ihr befürchtete geheimdienstliche Beobachtung ebenso wie für ihre nachweislichen Rechtsverstöße bei der Parteienfinanzierung. Beides verträgt sich nur schwer mit dem selbstgesetzten Anspruch einer Rechtsstaatspartei und dürfte deshalb die Glaubwürdigkeit der AfD im bürgerlichen Wählerspektrum untergraben, das sie ja zumindest in der alten (westlichen) Bundesrepublik bevorzugt adressieren will.

Eine womöglich noch stärker wirksame Restriktion stellt das Gebot der innerparteilichen Demokratie dar. Die Teilhabeansprüche der Basis, denen die Führung allein wegen des von der Partei selbst propagierten plebiszitären Demokratieverständnisses nicht einfach ausweichen kann, gefährden die Geschlossenheit des Auftritts und erschweren einen kontrollierten Organisationsaufbau. Neben der Unterwanderung durch extremistische Kräfte, die ein notorisches »Problem« des Rechtspopulismus in der Bundesrepublik darstellt, ist dies der Hauptgrund, warum das Wählerpotenzial der AfD hierzulande mittelfristig geringer bleiben dürfte als das anderer vergleichbarer Herausfordererparteien in Europa.

Anmerkungen

1 Vgl. Hans Herbert von Arnim, Parteienstaat oder Parteiendemokratie?, in: Deutsches Verwaltungsblatt 2016, S. 1213–1218.
2 Vgl. Richard S. Katz/Peter Mair, Changing Models of Party Organization and Party Democracy. The Emergence of the Cartel Party, in: Party Politics 1995, S. 5–28.
3 Kurt Sontheimer/Wilhelm Bleek, Grundzüge des politischen Systems Deutschlands, 2001, S. 217.
4 Vgl. Everhard Holtmann, Der Parteienstaat in Deutschland. Erklärungen, Entwicklungen, Erscheinungsbilder, 2. Aufl., 2017, S. 240.
5 Vgl. Ulrich von Alemann, Das Parteiensystem der Bundesrepublik Deutschland, 4. Aufl., 2010, S. 97. Die mittelosteuropäischen Länder, aber auch andere Länder mit autoritärer Vergangenheit wie Spanien und Portugal, deren Parteien sich im Übergang zur Demokratie gesellschaftlich erst verankern mussten, sind bei der Verrechtlichung dem deutschen Vorbild gefolgt. In anderen Ländern (Frankreich, Italien, Schweden, Dänemark, Belgien) wird dagegen bis heute nur die Parteienfinanzierung gesetzlich geregelt.
6 Heike Merten, Rechtliche Grundlagen der Parteiendemokratie, in: Decker/Neu (Hg.), Handbuch der deutschen Parteien, 3. Aufl., 2018, S. 62.
7 Merten (Fn. 6), S. 65.
8 Vgl. Martin Morlok, Parteienfinanzierung: Mängel und Reformchancen, in: von Arnim (Hg.), Reform der Parteiendemokratie, 2003, S. 155–172.
9 Vgl. Elmar Wiesendahl, Parteien, 2006, S. 116.
10 Neben dem Parteien- und Bundesverfassungsgerichtsgesetz sowie dem Einkommen- und Körperschaftsteuergesetz wurde dafür auch das Grundgesetz geändert.

Das Verfahren ist sowohl hinsichtlich der Ausschlussvoraussetzungen als auch der Antrags- und Entscheidungsbefugnis analog zum Parteienverbot ausgestaltet. Mit Blick auf den Gleichbehandlungsgrundsatz wirft das die Frage auf, warum man dann nicht gleich ein Verbotsverfahren durchführt.

11 Vgl. Joachim Wieland (Hg.), Entscheidungen des Parlaments in eigener Sache. Tagungsband zum Kolloquium anlässlich des 70. Geburtstages von Professor Dr. Hans Herbert von Arnim, 2011.

12 Vgl. Wilhelm Hennis, Der »Parteienstaat« des Grundgesetzes. Eine gelungene Erfindung, in: Hofmann / Perger (Hg.), Die Kontroverse. Weizsäckers Parteienkritik in der Diskussion, 1992, S. 25–50.

13 Gerhard Leibholz, Strukturprobleme der modernen Demokratie, 3. Aufl., 1967, S. 93.

14 Vgl. Jan Hecker, Die Parteienstaatslehre von Gerhard Leibholz in der wissenschaftlichen Diskussion, in: Der Staat 1995, S. 287–311.

15 Vgl. Jan Köhler, Parteien im Wettbewerb. Zu den Wettbewerbschancen nicht-etablierter politischer Parteien im Rechtssystem der Bundesrepublik Deutschland, 2006.

16 Vgl. Frank Decker, Direkte Demokratie auf Landes- und Bundesebene. Welche Verfahren sind geeignet?, in: Zeitschrift für Parlamentsfragen 2018, S. 639–657.

17 Vgl. Joachim Wieland, Aufgabenzuweisung und Finanzierungsverantwortung politischer Parteien, in: Krüper / Merten / Poguntke (Hg.), Parteienwissenschaften, 2015, S. 236 f.

18 Vgl. Sophie Schönberger, Juristische Trennung und tatsächliche Trennbarkeit von Partei und Fraktion, in: Morlok / Poguntke / Sokolov (Hg.), Parteienstaat – Parteiendemokratie, 2018, S. 39–58.

19 Vgl. Pascale Cancik, »Effektive Opposition« im Parlament – eine ausgefallene Debatte?, in: Zeitschrift für Parlamentsfragen 2017, S. 516–534.

20 Die gut gemeinten Klauseln könnten sich freilich als verfassungsrechtlicher Stolperstein für die Bildung von Minderheitsregierungen entpuppen. Dabei werden heute gerade diese von vielen als mögliche Alternative zur Großen Koalition favorisiert.

21 Zu Beginn der 18. Wahlperiode hatten sich Union und SPD bereit erklärt, bei einem geschlossenen Antrag beider Oppositionsparteien auf Einsetzung eines Untersuchungsausschusses die zur Überschreitung des Quorums fehlenden Stimmen zur Verfügung zu stellen.

Wahlrechtsgeschichte(n) unter dem Grundgesetz

Individuelle und institutionelle Aspekte

Julian Krüper, Bochum

I. Wahlrecht zwischen demokratischer Gleichheit und demokratischer Herrschaft

Das Demokratieprinzip des Grundgesetzes hat zwei Ziele. Es will zum einen politische Selbstbestimmung des Volkes verwirklichen. Zum anderen will es etwas, das in Idealisierungen der Demokratie oft vergessen wird, nämlich staatliche Herrschaft ermöglichen. Demokratie ist nicht anarchische Selbstverwaltung des Individuums, sie ist nicht das Gegenteil von Herrschaft, sondern deren freiheitliche Organisationsform.[1] Anders formuliert: »Herrschaftslosigkeit ist kein demokratisches Ideal«.[2]

Darin liegt eine tiefe Ambivalenz. Denn während die politische Freiheit des Bürgers grundsätzlich unbeschränkt und also ebenso ungeformt wie unorganisiert ist, reduziert jede Form von Organisation diese Freiheit, und zwar ganz egal, ob es sich bei der Organisation um einen Taubenzüchterverein oder einen Staat handelt. Am deutlichsten sieht man dies bei der Festlegung und Ausgestaltung von Mitgliedschaftsrechten,[3] und zwar sowohl im Hinblick auf die Zulassung zur Organisation als auch im Hinblick auf das mitgliedschaftliche Handeln in ihr.[4] Zugleich aber schaffen Organisationen regelmäßig erst den Rahmen, durch den, mit dem und in dem sich Freiheit verwirklicht. Das wird besonders anschaulich am Beispiel der politischen Parteien.

Allerdings wird die Organisation demokratischer Herrschaft dadurch weiter verkompliziert, dass es um die Verwirklichung ›gleicher Freiheit‹ geht,[5] weil der Demokratie ein »egalitärer Grundzug«[6] eingeschrieben ist. Deswegen verteilt Demokratie politische Mitwirkungsrechte nach Maßgabe eines mehr oder weniger stark abstrahierten Rechtsstatus, nämlich dem der (Staats-)Bürgerschaft und schließt damit die Anknüpfung an stärker partikularistische Kriterien wie Geschlecht, Einkommen oder Religion aus.

Welche Gestalt diese politischen Mitwirkungsrechte annehmen, hängt dabei vom jeweiligen demokratischen System ab. In der Demokratie des Grundgesetzes – nicht der der Landesverfassungen – ist das Wahlrecht die erste und einzige relevante Mitwirkungsmöglichkeit der Bürger. Wahlrecht ist die zentrale »Gelingensbedingung«[7] der repräsentativen Demokratie.[8] Dabei ist die inhaltliche Prägung des Wahlrechts durch das egalitäre Prinzip der Demokratie dort besonders hoch, wo sich demokratische Mitwirkungsrechte auf das subjektive Wahlrecht beschränken. Das betrifft in erster Linie die Herstellung adäquater, egalitärer Repräsentation, aber eben auch die Ermöglichung demokratischer Regierungsgewalt.[9] Zunächst aber zur Frage, worüber gesprochen wird, wenn vom Wahlrecht die Rede ist.

II. Drei Dimensionen des Wahlrechts

Dabei bietet es sich an, drei Aspekte des Begriffs zu unterscheiden.[10] Wahlrecht ist erstens das subjektive, aktive und passive Wahlrecht des Bürgers, es ist zweitens das Recht des Wahlsystems im Sinne von Mehrheits- und Verhältniswahl[11] und es ist drittens das Recht der Mandatszuteilungsverfahren.[12] Dabei ist es Kennzeichen des Wahlrechtsdiskurses unter dem Grundgesetz, sich auf die subjektiv-rechtliche Optimierung des Wahlrechts, also seine Repräsentationsfunktion, konzentriert und die Herrschaftsermöglichungsfunktion eher randständig behandelt zu haben. Zunächst daher zum Wahlrecht in seiner subjektiv-rechtlichen Dimension.

III. Zukunft und Vergangenheit des Wahlrechts

1. Potentiale des demokratischen Volksbegriffs

Wahlrecht ist ein Privileg der Staatsbürger.[13] Das Volk, von dem Artikel 20 Absatz 2 GG spricht, ist das Staatsvolk, wie es das Bundesverfassungsgericht 1990 bekräftigte.[14] Noch 2014 hat sich der Staatsgerichtshof der Hansestadt Bremen dieser Lesart angeschlossen, als dort das Bürgerschaftswahlrecht für EU-Bürger sowie das kommunale Wahlrecht für Nicht-EU-Bürger eingeführt werden sollte.[15] Die Mehrheit des Gerichtshofs tat dies gegen das Sondervotum der Richterin Ute Sacksofsky, die dafür warb, dass nach der Einführung des kommunalen EU-Ausländerwahlrechts die Grundlinien demokratischer Legitimationsvermittlung durch Wahlen neu zu bestimmen seien.

Dass Migranten mit dauerhaftem Aufenthaltsrecht mangels Staatsbürgerschaft politische Mitwirkung im gegenwärtigen Maße verschlossen bleiben kann, wird indes zunehmend bezweifelt, zumal die Staatsbürgerschaft ohnehin immer weniger Anknüpfungspunkt für bestimmte individuelle Rechte ist.[16] Zudem war die Staatsbürgerschaft als politisch-kulturelle Gemeinschaft immer schon eher »imagined community«,[17] als politische Wirklichkeit.[18] Zugleich gilt aber auch: Die Organisation von Demokratie und die Akzeptabilität ihrer Entscheidungen verlangt Sicherheit und Verlässlichkeit darüber, wer mitwirkungsberechtigt ist und wer nicht.[19] Nachvollziehbare Zugehörigkeitsregeln gehören diesseits aller leitkulturellen Kurzschlüsse zu räumlich und personell radizierten politischen Gemeinschaften. Die Frage nach »Who's in? Who's out?« bleibt konstitutiv für die Organisation nicht nur politischer Gemeinschaften. Der formale Anknüpfungspunkt der Staatsbürgerschaft bietet die Sicherheit einer eindeutigen Antwort und sichert damit die bürgerschaftliche Gleichheit als ethisches Fundament der Demokratie. Andere Zuteilungskriterien für politische Mitwirkungsrechte haben diese Sicherheit nicht oder nicht in gleichem Maße. Eine höhere demokratische Inklusion von Migranten ließe sich daher entweder über eine großzügigere Einbürgerungspolitik oder durch eine Differenzierung und also Anreicherung der bestehenden politischen Mitwirkungsrechte erreichen.[20]

Potentiale des demokratischen Volksbegriffs lassen sich allerdings auch unterhalb der Ebene der Staatsbürgerschaft erkennen – und zwar in Gestalt verfassungsrechtlicher Debatten um die Allgemeinheit der Wahl, die ja immer nur eine besondere Darreichungsform bürgerschaftlicher Gleichheit war. Seit Jahren etwa schwelt die Debatte um ein Kinder- und Elternwahlrecht[21] und die Absenkung des Wahlalters auf 16 Jahre, die es vereinzelt bereits gibt.

Die Befürworter des Kinderwahlrechts fordern eine konsequente Durchsetzung des Grundsatzes der Allgemeinheit der Wahl, die zu einer Verbesserung der Lebensverhältnisse der nachwachsenden Generationen und zu einem frühzeitigen politischen Engagement junger Menschen führen soll. Vorgeschlagen werden unterschiedliche Modelle von einem echten Familienwahlrecht bis zu einem Stellvertreterwahlrecht, welches durch die Eltern ausgeübt werden soll, bis das Kind sein Wahlrecht selbstständig ausüben kann.[22] Der Einführung eines Stellvertreterwahlrechts werden der Grundsatz der Höchstpersönlichkeit der Wahl[23] sowie die Grundsätze der Gleichheit[24] und Unmittelbarkeit der Wahl entgegengehalten, wobei wohl allen Modellen wohl unabweislich Gleichheitsverstöße zu eigen wären.

2012 hat das Bundesverfassungsgericht das Wahlrecht der Auslandsdeutschen von überzogenen Ausübungsvoraussetzungen befreit und damit die Allgemeinheit der Wahl gestärkt.[25] Von hoher Symbolkraft ist schließlich die Debatte um die Anpassung des Bundeswahlgesetzes an die Anforderungen der Behindertenrechtskonvention der Vereinten Nationen,[26] um jedenfalls vielen der über 80.000 Menschen in Deutschland, denen wegen Bestellung eines Betreuers das Wahlrecht entzogen ist, politische Mitwirkung zu ermöglichen.[27] Es setzt sich insofern auch unter dem Grundgesetz die historische Entwicklung fort, das Wahlrecht immer inklusiver zu gestalten und auf Bevölkerungsteile auszudehnen, die zuvor nicht oder nur begrenzt die Möglichkeit hatten, an Wahlen teilzunehmen.

Die wohl spektakulärste Veränderung des Wahlrechts als subjektivem Recht ist unter der Geltung des Grundgesetzes aber nicht auf der Ebene der Rechtsträgerschaft, sondern auf der des Rechtsinhalts vollzogen worden. Beginnend mit dem Maastricht-Urteil[28] hat das Bundesverfassungsgericht dem Artikel 38 Absatz 1 Satz 1 GG ein seither in zahlreiche Einzelfacetten entfaltetes »Grundrecht auf Demokratie«[29] entnommen, über das das Individuum in die Lage versetzt wird, Akte des europäischen Integrationsprozesses dem Bundesverfassungsgericht zur Überprüfung vorzulegen und damit namentlich auch eine potentiell drohende »Entstaatlichung« der Bundesrepublik im Integrationsprozess zu rügen.[30]

Wiewohl die hinter diesem kühnen Kniff liegende Grundthese, dem Staatsvolk nämlich eine effektive Bestimmungsmacht über seine Angelegenheiten zu sichern, eine unmittelbare Plausibilität hat, sind seine verfassungstheoretischen Prämissen noch nicht durchgehend geklärt.[31]

2. Kontinuität und Bewährungsproben des Wahlsystems

Die Frage nach dem Wahlrecht im Sinne des Wahlsystems zielt traditionell ins Herz gelingender demokratischer Repräsentation. Zugleich konzentriert sich im Wahlsystem die Aufgabe, demokratische Herrschaft zu ermöglichen, konkret in Gestalt des parlamentarischen Regierungssystems, das den Fluchtpunkt des Wahlrechts bildet.

a) Stabilität des Wahlsystems

Die Grundstruktur des deutschen Bundestagswahlsystems weist eine hohe historische Kontinuität auf, die auf das dritte Bundeswahlgesetz von 1956 zurückgeht.[32] Beim ersten Bundeswahlgesetz handelte es sich noch um ein Rahmengesetz, welches die Länder durch Ausführungsvorschriften zu ergänzen hatten. Die Wähler hatten eine Stimme, wobei 60 % der Abgeordneten in sogenannten Einer-Wahlkreisen nach dem Grundsatz relativer Mehrheit gewählt und die restlichen 40 % über Landeslisten der Parteien bestimmt wurden.[33] Darüber hinaus wurde eine Fünf-Prozent-Sperrklausel, bezogen auf das jeweilige Land, sowie eine Grundmandatsklausel, bezogen auf den Erwerb eines Sitzes in einem Wahlkreis des Landes, eingeführt.[34] Das Gesetz bildete damit auch die Geburtsstunde der Überhangmandatsproblematik. Das zweite Bundeswahlgesetz hatte die Einführung des noch heute gültigen Zweistimmenwahlrechts wie die Ausweitung der Sperr- und Grundmandatsklausel auf das gesamte Bundesgebiet zur Folge. Beide Gesetze galten nur für die jeweils bevorstehende Wahl.[35] Mit dem dritten Bundeswahlgesetz erhielt das Wahlrecht dann seine bis heute prägende Struktur.

Auch die über vierzig Gesetzesnovellen seither haben an der Grundstruktur eines föderalisierten und personalisierten Verhältniswahlrechts wenig geändert.[36] In den letzten Jahren stand vor allem § 6 BWahlG im Zentrum diverser Novellen, der nicht das Wahlsystem, sondern das Mandatszuteilungsverfahren regelt, also die Berechnungsgrundlagen für die Umrechnung von Stimmen in Mandate nach Maßgabe der Regeln des föderalisierten und personalisierten Verhältniswahlsystems (dazu sogleich). Dabei zeigte sich, dass die Etablierung funktionaler Wahlsysteme schon lange keine Frage demokratischer Dezision des Gesetzgebers allein, sondern Ausdruck komplexer mathematischer Überlegungen ist.

Nur von kurzer Dauer und ausschließlich der historischen Sondersituation der Wiedervereinigung und der ersten gesamtdeutschen Bundestagswahl geschuldet waren Modifikationen des Wahlrechts, mit dem die adäquate Repräsentation der alten DDR- und neuen Bundesbürger in der Bundestagswahl 1990 gewährleistet werden sollte.[37] Man mag es als ein Vorzeichen auf die Wahlrechtsdebatten der folgenden Jahre sehen, dass auch das Wiedervereinigungswahlrecht, das zunächst Listenverbindungen zwischen Ost- und Westparteien erlaubt hatte, um damit Parteien, die allein in den neuen Bundesländern antraten, über die gesamtdeutsche Fünf-Prozent-Hürde zu bringen, vom Bundesverfassungsgericht nur zehn Wochen vor der Wahl kassiert worden war.[38] Das Gericht diktierte dem Gesetzgeber in Leitsatz Nr. 4 b) seines Urteils die Vorgaben für das Übergangswahlrecht – zwei getrennte Wahlgebiete mit je eigener Fünf-Prozent-Hürde –, um die Durchführung der Wahlen nicht zu gefährden.

Immer wieder ist in der Bundesrepublik die Frage diskutiert worden, inwiefern unter dem Grundgesetz die Möglichkeit bestünde, auch ein Mehrheitswahlsystem zu realisieren. Dabei leidet die Diskussion bis heute oft daran, dass die bloße Referenz auf den Begriff des Mehrheitswahlsystems respektive des Verhältniswahlsystems wenig weiterführend ist, weil es »das« Mehrheitswahlsystem ebenso wenig gibt, wie »das« Verhältniswahlsystem. Es gibt unterschiedliche Verwirklichungsformen, die mal mehr, mal weniger stark durch Elemente der Mehrheits- oder Verhältniswahl gekennzeichnet sind. Auch die Kombination beider Elemente, wie sie gegenwärtig besteht, ließe sich auf andere Weise bewerkstelligen, etwa in einem Grabenwahlsystem[39] oder durch die Veränderung der jeweils durch Mehrheits- oder Listenwahl zu erringenden Mandate, wie es – im Verhältnis 60:40 – schon im Wahlgesetz 1949 vorgesehen war. In diese Richtung gehen zum Beispiel die am Vorabend des Grundgesetzjubiläums diskutierten Reformvorschläge.[40] Und auch Mitte und Ende der 1960er-Jahre stand die Option eines Mehrheitswahlrechts im Raum. Das von einem »Beirat für Fragen der Wahlrechtsreform« beim Bundesminister des Inneren erarbeitete Reformmodell einer relativen Mehrheitswahl in Einer-Wahlkreisen – also ein dezidiert repräsentationsfeindliches Wahlsystem – schaffte es allerdings nie ins Bundesgesetzblatt.[41]

Schon früh hat das Bundesverfassungsgericht dabei geurteilt, der Gesetzgeber sei bei der Entscheidung für ein Wahlsystem frei.[42] Ob das Gericht daran etwa in Ansehung eines Mehrheitswahlsystems in Einer-Wahlkreisen festhielte, darf man im Hinblick auf die strengen Anforderungen, die es traditionell an ein verfassungskonformes Wahlrecht stellt, bezweifeln. Daher wird man mit der Annahme kaum zu weit gehen, dass Karlsruhe im Ernstfall die Folgen eines radikalen Wahlsystemwechsels schon unter dem Aspekt der »Entscheidung in eigener Sache«[43] eingehender überprüfen würde. Dessen ungeachtet sind Gestaltungsspielräume des Wahlgesetzgebers aber durchaus vorhanden. So schiene eine Umkehrung der Vorzeichen des aktuell geltenden Wahlsystems durchaus möglich, also ein Mehrheitswahlrecht mit Verhältniswahlelementen, etwa durch Wahl in 2er-, 3er- oder 4er-Wahlkreisen,[44] was mutmaßlich die Regierungsbildungsfunktion und das personale Element des Wahlrechts stärken und zugleich regionale Unterschiede im Wahlverhalten der Bürger abbilden würde. Einem solchen Modell stünde wohl auch die »Vermutung« des Grundgesetzes zugunsten eines Verhältniswahlrechts nicht im Wege,[45] die angesichts der Veränderungen im Wahlverhalten der Bürger ohnehin stets im Lichte der Herrschaftsermöglichungsfunktion des Wahlrechts insgesamt interpretiert werden muss. Diese Vermutung markiert Begründungslasten für den Wahlrechtsgesetzgeber, die umso höher ausfallen und auch umso stärker empirisch abgesichert sein müssen, je weniger proportionale Elemente ein Wahlrecht enthält und je stärker die mutmaßlichen Repräsentationsverzerrungen durch das Mehrheitselement ausfallen.

Hier zeigt sich ein Charakteristikum des deutschen Wahlrechts: Im Gegensatz zum englischen Wahlrecht, welches auf einer funktionalen Demokratietheorie beruht und stabile Regierungsmehrheiten garantieren soll, fußt das deutsche Wahlrecht auf einem proportionalen Repräsentationsverständnis, das das egalitäre Element der Staatsbürgerschaft gerade im Hinblick auf den Grundsatz der Volkssouveränität betont. Das Wahlrecht soll folglich die unterschiedlichen Meinungen, Bestrebungen und Werthaltungen der Gesellschaft möglichst getreu abbilden, sodass nach Möglichkeit jede Stimme für die Zusammensetzung des Parlaments relevant ist. Das inputorientierte und minderheitenfreundliche Verhältniswahlrecht garantiert die volle Erfolgswertgleichheit der Stimmen und trägt somit dem parteienstaatlichen Charakter der Demokratie Rechnung.[46] Demgegenüber führen die meisten (strikten) Mehrheitswahlsysteme zu eklatanten Repräsentationsausfällen, die an der Diskrepanz der abgegebenen und der für die Mandatszuteilung relevant werdenden Stimmen sichtbar werden.[47] Ein Mehrheitswahlsystem, in dem drei oder vier Kandidaten pro Wahlkreis gewählt würden, könnte diesen Anforderungen indes genügen.

b) Voraussetzungen des Wahlsystems

aa) Wahlbeteiligung

Herausforderungen für das Wahlsystem ergeben sich aus der – von kurzfristigen Steigerungen abgesehen – seit Jahren kontinuierlich sinkenden Wahlbeteiligung.[48] Ist diese bei Bundestagswahlen gerade auch im internationalen Vergleich noch recht hoch, werden bei Landtags- und

Kommunalwahlen teils nicht einmal mehr 50 % der Wähler erreicht. Verfassungsjuristen können dieses Problem auf erstaunliche Weise zum Verschwinden bringen, indem sie postulieren, dass das Nichtwählen verfassungsrechtlich ebenso geschützt ist, wie das Wählen selbst.[49] Und sicher: Positive und negative Freiheit der Bürger – die Freiheit etwas zu tun und eben auch, es zu lassen[50] – ergänzen sich auch hier. Und doch verliert diese Sichtweise an Überzeugungskraft. Denn die positive Ausübung des Wahlrechts ist eben mehr als bourgeoise Selbstverwirklichung im status negativus. Sie ist Handeln des Citoyen im status activus[51] und damit in einem gesteigerten Sinne gemeinwohlrelevant.[52] Wichtiger aber noch: Der Idee demokratischer Legitimation durch Wahl muss es irgendwie, irgendwo, irgendwann auch darum gehen, wie viel Personen sich hinter den demokratischen Institutionen versammeln. Wenn auch zu übertriebener Hysterie kein Anlass besteht und Stimmenthaltung bei Wahlen auch Ausdruck einer grundsätzlichen Zufriedenheit der Bürger sein kann – freilich nicht muss –, scheint die demokratische Ordnung auf positive Akzeptanz ihrer Bürger angelegt zu sein, nicht zuletzt, um in Zeiten politischer Krisen stabil zu bleiben. Deutlich werden die mit sinkender Wahlbeteiligung verbundenen legitimatorischen Spannungslagen bei der Berechnung sogenannter »ehrlicher« Wahlergebnisse, deren rechnerische Bezugsgröße von 100 % nicht die abgegebenen Stimmen, sondern die Wahlberechtigten sind. Für die hessische Landtagswahl 2018 bedeutet das nicht etwa ein Ergebnis von 28 % für die CDU, sondern von 18 %, nicht von 19,8 % für die Grünen, sondern von 13 %. Die Mehrheit im Wiesbadener Landtag stützt sich also auf 32 % der Wahlberechtigten. Ihnen steht schon allein eine ebenso große Gruppe von Nichtwählern gegenüber. Politische Entscheidungen demokratischer Institutionen büßen mittel- und langfristig aber an Legitimität ein, wenn sich hinter ihnen nur noch ein hochfragmentierter Souverän findet. Demokratie als »government of the people, by the people and for the people« meint eben auch dann nicht bloße Teilsouveräne, wenn man die Überidealisierung dieser Sentenz auf ein realistisches Maß zurückführt.[53] Was Berechnungen sogenannter »ehrlicher« Wahlergebnisse nämlich zu zeigen vermögen, ist die Ausleuchtung der verborgenen Legitimationsprämissen der demokratischen Mehrheitsregel.[54] Ihre Funktionsfähigkeit als Entscheidungsregel im technischen Sinne ist zwar auch dann gesichert, wenn nur Bruchteile eines Kollektivs wählen. Ihre legitimationsspendende Kraft aber wird geschwächt, wenn die absolute Zahl der insgesamt Abstimmenden nicht einmal mehr die Mehrheit der jeweils Wahlberechtigten erreicht, weil die Mehrheitsregel mehr ist als ein Aliud zum Einstimmigkeitsideal,[55] sie ist dessen pragmatisches Derivat. Denn wenn die Zustimmung der Mehrheit die Einstimmigkeit nicht nur in verfahrenspragmatischer, sondern auch in legitimatorischer Hinsicht ersetzt, soll doch wenigstens ein substantieller Teil aller Bürger abstimmen, um die legitimationsstiftende Nähebeziehung von Mehrheitsentscheidung und Einstimmigkeitsideal nicht zu weit zu lockern. Diese ›idealistische Innentendenz‹ der Mehrheitsregel wird bei hoher Wahlbeteiligung von ihren verfahrenspragmatischen Vorteilen überlagert und rational gebändigt. Je geringer aber die Partizipation bei Wahlen ausfällt, desto mehr tritt die Verfehlung dieses Ideals zutage. Dabei lässt sich natürlich keine Mindestschwelle politischer Partizipation präzise definieren, deren Unterschreitung der Mehrheitsentscheidung ihre legitimierende Kraft raubte. Es gilt aber für demokratische Legitimation wie für demokratische Freiheit, dass sich ihr Verlust selten disruptiv ereignet, sondern inkrementell voranschreitet – »freedom dies by inches«. Die Demokratie ist insofern auf Gelingensbedingungen verwiesen, die sie kraft ihrer Freiheitlichkeit nicht oder nur unter Schwierigkeiten selbst garantieren kann – und zu allerletzt wohl mit den Mitteln des Rechts selbst. Adäquate Partizipation ist von daher als Verfassungsvoraussetzung für eine gelingende repräsentative Demokratie anzusehen.

Verschärft wird dieser Befund dadurch, dass der über die gesellschaftlichen Teilsegmente höchst ungleich stattfindende Rückgang der Wahlbeteiligung zu Dysbalancen in der Interessenrepräsentation führt, die mittel- und langfristig den Legitimationsanspruch demokratischer Entscheidungen schwächen.[56] Ob daher Wahlrechtsreformen, die den Einfluss des abstimmenden Wahlbürgers stärken wollen, etwa durch Alternativstimmen, Kumulieren und Panaschieren,[57] wirklich zu einer breiteren Legitimationsgrundlage der Parlamente führen, darf man bezweifeln. Die Logiken der demokratischen Polity werden vielfach ohnehin als überkomplex wahrgenommen. Deswegen ist die Option »one man, fifty-five votes« langfristig nicht die Richtung, in die es gehen muss. Das führt zum nächsten Punkt.

Vor dem Hintergrund zurückgehender Wahlbeteiligung wird neuerdings auch wieder über Modelle der Wahlpflicht nachgedacht, wie sie in einigen Ländern existiert.[58] Nach verbreiteter Auffassung soll eine Wahlpflicht mit der (negativen) Wahlfreiheit, die Artikel 38 Absatz 1 Satz 1 GG garantieren soll, nicht vereinbar sein.[59] Unwidersprochen geblieben ist diese Auffassung nicht[60] und bei einer gemeinwohlfunktionalen Deutung des Wahlrechts als subjektivem Recht auch keineswegs zwingend.[61] Dass mit ihr das Interesse der Wahlbürger an der Politik nicht zwangsläufig gesteigert würde, liegt natürlich auf der Hand. Allerdings könnte eine Wahlpflicht die Repräsentationsverzerrungen durch die sozial ungleichmäßige Ausübung des Wahlrechts zu kompensieren helfen.[62]

bb) Fragmentierung des politischen Spektrums

Seit jeher war der Volksbegriff in der demokratischen Theorie von Mythen nicht frei. Das *eine* Volk, das sich in Wahlen den *einen* Willen bildet, hat es nie gegeben, freilich wurde dieser Umstand nicht immer so offensichtlich wie gegenwärtig. Die »philosophische Affirmation des politischen Subjekts Volk«, die durch ein moralisches und juristisches Gleichheitspostulat gesichert wird, bricht sich zunehmend an der politischen Wirklichkeit eines fragmentierten Souveräns.[63]

Der Begriff »Volk«, schreibt der französische Historiker und Demokratietheoretiker Pierre Rosanvallon, wird endgültig zum Plural des Begriffs Minderheit.[64] Wissenschaftlich wird dies mit dem Begriff der Fragmentierung beschrieben, die aus der »Gesellschaft der Singularitäten«[65] in das Parlament schwappt und vor allem dessen Regierungsbildungsfunktion betrifft. Mehrheitsbildung in Sechs- oder Siebenparteien-Parlamenten mit zunehmend mittelkleinen und mittelgroßen, untereinander ideologisch weit gespreizten Fraktionen ist eine Kunst, die jedenfalls in Deutschland erst noch erlernt werden muss. Hier setzen übrigens bedenkenswerte Überlegungen aus der Politikwissenschaft an, die eine moderne Art des Bikameralismus vorschlagen, in dem die parlamentarische Regierungsbildungsfunktion von der Gesetzgebungsfunktion kameral getrennt wird.[66] Dabei soll die zur Regierungsbildung berufene Kammer entweder selbst nach Mehrheitswahlsystem besetzt werden bzw. nur von solchen Parteien und Fraktionen beschickt werden, die in der Gesetzgebungskammer einen bestimmten Schwellenwert erreicht haben. Demgegenüber soll in der Gesetzgebungskammer ein »Verhältniswahlpluralismus« herrschen können.

cc) Wahlrecht als gesellschaftspolitisches Steuerungsmittel

Das 100-jährige Jubiläum der Einführung des Frauenwahlrechts im Jahr 2018 hat dem Wahlrechtsdiskurs einen neuen Impuls gegeben. Beklagt wird die insuffiziente Repräsentation von Frauen in der Politik, namentlich im Deutschen Bundestag, die bei nur rund 30 % liege, obwohl Frauen gut 50 % der Bevölkerung ausmachen. Das Wahlsystem im Sinne der Regeln über die Kandidatenaufstellung müsse daher in einer Weise reformiert werden, dass eine adäquate Repräsentation von Frauen möglich werde. Hinter der Klage über dieses Phänomen steht eine nicht von der Hand zu weisende Furcht, dass mit der mangelnden Repräsentation des Geschlechts zugleich auch eine defizitäre Repräsentation spezifischer Geschlechtsinteressen einhergeht. Gleiches lässt sich für die Repräsentation von Bürgern mit Migrationshintergrund feststellen.[67] Die damit aufgeworfenen tatsächlichen wie rechtlichen Fragen sind komplex. Im Verhältnis zur Parteimitgliedschaft von Frauen, die im Hinblick auf Artikel 21 Absatz 1 Satz 1 GG möglicherweise der naheliegendere Anknüpfungspunkt für die Feststellung einer Repräsentationsdysbalance wäre, sind Frauen im Deutschen Bundestag überrepräsentiert,[68] woran sich repräsentationstheoretisch betrachtet ebenso wenig ein Vorwurf knüpft wie an ihre Unterrepräsentation: Demokratische Repräsentation ist nicht erst bei Spiegelbildlichkeit in der Abbildung erreicht. Rechtlich steht und fällt ein solches Projekt damit, ob die Pflicht zur Quotierung von Listen oder Wahlkreisbewerben als Eingriff in die Parteienfreiheit durch Artikel 3 Absatz 2 GG gerechtfertigt werden kann, von den tatsächlichen Problemen vor allem für kleine Parteien und die damit verbundene Ungleichbehandlung einmal abgesehen. Auch das aktive und passive Wahlrecht der Bürger würde durch eine solche Maßnahme beschränkt.[69]

3. Wahlrecht als Mandatszuteilungsverfahren

Die komplexesten Streitigkeiten im Wahlrecht hat die Bundesrepublik indes nicht in der Frage ausgefochten, wer überhaupt wählen darf und in welchem System, sondern in der Frage, wie die abgegebenen Stimmen proportional scharf auf wenige hundert Mandate abgebildet werden können. In den Verfahren der Mandatszuteilung gerinnt die gleiche demokratische Freiheit zu mathematischen Verteilungsregeln eines bürokratischen Massenverfahrens. Das Schlagwort des negativen Stimmgewichts bestimmte hier die juristische Diskussion, mit dem der paradoxe Effekt beschrieben wurde, dass eine Partei Sitze verliert, wenn sie mehr Stimmen erhält oder Sitze gewinnt, wenn sie weniger Stimmen bekommt.[70] Es entsteht typischerweise in Wahlsystemen hoher Komplexität, die sich bereits um eine besondere Abbildungsgenauigkeit von

Stimmen bemühen. Es war wesentlich die Auseinandersetzung um die gesetzgeberische Bewältigung dieses Phänomens, die das Verhältnis Berlin – Karlsruhe bis an den Rand eines offenen Bruchs geführt hat und der Bundesrepublik eine mehrwöchige Periode ohne gültiges Wahlrecht bescherte – Verfassungskrise ante portas.[71]

Neben den Entscheidungen zum negativen Stimmgewicht und damit verbunden zur maximalen Höchstgrenze von Überhangmandaten hat das Bundesverfassungsgericht in seinen Entscheidungen zum Wahlrecht der Auslandsdeutschen[72] und in den beiden Entscheidungen zur Sperrklausel im Europawahlrecht,[73] in engerem zeitlichen Zusammenhang gesetzgeberische Entscheidungen im Wahlrecht verworfen. Die Verwerfung der europawahlrechtlichen Sperrklausel führte im politischen Berlin – entgegen eindeutigen Einlassungen des Gerichts in der Entscheidung – zu der Befürchtung, dass langfristig auch die Sperrklausel bei Bundestagswahlen nicht zu halten sein würde, so dass die Positivierung einer verfassungsunmittelbaren Sperrklausel erwogen wurde.[74]

Schaut man auf die Kontroversen um das negative Stimmgewicht, stellt sich ein durchaus ambivalentes Gefühl ein. Was soll ein Verfassungsgericht schon sagen, wenn ein Wahlrecht Gleichheits- und Unmittelbarkeitsverzerrungen zulässt, die auch vermieden werden könnten? Es kann, wird es angerufen, seine Augen davor kaum verschließen. Und doch wirkten die Auseinandersetzungen darum, wie man die Gleichheit und Unmittelbarkeit der Wahl auch gegen noch so exotische, zufällig sich einstellende Berechnungsparadoxien verteidigen könne, auf eine seltsame Weise selbstreferenziell. Sie frönen einer maximalen Optimierung der Repräsentationsfunktion, verlieren im politischen Raum aber aus den Augen, dass sich die demokratische Systemfrage im Wahlrecht anderwärts klarer und eindringlicher stellt.

IV. Fazit und Ausblick

Die starke Optimierung des subjektiven Wahlrechts lässt sich als Ausdruck eines grundlegenderen Wandels ansehen, in dessen Folge das Legitimationssubjekt demokratischer Herrschaft verändert worden ist. Denn im Reinraum der demokratischen Theorie ist ›das Volk‹ Träger der Staatsgewalt, also eine aus den Individuen aggregierte Instanz, nicht aber das Individuum selbst, um dessen optimale Repräsentation im Wahlrecht viel diskutiert und reguliert wurde. An kaum einer Stelle wird diese Entwicklung so greifbar wie in der Rechtsprechung des Bundesverfassungsgerichts zur integrationsverfassungsrechtlichen Dimension des Artikels 38 GG, die den Einzelnen gegenüber parlamentarischen Integrationsentscheidungen deutlich aufwertet.

Einher mit der Exponierung der individuellen Seite des Wahlrechts und der Demokratie geht, dass die Gleichzeitigkeit und auch die Ambivalenz des demokratischen Prinzips, nämlich Selbstbestimmung einerseits und Herrschaftsorganisation andererseits zu ermöglichen, verwischt wird. Das überrascht nicht, weil der verfassungsrechtliche Diskurs unter dem Grundgesetz ohnehin stark grundrechtlich und deutlich weniger organisationsverfassungsrechtlich geprägt ist – was nicht heißt, dass Organisationsrecht kein Thema war. Aber der Mangel an konzeptionellem Arbeiten am Verfassungsrecht, wie er der deutschen Staatsrechtslehre attestiert wird,[75] hat sich vielleicht stärker im Organisationsrecht bemerkbar gemacht. Das mag, was die Rechtswissenschaft angeht, auch damit zu tun haben, dass manche ihrer Vertreter im Nationalsozialismus die Erfahrung gemacht haben, dass allzu forcierte juristische Weltformeln eine Fallhöhe haben, an deren Ende ein besonders schmerzhafter Aufprall in der Wirklichkeit liegt. Da bleibt man lieber abstinent.

Es scheint indes an der Zeit, die konzeptionelle Abstinenz im Organisationsverfassungsrecht aufzugeben, auch wenn schnelle Lösungen nicht zu erwarten sind. Soll das Wahlrecht als vornehmste Ausformung des Demokratieprinzips dauerhaft seine Funktion als Gelingensbedingung der Demokratie behalten, müssen nach seiner subjektiv-rechtlichen Optimierung künftig seine objektiv-rechtlichen Dimensionen der Herrschaftsermöglichung eingehender bearbeitet und entfaltet werden.

Anmerkungen

1 Rainer Wahl, Artikel Demokratie, Demokratieprinzip, in: Ergänzbares Lexikon des Rechts, Loseblatt, 5/170 (1990), S. 6.
2 Christoph Möllers, Demokratie – Zumutungen und Versprechen, 2008, S. 13, 21 f.
3 Niklas Luhmann, Funktionen und Folgen formaler Organisationen, 5. Aufl., 1999, S. 39 ff., 89 ff. et passim.
4 Am Beispiel des Parteienrechts Julian Krüper/Hana Kühr, Der Lebenszyklus politischer Parteien, Teil V, in: Zeitschrift für das juristische Studium 2014, S. 477 ff.
5 Möllers (Fn. 2), S. 17.
6 Horst Dreier, in: ders. (Hg.), GG-Kommentar, Bd. 2, 3. Aufl., 2015, Artikel 20 Rn. 61.
7 Hermann Pünder/Pascale Cancik, in: Veröffentlichungen der Vereinigung der Deutschen Staatsrechtslehrer 72 (2013), S. 191 ff., 268 ff.

8 Heinrich Pohl, Die Reform des Wahlrechts, in: Veröffentlichungen der Vereinigung der Deutschen Staatsrechtslehrer 7 (1932), S. 131 (132): »[…] die Gestaltung des Wahlrechts [ist] eines der wichtigsten und aktuellsten Probleme unseres politischen Lebens.«

9 Martin Morlok, in: Dreier (Hg.), GG-Kommentar, Bd. 2, 3. Aufl., 2015, Artikel 38 Rn. 53.

10 Unberücksichtigt bleibt hier der praktisch höchst relevante Bereich der ›Verwaltung der Wahlen‹, s. dazu Arne Pilniok, Das Personal der Wahlen und die Vertrauensfrage, in: Richter/Buchstein (Hg.), Kultur und Praxis der Wahlen, 2017, S. 265 ff.

11 Hans Meyer, Demokratische Wahl und Wahlsystem, in: Isensee/P. Kirchhof (Hg.), Handbuch des Staatsrechts, Bd. III, 3. Aufl., 2005, § 45 Rn. 25 ff.

12 S. etwa Friedrich Pukelsheim, Mandatszuteilungen bei Verhältniswahlen, in: Zeitschrift für Politik 2000, S. 239 ff.

13 Morlok (Fn. 9), Artikel 38 Rn. 59, 76.

14 BVerfGE 83, 37 ff.; 83, 60 ff. – Ausländerwahlrecht (1990).

15 StGH Bremen, Urteil vom 31.1.2014, St 1/13, in: Zeitschrift für Öffentliches Recht in Norddeutschland 2014, S. 262 ff.

16 Christian Walter, Der Bürgerstatus im Lichte von Migration und europäischer Integration, in: Veröffentlichungen der Vereinigung der Deutschen Staatsrechtslehrer 72 (2013), S. 7 (32 f.) et passim.

17 Benedict Anderson, Die Erfindung der Nation, 3. Aufl., 2005.

18 Julian Krüper, Staatsbürgerschaft: Mythos und Bedeutung, in: Morlok/Poguntke/Bukow (Hg.), Parteien, Demokratie und Staatsbürgerschaft, 2014, S. 45 ff.

19 Möllers (Fn. 2), S. 24.

20 Walter (Fn. 14), S. 33 ff.

21 Kritisch: Hans-Hugo Klein, in: Maunz/Dürig (Begr.), GG-Kommentar, Loseblatt, Artikel 38 [84. Ergänzungslieferung] Rn. 37; Julian Krüper, Wenn Ihr nicht wählet wie die Kinder, in: Alemann/Morlok u. a. (Hg.), Jugend und Politik, 2006, S. 97 ff.; befürwortend: Janbernd Oebbecke, Das Wahlrecht von Geburt an, in: Juristenzeitung 2004, S. 987 ff.

22 Hubertus Buchstein, Zwei Reformvarianten zur Absenkung des Wahlalters, in: Mörschel (Hg.), Wahlen und Demokratie, 2016, S. 225 (233 ff.).

23 Klein (Fn. 18), Artikel 38 Rn. 137 f.; Morlok (Fn. 9), Artikel 38 Rn. 129.

24 Krüper (Fn. 18); Renate Künast, Kinderrechte in die Verfassung! Wie sonst?, in: Familie – Partnerschaft – Recht, 2008, S. 478 (480).

25 In BVerfGE 132, 39 ff. – Wahlberechtigung Auslandsdeutsche (2012) verwirft das Bundesverfassungsgericht die Anknüpfung der Wahlberechtigung der Auslandsdeutschen allein an einen früheren dreimonatigen Daueraufenthalt im Bundesgebiet und stellt fest, dass der Gesetzgeber mit dieser Festsetzung die Grenzen seines Gestaltungsspielraums überschreitet.

26 Übereinkommen über die Rechte von Menschen mit Behinderungen, BGBl. 2008 II, S. 1419 ff.

27 Differenzierend Heinrich Lang, Inklusives Wahlrecht, in: Zeitschrift für Rechtspolitik 2018, S. 133 (135).

28 BVerfGE 89, 155 ff. – Maastricht (1993)

29 Horst Dreier (Fn. 6), Artikel 20 (D) Rn. 54; Morlok (Fn. 9), Artikel 38 Rn. 48 ff.

30 Einzelgehalte bei Heiko Sauer, Staatsrecht III, 5. Aufl. 2018, § 9 Rn. 69 ff.; Frank Schorkopf, Staatsrecht der internationalen Beziehungen, 2017, § 2 Rn. 217.

31 Einzelheiten bei Heiko Sauer, Demokratische Legitimation zwischen Staatsorganisationsrecht und grundrechtlichem Teilhabeanspruch, in: Der Staat 58 (2019), i. E.
32 Wolfgang Schreiber, 50 Jahre Bundeswahlgesetz, in: Deutsches Verwaltungsblatt 2006, S. 529 ff.
33 Schreiber (Fn. 32), S. 529 (529 f.).
34 Wolfgang Schreiber, Handbuch des Wahlrechts zum Deutschen Bundestag, Kommentar zum BWahlG, 7. Aufl. 2002, Einf. Rn. 58 und dort Fn. 108.
35 Schreiber (Fn. 32), S. 529 (529 f.).
36 Schreiber (Fn. 32).
37 Einordnung bei Julian Krüper, Constitutionalising electoral politics: Democracy in the Berlin Republic, in: Chommeloux/Gibson (Hg.), Contemporary Voting in Europe 2016, S. 91 ff.
38 BVerfGE 82, 322 ff. – Bundestagswahl 1990 (1990).
39 S. etwa Dieter Nohlen, Wahlrecht und Parteiensystem, 7. Aufl. 2014, S. 200 ff.
40 S. dazu etwa Thomas Oppermann / Stefan Klecha, Quadratur des Kreises, in: Frankfurter Allgemeine Zeitung Nr. 284 vom 6.12.2018, S. 8, sowie Stefan Ruppert, Das Wahlrecht ist die Grammatik der Macht, ebd.
41 Zur Diskussion Eckhard Jesse, Wahlrecht zwischen Kontinuität und Reform, 1985, S. 113 ff.
42 BVerfGE 59,119 (124 f.) – Briefwahl (1981).
43 Thilo Streit, Entscheidung in eigener Sache, 2006; Heinrich Lang, Gesetzgebung in eigener Sache, 2007.
44 Typologie bei Nohlen (Fn. 39).
45 Morlok (Fn. 9), Artikel 38 Rn. 102 m. w. N., insbesondere Horst Dreier, Das Demokratieprinzip des Grundgesetzes, in: Juristische Ausbildung 1997, S. 249 (253 f.).
46 Dreier (Fn. 45).
47 Dreier (Fn. 45).
48 Jens Walther, Mehrheitswahlsysteme, 2017, S. 73 ff.
49 Klein (Fn. 18), Artikel 38, Rn. 108.
50 Horst Dreier (Fn. 29), Bd. 1, 3. Aufl. 2013, Vorb. Rn. 87.
51 Georg Jellinek, Das System der subjectiven öffentlichen Rechte, 1892 (1963), S. 87.
52 Hans Kelsen, Allgemeine Staatslehre, 1925 (1993), S. 159 bezweifelt besondere Treuepflichten des Staatsbürgers, die über echte Rechtspflichten hinausgehen. Nur soweit also die Staatsbürgerschaftsstellung in einem als Normordnung zu verstehenden Staat als Rechtspflichtenstellung ausgestaltet sei, träfe den Bürger eine Förderungspflicht des Staates, s. dazu Walter Berka, Bürgerverantwortung im demokratischen Verfassungsstaat, in: Veröffentlichungen der Vereinigung der Deutschen Staatsrechtslehrer 55 (1996), S. 48 (50).
53 Kritisch zu überzogenen Anforderungen an die demokratische Willensbildung Möllers (Fn. 2), S. 30 f.
54 Umfassend Niels Magsaam, Mehrheit entscheidet, 2014.
55 Pierre Rosanvallon, Demokratische Legitimierung, 2010, S. 7 ff.
56 S. eingehend Armin Schäfer, Der Verlust politischer Gleichheit, 2015; ders., Der Verlust politischer Gleichheit, in: Armingeon (Hg.), Staatstätigkeiten, Parteien und Demokratie, 2013, S. 547 ff.
57 Eckhard Jessen, Aktuelle Reformvorschläge zum Wahlrecht, in: Mörschel (Hg.), Wahlen und Demokratie, 2016, S. 119 (126 ff.).

58 Jason Brennan, Compulsory Voting, 2014; Alexander Thiele, Verlustdemokratie, 2. Aufl. 2018, S. 310 ff.; s. auch Stefan Haack, Wahlpflicht und Demokratie, in: Kritische Vierteljahresschrift für Gesetzgebung und Rechtsprechung 94 (2011), S. 80 ff.
59 Morlok (Fn. 9), Artikel 38 Rn. 88 m.w.N.
60 Haack (Fn. 58), S. 80 (85 ff.).
61 Zum Streitstand Thiele (Fn. 58), S. 313.
62 Thiele (Fn. 58), S. 312.
63 Dabei ist die normative Vorstellung einer substantiellen Gleichheit der Staatsbürger so alt wie das Nachdenken über Demokratie selbst. Früh schon ist sie in der griechischen Polis in verschiedene Dimensionen entfaltet worden, als Gleichheit aller Bürger (Isonomie), nicht aber aller Menschen; als gleiche Teilhabe an der politischen Öffentlichkeit im Sinne etwa eines Rederechts (Isegoria), als gleiches Stimmrecht (Isopsephia) und gleiche Teilhabe an wirtschaftlich-sozialen Erträgen (Isomoirie), so dazu eingehend Christian Meier, Die Entstehung des Politischen bei den Griechen, 1980, S. 51 ff. et passim.
64 Rosanvallon (Fn. 55), S. 11.
65 Nach Andreas Reckwitz, Die Gesellschaft der Singularitäten, 2017.
66 Steffen Ganghof, A new political system model, in: European Journal of Political Science Research 57 (2018), S. 261 ff.
67 S. etwa Mehrdad Payandeh, Quoten für den Bundestag?, in: Zeitschrift für Rechtspolitik 2018, S. 189 ff.
68 Zusammenhang bei Martin Morlok/Alexander Hobusch, Ade parité? – Zur Verfassungswidrigkeit verpflichtender Quotenregelungen bei Landeslisten, in: Die öffentliche Verwaltung 2019, S. 14 (19).
69 Umfassende Aufbereitung bei Morlok/Hobusch (Fn. 68).
70 Erläuterung bei Julian Krüper, Wahlrechtsmathematik als gesetzgeberische Gestaltungsaufgabe, in: Juristische Ausbildung 2013, S. 1147 ff.
71 BVerfGE 121, 266 ff. – negatives Stimmgewicht I (2008); 131, 316 ff. – negatives Stimmgewicht II (2012).
72 BVerfGE 132, 39 ff. – Wahlberechtigung Auslandsdeutsche (2012).
73 BVerfGE 129, 300 ff. Sperrklausel Europawahl I (2011); 135, 259 ff. – Sperrklausel Europawahl II (2014).
74 Einordnung und Bewertung bei Julian Krüper, Verfassungsunmittelbare Sperrklauseln, in: Zeitschrift für Rechtspolitik 2014, S. 130 ff.
75 Christoph Schönberger, Der »German Approach«, 2015, S. 31 ff.

Kanzlerdemokratie und der Ort des Politischen

Frank Schorkopf, Göttingen

I. »Die Regierungspraxis ist die einer Kanzlerdemokratie«

Anfang der 1950er-Jahre übernahm Dolf Sternberger, der Vater des Verfassungspatriotismus, einen heute vertrauten Begriff aus der öffentlichen Debatte in das politische Feuilleton: Die Regierungspraxis der Bundesrepublik sei die einer Kanzlerdemokratie.[1] Der Journalist und Politikwissenschaftler beschrieb damit die Zentriertheit der ersten Legislaturperiode der jungen Bundesrepublik auf das Amt des Bundeskanzlers und meinte damit natürlich die politische Führung durch Konrad Adenauer.

Seitdem erlebte die »Kanzlerdemokratie« mit den jeweiligen Amtsinhabern konjunkturelle Schwankungen; nach Adenauer schwächte sich die Begriffskonjunktur zunächst ein wenig ab, mit Helmut Kohl und auch noch Gerhard Schröder nahm sie deutlich wieder zu.[2] Wie die Chronisten die Kanzlerschaft von Angela Merkel beurteilen werden, ist noch offen – die weiteren Überlegungen geben dazu Hinweise.

Bereits ein flüchtiger Blick in die Grundgesetz-Kommentare und juristische Fachliteratur belegt,[3] dass die »Kanzlerdemokratie« zur Chiffre für das parlamentarische Regierungssystem der Bundesrepublik geworden ist. Dass es *auf den Kanzler ankomme,* wie die CDU im Bundestagswahlkampf 1969 plakatierte, ist mittlerweile auch Teil der politischen Alltagssprache geworden. Die Wahlerfolge Konrad Adenauers, Ludwig Erhards und Willy Brandts beruhten zu einem guten Teil auf dem persönlichen Prestige des amtierenden Kanzlers; auch Helmut Schmidt und Helmut Kohl profitierten 1980, 1990 und 1994 von ihrem Amtscharisma im Vergleich zu ihren Herausforderern.

Der Begriff der Kanzlerdemokratie steht allerdings in einem eigentümlichen Widerspruch zur übrigen politischen Rhetorik, wonach es zunächst um die Sache und erst danach um die Personen gehen müsse. Kaum ein Nachwahlbericht kommt ohne die Erklärung eines Beteiligten aus, dass man jetzt Sachfragen in den Mittelpunkt stellen, zur Sacharbeit zurückkehren werde oder gar müsse. Erst nach Klärung der Sachfragen stelle sich dann die Frage der personellen Besetzung von Ämtern. Bei Koalitionsverhandlungen werde erst kurz vor Paraphierung des Koalitionsvertrages die Ämterverteilung geklärt, heißt es in geradezu ritualisierter Form. Diese Aussagen, die wohl jeder in der politischen Berichterstattung über den Bund und die Länder schon einmal gehört hat, passen nicht recht zum Eindruck aus den Wahlkämpfen, zum öffentlichen Stimmwerben der Parteien und zur Berichterstattung. Bereits die Portraits auf den Wahlplakaten, die Hauptdarsteller in Podcasts und die Besetzung von Fernsehduellen zeigen, dass der Bundestagswahlkampf stark personalisiert ist.

Die Antwort auf die Frage nach dem Kanzlerkandidaten einer Partei, zu welchem Zeitpunkt und nach welchem Verfahren diese Person gekürt wird, ist *das* zentrale Ereignis. In politischen Parteien, die den Bundesvorsitz mit der Kanzlerkandidatur nicht wie selbstverständlich verknüpfen, kann diese Frage schon während der noch laufenden Wahlperiode zur entscheidenden Weichenstellung für den erstrebten Machterwerb werden. Beansprucht der Parteivorsitzende die Kandidatur nämlich nicht, oder verweigert sich die Partei der Kür, steht diese Personalfrage fortlaufend im Raum. Sie wird vom politischen Journalismus mit penetrantem Nachdruck gestellt und zwingt die Partei über die Personenauswahl indirekt zu inhaltlichen Vorfestlegungen.

Dabei widerspricht die offenbar notwendige Kür eines Kanzlerkandidaten der Konzeption des Wahlrechts. Denn bei Bundestagswahlen kandidieren Wahlkreis- und Listenbewerber um die Sitze im Deutschen Bundestag. Die Wahl des Bundeskanzlers erfolgt bekanntlich indirekt durch die absolute Mehrheit im unmittelbar gewählten Bundestag ohne Aussprache.

II. Strukturdenken und charismatische Herrschaft

In einer modernen, funktional ausdifferenzierten Gesellschaft, die das Diskursideal eines fortgesetzten herrschaftsfreien Gesprächs, einer deliberativen Demokratie verinnerlicht hat, entspricht es der Erwartung, die Wähler mit Sachargumenten zu überzeugen. Politik ist das Ergebnis eines Gesprächs mit Rede- und Gegenrede. Das Gemeinwohl wird in dieser Weise verstanden als eine spezifische Gestaltung der öffentlichen Angelegenheiten, das inhaltlich nicht von Personen abhängt, sondern nur instrumentell von diesen hergestellt wird. Es besteht zudem eine Parallele zu anderen Entwicklungen im Geistesleben, insbesondere zum Aufblühen der Strukturgeschichte seit den 1960er-Jahren, die nicht mehr zuerst von Personen und Ereignissen denkt, sondern sich überindividuellen Zusammenhängen, eben Strukturen zuwendete. Im strukturalistischen Denken sind Kanzler, Minister und Abgeordnete nur Elemente in einem komplexen, mehr oder minder bewussten Beziehungsgefüge.

So erscheint das Politische heute als der Kommunikationsraum, in dem Politik gemacht wird, d.h. kollektiv verbindliche Entscheidungen vorbereitet und nach den Verfassungsregeln hergestellt werden. Orte des Politischen sind in diesem Rahmen demnach die Diskursarenen, im besten Fall das Plenum und die Ausschüsse des Bundestages, aber auch der Koalitionsausschuss und die Parteigremien, das lange Interview mit der Sonntagszeitung und vielleicht auch Äußerungen in abendlichen Gesprächsrunden im Fernsehen.

In der demonstrativen Hinwendung zu Sachfragen und zu Prozessen liegt jedoch zugleich auch ein respektvoll-ängstlicher Versuch, das weiterhin vorhandene personale Element politischer Herrschaft zu bannen. Vielleicht hat das etwas damit zu tun, dass die Deutschen mit charismatischer Herrschaft in der neueren deutschen Verfassungsgeschichte keine guten Erfahrungen gemacht haben. Das Regierungssystem des Kaiserreichs war von den Talenten und der charakterlichen Disposition des Monarchen ebenso abhängig wie von den Fähigkeiten des Reichskanzlers, der seinerseits allein vom politischen Vertrauen des Monarchen abhing. In der Weimarer Republik, der wir uns in diesen Wochen und Monaten mit großer Aufmerksamkeit zuwenden,[4] trat der Reichspräsident an die Staatsspitze und wieder hing das Wohl und Wehe von dem Amtsverständnis und der Persönlichkeit ab – in den beiden Reichspräsidenten Friedrich Ebert im positiven und Paul Hindenburg im negativen Sinn geradezu typologisch angelegt. Obwohl es weiter einen Reichskanzler gab, der sogar über die Richtlinienkompetenz verfügte,[5] wurde das Regierungssystem der Weimarer Reichsverfassung gerade nicht als »Reichskanzlerdemokratie« etikettiert. Und schließlich die totalitäre Zuspitzung individueller Herrschaft im Führerprinzip, an dessen Ende Verbrechen und Zerstörung standen.

III. Die Chefsache als persönliches Regiment?

In der Bundesrepublik nun also die Kanzlerdemokratie. Aber steckt in der Kanzlerdemokratie nicht immer auch ein Stück persönliches Regiment? Immerhin ist der einstig ranghöchste Gehilfe des Regenten nun selbst zum Regierungschef geworden. Deutet die berühmte – und zuweilen erhoffte – Erklärung eines virulenten Dossiers zur »Chefsache« nicht auf die Möglichkeit eines Kanzlerpräsidenten?

Der Bundeskanzler verfügt mit dem Bundeskanzleramt über eine leistungsfähige Kanzlei in Ministeriumsstärke, mit dem Bundespresseamt über einen professionellen Medienstab und kann unmittelbar auf die Informationen des Auslandsgeheimdienstes zugreifen.[6] Bereits Ende der 1950er-Jahre fragte Karl Loewenstein, Verfassungsrechtler und Politikwissenschaftler, ob diese Kanzlerdemokratie also eine erstrebenswerte Ausprägung parlamentarischer Regierungsweise oder eine »autoritäre Deformation« sei.[7] Mit diesem Zitat wird deutlich, dass die uns heute vertraute Begriffsprägung der Kanzlerdemokratie zunächst nicht unbedingt freundlich gemeint war.

Das Staatsrecht verhält sich zur Kanzlerdemokratie und ihren Konnotationen eher nüchtern. Vielleicht horcht ein Beobachter erstmals auf, wenn er erfährt, dass das Grundgesetz für den Kanzler weder ein Mandat im Bundestag voraussetzt, noch irgendwelche Wählbarkeitsvoraussetzungen enthält. Gewählt ist, wer, vom Bundespräsidenten vorgeschlagen, eine absolute – die »Kanzlermehrheit« – im Deutschen Bundestag erhält.[8] Hat der Kandidat die absolute Mehrheit nicht erreicht, so kann der Bundespräsident ihn immerhin noch zum Kanzler ernennen.

Anders als für Bundespräsidenten und Richter des Bundesverfassungsgerichts gibt es kein Mindestalter und auch deutscher Staatsbürger muss die Person, die das Amt anstrebt, nicht sein. Die Staatsrechtslehre behilft sich damit, dass sie einen Konsens annimmt, wonach Bundeskanzler nur werden könne, wer zum Deutschen Bundestag wählbar sei[9] – das klingt ein wenig danach, dass nicht sein könne, was nicht sein dürfe. Immerhin stehen die indirekte Wahl des Bundeskanzlers durch den Bundestag und die Existenz des Bundespräsidenten klar einer Entwicklung entgegen, den Staats- und Regierungschef plebiszitär zum republikanischen Monarchen zu machen. Das Amt des Bundeskanzlers ist neben den Bundesministern zudem nur ein Teil des Verfassungsorgans Bundesregierung.

Neben dem Kanzlerprinzip nennt das Grundgesetz das Ressort- und das Kabinettsprinzip.[10]

In dieser Prinzipientrias exekutiver Macht ragt die Richtlinienkompetenz des Kanzlers zwar heraus. Sie leitet ihre Bedeutung aber aus einem unreflektierten Mythos ab, den diese Figur in der Öffentlichkeit genießt. Die Richtlinienkompetenz ermöglicht Kanzlern zwar verfassungsrechtlich ein »Durchregieren« in einzelne Ressorts und eine thematisch-inhaltliche Prägung des Regierungshandelns. Das Grundgesetz optiert damit gegen eine Direktoralregierung wie in der Schweiz und gibt seine Präferenz für ein hierarchisches Führungs- und Verantwortungsverständnis zu erkennen. Die Verfassungspraxis der Koalitionsregierungen, denen ein vertraglich abgesichertes Regierungsprogramm in Form eines Koalitionsvertrages zugrunde liegt, sowie die materielle Personalverantwortung der einzelnen Koalitionspartner für ihre jeweiligen Minister und Staatssekretäre machen sie aber praktisch zu einem Ausnahmeinstrument. Die Richtlinienkompetenz, die sich im Verteidigungsfall zur alleinigen Befehls- und Kommandogewalt über die Streitkräfte verdichtet,[11] passt irgendwie nicht recht in eine Verhandlungsdemokratie.

Die Richtlinienkompetenz erhält dadurch den Charakter einer latenten Konfliktursache, auch wenn das Grundgesetz diese Figur nicht nur als Zuordnungsmarker für politische Verantwortung, sondern gerade auch als Instrument der Konfliktlösung vorhält. Bei Meinungsverschiedenheiten über politische Richtungen in der Bundesregierung entscheidet letztlich der Bundeskanzler. Dieser verantwortet die Richtungsentscheidung gegenüber dem Bundestag, auf dessen strukturelle Mehrheit prinzipiell Verlass ist oder um die sich der Bundeskanzler fortlaufend bemühen muss. Wem das im Bundestag nicht passt, der kann jederzeit den amtierenden Bundeskanzler durch ein konstruktives Misstrauensvotum aus dem Amt bringen, indem mit der Kanzlermehrheit ein Nachfolger gewählt wird.

IV. Modus des Politischen

Das Politische erschöpft sich nun nicht in dem angesprochenen Kommunikationsraum, in dem Politik gemacht wird. Politik, also das Vorbereiten und Herstellen kollektiv verbindlicher Entscheidungen, beruht in der liberalen Demokratie auch auf Konflikt.

Es ist Ausdruck des Politischen, Gestaltungsalternativen zu formulieren und aus diesen auszuwählen, indem sich eine Mehrheit nach den

Regeln des Grundgesetzes für eine Option entscheidet oder einen Kompromiss aus mehreren Optionen eingeht.[12] Diese Auswahlentscheidung ist nicht notwendig das Ergebnis eines rationalen Prozesses der Beteiligten, in dem Tatsachen von Experten erhoben und bewertet werden, in dem nach Anstrengung des verfügbaren Wissens der Zeit die relativ beste Entscheidung für eine Problemlösung getroffen wird. Der Modus des Politischen meint vielmehr, dass die gewählten Bürgervertreter im Regelfall des Repräsentativmodus sich für eine von mehreren widerstreitenden Entscheidungsalternativen entscheiden.[13] Auch in einer Verhandlungsdemokratie gilt dabei, was schon Hugo Preuss, Staatsrechtslehrer, Politiker und Architekt der Weimarer Reichsverfassung, schrieb: »Der Kompromiß kann das Ende eines ernsten Kampfes für das Prinzip sein; das Prinzip des Kompromisses *vor* dem Kampf ist die Kapitulation.«[14]

Das ist nebenbei bemerkt das Motiv für den Spitzenkandidatenprozess in der Europäischen Union. Die Unionsbürger sollen bei der Wahl zum Europäischen Parlament indirekt über den nächsten Präsidenten der Europäischen Kommission abstimmen. Der Kandidat der stärksten europäischen politischen Formation erhält dann dieses Leitungsamt, so dass im Ergebnis dadurch idealerweise auch unterschiedliche politische Präferenzen sich auf die Politik der Europäischen Kommission auswirken. Mit Blick auf die beiden deutschen Politiker, die dieses Verfahren erfolgreich vorgeschlagen haben,[15] kann es nicht überraschen, dass die Existenz und Erfahrungen mit der Kanzlerdemokratie dabei Vorbild waren.

Mit anderen Worten, politische Parteien und ihr Personal müssen sicherstellen, dass sich konflikthafte Alternativen entwickeln können, dass Differenz entstehen kann. Im Pluralismus der liberalen Demokratie steht Einheit für den verbindlichen und durchzusetzenden Mehrheitswillen bei gleichzeitiger Akzeptanz dieses Willens durch die Minderheit – der Dissens ist also mitgedacht.

Das Politische muss einen institutionellen Rahmen bilden, der den verfassungsrechtlich vorgesehenen Gegensatz von Regierung und Opposition effektiv bewirkt. Dadurch erfüllt sich auch die Erwartung, dass wesentliche Fragen im Parlament verhandelt werden und über die Gestaltung der öffentlichen Angelegenheiten zwischen den unterschiedlichen politischen Kräften gerungen wird.[16] Die Gegenwartschiffre der »Alternativlosigkeit« markiert insoweit die Abkehr vom Modus des Politischen,[17] auch wenn damit nicht ausgemacht ist, dass deren Wortführer im konkreten Sachverhalt tatsächlich nur eine Gestaltungsmöglichkeit sehen. Es entsteht eher der Eindruck, dass durch den semantischen

Ausschluss von Gestaltungsoptionen sich die Amts- und Mandatsträger gegen die Zumutungen des Politischen immunisieren möchten. Letztlich handelt es sich bei diesem »Sound der Macht« um eine politische Strategie.[18] Es gibt sogar ernstzunehmende Stimmen, die in diesem post-politischen Ansatz eine Strategie des liberalen Antipopulismus sehen – die freilich auf diese politischen Kräfte eher verstärkende Wirkung hat, als dessen Ursachen im Kern zu bekämpfen.[19]

Damit ist den Standpunkten entgegenzutreten, die unter dem Stichwort »Post-Politik« die Ansicht vertreten, die modernen Gesellschaften der industrialisierten Welt von OECD-Staaten wären in einem Maße mit Sachzwängen konfrontiert, die eine politische Gestaltung auf der Grundlage von Alternativen im Grunde ausschlössen. Dass »alles irgendwie mit allem zusammenhängt«, beruht nicht allein auf technisch-kultureller Evolution, die wir mit den Schlagworten »Globalisierung« und »Internationalisierung« beschreiben. Entgrenzungen beruhen substanziell auf politischen Entscheidungen, die durch internationale Verträge und politische Absprachen bewirkt werden. Der internationale Handel beruht maßgeblich auf dem Allgemeinen Zoll- und Handelsabkommen und dem Übereinkommen über die Welthandelsorganisation (WTO), der Binnenmarkt der Europäischen Union ist das Ergebnis der seit 1951 geschlossenen Verträge europäischer Staaten. In Umkehrung dessen sind neue Begrenzungen oder Differenzierungen mit entsprechendem Willen und politischer Gestaltungsmacht adressierbar. Das *»Rendezvous mit der Globalisierung«*[20] ist nicht per se Schicksal.

Eine zentrale Rolle spielen demnach diejenigen Personen, die die Macht haben, in dem Kommunikationsraum verbindliche Entscheidungen herbeizuführen. Aus deutscher Perspektive rückt der Bundeskanzler dadurch wie von selbst in den Mittelpunkt des Interesses.

Der Amtsinhaber oder die Amtsinhaberin beherrscht den Zugriff auf die Gestaltungsmehrheit im Deutschen Bundestag und beherrscht den politischen Prägeraum im Vorfeld der Rechtssetzung. Sofort wird aber auch deutlich, dass diese Stellung von weiteren Bedingungen abhängt. Die praktisch beschränkte Bedeutung der Richtlinienkompetenz ist schon erwähnt. Den notwendigen Rückhalt eines Bundeskanzlers in den Leitmedien beachten wir sicherlich zu wenig, die Abhängigkeit von volkswirtschaftlichen Kennzahlen überbetonen wir vielleicht. Die parteipolitische Verwurzelung des Bundeskanzlers dagegen ist ein allgemein akzeptiertes, wichtiges Kriterium – die Diskussion über den nächsten Bundesparteivorsitz der CDU nach Angela Merkel, gespiegelt in den

Aussagen der Bundeskanzlerin zur vitalen Bedeutung des Parteivorsitzes für eine gelingende Kanzlerschaft, stehen uns vor Augen.

Gerade vor dem Hintergrund der Diskussion im Herbst 2018 über Parteivorsitz und Kanzlerschaft, die übrigens so geführt wurde, wie wenn der oder die neue Vorsitzende im Grunde auch fast von selbst Kanzler noch während der Wahlperiode, spätestens aber nach der nächsten Bundestagswahl würde, ist der Gedanke der Wahl des Bundeskanzlers abschließend noch einmal aufzugreifen.

V. Verfassungserwartung an die politische Führung

Der Wortlaut des Grundgesetzes ist klar und deutlich: Der Bundeskanzler wird ohne Aussprache auf Vorschlag des Bundespräsidenten vom Deutschen Bundestag mit absoluter Mehrheit gewählt. Die politische Praxis ist, wie erwähnt, eine andere. Denn die Bundestagswahlen sind darauf ausgerichtet, erstens diejenige Partei zu identifizieren, deren Spitzenkandidat den Bundeskanzler stellt, und zweitens einer Koalitionskonstellation die Mehrheit zur Kanzlerwahl zu geben. Haben wir unter dem streng repräsentativen Demokratiemodell des Grundgesetzes damit nicht eine quasi-plebiszitäre Bestimmung des Bundeskanzlers und damit des Regierungschefs?

Diese These würde erklären, weshalb die Kanzlerdemokratie in besonderem Maße über das Amt des Bundeskanzlers die Responsivität zu den Wählern organisiert, also die Bereitschaft zur Aufnahme gesellschaftspolitischer Interessen und Standpunkte auch zwischen den Wahlakten. Der Kanzler ist dann nicht ein Experte, den der Bundespräsident vorschlägt und der Bundestag stets im ersten Wahlgang wählt, dessen Ross, um ein Bonmot Wilhelm Hennis' aufzugreifen, im Moment der Wahl gesattelt und gezäumt ist und der dann nur noch reiten können muss.[21] Der Kanzler ist vielmehr eine Person mit entsprechender Rückbindung an diejenigen Institutionen, die nach dem Grundgesetz an der Willensbildung des Volkes mitwirken.[22] Dass die ohnehin hervorgehobene Machtstellung des Kanzlers durch diese parteipolitische Rückbindung noch gestärkt wird, nimmt das Grundgesetz hin.

Die zuletzt hörbaren Vorschläge für eine Amtszeitbegrenzung des Bundeskanzlers, von zwei Wahlperioden war die Rede, markieren eher eine Problembeschreibung, als dass sie eine Lösung anbieten. Dass der Bundestag jederzeit einen neuen Bundeskanzler wählen kann, ist ein wohlfeiler Fingerzeig des Grundgesetzes. So einfach ist es im parlamentarischen Regierungssystem dann doch nicht. Der unmittelbar gewählte Bundestag muss aber sicherlich auch in den regierungstragenden Fraktionen den Willen aufbringen, ein eigenständiger Ort des Politischen gegenüber dem Regierungshandeln zu sein. Mit der Einsetzung eines Hauptausschusses in den letzten beiden Wahlperioden machte der Bundestag einen ersten sichtbaren Schritt dazu, betonte damit aber zugleich auch seine inhaltliche Ausrichtung auf die Organisation der Bundesregierung. Die Ausschüsse wurden erst eingesetzt, als die Bundesregierung im Amt und die Ministerien zugeschnitten waren.[23] Ein noch aktuelleres und besser passendes Beispiel ist der Wechsel im Vorsitz der regierungstragenden CDU/CSU-Bundestagsfraktion im September 2018. Ein wesentliches Motiv dafür scheint die Stimmung gewesen zu sein, dass die politische Selbstständigkeit und Bedeutung der Fraktion gegenüber dem Kanzleramt in Zukunft mehr betont werden sollte. Die Vorsitzendenwahl war also Ausdruck beanspruchter Autonomie unmittelbar vom Wähler legitimierter Abgeordneter gegenüber einer machtvollen, aber letztlich vom parlamentarischen Mehrheitswillen abhängigen Staatsleitung.

Die notwendige Rückbindung des Kanzlers an eine politische Partei bedeutet in der Tat, dass die stetige Wiederwahl zum Parteivorsitz auch die Chancen auf das Kanzleramt verstetigen kann. Eine Amtszeitbegrenzung würde den Machtabschied zwar berechenbar machen und damit sogar noch deutlich vor das verfassungsrechtliche Amtszeitende verlegen. Möglicherweise würde dieser Versuch aber die Kanzlerdemokratie schwächen und die präsidialen Elemente dieser Form des parlamentarischen Regierungssystems ungewollt stärken. Denn ein Kanzler in seiner zweiten Amtszeit müsste, wie ein amerikanischer Präsident, nur noch wenig Rücksicht nehmen.

Der Begriff der Kanzlerdemokratie drückt bei aller erwähnten Furcht vor einem autoritären Präsidialstil des Regierens eine normative Erwartung an die politische Führung des jeweiligen Amtsinhabers aus. Das Amt des Kanzlers, die Kanzlerdemokratie, ist deshalb der bestimmende Ort des Politischen in der Bundesrepublik. Die Ironie der Kanzlerdemokratie, die das Grundgesetz nun beinahe 70 Jahre erfolgreich konstituiert, liegt im Ende dieses besonderen Amtes. Zum 60. Jubiläum unserer Verfassung, im Frühjahr 2009, hat der kürzlich verstorbene Zeithistoriker Hans Peter Schwarz mit seinem an der Bonner Republik geschulten Blick dargelegt, dass, losgelöst von ihrer parteipolitischen Zugehörigkeit, letztlich alle Bundeskanzler gescheitert sind.[24]

Was folgt daraus für die Kanzlerdemokratie und den Ort des Politischen? Sollte dieser Ort im Sinne einer normativen Aussage also woanders als bei den machtvollen, aber letztlich scheiternden Kanzlern und den sie tragenden Parlamentsmehrheiten liegen?

Der Parlamentarische Rat entwarf das Grundgesetz so, dass es regelhaft zu stabilen Bundesregierungen kommt. Die Minderheitenregierung ist möglich, soll aber die Ausnahme bleiben. Wenn es seitdem nicht oder in zu wenigen Fällen zu »echten« Politikwechseln gekommen ist, wie manche Beobachter meinen, liegt das nicht an der Kanzlerdemokratie. Es liegt daran, dass das Wahlrecht und der Föderalismus keinen parteipolitischen Westminster-Gegensatz entstehen lassen. Die Koalitionsregierung ist der Normalfall. Gleichwohl belegt die Verfassungspraxis der beinahe 70 Jahre seit Inkrafttreten des Grundgesetzes die parteipolitische Lebhaftigkeit der Bundesrepublik, beurteilt nach der Anzahl an Fraktionen und der Vielfalt ausprobierter Koalitionskombinationen. Das behauptete Scheitern ist denn auch kein tiefgreifender Grund zur Sorge. Das Amt des Bundeskanzlers ist zwar Bezugspunkt und Medium für die öffentliche Debatte. Aber letztlich findet die Kanzlerdemokratie, das zeigt die gegenwärtige Lage, die Hans Peter Schwarz beim letzten Jubiläum noch nicht würdigen konnte, ihre Grenze direkt oder indirekt in der Wahlentscheidung der Bürger. Deshalb ist das parlamentarische Regierungssystem der Bundesrepublik zu Recht das einer Kanzlerdemokratie.

Anmerkungen

1 Dolf Sternberger, Der Wille des Bundeskanzlers. Wo steht die deutsche Demokratie?, Die Gegenwart 1953, S. 489 (491); die exakte Urheberschaft des bereits zuvor verwendeten Begriffs lässt sich nicht eindeutig klären.

2 Eine Analyse der Kanzlerschaften bis in die Gegenwart unternimmt Karlheinz Niclauß, Die Kanzlerdemokratie, 3. Aufl., 2014.

3 Etwa Ute Mager, in: von Münch/Kunig (Hg.), GG-Kommentar, 6. Aufl. 2012, Bd. 2, Artikel 63 Rn. 1; Meinhard Schröder, in: von Mangoldt/Klein/Starck (Hg.), GG-Kommentar, 7. Aufl. 2018, Artikel 63 Rn. 11 f. Anselm Doering-Manteuffel, Strukturmerkmale der Kanzlerdemokratie, Der Staat 1991, S. 1 ff. Wolf-Rüdiger Schenke, Die Bundesrepublik als Kanzlerdemokratie – zur Rechtsstellung des Bundeskanzlers nach dem Grundgesetz, Juristenzeitung 2015, S. 1009 ff.; zurückhaltend dagegen Roman Herzog, in: Maunz/Dürig, GG-Kommentar, Artikel 65 Rn. 36.

4 Udo Di Fabio, Die Weimarer Verfassung, 2018; Horst Dreier/Christian Waldhoff (Hg.), Das Wagnis der Demokratie. Eine Anatomie der Weimarer Reichsverfassung, 2018; Christoph Gusy, 100 Jahre Weimarer Reichsverfassung, 2018.

5 Artikel 56 Weimarer Reichsverfassung: »Der Reichskanzler bestimmt die Richtlinien der Politik und trägt dafür gegenüber dem Reichstag die Verantwortung. Innerhalb dieser Richtlinien leitet jeder Reichsminister den ihm anvertrauten Geschäftszweig selbstständig und unter eigener Verantwortung gegenüber dem Reichstag.«

6 Einzelheiten bei Volker Busse/Hans Hofmann, Bundeskanzleramt und Bundesregierung, 6. Aufl., 2015.

7 Karl Loewenstein, Verfassungslehre, 1959, S. 93 f.; in der 2. Aufl. 1969 heißt es: »In seiner Substanz ist das Regime ›demoautoritär‹ […]«, S. 93; damit meinte der Autor, die Regierung komme zwar durch demokratische Wahl ins Amt, danach könne sie die politische Führung jedoch autoritär und ohne jede Begrenzung durch das Parlament oder die Wählerschaft ausüben, ebenda, S. 93 f.

8 Artikel 63 Absatz 1 und 2 GG, die »Kanzlermehrheit« ist eigens in Artikel 121 GG geregelt.

9 Wahlberechtigt zum Deutschen Bundestag sind alle deutschen Staatsangehörigen, die am Wahltage das achtzehnte Lebensjahr vollendet haben, seit mindestens drei Monaten in der Bundesrepublik eine Wohnung innehaben oder sich sonst gewöhnlich aufhalten und nicht vom Wahlrecht ausgeschlossen sind (§ 12 Absatz 1 BWahlG); Roman Herzog, in: Maunz/Dürig, GG-Kommentar, Artikel 63 Rn. 23 mit weiteren Nachweisen.

10 Artikel 65 GG: »Der Bundeskanzler bestimmt die Richtlinien der Politik und trägt dafür die Verantwortung. Innerhalb dieser Richtlinien leitet jeder Bundesminister seinen Geschäftsbereich selbständig und unter eigener Verantwortung. Über Meinungsverschiedenheiten zwischen den Bundesministern entscheidet die Bundesregierung. Der Bundeskanzler leitet ihre Geschäfte nach einer von der Bundesregierung beschlossenen und vom Bundespräsidenten genehmigten Geschäftsordnung.«

11 Artikel 115b GG: »Mit der Verkündung des Verteidigungsfalles geht die Befehls- und Kommandogewalt über die Streitkräfte auf den Bundeskanzler über.«

12 Ich folge hier Frank Schorkopf, Staat und Diversität, 2017, S. 44 f.

13 Chantal Mouffe, Über das Politische, 2016 (engl. Orig. 2005), S. 16 f.

14 Hugo Preuss, Der Liberalismus im Block, in: Morgen Nr. 18 vom 11.10.1907, S. 570, abgedruckt in: Gesammelte Schriften, Bd. I, 2007, S. 358 (360), Hervorhebung im Original.

15 Elmar Brok/Martin Selmayr, Der »Vertrag der Parlamente« als Gefahr für die Demokratie?, integration 31 (2008), 217 (230); Jens Joachim Hesse, Die Europäische Kommission – vor einer Zeitenwende?, Zeitschrift für Staats- und Europawissenschaft 12 (2014), S. 408 ff.

16 Zum Begriff der Opposition Peter Michael Huber, Regierung und Opposition, in: Isensee/P. Kirchhof (Hg.), Handbuch des Staatsrechts, Bd. III, 3. Aufl., 2005, § 47 Rn. 40: Opposition sei ein Sammelbegriff für all jene politischen Kräfte in einem Parlament, die die amtierende Regierung nicht stützen und nach ihrer Ablösung trachten; anders als der Regierung gehe es ihr nicht um Machterhalt, sondern um Machtgewinn. Umfassend zum Oppositionsbegriff Daniel Mundil, Die Opposition, 2014, S. 49 ff., 73 ff.

17 Bezogen auf die deutsche Politik Dirk Kurbjuweit, Alternativlos. Merkel, die Deutschen und das Ende der Politik, 2014; Rüdiger Voigt, Alternativlose Politik? Machiavellistische Machtpolitik oder politische Tugend?, in: ders., Alternativlose Politik? Zukunft des Staates – Zukunft der Demokratie, 2013, S. 13 ff.

18 Astrid Séville, Der Sound der Macht, 2018.

19 Oliver Machart, Anti-Populismus. Ein Ausdruck von Postpolitik, Aus Politik und Zeitgeschichte 44–45/2017, S. 11 ff., zugänglich unter http://www.bpb.de/shop/zeitschriften/apuz/ (letzter Zugriff: 22.12.2018).

20 Wolfgang Schäuble, Interview mit der Passauer Neuen Presse v. 4.2.2016, zugänglich unter https://www.bundesfinanzministerium.de/Content/DE/Interviews/2016/2016-02-04-PNP.html (letzter Zugriff: 22.12.2018) und bereits WELTonline vom 11.11.2015.

21 Wilhelm Hennis, Richtlinienkompetenz und Regierungstechnik, in: ders., Regieren im modernen Staat, 1999, S. 106 (129).

22 Artikel 21 Absatz 1 GG: »Die Parteien wirken bei der politischen Willensbildung des Volkes mit. Ihre Gründung ist frei. Ihre innere Ordnung muß demokratischen Grundsätzen entsprechen. Sie müssen über die Herkunft und Verwendung ihrer Mittel sowie über ihr Vermögen öffentlich Rechenschaft geben.

23 Deutscher Bundestag, BT-Drucks. 18/101 und BT-Drucks. 19/85; näher dazu Norman Koschmieder, Verfassungsrechtliche Bedenken gegen die Einsetzung eines »Hauptausschusses« im Bundestag, Neue Zeitschrift für Verwaltungsrecht 2014, S. 852 ff.

24 Hans Peter Schwarz, Woran scheitern deutsche Bundeskanzler?, in: Hillgruber/Waldhoff (Hg.), 60 Jahre Bonner Grundgesetz – eine geglückte Verfassung?, 2010, S. 29 ff.

Die Verfassungstheorie des Grundgesetzes und die Verfassungsgeschichte der Bundesrepublik

Eine Bemerkung zu ihrem Verhältnis am Beispiel des parlamentarischen Regierungssystems

Florian Meinel, Würzburg

I. Einleitung: Verfassungstheorien der Unbestimmtheit

Verfassungstheorie hat nach einer verbreiteten Selbstbeschreibung die Aufgabe, zwischen positivem Verfassungsrecht einerseits und politischer Theorie, Rechtsphilosophie und Verfassungsgeschichte zu »vermitteln«. Verfassungstheorie soll anwendungsorientierte »Verfassungsrechtsdogmatik« mit rechtsphilosophischen, historischen oder verfassungsvergleichenden Fragen verbinden.[1] Es sind in erster Linie zwei Theoreme, die in diesem Sinne als neue Errungenschaften der Verfassungstheorie der Bundesrepublik und damit des Grundgesetzes bezeichnet werden können: Zum einen das Prinzip der Verhältnismäßigkeit, das sich seit den Anfängen der Rechtsprechung des Bundesverfassungsgerichts zu einem universellen Paradigma der Beschränkung von hoheitlichen Kompetenzen und von subjektiven Rechten entwickelt hat[2] und als solches inzwischen weltweit rezipiert wird.[3] Zum anderen das verfassungsrechtliche Prinzip der effektiven und hinreichenden demokratischen Legitimation öffentlicher Gewalt, das organisationsrechtliche Grundprinzip der Rechtsprechung des Bundesverfassungsgerichts. Danach muss alle Herrschaft so organisiert sein, dass sie auf demokratische Wahlen zurückgeführt werden kann.

Diese beiden Prinzipien sind untereinander nicht nur dadurch verbunden, dass sie, funktional, auf die Institution der Verfassungsgerichtsbarkeit verweisen, weil sie jeweils einen ausgesprochen umfassenden Prüfungsmaßstab formulieren, der das Bundesverfassungsgericht zu einer nahezu grenzenlosen Ausdehnung seiner Rechtsprechung ermächtigt. Das auch.[4] Vor allem aber entsprechen Verhältnismäßigkeitsgrundsatz und Legitimationstheorie einander auch theoretisch durch die radikale Unbestimmtheit ihrer Form: Das grundrechtliche Prinzip der Verhältnismäßigkeit verweist, in größtmöglicher Allgemeinheit ausgedrückt, auf die im Einzelnen völlig abstrakte Möglichkeit, unbestimmte divergierende soziale Interessen in einen artikulierbaren Ausgleich zu bringen.[5] In ähnlicher Weise postuliert das Prinzip der hinreichenden, effektiven Legitimation der öffentlichen Gewalt, dass die Ausübung von Herrschaft jeweils durch geeignete institutionelle Vermittlungen an die Volkssouveränität zurückgebunden werden muss, und lässt dabei die Frage, in welchen Formen und politischen Institutionen das geschehen muss, in folgenreicher Weise offen. Beides zusammen, Verhältnismäßigkeitsgrundsatz und Legitimationstheorie, bilden die Metatheorie einer in ihrem politischen und sozialen Ort unbestimmten und dadurch gerade den historischen Ort der Bundesrepublik vermutlich treffenden Verfassung, der die Kontingenz ihrer sozialen Konflikte wie die ihrer politischen Institutionen gleichermaßen bewusst ist: Die Art der Gesellschaft, die das Grundgesetz zu verfassen hatte, und die Entwicklung der Institutionen, an die man dabei anknüpfte, entzogen sich der Vorausschau des Jahres 1949 in gleicher Weise. Darin liegt, so die These dieses Beitrags, kein theoretisches Defizit, sondern die Pointe dieser Metatheorien. Man versteht die Verfassungstheorie der Bundesrepublik vielleicht am besten von dieser politisch-sozialen und politisch-institutionellen Unbestimmtheit her. Das soll im Folgenden am Beispiel der Theorie demokratischer Legitimation exemplifiziert werden.

Sie steht nämlich bei näherer Betrachtung mit der Entwicklung der parlamentarischen Demokratie, das heißt des parlamentarischen Regierungssystems in der Bundesrepublik, in einem höchst ambivalenten Verhältnis. Diese Entwicklung ist im Schatten der gebräuchlichen Legitimationstheorie verfassungsrechtlich und verfassungstheoretisch kaum adäquat bewältigt worden. Zugleich ist die Entwicklung des Regierungssystems ein, wenn nicht das Fundamentalproblem der Verfassungsgeschichte seit 1949. Dazu sollen zunächst die schwierigen Ausgangsbedingungen eines parlamentarischen Regierungssystems in der Bundesrepublik aufgezeigt werden (II.). Es zeigt sich dann, dass es sich in seinen wesentlichen Elementen überhaupt erst unter dem Grundgesetz entwickelt hat (III.). Die Legitimationstheorie steht aber historisch für eine Entwicklung der Bundesrepublik, die sich nicht durchgesetzt hat (IV.). Damit stellt sich das Problem einer Verfassungstheorie des Grundgesetzes wieder neu.

Zunächst aber: Worin bestehen die theoretischen Prämissen des Legitimationsprinzips? Nach der maßgeblich von Ernst-Wolfgang Böckenförde entwickelten Theorie hinreichender demokratischer Legitimation lässt sich das parlamentarische Regierungssystem als eine abgestufte, auf sich selbst zurückverweisende Institutionalisierung von Volkssouveränität interpretieren.[6] Als demokratisch legitimiert kann sich qua Verfassung jedes Staatsorgan ausweisen, indem es das, was es tut, aus parlamentarischen Entscheidungen und damit aus einer auf der Willensbetätigung des Souveräns beruhenden Autorisierung ableitet. Das Parlament ist deshalb »ein notwendiges Glied innerhalb jeder demokratischen Legitimationskette«.[7] Die Formen, in denen Legitimation vermittelt wird, sind aber höchst verschieden, untereinander bis zu einem gewissen Grad ersetzbar und können nebeneinander wirksam sein. Funktionelle, institutionelle, organisatorisch-personelle und sachlich-inhaltliche Legitimation sind selbstständige »Modi« der Legitimationsvermittlung, die allenfalls typologisch bestimmten Institutionen oder auch nur Staatsgewalten zugeordnet sind.[8] Und dennoch ist das mit dem Legitimationskonzept vorausgesetzte institutionelle Grundschema, das weder für Böckenförde noch für das Bundesverfassungsgericht eines näheren Nachweises bedarf, das einer parlamentarischen Demokratie, das einer abgestuften, aber einheitlichen Vermittlung von Legitimation über das Parlament: Der Bundestag trägt die Bundesregierung, die Bundesregierung steuert die Bundesverwaltung, diese wiederum die nachgeordneten Behörden, so dass die demokratische Legitimationskette in Form bindender Entscheidungen am Ende wieder bei den Bürgern ankommt, von denen sie ursprünglich ausgeht.[9]

Das Bundesverfassungsgericht hat diesen Grundgedanken, der seiner Rechtsprechung auf so unterschiedlichen Feldern wie dem Parlaments-, Integrationsverfassungs-, Verwaltungsorganisations- und Privatisierungsfolgenrecht zugrunde liegt,[10] vor kurzem noch einmal prägnant zusammengefasst: »Das ›Ausgehen der Staatsgewalt‹ vom Volk muss für das Volk wie auch die Staatsorgane jeweils konkret erfahrbar und praktisch wirksam sein. Es muss ein hinreichender Gehalt an demokratischer Legitimation erreicht werden, ein bestimmtes Legitimationsniveau. Nur das vom Volk gewählte Parlament kann den Organ- und Funktionsträgern der Verwaltung auf allen ihren Ebenen demokratische Legitimation vermitteln.«[11] Das bedeutet: Je unmittelbarer die Ausübung legaler Macht an die demokratische Wahl angebunden ist, desto höher ist ihre Legitimation, und je weiter sie sich umgekehrt in den Untiefen der administrativen Organisation verliert, umso schwächer ist die Machtausübung legitimiert.

Und schließlich: Je einschneidender die jeweilige Machtbefugnis ist, umso enger muss sie an die Quelle der Legitimation gebunden sein.

II. Das dualistische Regierungssystem des Grundgesetzes

Wie verhält sich zu diesen Prämissen das Regierungssystem des Grundgesetzes? Was auf den ersten Blick klar scheint, wird bei genauerer Betrachtung umso fragwürdiger. Dass das Grundgesetz ein parlamentarisches Regierungssystem errichtet, ist heute weitgehend unstreitig. Damit bezeichnet man eine bestimmte Zuordnungsform von Parlament und Regierung, bei der die Staatsleitung institutionell zwischen der parlamentarischen Mehrheit und ihrer Regierung angesiedelt ist, weil die Regierungsbildung von der Mehrheit im Parlament abhängig ist.[12] Die Bundesregierung kommt mit einer parlamentarischen Mehrheit ins Amt, und gegen den Willen einer Mehrheit im Parlament kann sie nicht im Amt bleiben. Legislative und Exekutive sind dadurch nicht voneinander als unabhängige Gewalten getrennt und je für sich demokratisch legitimiert, sondern politisch und verfassungsrechtlich auf das engste miteinander verbunden. Die Regierung geht nicht nur aus dem Parlament hervor, sie braucht für die Durchsetzung ihrer Agenda zudem kontinuierliche parlamentarische Unterstützung und ist dem Parlament für ihre Amtsführung verantwortlich. Die zentrale Konsequenz dieses parlamentarischen Regierungssystems ist deswegen eine institutionelle Entdifferenzierung von Parlament und Regierung durch die politische Leitdifferenz von Regierung und Opposition.

Dass die Bundesrepublik in diesem Sinne parlamentarisch regiert wird, ist allerdings alles andere als selbstverständlich, weil das Grundgesetz die Verfassungselemente, die die Entwicklung des Parlamentarismus in Deutschland seit der Reichsgründung verhindert hatten, kaum beseitigt, sondern vielmehr gestärkt hatte. Das gilt vor allem für den Föderalismus. Die Verwaltungsstaatlichkeit und der sogenannte Vollzugsföderalismus deutscher Prägung hatten von Anfang an eine scharf antiparlamentarische Pointe.[13] Sie trennen die Verantwortung für die Gesetzesausführung und die parlamentarische Verantwortlichkeit der Regierung systematisch voneinander. Während die meisten Zuständigkeiten für die Gesetzgebung auf der Bundesebene angesiedelt sind, bleibt der Gesetzesvollzug – und damit die großen Ermessensspielräume und Richtungsentscheidungen, die sich im Rahmen der Gesetzesanwendung ergeben – im Prinzip den

Ländern überlassen. Das demokratische Prinzip der parlamentarischen Verantwortlichkeit der Regierung wird damit empfindlich geschwächt: Gesetzgebung und Gesetzesausführung sind absichtsvoll getrennt, während gleichzeitig das bundespolitische Agieren der Landesexekutiven von den Parlamenten der Länder kaum effektiv kontrolliert werden kann.

Das Grundgesetz hatte diese Erbschaft des 19. Jahrhunderts nicht nur nicht beseitigt, sondern in mancher Hinsicht ungeheuer verschärft. Das gilt zum einen für die Aufwertung des Bundesrates und die dadurch bedingte stärkere Verbindung von Landesbürokratie und Bundesregierung, zum anderen für die Abkoppelung der obersten Bundesbehörden von der unmittelbaren parlamentarischen Verantwortlichkeit. Die Minister agierten nach der Abschaffung des individuellen Misstrauensvotums des Artikels 54 Satz 2 WRV nunmehr ohne direkte parlamentarische Sanktionsmöglichkeiten. Die bürokratische Selbstständigkeit der einzelnen Ressorts wurde auf diese Weise erheblich gesteigert. Die Bundesrepublik steht deswegen bis heute vor dem Grundproblem, inwiefern das parlamentarische Regierungssystem, das auf dem Dualismus von Regierung und Opposition aufbaut, mit der föderalen Struktur des Staates und des Parteiwesens vereinbart werden kann. So könnten die institutionellen Voraussetzungen des parlamentarischen Regierungssystems in vieler Hinsicht vor allem im Vergleich zu England kaum größer sein: kein Zentralstaat, kein Mehrheitswahlrecht und kein Zwei-Parteiensystem. Für einen Staat mit der Struktur der Bundesrepublik ist es im Grunde eine unwahrscheinliche Verfassungsordnung.

Auch das mit dem Grundgesetz gegenüber der Weimarer Verfassung völlig erneuerte Verfahren der Regierungsbildung beweist nichts anderes. Sicher: Der Parlamentarische Rat reagierte auf die Probleme des Weimarer Parlamentarismus durch die Aufwertung des Amtes des Bundeskanzlers, der nunmehr aus einer parlamentarischen Wahl hervorgehen sollte, ohne das plebiszitär legitimierte Amt des Präsidenten neben und über sich. Misstrauensvoten gegen den Kanzler sollten nur noch gleichzeitig mit der Wahl eines neuen Kanzlers, also konstruktiv möglich sein (Artikel 67 GG). Doch der Sinn dieser Regelung bestand gerade nicht in der Schaffung einer vom Parlament getragenen Kollegialregierung. Im Parlamentarischen Rat hatte nämlich noch die inzwischen vielfach widerlegte Auffassung vorgeherrscht, die zu starke Stellung des Parlaments gegenüber der Exekutive sei ein Grund für die Instabilität der Weimarer Koalitionsregierungen gewesen. Das Grundgesetz sollte deswegen eine Exekutive organisieren, die von parlamentarischen Mehrheiten möglichst unabhängig ist und dem Parlament, einmal gewählt, als »die Bundesregierung« gegenübertritt.

Auf diese Weise ließ das Grundgesetz den alten konstitutionellen Dualismus von Staat und Parlament im Grunde unangetastet. Die parlamentarischen Leitungsorgane behielten ihr altes, im Reichstag des Kaiserreichs entwickeltes Gepräge. Das Grundgesetz kennt parlamentarische Interpellationen ebenso wenig wie die für parlamentarische Regierungssysteme an sich typische rechtliche Sonderstellung von Gesetzentwürfen der Regierung im parlamentarischen Verfahren. Auch die Ämterverfassung des Grundgesetzes orientiert sich nicht an den strengen Gesetzmäßigkeiten der parlamentarischen Regierung. Anders als in manchen Landesverfassungen muss der Bundeskanzler kein Mitglied des Bundestages sein. Inwiefern das Parlament auch Rekrutierungsstätte für Regierungspolitiker ist, lässt die Verfassung folgenreich offen. Bis heute gibt es im deutschen Regierungssystem keinen natürlichen Weg von der Fraktionsführung zur Regierung. Vielmehr führt der Weg zum Kanzleramt in der Regel (Ausnahme: Merkel) über die Staatskanzleien der Länder.

Vor allem übernahm das Grundgesetz aus der Bismarckverfassung des Jahres 1871 die höchst unscheinbare, aber für das Regierungssystem schlechterdings fundamentale Vorschrift des Artikels 43 Absatz 2 GG: »Die Mitglieder des Bundesrates und der Bundesregierung sowie ihre Beauftragten haben zu allen Sitzungen des Bundestages und seiner Ausschüsse Zutritt und müssen jederzeit gehört werden.« Diese Vorschrift ist in der Gleichstellung von Politikern und Beamten eine denkbar starke Negation des parlamentarischen Regierungssystems. Denn sie verleugnet die für dieses Verfassungsmodell so konstitutive Unterscheidung zwischen den parlamentarisch verantwortlichen Mitgliedern der Bundesregierung und der unter ihrer Verantwortung stehenden, selbst aber nicht verantwortlichen Bürokratie. Dass Minister im Bundestag jederzeit das Wort ergreifen können, ist eine parlamentarische Selbstverständlichkeit. Dass aber auch Landes- oder Bundesbeamte mit entsprechender Vollmacht dazu befugt sind, ist das Erbe einer Bismarck'schen Raffinesse mit dezidiert antiparlamentarischer Pointe.

Nimmt man all dies zusammen, so lässt sich festhalten: Was man heute als parlamentarisches Regierungssystem bezeichnet, ist in der Verfassung allenfalls in Ansätzen geregelt. Geregelt und bis heute sehr wirksam sind jene Verfassungselemente, die das parlamentarische System hemmen: Es gibt auf der Bundesebene bis heute eine sehr ausgeprägte bürokratische Autonomie der Ressorts gegenüber parlamentarischer Steuerung und eine beträchtliche Verselbstständigung von großen Teilen der Verwaltung, etwa der Sozialversicherungsträger. Die Landesregierungen und ihre Bürokratien können über den Bundesrat zudem erheblichen politischen Einfluss auf die Bundespolitik nehmen und halten mit der weitgehenden institutionellen Kontrolle über den öffentlich-rechtlichen Rundfunk eine weitere enorme Machtressource in der Hand. Informelle Institutionen der Bund-Länder-Koordinierung wie die Innen- oder Kultusministerkonferenzen verstärken diesen Einfluss zusätzlich.

Man muss sich den Verfassungsaufbau der Bundesrepublik daher im Ausgangspunkt dualistisch vorstellen, als variable Zuordnung zweier Schichten, die zugleich eine sehr deutsche Form von Gewaltenteilung zwischen Politik und Bürokratie verkörpern. Hier das parlamentarische System, dort der föderative Verwaltungsstaat. Das Prinzip der parlamentarischen Demokratie beschreibt die deutsche Verfassung daher nur in einer bestimmten Dimension, in einer ihrer Möglichkeiten. Der administrativ-föderale Teil der Verfassung ist dem parlamentarischen gegenüber weitgehend selbstständig.

Die Staatsrechtslehre der frühen Bundesrepublik zog aus dieser Verfassungslage ziemlich einhellig die Konsequenz, das Grundgesetz habe eine »Abwendung vom parlamentarischen System« vollzogen.[14] Und tatsächlich ließ sich ja das Grundgesetz im Stile eines gaullistischen Verfassungsideals antiparlamentarisch interpretieren: Der Kanzler – und nicht das Parlament! – bestimmt die Richtlinien der Politik. Bald bürgerte sich die Bezeichnung »Kanzlerdemokratie« ein,[15] um den doppelten Gegensatz zur parlamentarischen und zur Präsidentialdemokratie auszudrücken.[16] In der frühen Literatur zum Grundgesetz dominierte auf diese Weise eine seltsame Vorstellung von Gewaltenteilung ohne demokratisch gewählte Exekutive.

III. Das Regierungssystem als nachkonstitutionelle Errungenschaft

Diese Ausgangslage wirft zwei Fragen auf: Wie hat sich diese Verfassungsordnung dennoch in Richtung eines parlamentarischen Regierungssystems mit den oben beschriebenen Merkmalen entwickelt? Und: Ist sie mit der unitarischen Theorie demokratischer Legitimation zutreffend beschrieben? Die Antworten auf beide Fragen hängen dadurch zusammen, dass die Parlamentarisierung der Bundesrepublik eine nachkonstitutionelle Errungenschaft ist. Die Theorie demokratischer Legitimation sollte einen institutionellen Zusammenhang auf den Begriff bringen, den es in der Verfassung so gerade nicht gibt.

Das parlamentarische Regierungssystem ist weniger eine Errungenschaft des Grundgesetzes als die historische Leistung der drei genuin neuen, in dieser Form im Grundgesetz gar nicht vorgesehenen Institutionen des deutschen Regierungssystems: der Volksparteien, des Bundeskanzleramtes und des Bundesverfassungsgerichts. Sie haben als Vermittlungsinstitutionen beide Schichten der Verfassung miteinander verknüpft und dadurch jene politische Verbindung aus parlamentarischer Mehrheit und Bundesregierung mit ihren kennzeichnenden institutionellen Merkmalen geschaffen: parlamentarische Ministerverantwortlichkeit, parlamentarische Kontrolle, enge Verbindung von Regierung und Regierungsfraktionen.[17]

1. Motor Bundesverfassungsgericht

Das Bundesverfassungsgericht hat in sehr vielfältiger Weise zur Abhängigkeit der Regierung vom Parlament beigetragen: durch die Aktivierung des parlamentarischen Minderheitenschutzes oder die Integration der Parteien in das Organstreitverfahren, vor allem aber durch die demokratische Neuausrichtung des sogenannten Vorbehalts des Gesetzes.[18] Das Bundesverfassungsgericht hat diesen Grundsatz mit der Zeit immer stärker als Ausdruck des Gestaltungsanspruchs demokratischer Gesetzgebung interpretiert und einen demokratischen Parlamentsvorbehalt aus ihm gemacht. Das war von schwer zu überschätzender Bedeutung, weil diese Rechtsprechung dem Bundestag dort eine aktivere Rolle zuschob, wo er als Parlament, das in der Tradition einer Gesetzgebungskammer stand,[19] am stärksten war. Der parlamentarische Einfluss auf die Regierung wurde so indirekt beträchtlich gestärkt. Weil Regierungspolitik in der wohlfahrtsstaatlichen Industriegesellschaft der alten Bundesrepublik überhaupt sehr lange wesentlich Gesetzgebungspolitik war – man denke nur an Lastenausgleichsgesetz, dynamische Rente, Betriebsverfassung und Hochschulmitbestimmung –, erforderte die Vorbehaltsrechtsprechung zwangsläufig eine sehr viel engere Abstimmung von Gesetzesinitiative und parlamentarischer Beratung.

2. Volksparteien als Vermittlungsinstitutionen

In ganz anderer Weise haben die Volksparteien zur Herausbildung des parlamentarischen Regierungssystems beigetragen. Bei der Gründung der Bundesrepublik war keine der beiden großen Parteien Volkspartei im heutigen Sinne des Wortes, drei Jahrzehnte später waren es beide durch und durch. Die SPD erarbeitete sich mit dem Godesberger Programm von 1958 eine parlamentarische Machtoption, die sie 1966 und 1969 in zwei Schritten realisierte. Die CDU antwortete darauf ab 1973 mit den Reformen unter Helmut Kohl, aus denen eine sehr viel stärker zentral koordinierte, programmatische Volkspartei hervorging.

Als Volksparteien leisteten sie einen doppelten Beitrag zur Verkoppelung von Parlament und Regierung: Zum einen muss eine Volkspartei zwischen sehr unterschiedlichen Gruppen Kompromisspositionen finden und strebt die Regierungsübernahme darum typischerweise nicht mit einer Klassen- und Milieuideologie, sondern mit einer Regierungsprogrammatik an. So ist es der Volkspartei möglich, die Fraktions- und die Regierungspolitik stärker durch die Parteilinie zu prägen. Die personelle Kehrseite dieser institutionellen Vermittlung ist die bis zur regelmäßigen Ämterhäufung gehende Elitenzirkulation zwischen Parteiführung, Fraktionsführung und Bundesregierung. Erst sie macht die Volkspartei als Betätigungsfeld von Berufspolitikern so attraktiv. Hierin liegt natürlich auch der eigentliche Sinn der durch Konrad Adenauer dem Amt des Bundeskanzlers eingeschriebenen Personalunion mit dem Parteivorsitz.

3. Das Bundeskanzleramt als kabinettsersetzende Institution

Die dritte subkonstitutionelle Vermittlungsinstitution ist das Bundeskanzleramt. Die Funktion, die es im parlamentarischen Regierungssystem einnimmt, kommt in der Verfassung ebenfalls nicht vor. Man versteht sie nur, wenn man sich noch einmal das Grundproblem des deutschen Regierungsmodells in Erinnerung ruft: die große Autonomie der Einzelressorts und ihre aufgrund der vielfältigen Verflechtungen von Bundes- und Landesverwaltungen geringe parlamentarische Kontrollierbarkeit. Kaum etwas wird in der deutschen Regierungspraxis ja so hochgehalten wie die »Ressortautonomie«, obwohl sie verfassungsrechtlich betrachtet gar keine Autonomie ist, sondern nur ein anders Wort für die notwendige Trennung von Aufgabenbereichen, damit Minister für etwas individuell verantwortlich sein können (Artikel 65 Satz 2 GG). Die parlamentarische Zusammenarbeit von Regierung und Regierungsfraktionen setzt aber die wechselseitige Verpflichtung auf eine hinreichend kohärente, koordinierte Regierungspolitik voraus. Diese Funktion hat im Verlauf der bundesrepublikanischen Verfassungsgeschichte zunehmend das Bundeskanzleramt übernommen. Es substituiert damit das, was es in diesem Regierungssystem nicht gibt und nie gegeben hat: das solidarisch verantwortliche, kollegial handelnde Kabinett. Ein solches Kabinett gibt es, wie Böckenförde erstmals gezeigt hat,[20] im Staatsrecht der Bundesrepublik nur in Form der Verpflichtung der Bundesminister auf die Linie der Bundesregierung, die deswegen eine für das parlamentarische Regierungssystem unendlich bedeutsame Regel ist, die sich im Laufe der Zeit entwickelt hat. Diese »Linie« bezeichnet nun den eigentlichen Aufgabenbereich des Bundeskanzlers und des Kanzleramtes. Es ist die Führungs-, Koordinations- und Planungseinrichtung schlechthin, kurz: die Regierungszentrale.[21] Seine Größe hat sich seit den Anfängen Adenauers ungefähr verzehnfacht. Am schnellsten wuchs die Regierungszentrale mit dem Ausbau des Planungsstabes unter Brandt und seinem Kanzleramtsminister Horst Ehmke.[22] Mehr Demokratie wagen bedeutete organisatorisch: mehr zentrale Koordinierung der Regierungspolitik.

Im Zuge seiner Expansion hat das Bundeskanzleramt mit der Zeit zugleich die umfassende Koordination der Beziehungen von Parlament und Regierung übernommen. Es ist heute die institutionelle Schaltstelle des parlamentarischen Regierungssystems, weil es die Durchlaufstelle für den gesamten förmlichen Verkehr der Ministerien mit dem Bundestag ist. Es ist sozusagen eine Zentralverwaltung der parlamentarischen Ministerverantwortlichkeit. Das Bundeskanzleramt entscheidet mit, wann welche zentralen politischen Vorhaben von den Ministerien bekanntgegeben werden und steuert damit die politische Agenda der Regierung. Es leitet parlamentarische Anfragen der Opposition an die zuständigen Ministerien weiter, überwacht idealerweise die zeitnahe Beantwortung und antwortet in besonders wichtigen Fällen gleich selbst. Es entscheidet, welche Akten der Bundesregierung an einen Untersuchungsausschuss herausgegeben werden und welcher Minister sich in Sitzungswochen des Bundestages am Mittwoch der Regierungsbefragung unterziehen muss. Und schließlich kontrolliert das Bundeskanzleramt die gesamte eigentliche Ressorttätigkeit, lässt sich früh und umfassend über geplante Initiativen informieren, schreitet bei einer zu eigensinnigen Personalpolitik der Ressorts ein und vermittelt bei Konflikten zwischen Ministern.[23]

Wie sich »die Bundesregierung« aus Sicht des Parlamentes darstellt, entscheidet heute also wesentlich das Bundeskanzleramt.

IV. Die vergangene Zukunft der Legitimationstheorie

Wie verhält sich zu diesem skizzierten institutionellen Arrangement die herrschende Verfassungstheorie des Grundgesetzes, die Theorie effektiver demokratischer Legitimation? Sie beruht auf einem Kreislaufmodell der Legitimation, das von den Wählerinnen und Wählern zum Parlament über die Regierung und die Verwaltung auf das Volk zurückverweist. Doch so ist es in der dualistischen Verfassung der Bundesrepublik ja gerade nicht. Regierung und Verwaltung sind im Vollzugsföderalismus getrennt, und der Bundesrat kommt in diesem Modell sowieso gar nicht vor. Auch kann die Vorordnung der direkten vor der indirekten Legitimation kaum das Modell der Regierungsorganisation nach Artikel 65 GG erklären. Ignoriert die Theorie demokratischer Legitimationsketten nicht zentrale institutionelle Besonderheiten und steht also quer zu den institutionellen Regeln der Verfassung? Dass und warum es sich so verhält, erschließt sich nur, wenn man jene Theorie ihrerseits historisiert und als Modell verfassungspolitischer Erwartungen der mittleren Bundesrepublik interpretiert, die in vielerlei Beziehung auf eine Überwindung der parlamentarismusskeptischen Ausgangslage der Bundesrepublik angelegt waren.

Ernst-Wolfgang Böckenförde ist mehrfach als der Verfassungstheoretiker der sozialliberalen Ära beschrieben worden.[24] Vor allem Christoph Schönberger hat ihn geradezu als einen Paul Laband der alten Bundesrepublik gedeutet, seine Demokratietheorie als die auf den Begriff der Demokratie gebrachte alte Bundesrepublik, die es freilich, als Böckenförde sie in der Ära Kohl formulierte, schon nicht mehr gab.[25] Wie Laband das Deutsche Reich mit seiner ungelösten Verfassungsfrage juristisch-begrifflich konstruiert hatte, habe Böckenförde der Bundesrepublik der sozialliberalen Ära mit seinem Legitimationsmodell eine gültige staatsrechtliche Gestalt gegeben. Ganz überzeugend wird diese Deutung erst, wenn man hinzufügt, dass dieses Modell einerseits etwas sich Entwickelndes auf den Begriff brachte, andererseits aber eine Entwicklung zu einem vollständigen parlamentarischen Regierungssystem begrifflich vorwegnahm. In der sozialliberalen Ära deutete ja tatsächlich vieles auf die endgültige Durchsetzung der parlamentarischen gegenüber der föderalen Verfassung hin: Der Bundestag bewegte sich vor der parlamentarischen Konsolidierung der Grünen nach den Gesetzen eines Zweiparteiensystems mit einer FDP als Ausgleichsfaktor in der Mitte. Im Zeichen des »unitarischen Bundesstaates« (Konrad Hesse) entschärfte sich auch temporär der politische Gegensatz von Parlamentarismus und Föderalismus. Die von den Verfassungsentwicklungen der Nachwendezeit ausgehenden Gefahren für den Parlamentarismus waren noch kaum erkennbar. Böckenfördes Demokratietheorie erwartete mit anderen Worten die Entwicklung der Bundesrepublik zum Typus der parlamentarischen Demokratie, die Überwindung der dualistischen Verfassung.

Die vollendete parlamentarische Demokratie ist die vergangene Zukunft der Reformära der späten sechziger bis achtziger Jahre der Bundesrepublik. Allein: Sie ist nicht unsere Gegenwart. Die Entwicklung der Bundesrepublik zum Typus des parlamentarischen Regierungssystems blieb unvollendet, und zwar in mehrfacher Hinsicht. Schon zu Beginn der achtziger Jahre setzte mit der Etablierung der Grünen im Deutschen Bundestag die Fragmentierung des Parteiensystems ein, die sich nach der Wiedervereinigung mit der PDS fortsetzte. Die Integration der ehemaligen DDR in das parlamentarische System verlief ohnehin nicht bruchlos: Die Ostdeutschen sahen sich vor die Alternative gestellt, sich entweder den westdeutschen Parteien anzuschließen oder sich in einer Regionalpartei zu organisieren. Eine solche Regionalpartei musste im parlamentarischen Regierungssystem aber immer ein Fremdkörper bleiben, da sie wegen der seit 2002 akzeptierten Regierungsbeteiligungen auf Landesebene nicht auf eine eindeutige Oppositionsrolle, auf der Bundesebene aber auch nicht auf die Entwicklung einer Regierungsprogrammatik angelegt war. Die Integrationskraft der alten Volksparteien schwand und damit begannen sie auch die vermittelnde Funktion zu verlieren, die ihnen im Regierungssystem des Grundgesetzes zugefallen war. Die Wiedervereinigung beendete auch eine Phase, in der die wohlfahrtsstaatlich-industriegesellschaftliche Angleichung der Lebensverhältnisse in den Ländern und damit die für ein parlamentarisches Regierungssystem essentielle Unitarisierung als selbstverständliche Zielorientierung des politischen Handelns galt. Plötzlich waren innerhalb des Bundesstaates Verteilungskonflikte ganz neuer Art zu lösen, was vorwiegend im Modus von Verhandlungen zwischen Exekutiven und weniger im Modus parlamentarischer Politik geschah.

So ist es vielleicht nur folgerichtig, dass die Theorie der demokratischen Legitimation im Zuge dieser Entwicklungen im deutschen Verfassungsdiskurs ihre Bedeutung völlig verändert hat. Sie ist heute weniger eine begriffliche Fassung eines verfassungsnormativ begründeten kritischen Demokratieverständnisses als eine Konzeption, die vorwiegend defensiv auf die Bewahrung des institutionellen Acquis der Bundesrepublik abzielt. Seit dem Urteil zum Vertrag von Maastricht verfolgt das Bundesverfassungsgericht mit der Theorie der Legitimationsketten bekanntlich die Mission, über ein subjektives Recht der Bürger auf ihre nationalstaatliche Demokratie aus Artikel 38 Absatz 1 GG Grenzen für die Übertragung von Hoheitsrechten auf die Europäische Union zu definieren.[26] Auch wer diese Umdeutung jener Demokratietheorie normativ für gut begründet hält,[27] muss anerkennen, dass sich damit für das Regierungssystem der parlamentarischen Demokratie ein ganz erhebliches Theoriedefizit ergeben hat. Es verfügt heute nur noch über eine Verfassungstheorie, die es erlaubt, Gefährdungen zu adressieren. Warum sie eine normativ begründbare und für die politische, soziale und institutionelle Struktur der Bundesrepublik richtige Verfassungsform ist, vermag diese Theorie nicht mehr zu sagen.

Anmerkungen

1 Eingehend Matthias Jestaedt, Verfassungstheorie als Disziplin, in: Depenheuer/Grabenwarter (Hg.), Verfassungstheorie, 2010, § 1.

2 Zur Strukturanalogie zwischen subjektiven Rechten und Kompetenzen als dem eigentlichen Grund für den Siegeszug des Verhältnismäßigkeitsgrundsatzes grundlegend Christian Neumeier, Kompetenzen, Diss. jur. Berlin 2019.

3 Johannes Saurer, Die Globalisierung des Verhältnismäßigkeitsgrundsatzes, in: Der Staat 51 (2012), S. 3 ff.

4 Matthias Jestaedt/Oliver Lepsius/Christoph Möllers/Christoph Schönberger, Das entgrenzte Gericht, 2011.

5 Siehe den Beitrag von Jannis Lennartz in diesem Band.

6 Grundlegend Ernst-Wolfgang Böckenförde, Demokratie als Verfassungsprinzip, in: ders., Staat, Verfassung, Demokratie, 1991, S. 293–311.

7 Böckenförde (Fn. 6), S. 302.

8 Böckenförde (Fn. 6), S. 301–311.

9 Böckenförde (Fn. 6), S. 306–308.

10 Beliebige Auswahl: BVerfGE 123, 267 (330 ff.) – Lissabon (2009); BVerfGE 119, 331 (366) – Arbeitsgemeinschaften nach SGB II (2007); BVerfGE 134, 141 (175–176) – Beobachtung von Abgeordneten durch den Verfassungsschutz (2013); BVerfGE 130, 76 (123–125) – Privatisierung des Hessischen Maßregelvollzugs (2012).

11 BVerfGE 137, 185 (232) – Rüstungsexporte (2014).

12 Zum Begriff etwa Hans-Peter Schneider, Das parlamentarische System, in: Benda/Maihofer/Vogel (Hg.), Handbuch des Verfassungsrechts der Bundesrepublik Deutsch-

land, 2. Aufl., 1994, § 13 Rn. 3; Peter Badura, Die parlamentarische Demokratie, in: Isensee/P. Kirchhof (Hg.), Handbuch des Staatsrechts, Bd. I, 1. Aufl., 1987, § 23; einen vergleichenden Überblick bietet Anthony W. Bradley/Cesare Pinelli, Parliamentarism, in: Rosenfeld/Sajó (Hg.), The Oxford Handbook of Comparative Constitutional Law, 2012, S. 654–656.

13 Christoph Möllers, Der parlamentarische Bundesstaat – Das vergessene Spannungsverhältnis von Parlament, Demokratie und Bundesstaat, in: Aulehner u. a. (Hg.), Föderalismus – Auflösung oder Zukunft der Staatlichkeit?, 1997, S. 81.

14 Fritz Münch, Die Bundesregierung, 1954, S. 159; näher Florian Meinel, Selbstorganisation des parlamentarischen Regierungssystems, 2019, 5. Kap.

15 Fritz René Allemann, Bonn ist nicht Weimar, 1956, S. 327 ff.

16 Anselm Doering-Manteuffel, Strukturmerkmale der Kanzlerdemokratie, in: Der Staat 30 (1991), S. 1.

17 Ich begründe das ausführlicher in: Florian Meinel, Vertrauensfrage, 2019, S. 44 ff.

18 Grundlegend argumentiert sind die theoretischen Prämissen dieser Rechtsprechung bei Dietrich Jesch, Gesetz und Verwaltung, 1961.

19 Christoph Schönberger, Das Parlament, in: Morlok/Wiefelspütz (Hg.), Parlamentsrecht, 2016, § 1 Rdnr. 55.

20 Ernst-Wolfgang Böckenförde, Die Organisationsgewalt im Bereich der Regierung (1964), 2. Aufl., 1998.

21 Zum Folgenden namentlich Thomas Knoll, Das Bonner Bundeskanzleramt, 2004; Stephan Bröchler/Julia v. Blumenthal (Hg.): Regierungskanzleien im politischen Prozess, 2011.

22 Thomas Knoll, Das Bundeskanzleramt, in: Schrenk/Soldner (Hg.), Analyse demokratischer Regierungssysteme, 2010, S. 215.

23 Näher Meinel (Fn. 14), 5. Kap., 3.1.

24 Hermann-Josef Große Kracht/Klaus Große Kracht (Hg.), Religion – Recht – Republik, 2014; Reinhard Mehring/Martin Otto (Hg.), Voraussetzungen und Garantien des Staates, 2014.

25 Siehe die Würdigung bei Christoph Schönberger, Der Indian Summer eines liberalen Etatismus, in: Kracht/Kracht (Fn. 24), S. 133 f.

26 BVerfGE 89, 155 – Maastricht (1993); BVerfGE 123, 267 (330 ff.) – Lissabon (2009).

27 Siehe hierzu insbesondere Dieter Grimm, Europa ja – aber welches?, 2016; eine skeptischere Position habe ich skizziert in Florian Meinel, Die Legalisierung der Legitimation, in: Merkur 784 (2014), S. 767 ff.

Das Tafelsilber des Verfassungsstaats

Rechtsstaatlichkeit als europäischer Grundwert

Angelika Nussberger, Straßburg/Köln

I. Das Rechtsstaatsprinzip – Unikat und Erbe

1. Das Rechtsstaatsprinzip im Grundgesetz

Tafelsilber ist wertvoll und kostbar. In alter Zeit wurde es handwerklich geformt und mit einem exklusiven Stempel versehen. Nicht zur Dekoration dient es, sondern zum Gebrauch, auch wenn ihm eine gewisse ästhetische Wirkung nicht abzusprechen ist.

In diesem Sinne ist das Rechtsstaatsprinzip das Tafelsilber des Verfassungsstaats. Es ist ein Besitz, der von Generation zu Generation übertragen wird – unser rechtshistorisches Erbe, verbunden mit den Namen von Vordenkern aus dem 19. Jahrhundert wie etwa Robert von Mohl, bei dem die Begriffsverwendung zum ersten Mal nachgewiesen wird,[1] Julius Stahl, der den formalen Rechtsstaatsbegriff auf den Punkt bringt und den Staat als »Anstalt zur äußeren Ordnung und Förderung des sozialen Lebens«[2] ansieht, sowie Otto Bähr mit seiner Schrift »Der Rechtsstaat« aus dem Jahr 1864, in der er den Ausbau der ordentlichen Gerichtsbarkeit zum Rechtsschutz gegen die öffentliche Gewalt anmahnt. Legendenumwoben ist das Dictum »Sire, es gibt noch Richter in Berlin«, das dem berühmten »Müller von Sanssouci« zugeschrieben wird. Es ist, wenn auch nicht mit der historischen Wahrheit übereinstimmend,[3] ein Ausdruck rechtsstaatlichen Urvertrauens und damit gleichfalls Bestandteil einer Tradition, deren Wurzeln sich bis zum Reichskammergericht zurückführen lassen.[4] Institutionell wichtig für die Umsetzung der Rechtsstaatsidee ist das 1875 eingerichtete Preußische Oberverwaltungsgericht, das polizeirechtliche Entscheidungen erstmals auf das Verhältnismäßigkeitsprinzip stützt.[5] Aus dem frühen 20. Jahrhundert verdient vor allem der mit der Institution der Verfassungsgerichtsbarkeit und dem Stufenbau der Rechtsordnung verbundene Name Hans Kelsen Erwähnung.

In den dunklen Jahren zwischen 1933 und 1945 wurde das rechtsstaatliche

Erbe verleugnet und durch Willkür, Wahn und Ideologie ersetzt. Diese Erfahrung ist für alle weiteren Entwicklungen zur Gegenfolie geworden.

Bei der Ausarbeitung des Grundgesetzes ist man sich des einzigartigen Wertes der Rechtsstaatsidee bewusst; eine Vielzahl von Artikeln des Grundgesetzes ist ihm gewidmet. Menschenwürdegarantie und Grundrechtsbindung, Bindung an »Gesetz und Recht«, Gewaltenteilung, Unabhängigkeit der Gerichte und Verfahrensgarantien sind Essentialia. Andere Garantien, wie etwa der Anspruch auf den gesetzlichen Richter, der Anspruch auf rechtliches Gehör und das Schuldprinzip, sind gleichfalls wichtig. Nicht alles, was den Inhalt des Rechtsstaatsprinzips ausmacht, ist im Grundgesetz explizit aufgeführt, vieles wird im Laufe der Jahre richterrechtlich ergänzt. Dies gilt insbesondere für das Verhältnismäßigkeitsprinzip, das vom Bundesverfassungsgericht ausdifferenziert und zur Grundlage der Beurteilung staatlicher Eingriffe gemacht wird.

Nach nunmehr sieben Jahrzehnten Grundgesetz scheint es so, als sei man sich nicht nur darüber einig, was zum Wesen des Rechtsstaats gehört, sondern auch darüber, dass er, in den Worten von Wolfgang Janisch, zur deutschen DNA gehört »wie der Wald, der Maschinenbau und die freie Fahrt auf Autobahnen.«[6]

2. Das Rechtsstaatsprinzip in Europa

Form und Stempel sind anders bei dem in anderen Staaten verwendeten Rechtsstaats-Tafelsilber. Das britische Erbe ist nicht der Rechtsstaat wie wir ihn kennen, sondern eine vor allem mit Blick auf das faire Verfahren ausdifferenzierte Idee von »rule of law«. Der Ansatz ist ähnlich, aber nicht identisch.[7] Schon unser zweigliedriges Verständnis von »Recht und Gesetz« ist im Englischen unübersetzbar; »law and justice« ist insoweit nur eine Behelfsformel.[8]

In Frankreich spricht man von »État de droit« und verwendet damit eine wörtliche Übersetzung des deutschen Rechtsstaatsbegriffes. Und doch ist auch dieser Ansatz nicht deckungsgleich.[9]

Dennoch hat sich auf der Grundlage der verschiedenen Überlieferungen eine europäische Idee von Rechtsstaatlichkeit herausgebildet, für die die Venedig-Kommission des Europarats im Jahr 2016 eine umfassende Checkliste mit sogenannten Benchmarks aufgestellt hat – ein Versuch, ein abstraktes Prinzip nationalstaatenübergreifend handhabbar zu machen.[10] Dabei passt das Rechtsstaatsprinzip für Europa eigentlich nicht, setzt es doch nach seinem Wortlaut einen staatlichen Rahmen voraus, der auf europäischer Ebene gerade fehlt. Mit einer gewissen begrifflichen Unbekümmertheit wird die Rechtsstaatsidee dennoch übertragen. Im Grunde müsste der Begriff in Anführungszeichen gesetzt werden. »Rechtsstaatenverbundsprinzip«, abgeleitet von dem vom Bundesverfassungsgericht entwickelten Begriff des »Staatenverbunds«,[11] wäre zu schwerfällig und gleichfalls nicht passgenau. Das offen, nicht auf den Staat bezogen formulierte Prinzip »rule of law« ist insofern flexibler.[12]

Für den Europäischen Gerichtshof für Menschenrechte (EGMR) war das Rechtsstaatsprinzip zwar in der Präambel der Europäischen Menschenrechtskonvention von Anfang an präsent, musste aber dennoch in seiner Bedeutung für die Auslegung der einzelnen Grundrechtsgewährleistungen erst »entdeckt« werden. Die wichtigste Wegmarke war das erst mehr als 20 Jahre nach Inkrafttreten der Konvention gefällte Urteil Golder gegen das Vereinigte Königreich, in dem es um das – in der Konvention nicht explizit garantierte – Recht auf Zugang zum Gericht ging.[13] Der Gerichtshof bejahte, gestützt auf »rule of law«, dass diese Lücke interpretatorisch zu füllen sei – ein Ansatz, den der britische Richter für völlig übertrieben hielt. Mit dieser Position stand er allerdings alleine da. Mittlerweile wird der Grundsatz als allen Einzelgarantien der Konvention inhärent angesehen.[14]

Auch im Recht der EU findet sich der Verweis auf »rule of law« als tragender Grundsatz an prominenter Stelle. Aufgrund der aktuellen, vor dem Europäischen Gerichtshof ausgefochtenen Streitigkeiten über die Europarechtswidrigkeit der Gerichtsreformen in Ungarn und Polen ist eine inhaltliche Konkretisierung, insbesondere im Hinblick auf die Absicherung der Unabhängigkeit der Justiz, in ersten Ansätzen zu erkennen[15] und eine weitergehende Klärung in nächster Zukunft zu erwarten.

Im Übrigen wird »rule of law« auch auf der Ebene der Vereinten Nationen als Prinzip staatlichen Handelns gefordert[16] und ist Teil von dem, was man »good governance« nennt.

II. Das Rechtsstaatsprinzip als Gegenstand der öffentlichen Debatte

1. Rechtsstaat unter Druck

Mit Blick auf das im Ausgangspunkt vage und offene Rechtsstaatskonzept, das im Lauf der Jahrzehnte durch Einzelbestimmungen, Rechtsprechung und – auf europäischer und internationaler Ebene – durch soft law verdichtet und zu einem Allzweckwerkzeug für den Rechtsschutz der Bürger und die Klärung strittiger staatsorganisationsrechtlicher Fragen wurde, mag man daher sagen: »Alles gut«. Aber ist wirklich alles gut? Wohl kaum, wenn der Präsident des Bundesverfassungsgerichts, Andreas Voßkuhle, sein Referat zur Eröffnung des Juristentags 2018 unter den Titel »Rechtsstaat unter Druck« stellt und dabei einerseits auf die Krise der Justiz in Polen und Ungarn verweist, andererseits aber auch in Deutschland Akzeptanzverluste des Rechts beklagt. Dabei verweist er auf die zunehmende Komplexität und Intransparenz rechtlicher Regelungen sowie auf die Überforderung staatlicher Behörden und Gerichte im Umgang mit aktuellen Herausforderungen wie den Abgasskandalen der Automobilindustrie, der Finanzkrise und der Migration.[17]

Der Präsident des Bundesverfassungsgerichts ist nicht allein mit seiner Sorge; vielmehr gibt es eine Vielzahl von Stellungnahmen zu Gefährdungen der Rechtstaatlichkeit, insbesondere auch von »Insidern«.[18] Es ist also nicht »alles gut«. Im Gegenteil: Nicht nur die Praxis ist manches Mal defizitär, auch die Idee des »materiellen Rechtsstaats« ist nicht mehr eine Ikone, die anzutasten sich niemand trauen würde.

2. Rechtsgarantien vs. Sicherheitsgarantien

Vor der Erörterung von Detailfragen zur aktuellen Diskussion um den Status quo der Rechtsstaatlichkeit in Deutschland gilt es kurz die begrifflichen Leitplanken der Diskussion abzustecken. Denn die gegenwärtige Diskussion über die Gefährdung des Rechtsstaats zeigt, dass das Verständnis dessen, was »Rechtsstaat« bedeutet, doch nicht so konsensual und einheitlich ist, wie man vermuten – oder hoffen – würde, nachdem eben dieses Prinzip über fast 70 Jahre den Rahmen für das »Funktionieren« der Gesellschaft gebildet hat. So verwendet Andreas Voßkuhle in seiner Analyse den Begriff des Rechtsstaats im traditionellen Sinne als »Begrenzung und Bindung staatlicher Herrschaftsgewalt im Interesse der Sicherung individueller Freiheit – insbesondere durch die Anerkennung der Grundrechte, der Gesetzmäßigkeit der Verwaltung und des Individualrechtsschutzes durch unabhängige Gerichte.«[19] Dieses Verständnis von Rechtsstaatlichkeit wird aber in der gegenwärtigen Diskussion überlagert von einer anderen Deutung, die auf die »Durchsetzung von Staatsgewalt im Namen von Sicherheit und Ordnung« abstellt und, jedenfalls aus Sicht der Journalistin Verena Weidenbach, damit mit einem neuen »Law-and-Order-Fetischismus« den Begriff des Rechtsstaats – wie sie sagt – »kapert«.[20] Ähnlich besorgt zeigt sich insoweit auch Wolfgang Janisch, der konstatiert, mit »Rechtsstaat« werde in der jüngsten Diskussion »fast immer seine autoritäre Seite gemeint, also Rechtstreue, Gesetzesgehorsam, Urteilsvollzug.«[21]

Hier gilt es klar zu unterscheiden. Eine Diskussion über die Gefahren für die innere Sicherheit ist nicht identisch mit einer Diskussion über die Gefährdung des Rechtsstaats. Zwar ist beides miteinander verzahnt. Aber im ersteren Fall geht es primär – trennscharf ist die Abgrenzung nicht[22] – um den Schutz des Bürgers *durch* staatliche Maßnahmen, im letzteren Fall primär um den Schutz des Bürgers *vor* staatlichen Maßnahmen. Bei den Antworten auf die Gefahren für die innere Sicherheit ist die (potentielle) Gefährdung des Rechtsstaats mitzudenken ohne zu verkennen, dass Vertrauen auf Sicherheit ebenso wie Vertrauen auf die Durchsetzung des Rechts Prämisse für einen funktionierenden Rechtsstaat ist.

3. Fokus Europa

Auch auf europäischer Ebene gibt es gegenwärtig eine in ihrer Intensität neue Diskussion über das Wesen von Rechtsstaatlichkeit. Auslöser sind die Reformen der Gerichtssysteme in Polen und Ungarn, aber auch in Rumänien, die sowohl in den betroffenen Ländern selbst als auch aus der Außensicht zu sehr grundsätzlichen Auseinandersetzungen nicht nur über den europäischen Acquis an Rechtsstaatlichkeit, sondern auch über die Konsequenzen für die mit Polen, Ungarn und Rumänien im Rahmen der EU eng verbundenen Länder geführt hat.

Der Rechtsstaat in Deutschland muss auf all diese europäischen Herausforderungen reagieren, denn er existiert nicht in einem Vakuum. Man mag von »Verungewisserungen« sprechen – dem Gegenteil von Vergewisserung.

III. Verwerfungen und Gefährdungen

1. Rankings und Außenansichten

Zunächst die gute Nachricht – aus der Außensicht wird an der Rechtsstaatlichkeit in Deutschland nur äußerst verhalten, wenn überhaupt, Kritik geübt. Dies gilt für weltweite Rankings, wie etwa dasjenige der Weltbank, nach dem Deutschland in Bezug auf Rechtsstaatlichkeit für das Jahr 2017 auf einer Skala von 0 bis 100 auf Platz 91 und damit über dem OECD-Durchschnitt liegt, wenige Punkte hinter den Musterschülern, den nordischen Staaten und der Schweiz.[23]

Auch nach der Rechtsprechung des Europäischen Gerichtshofs für Menschenrechte, will man sie gleichfalls als internationalen Gradmesser der Rechtsstaatlichkeit heranziehen, besteht wenig Anlass zu Kritik. Rechtsstaatsprobleme mit Blick auf überlange Verfahren[24] und Sicherungsverwahrung[25] wurden – jedenfalls im Grundsatz – geklärt. Vereinzelt wurde Deutschland noch wegen Verletzungen des Rechts auf ein faires Verfahren auf der Grundlage von Artikel 6 EMRK verurteilt; im Wesentlichen handelte es sich dabei aber nicht um grundsätzliche Probleme, sondern um Divergenzen bei Auslegungsfragen, etwa hinsichtlich des Verständnisses der Unschuldsvermutung[26] oder der Zeitdauer bei der Überprüfung von Untersuchungshaft.[27]

Aber die Tatsache, dass der auf der Grundlage des Grundgesetzmodells erreichte Status quo der Rechtsstaatlichkeit in Deutschland im europäischen und internationalen Vergleich a priori gut bestehen kann, bedeutet nicht, dass Gefährdungen und Verwerfungen nicht doch ernst zu nehmen wären.[28]

2. Verhältnis der Staatsgewalten zueinander

In erster Linie geht es bei der Diskussion über den Zustand des Rechtsstaats um die Selbstbehauptung der Justiz gegenüber den anderen Staatsgewalten.

Der Rechtsstaat bildet auf der Grundlage der im Grundgesetz enthaltenen Vorgaben den Rahmen für das Zusammenwirken von Exekutive, Legislative und Justiz. Verwerfungen sind sowohl zwischen Exekutive und Justiz als auch zwischen Legislative und Justiz zu beobachten.

Zum Teil sind sie, wie es scheint, konjunktureller Natur und nur dann besorgniserregend, wenn sie nicht Einzelfälle bleiben. Zum Teil sind sie dagegen systemisch und gehen an die Substanz; hier geraten Positionen im Grundsätzlichen aneinander, so dass es nicht einfach ist, einen Ausgleich zu finden.

a) Konflikte zwischen Justiz und Exekutive

Die bekanntesten Schlagworte zum Konflikt zwischen Justiz und Exekutive sind »Sami A.« und »Stadt Wetzlar«. Beim Fall Sami A. ging es um das »Austricksen« der Justiz durch die Exekutive, da ein als Gefährder eingestufter Tunesier von der Stadt Bochum abgeschoben wurde, bevor abschließend gerichtlich geklärt war, ob ihm im Zielland nicht eine Gefahr für Leib und Leben drohen würde. Die Abschiebung wurde vom Verwaltungsgericht Gelsenkirchen für grob rechtswidrig erklärt und die Rückführung von Sami A. angeordnet.[29] Das Schlagwort »Stadt Wetzlar« steht für die Weigerung der Stadt Wetzlar, eine Eilentscheidung des Bundesverfassungsgerichts zur Vermietung einer Stadthalle an die NPD umzusetzen.[30] Die aufgeregte Diskussion über diese Fälle findet ihre Berechtigung in einer »Wehret-den-Anfängen«-Argumentation. Es sind Einzelfälle, die aber als allgemeines Muster Unzufriedenheit mit Gerichtsentscheidungen und ein Nicht-Nachgeben-Wollen – den eindeutigen rechtlichen Vorgaben zum Trotz – erkennen lassen. Dass mit einer Beschlussvorlage der Justizministerkonferenz laut darüber nachgedacht wird, dass es nötig sei festzulegen, sich »mit größtmöglichem Bemühen dafür einzusetzen, dass sich das Handeln der exekutiven Gewalt in Bund und Ländern stets an der im Einzelfall durch die Gerichte verbindlich erfolgten Auslegung von Recht und Gesetz orientiert«,[31] ist alarmierend. Im Ergebnis ist ein entsprechender Beschluss dann aber doch für überflüssig erachtet worden. In einem 70 Jahre lang funktionierenden Rechtsstaat sollten Selbstverständlichkeiten nicht erst eingefordert werden müssen.[32] Allerdings offenbaren diese Einzelfälle ein Grundproblem der Gesamtkonstruktion: Die Justiz kann sich nicht mit eigenen Mitteln durchsetzen; sie ist vielmehr auf gutwillige Kooperation dauerhaft angewiesen.

b) Konflikte zwischen Justiz und Legislative

Komplizierter sind Konflikte zwischen Justiz und Legislative, geht es hier doch um Spannungen zwischen Rechtsstaats- und Demokratieprinzip. Diese sind alter Wein in neuen Schläuchen; sie erleben im Augenblick aber, wie es scheint, eine Renaissance.

Im Rahmen eines als »materiell« verstandenen Rechtsstaats ist die Mehrheit nicht frei bei der Gesetzgebung, sondern an Verfassungsvorgaben gebunden, die das Verfassungsgericht auch für die Minderheit gegen die Mehrheit durchsetzen kann; dies ist das bekannte »countermajoritarian dilemma«.[33] Die Akzeptanz dieses Modells beruht auf der Prämisse, dass die Verfassung dem tagespolitischen Prozess entzogen ist und ihre Auslegung durch Gerichte, in der Regel durch ein Verfassungsgericht, keine frei rechtsgestaltende, sondern eine durch einen vorgegebenen rechtlichen Rahmen gebundene Tätigkeit ist.

Das Modell, so gut es sich 70 Jahre lang auch bewährt hat, ist – das ist nicht zu leugnen – krisenanfällig. Um die Einhaltung der Prämisse wird schnell gestritten, sei es, weil das Verfassungsgericht eine Norm des Grundgesetzes allzu »innovativ« auslegt, sei es, weil seine Spruchpraxis als reformhemmend empfunden wird. Für Ersteres ist eine mit der Auslegung des Gleichheitssatzes verfolgte Gesellschaftspolitik beispielhaft,[34] für Letzteres die verfassungsrechtliche Kritik an »linker« Reformpolitik in den 1970er-Jahren.[35] Symptomatisch für derartige Schwierigkeiten bei Grenzziehungen und Abgrenzungen ist in jüngster Gegenwart insbesondere auch der Streit um den Bedeutungswandel des verfassungsrechtlichen Begriffes »Ehe« im Zusammenhang mit der Einführung der »Ehe für alle«.[36]

Ein Streit zu derartigen Fragen ist nur so lange unbedenklich, wie er nicht dazu führt, die Grundkonzeption des materiellen Rechtsstaats mit seiner inhaltlichen Überprüfungsmöglichkeit von Gesetzen in Frage zu stellen. Aus den andauernden politisch-juristischen Diskussionen wird deutlich, wie schwierig es ist, hier die Balance zu halten. Und wir sehen in unseren Nachbarstaaten, dass Erfolg nicht dauerhaft garantiert ist. Der materielle Rechtsstaat mit der verfassungsgerichtlichen Überprüfung von Gesetzen war einst ein deutscher Exportschlager.[37] Die Ergebnisse 25 Jahre später sind eher ernüchternd – in der Regel wurde das Grundmodell nur in »abgespeckter Form« übernommen oder, wenn Verfassungsgerichte wie in Ungarn und Polen einflussreich waren, wurden sie »zurück-reformiert«.

Ein Spannungsverhältnis besteht auch zwischen Rechtssicherheit und Einzelfallgerechtigkeit. Probleme stellen sich insbesondere, wenn um des Menschenrechtsschutzes willen zur Beurteilung einer gesetzlich im Detail geregelten Materie der Verhältnismäßigkeitsgrundsatz als Maßstab herangezogen wird. Dies kann in concreto nicht nur eine Nachjustierung der Arbeit des Gesetzgebers bedeuten, sondern auch dazu führen, dass klare Regelungen durch unklare Abwägungen ersetzt werden. Geht das Modell des materiellen Rechtsstaats aber auf Kosten der Rechtssicherheit, wird es angreifbar.

Diese Probleme sind allerdings nichts Neues. Immer wieder können kontroverse Einzelfälle bewirken, dass die Diskussion darüber auch nach 70 Jahren noch lebhaft geführt wird. Dies gilt für die Rechtsprechung des Bundesverfassungsgerichts ebenso wie für die Rechtsprechung des Europäischen Gerichtshofs und des Europäischen Gerichtshofs für Menschenrechte.[38]

3. Verwerfungen im europäischen Rahmen

Nun ist es aber im europäischen Verfassungsverbund nicht so, dass der Rechtsstaat nur mit seinen eigenen konstruktionsbedingten Problemen konfrontiert wäre. Verwerfungen gibt es vielmehr auch im europäischen Rahmen. Auch hier geben neue Entwicklungen Anlass zur Sorge.

a) Das gegenseitige Vertrauen als Fiktion

Gegenseitiges Vertrauen ist grundlegend für die Zusammenarbeit in der Europäischen Union; es ist conditio sine qua non für die rechtliche Konstruktion der Gemeinschaft und damit auch ihr Markenzeichen, wie der Europäische Gerichtshof nicht zuletzt in seinem berühmten Gutachten 2/13 zum Nicht-Beitritt der Europäischen Union zur Europäischen Menschenrechtskonvention ausgeführt hat.[39]

Dieses Vertrauen erweist sich aber zunehmend als unrealistische Fiktion. Zugegeben wird dies in der Rechtsprechung mit Blick auf unmenschliche Haftbedingungen,[40] neuerdings zudem auch mit Blick auf die Gefährdung der Unabhängigkeit der Justiz.[41] Bei beidem kommt es bei der Überstellung mutmaßlicher Straftäter im Rahmen des europäischen Haftbefehlsverfahrens zum Schwur.

Wie auch immer man mit der Situation umgehen mag, man stellt rechtsstaatliche Grundsätze in Frage. Überstellt man die Täter trotz menschenunwürdiger Haftbedingungen, verstößt man gegen das absolut geschützte Gebot von Artikel 1 Absatz 1 GG. Überstellt man sie nicht, bleiben sie in aller Regel straffrei, da sich Strafprozesse über im Ausland begangene Straftaten kaum adäquat durchführen lassen; dies würde, wenn es nicht schon den Gleichheitsgrundsatz und – je nach Tat – Artikel 2 EMRK[42] verletzt, so doch in jedem Fall das Vertrauen in eine gerechte Strafrechtspflege erschüttern. Überstellt man die Täter in »Vorzeigegefängnisse«, ist auch dies nur eine Scheinlösung, da in der Regel nicht garantiert wird, dass der Strafvollzug nicht doch später in einem anderen Gefängnis stattfindet, und man zudem zwei Klassen von Häftlingen schaffen würde. Senkt man für Auslieferungs- und Überstellungsverfahren die Standards im Vergleich zu den im Inland geltenden Standards ab, relativiert man die Menschenwürde.

Für den Rechtsstaat ist es eine Skylla-und-Charybdis-Situation: Überstellt man, gibt man Rechtsstaatstandards auf, überstellt man nicht, ebenso. Eine Lösung ist nicht in Sicht. Und wenn man bedenkt, dass nach der Rechtsprechung des Europäischen Gerichtshofs für Menschenrechte die Haftbedingungen nicht nur in den osteuropäischen Mitgliedsstaaten der EU systemische Rechtsverletzungen von Artikel 3 EMRK darstellen, sondern auch in Staaten wie Italien[43] und Frankreich,[44] so erkennt man den Umfang des Problems.

Eine »mission impossible« ist es auch, eine Antwort auf den Verlust des gegenseitigen Vertrauens bei der Umsetzung europäischer Haftbefehle zu geben, wenn die Unabhängigkeit der Justiz angezweifelt wird. Nach der Entscheidung im Fall L.M. verlangt der Europäische Gerichtshof eine zweistufige Prüfung mit Blick einerseits auf systemische Probleme in dem Land, in das der potentielle Straftäter überstellt werden soll, anderseits auf die Situation des Gerichts, das konkret über den Fall zu entscheiden hat.[45] Bei Ersterem dient die Einleitung eines Verfahrens nach Artikel 7 EUV als Indiz. Wie aber soll eine Einzelfallprüfung – nach rechtsstaatlichen Maßstäben – möglich sein? Wie können Gerichte im Staat X die Gerichte im Staat Y beurteilen?

Der Europäische Gerichtshof für Menschenrechte ist tagtäglich mit derartigen Fragen befasst und kennt die Schwierigkeiten. Die ungerechtfertigte Entlassung eines Richters allein ist kein Indiz für die Abhängigkeit seines Nachfolgers, auch nicht der Wechsel im Präsidium eines Gerichts. Abhängigkeiten müssen konkret nachgewiesen werden, etwa durch der Gewalteinteilung widersprechende Verklammerungen zwischen Exekutive und Judikative oder auch zwischen Legislative und Judikative.[46] Ob Missbrauch tatsächlich zu befürchten ist, hängt allerdings in entscheidendem Maße von der jeweiligen Rechtskultur ab. Rechtskultur aber ist nicht messbar.

Damit stellt der Europäische Gerichtshof den nationalen Gerichten fast unlösbare Aufgaben, die den Zusammenhalt im europäischen Rechtsraum gefährden.

b) Konflikte im europäischen Mehrebenensystem

Kontraproduktiv, dies sei nur kurz angesprochen, sind auch Konflikte im europäischen Mehrebenensystem, wenn Fälle zwischen deutschen Instanz- und Obergerichten und den Gerichten in Karlsruhe, Straßburg und Luxemburg hin- und herwandern. Dann besteht die Gefahr, dass der Einzelne seine Rechte in den Endlosschleifen der Justiz zwar zugesprochen bekommt, aber dennoch letztlich verliert, weil es einfach zu lange dauert und zu kompliziert ist. Auch dies widerspricht der Rechtsstaatsidee: Justice delayed is justice denied. Bei dem Hin und Her auf der langjährigen Suche nach einer adäquaten Lösung schwieriger Konflikte gilt die schlichte Formel, dass manches Mal das Bessere der Feind des Guten ist.[47]

c) Vom gleichen Geist beseelt?

Schließlich ist es dem gemeinsamen Gut »Rechtsstaatlichkeit« auch nicht förderlich, wenn das Etikett nicht zu dem passt, was sich dahinter verbirgt. Die europäischen Staaten haben sich zusammengeschlossen in der Annahme, sie seien, wie es so schön heißt, »vom selben Geist beseelt«.[48] Davon ist indes, gerade mit Blick auf die Rechtsstaatlichkeit, vielerorts nicht mehr so viel zu spüren. Wenn aber das Abfallen vom gemeinsamen Ideal keine erkennbaren Konsequenzen hat und auch Nicht-Rechtsstaaten als Rechtsstaaten figurieren, verliert das Konzept an Überzeugungskraft.[49]

IV. Rechtsstaat und Vertrauen

Fehlt der Glaube an den Rechtsstaat, greifen verfassungsrechtliche Garantien und institutionelle Absicherungen ins Leere.

Franz-Xaver Kaufmann hat nachgewiesen, von welch grundsätzlicher Bedeutung das Rechtsvertrauen für das Funktionieren eines Rechtsstaates ist.[50] Rechtsvertrauen ist nicht nur ein kostbares Gut, es ist auch viel leichter zu verlieren als wieder herzustellen. Der Rückbau des Rechtsstaats in Europa ist zwar kein ansteckendes Virus, aber die Selbstverständlichkeit, mit der in jüngster Zeit bei Reformen Tabus gebrochen wurden, mag zu weiteren Tabubrüchen ermutigen; vieles, was sakrosankt war, ist es nicht mehr. Wird aus der Kritik an einzelnen Mängeln des Rechtsvollzugs ungerechtfertigte Systemkritik und baut das Zusammenwirken in Europa auf Prämissen auf, die nicht mehr gegeben sind, so kann schnell das Vertrauen, das über Jahrzehnte gewachsen ist, verloren gehen.

Und damit wären wir wieder beim Tafelsilber. Nicht nur sein Ausverkauf wäre fatal. Vielmehr wäre es auch ein nicht wieder gutzumachender Verlust, wenn wir nicht mehr zu schätzen wüssten, was wir an diesem kostbaren Erbe haben. Es gilt, unser Tafelsilber zu konservieren, indem wir es nutzen. Es ist für den täglichen Gebrauch bestimmt.

Anmerkungen

1 Vgl. dazu Klaus Stern, Das Staatsrecht der Bundesrepublik Deutschland, 1984, S. 769 mit Einzelnachweisen.

2 Julius Stahl, Die Philosophie des Rechts, 2. Bd. 2. Abt., 2. Aufl., 1846, S. 105, zitiert nach Bodo Pieroth, Historische Etappen des Rechtsstaats in Deutschland, in: Juristische Ausbildung 2011, S. 729 (732): »Der Staat soll Rechtsstaat sein, das ist die Losung und ist auch in Wahrheit der Entwicklungstrieb der neueren Zeit. Er soll die Bahnen und Grenzen seiner Wirksamkeit wie die freie Sphäre seiner Bürger sichern. [...] er bedeutet überhaupt nicht Ziel und Inhalt des Staates, sondern nur Art und Charakter dieselben zu verwirklichen.«

3 Vgl. zur Entstehung der Müller-Arnold-Legende Bernhard Diestelkamp, Die historischen Wurzeln der deutschen Rechtsstaatskonzeption, in: Der Staat 51 (2012), S. 591 (592 f.).

4 Vgl. dazu Diestelkamp (Fn. 3), S. 595 ff.

5 Vgl. dazu Pieroth (Fn. 2), S. 730.

6 Wolfgang Janisch, Die Gewalt, die uns schützt, in: Süddeutsche Zeitung vom 27.10.2018.

7 Vgl. Neil MacCormick, Der Rechtsstaat und die rule of law, in: Juristenzeitung 1984, S. 65 ff.

8 Für das britische Verständnis hat Lord Bingham die Essentialia der Idee von »rule of law« in seiner kleinen Schrift aufgeführt: Tom Bingham, The Rule of Law, 2010.

9 Für einen umfassenden Vergleich siehe Luc Heuschling, État de droit, Rechtsstaat, Rule of Law, 2002.

10 Study No. 711/2013 of 18 March 2016, CDL-AD(2016)007 – Rule of Law Checklist, Adopted by the Venice Commission at its 106th Plenary Session (Venice 11–12 March 2016), abgedruckt in: Human Rights Law Journal 2017, S. 179 ff.

11 BVerfGE 89, 155 – Maastricht (1993).

12 Soweit in den englischsprachigen Dokumenten von »rule of law« gesprochen wird, wird zwar als Übersetzung vereinzelt »Vorrang des Rechts« gebraucht (vgl. etwa Artikel 3 der Satzung des Europarats), in der Regel aber doch der Begriff »Rechtsstaatlichkeit« verwendet (so etwa in der Präambel zur Europäischen Menschenrechtskonvention [EMRK], in der Präambel der Grundrechtecharta und in Artikel 2 EUV).

13 Europäischer Gerichtshof für Menschenrechte, Golder gg. das Vereinigte Königreich, Nr. 4451/70, Urteil vom 21.2.1975.

14 »A concept inherent in all the Articles of the Convention.« Vgl. Europäischer Gerichtshof für Menschenrechte [GK], Baka gg. Ungarn, Nr. 20261/12, Urteil vom 23.6.2016, § 117.

15 Vgl. etwa Europäischer Gerichtshof, Urteil vom 27.2.2018, Rs. C-64/16 (Associação Sindical dos Juízes Portugueses); Europäischer Gerichtshof, Urteil vom 25.7.2018, Rs. C-216/18 PPU; ein ausführlicher Überblick über die vorausgehende einschlägige Rechtsprechung findet sich außerdem bei Thomas von Danwitz, The Rule of Law in the Recent Jurisprudence of the ECJ, in: Fordham International Law Journal 2014, S. 1311 ff.

16 Generalversammlung der Vereinten Nationen, Resolution vom 18.12.2006, The Rule of law at the national and international level. UN Doc. A/Res/61/39.

17 Andreas Voßkuhle, Rechtsstaat unter Druck, in: Die Zeit vom 26.9.2018; eine ausführlichere Version ist veröffentlicht unter dem Titel »Rechtsstaat und Demokratie« in Neue Juristische Wochenschrift 2018, S. 3154 ff.

18 Vgl. etwa das Buch des Vorsitzenden des Deutschen Richterbundes Jens Gnisa, Das Ende der Gerechtigkeit, 2017; vgl. auch die kritische Darstellung bei Birk Meinhardt, So erodiert ein Gemeinwesen, Cicero Nr. 12 (2017), S. 17 ff.

19 Voßkuhle (Fn. 17).

20 Verena Weidenbach, Der neue Law-and-Order-Fetischismus, in: Die Zeit vom 25.5.2018.

21 Janisch (Fn. 6).

22 Insbesondere kann dem Staat aufgrund von aus den Grundrechten ableitbaren Schutzpflichten ein bestimmtes Tun aufgegeben sein, mit dem diese Grenzen verwischt werden.

23 Weltbank, Worldwide Governance Indicators, http://info.worldbank.org/governance/wgi/#reports (letzter Zugriff: 22.12.2018).

24 Vgl. insbesondere das Pilot-Urteil Europäischer Gerichtshof für Menschenrechte, Rumpf gg. Deutschland, Nr. 46344/06, Urteil vom 2.9.2010 und die darauffolgende Entscheidung in Europäischer Gerichtshof für Menschenrechte, Taron gg. Deutschland, Nr. 53126/07, Beschluss vom 29.5.2012 sowie die Resolution des Ministerkomitees CM/ResDH(2013)244 vom 5.12.2013, Execution of judgments of the ECHR, Rumpf and 70 other cases against Germany.

25 Vgl. die Entwicklung der Rechtsprechung in: Europäischer Gerichtshof für Menschenrechte, M. gg. Deutschland, Nr. 19359/04, Urteil vom 17.12.2009; BVerfGE 128, 326 – Sicherungsverwahrung (2011); Europäischer Gerichtshof für Menschenrechte [GK], Ilnseher gg. Deutschland, Nr. 10211/12 und 27505/14, Urteil vom 4.12.2018.

26 Z.B. Europäischer Gerichtshof für Menschenrechte, El Kaada gg. Deutschland, Nr. 2130/10, Urteil vom 12.11.2015.

27 Z.B. Europäischer Gerichtshof für Menschenrechte, Patalakh gg. Deutschland, Nr. 22692/15, Urteil vom 8.3.2018.

28 Dabei ist die Kritik an gegenwärtigen Gefährdungen und Verwerfungen dahingehend zu relativieren, dass das Heraufbeschwören einer »Krise des Rechtsstaats« die Rechtsstaatsentwicklung in Deutschland von Anfang an begleitet hat.

29 VG Gelsenkirchen, Beschluss vom 13.7.2018, 8 L 1315/18, bestätigt von OVG NRW, Beschluss vom 15.8.2018, 17 B 1029/18): Rückabwicklungspflicht wegen »evident rechtswidriger« Abschiebung; in seinem Beschluss führt das OVG abschließend (unter III.) aus, dass die »Besonderheiten des vorliegenden Falles [...] dem Senat Anlass zu [...] Anmerkungen« – gerichtet an die Behörde – dazu geben, dass es »zu der nunmehr rückabzuwickelnden Abschiebung [...] gar nicht erst gekommen [wäre], wenn in dem asylrechtlichen Eilrechtsschutzverfahren [...] der wiederholt und nachdrücklich geäußerten Bitte des Verwaltungsgerichts um Mitteilung des vorgesehenen Abschiebungstermins entsprochen worden wäre«. Anschließend folgt durchaus deutliche Kritik an dem Behördenverhalten.

30 Bundesverfassungsgericht, Beschluss vom 24.3.2018, 1 BvQ 18/18, in: Neue Zeitschrift für Verwaltungsrecht 2018, S. 819.

31 Zitiert nach Legal Tribune Online vom 5.11.2018, https://www.lto.de/recht/justiz/j/justizminister-herbstkonferenz-berlin-rechtsstaat-reformen/ (letzter Zugriff: 22.12.2018). S. auch die Pressemitteilung der Hamburger Justizbehörde vom 15.11.2018, https://www.hamburg.de/justizbehoerde/pressemeldungen/11860096/2018-11-15-jb-justizministerkonferenz/ (letzter Zugriff: 22.12.2018).

32 Der zu dem TOP »Pakt für den Rechtsstaat« gefasste Beschluss ist abrufbar unter http://www.jm.nrw.de/JM/jumiko/beschluesse/2018/Herbstkonferenz-2018/I-1-HH---BV-Pakt-fuer-den-Rechtsstaat---Beteiligung-des-Bundes.pdf (letzter Zugriff: 22.12.2018); s. auch Legal Tribune Online vom 15.11.2018, https://www.lto.de/recht/justiz/j/jumiko-pakt-rechtsstaat-thueringen-barley-justiz-beschluesse-mittel-zeugnis verweigerungsrecht/ (letzter Zugriff: 22.12.2018).

33 Dieser Terminus geht zurück auf Alexander M. Bickel, The Least Dangerous Branch, 1962, S. 16 ff.; s. in gegenwärtiger Verwendung z.B. Lize R. Glas, The Theory, Potential and Practice of Procedural Dialogue in the European Convention on Human Rights System, 2016, S. 70 ff. m.w.N., S. 110, 113 f.

34 Vgl. die Auseinandersetzung um die Entscheidungen zur Gleichstellung homosexueller und heterosexueller Paare, s. dazu nur beispielhaft Günter Krings, Die »eingetragene Lebenspartnerschaft« für gleichgeschlechtliche Paare – Der Gesetzgeber zwischen Schutzabstandsgebot und Gleichheitssatz, in: Zeitschrift für Rechtspolitik 2000, S. 409–415; Armin Powietzka, Eingetragene Lebenspartnerschaft und Arbeitsrecht, in: Betriebsberater 2002, S. 146–150; Christian Maierhöfer, Homosexualität, Ehe und Gleichheit – Ein Missverständnis im Dialog der Gerichte – Die Urteile des Bundesverfassungsgerichts und des Europäischen Gerichtshofs für Menschenrechte vom 19. Februar 2013, in: Europäische Grundrechte Zeitschrift 2013, S. 105–113; ähnlich kontrovers war in den 1950er- und 1960er-Jahren die Auseinandersetzung um die Rechtsprechung des Bundesverfassungsgerichts zur Gleichberechtigung von Mann und Frau; vgl. Christoph Schönberger, Anmerkungen zu Karlsruhe, in: Jestaedt / Lepsius / Möllers / Schönberger (Hg.), Das entgrenzte Gericht, 2011, S. 9 ff. (33).

35 Vgl. z.B. BVerfGE 36, 1 – Grundlagenvertrag (1973); 39, 1 – Schwangerschaftsabbruch I (1975); 48, 127 – Ersatzdienst (1978); vgl. dazu Schönberger (Fn. 34), S. 49.

36 S. dazu nur beispielhaft Klaus F. Gärditz, »Ehe für Alle«: Verfassungswandel oder

zeitgebundene Rechtspolitik?, in: Forum Familienrecht 2018, S. 8–22; Christian von Coelln, Wenn, dann richtig: »Ehe für alle« nur per Verfassungsänderung, in: Neue Justiz 2018, S. 1–7; Sebastian A. E. Martens, Glosse: Vermerkeltes Eherecht, in: Juristenzeitung 2018, S. 143–144; Simon Pschorr / Stefan Drechsler, Die Verfassungsmäßigkeit der Ehe für alle, in: Juristische Ausbildung 2018, S. 122–131; Uwe Volkmann, Verfassungsänderung und Verfassungswandel – Beobachtungen und Verhältnis und Dynamik im Verfassungsrecht der Bundesrepublik Deutschland, in: Juristenzeitung 2018, S. 265–271.

37 Jutta Limbach, Das Bundesverfassungsgericht und der Grundrechtsschutz in Europa, in: Neue Juristische Wochenschrift 2001, S. 2913 (2919).

38 Beispielhaft verwiesen sei etwa auf den Fall zur Kostenübernahme für eine Geschlechtsumwandlungsoperation; Europäischer Gerichtshof für Menschenrechte, Schlumpf gg. Schweiz, Nr. 29002/06, Urteil vom 8.1.2009.

39 Europäischer Gerichtshof, Gutachten 2/13, Rn. 168: »Eine solche rechtliche Konstruktion beruht auf der grundlegenden Prämisse, dass jeder Mitgliedstaat mit allen anderen Mitgliedstaaten eine Reihe gemeinsamer Werte teilt – und anerkennt, dass sie sie mit ihm teilen –, auf die sich, wie es in Artikel 2 EUV heißt, die Union gründet. Diese Prämisse impliziert und rechtfertigt die Existenz gegenseitigen Vertrauens zwischen den Mitgliedstaaten bei der Anerkennung dieser Werte und damit bei der Beachtung des Unionsrechts, mit dem sie umgesetzt werden.«

40 Europäischer Gerichtshof, Urteil vom 5.4.2016, Rs. C-404/15 und C-659/15 PPU; Urteil vom 25.7.2018, Rs. C-220/18.

41 Europäischer Gerichtshof [GK], Urteil vom 25.7.2018, Rs. C-216/18.

42 Aus Artikel 2 Europäische Menschenrechtskonvention, dem Recht auf Leben, ist grundsätzlich eine prozedurale Pflicht zur Untersuchung und (strafrechtlichen) Verfolgung von unnatürlichen Todesfällen abzuleiten. S. dazu etwa Europäischer Gerichtshof für Menschenrechte, McKerr gg. Vereinigtes Königreich, Nr. 28883/95, Urteil vom 4.5.2001; Europäischer Gerichtshof für Menschenrechte, Finucane gg. Vereinigtes Königreich, Nr. 29178/95, Urteil vom 1.7.2003; Europäischer Gerichtshof für Menschenrechte, Bubbins gg. Vereinigtes Königreich, Nr. 50196/99, Urteil vom 17.3.2005.

43 Siehe insbesondere das Pilot-Urteil Europäischer Gerichtshof für Menschenrechte, Torreggiani und andere gg. Italien, Nr. 43517/09 (u. a.), Urteil vom 8.1.2013.

44 Vgl. etwa Europäischer Gerichtshof für Menschenrechte, Canali gg. Frankreich, Nr. 40119/09, Urteil vom 25.4.2013.

45 Europäischer Gerichtshof, Urteil vom 25.7.2018, Rs. C-216/18 PPU.

46 Vgl. Europäischer Gerichtshof für Menschenrechte, Oleksandr Volkov gg. Ukraine, Nr. 21722/11, Urteil vom 9.1.2013; Europäischer Gerichtshof für Menschenrechte [GK], Ramos Nunez de Carvalho E Sá gg. Portugal, Nr. 55391/13 u. a., Urteil vom 16.11.2018.

47 Vgl. Angelika Nußberger, Wenn Selbstverständliches nicht mehr selbstverständlich ist: Zum Status quo des Menschenrechtsschutzes in Europa, in: Juristenzeitung 2018, S. 845 ff. (852).

48 Vgl. die Präambel der Europäischen Menschenrechtskonvention: »[…] entschlossen, als Regierungen europäischer Staaten, die vom gleichen Geist beseelt sind und ein gemeinsames Erbe an politischen Überlieferungen, Idealen, Achtung der Freiheit und Rechtsstaatlichkeit besitzen […].«

49 Vgl. dazu mit Bezug auf die EU Armin von Bogdandy/Piotr Bogdanowicz/Iris Canor/Maciej Taborowski/Matthias Schmidt, A potential constitutional moment for the European rule of law – the importance of red lines, in: Common Market Law Review 2018, S. 983 (984).

50 Franz-Xaver Kaufmann, Rechtsgefühl, Verrechtlichung und Wandel des Rechts, in: Lampe (Hg.), Das sogenannte Rechtsgefühl, 1985, S. 185–199.

Der Rechtsstaat nach 70 Jahren Grundgesetz

Ein gefährdetes Erfolgsmodell

Peter Michael Huber, München / Karlsruhe

I. Historische Wurzeln und aktuelle Bedeutung

Neben dem Föderalismus[1] ist der Rechtsstaat der wohl wichtigste Beitrag, den das deutsche Staatsrecht zur Entwicklung des modernen Verfassungsstaats geleistet hat. Seit dem 19. Jahrhundert prägt er das politische Koordinatensystem unseres Landes, gehört er zum Kern unserer Verfassung.[2] Nicht nur in Europa hat er Nachbilder *(Häberle)* gefunden.

1. Historische Entwicklung

a) Heiliges Römisches Reich Deutscher Nation

Anders als ihre Nachbarn in den aufkommenden Nationalstaaten des Westens haben die Deutschen seit dem Hochmittelalter die Erfahrung gemacht, dass sich das komplexe Herrschaftssystem des Heiligen Römischen Reiches Deutscher Nation nur mit dem Mittel des Rechts einigermaßen steuern ließ. Da es in dieser *République fédérative d'Allemagne*[3] immer wieder einer verbindlichen Austarierung der Interessen der Mächtigen bedurfte, wurde ihre Verfassungsordnung ebenso zur Wurzel des Föderalismus wie des Rechtsstaats.

Mit dem Statutum in favorem principum (1231), der Goldenen Bulle (1356), dem Ewigen Landfrieden (1495), dem Augsburger Religionsfrieden (1555) und dem Westfälischen Frieden (1648) erhielt das Alte Reich nach und nach eine Reihe grundlegender Verfassungsgesetze, mit den Reichspoliceyordnungen (1530, 1548, 1577) und der Constitutio Criminalis Carolina (1532) auch beachtliche Kodifikationen, mit denen es gelang, »Herrschaftsträger und Untertanen an übergreifende Ordnungen als einer neuen Form der Reichspräsenz zu gewöhnen«.[4] Institutionell sichtbaren Ausdruck fand dies im 1495 errichteten Reichskammergericht und dem beim Kaiser angesiedelten, 1497/98 reorganisierten Reichshofrat, die beide erheblich zur Stabilisierung und Fortentwicklung dieser Rechtsgemeinschaft beigetragen haben. Das gilt etwa für den Beitrag des Reichskammergerichts zur Herausbildung der Religionsfreiheit, des »Urgrundrechts« schlechthin. Hatten Kaiser und katholische Reichsstände in den 1520er-Jahren zunächst noch versucht, die (religiöse) Einheit des Reichs mit Hilfe des Gerichts durchzusetzen, trug seine Rechtsprechung jedenfalls nach dem Augsburger Religionsfrieden von 1555 maßgeblich zur Herausbildung einer Religionsverfassung bei, die im Kern mehrere Jahrhunderte überdauern sollte. Dabei gelang es dem Gericht insbesondere, dem zunächst eher als vorläufige Notrechtsordnung angesehenen Religionsfrieden zunehmend den Charakter einer Dauerordnung zu verleihen. Religionsprozesse vor dem Reichskammergericht zeitigten insoweit eine befriedende Wirkung.[5] Ähnlich bemerkenswert ist, wie die Exzesse der Hexenverfolgung im Bistum Bamberg im 17. Jahrhundert durch eine Intervention des Reichshofrates gestoppt wurden.[6]

Noch immer geläufig ist auch die – auf das 18. Jahrhundert datierende – Legende des Müllers von Sanssoucis und der ihm zugeschriebene Ausspruch *»il y a des juges a Berlin«*,[7] der heute mit Blick auf Karlsruhe Verwendung findet, bzw. der wirkliche Fall des Müllers Arnold,[8] der den Weg zur Kodifikation des Allgemeinen Landrechts für die Preußischen Staaten von 1794 bereitete. Dessen Regelungen des Verhältnismäßigkeitsprinzips (§ 10 II 17 ALR)[9] oder der Kompensationsansprüche bei Eingriffen in Freiheit und Eigentum (§§ 74, 75 Einleitung PrALR), die gerichtlich durchsetzbare Bindung und Mäßigung der monarchischen Exekutive zum Ziel hatten, haben bis auf den heutigen Tag Bedeutung. Nicht von ungefähr konnte Immanuel Kant ausgangs des 18. Jahrhunderts daher formulieren: »Das Recht muß nie der Politik, wohl aber die Politik jederzeit dem Recht angepaßt werden.«[10]

b) Der Rechtsstaat im engeren Sinne

Das Verständnis des (öffentlichen) Rechts als einer die (monarchische) Exekutive in ihren Handlungsoptionen begrenzenden Vorgabe hat sich nach dem Ende des Alten Reichs von seinen föderalen Wurzeln gelöst und im Laufe des 19. Jahrhunderts zur Herausbildung des Rechtsstaats geführt. Nach ersten Ansätzen im Vormärz[11] kam es im Gefolge der Revolution von 1848/49 zu jenem »historischen Kompromiss« zwischen Monarchie und Bürgertum, der letztlich zur Grundlage für die Herausbildung des Rechtsstaats in seiner formellen und etatistischen Variante wurde. Mit dem Vorrang des Gesetzes wurde die (monarchische) Exekutive an das vom Parlament gesetzte und vor allem die Interessen des Bürgertums repräsentierende Gesetz gebunden, während der Vorbehalt des Gesetzes bei Eingriffen des Staates in Freiheit und Eigentum der Bürger weitgehende persönliche Freiheit garantierte. Höhepunkt dieser Entwicklung war das Kreuzberg-Urteil des Preußischen Oberverwaltungsgerichts vom 14. Juni 1882,[12] mit dem die gesetzliche Ermächtigung der Polizei, gegenüber den Bürgern Anordnungen zu erlassen, auf die Gefahrenabwehr beschränkt und ästhetischen Zielsetzungen – es ging um die freie Sicht auf das Denkmal für die Gefallenen der Befreiungskriege – eine Absage erteilt wurde. Seitdem kam dem (Verwaltungs-)Recht vor allem die Aufgabe zu, »die flutende Masse der Verwaltungstätigkeit« einzudämmen,[13] den ab 1860 entstehenden Oberverwaltungsgerichten, dies auch durchzusetzen. Von den Gerichten, nicht von der Politik erwartete man den Schutz von Freiheit und Eigentum, und da diese nur zur Durchsetzung subjektiver Rechte angerufen werden konnten, wurde das subjektive öffentliche Recht zum archimedischen Punkt des deutschen (öffentlichen) Rechts.[14]

Auf diese Weise wurde der Rechtsstaat in Deutschland zu einem (unvollständigen) funktionalen Äquivalent für Demokratie und Volkssouveränität, die es bis zum Sturz der Monarchie (1918) jedenfalls in der Theorie nicht geben durfte.[15] Die Weimarer Republik hat dieses Erbe im Wesentlichen[16] fortgeführt, das NS-Regime, in dem der Wille des Führers oberstes Gesetz war, hat auch dieses verraten.[17]

c) Die Perfektionierung des Rechtsstaats nach 1949

Nach der Befreiung machte man sich umso entschlossen an die Wiedererrichtung, Konsolidierung und Perfektionierung des Rechtsstaats. Die Jahre nach 1949 sind geprägt von der Etablierung der Verfassungsgerichtsbarkeit, der flächendeckenden Konstitutionalisierung der Rechtsordnung und – damit eng verbunden – einer erheblichen Ausweitung und Perfektionierung des gerichtlichen Rechtsschutzes.[18] Rechtsprechung und Schrifttum jener Jahre konzentrierten sich auf die immer bessere Entfaltung der im Grundgesetz verbürgten Grundrechte, auf die Rekonstruktion der (einfachrechtlichen) Rechtsordnung in ihrem Lichte und auf eine kontinuierliche Ausweitung subjektiver öffentlicher Rechte.[19]

2. Die starke Rolle der Dritten Gewalt

Der Akzent auf einem regelorientierten, die politischen Optionen begrenzenden Verständnis des (öffentlichen) Rechts zwingt die Rechtsprechung – das Bundesverfassungsgericht und die Verwaltungsgerichte[20] – allerdings nicht selten in die Rolle einer strukturellen Opposition zu den Mehrheiten in Parlament und Regierung. Dass der Schutz der Grundrechte vor allem Minderheitenschutz ist,[21] wird hier besonders deutlich. Das gilt auch für das grundrechtsgleiche Recht auf Demokratie (Artikel 38 Absatz 1 Satz 1 GG), um dessen Integrität es etwa in den Verfahren zu den Verträgen von Maastricht[22] und Lissabon,[23] bei der Euro-Einführung,[24] den Auseinandersetzungen um Griechenlandhilfe und Europäische Finanzstabilisierungs-Fazilität (EFSF),[25] dem Europäischen Stabilitätsmechanismus (ESM)[26] oder den Anleihekaufprogrammen der Europäischen Zentralbank (OMT[27] und PSPP[28]) ging. Die »countermajoritarian difficulty« wird dabei umso größer, je ernster die Gerichte ihre Aufgabe nehmen, d.h. je besser der Rechtsstaat funktioniert. Andererseits werden auf diese Weise oft auch Defizite des politisch-parlamentarischen Diskurses kompensiert und den in Rede stehenden Entscheidungen nicht nur Akzeptanz, sondern auch demokratische Legitimation verliehen.[29]

Politik in Deutschland war vor diesem Hintergrund schon immer nicht nur (demokratisches) Ringen um politische Mehrheiten, sondern auch Problembewältigung mit Hilfe des Rechts und der Gerichte. Die Bereitschaft, auch politische Konflikte durch unabhängige Gerichte entscheiden zu lassen, war hier stärker ausgeprägt als anderswo, die Dritte Gewalt nie »en quelque façon nulle«.[30] Das prägt unser Denken bis heute[31] und dürfte auch der tiefere Grund für die – verglichen mit anderen Rechtsordnungen größere – Skepsis der Deutschen gegenüber politisch-dezisionistischen Entscheidungen sein.

3. Kritik

Zweifel an diesem Konzept gab es – trotz einer bereits in der Weimarer Republik ausgetragenen Kontroverse zwischen Hans Kelsen und Carl Schmitt[32] – kaum. Erst gegen Ende der 1980er-Jahre tauchen Klagen über eine Hypertrophie des Rechtsstaates und eine mangelnde internationale Anschlussfähigkeit auf, sowie Warnungen vor einem »gouvernement des juges«, einem Rechtswege- und Richterstaat.[33] Vor allem dem Bundesverfassungsgericht werden immer wieder Übergriffe in die Domäne des Gesetzgebers vorgeworfen, ein »judicial activism« und das Fehlen einer »political question doctrine« beklagt.[34] Im Ergebnis ist Deutschland mit diesem Konzept freilich so schlecht nicht gefahren.

II. Rechtsstaatlichkeit in Europa

Das Grundgesetz steht nicht nur in der Tradition deutscher Verfassungsgebungen seit 1849; der durch das Grundgesetz verfasste Staat ist auch Teil des Staaten- und Verfassungsverbundes der EU (Präambel, Artikel 23 Absatz 1 GG) und bekennt sich darüber hinaus zu den unverletzlichen und unveräußerlichen Menschenrechten als Grundlage jeder menschlichen Gemeinschaft (Artikel 1 Absatz 2 GG). Aus diesem Grund kann der Rechtsstaat des Grundgesetzes nur vor der Folie vergleichbarer Gewährleistungen in anderen Staaten bzw. auf europäischer Ebene vollständig erfasst werden.

1. Andere Mitgliedstaaten

So hat die europäische Integration und, mit ihr verbunden, die Konvergenz der europäischen Rechtsordnungen in den vergangenen 70 Jahren dazu geführt, dass heute praktisch alle Staaten des europäischen Rechtsraumes der Rechtsstaatlichkeit verpflichtet sind.

Das gilt zunächst für Österreich, das mit Deutschland die historischen Wurzeln der Rechtsstaatlichkeit teilt.[35] Zwar kennt das österreichische Bundesverfassungsgesetz (B-VG 1920) kein Rechtsstaatsprinzip, aber auch hier wird aus der Zusammenschau unterschiedlicher Bestimmungen der Verfassung – des Legalitätsprinzips, der Regelungen über die Gerichtsbarkeit und die Garantien im 7. Hauptstück des B-VG sowie aus den Vorschriften, die eine (verfassungs-) gesetzlich geregelte Zuständigkeitsordnung vorsehen – die Gewährleistung rechtsstaatlicher Grundsätze abgeleitet.[36] Die Bindung der Verwaltung durch das Gesetz ist in Österreich allerdings strikter, weil sie auf der Basis der Reinen Rechtslehre Hans Kelsens und Adolf Julius Merkls der Sache nach wie auch die Rechtsprechung der Sache nach als eine Form der Rechtssetzung aufgrund der Gesetze verstanden wird bzw. wurde.[37]

In dem uns ebenfalls eng verwandten Italien verstand man unter dem

Rechtsstaat im 19. Jahrhundert zunächst lediglich einen Staat, in dem der Primat des Gesetzes gewährleistet war (Legalitätsprinzip) und die durch das Gesetz geschaffenen subjektiven Rechtspositionen durch die Verwaltungsgerichtsbarkeit kontrolliert wurden.[38] Mit der republikanischen Verfassung von 1948 kamen der Vorrang der Verfassung und die Kontrolle der Verfassungsmäßigkeit der Gesetze durch die Corte Costituzionale hinzu sowie die grundlegenden Wertentscheidungen in Artikel 2 Cost.[39]

In Frankreich ist ein Rechtsstaatsdiskurs (Etat de droit) dagegen erst seit den 1980er-Jahren nach und nach aus Deutschland importiert und zu einer Modernisierung des verfassungsrechtlichen Denkens genutzt worden. Etablierte Themen wie die Idee der Menschenrechte wurden mit seiner Hilfe modernisiert und um neue Elemente angereichert. Das gilt etwa für die begriffliche Verschmelzung von Recht und Richter oder für die Umdeutung der Menschenrechte in justiziable Grundrechte, denen die französische Verfassungstradition lange eher skeptisch gegenüberstand. Zugleich diente die Figur des Rechtsstaats dazu, die wachsende Bedeutung des Conseil constitutionnel zu legitimieren und die Angst vor dem »gouvernement des juges« zu zerstreuen.[40]

In Großbritannien hingegen gewährleistet die »rule of law« seit langem verschiedene Prinzipien des klassischen Liberalismus.[41] Auch wenn sie mit dem Rechtsstaat kontinentaleuropäischer Prägung nicht vergleichbar ist, so lassen sich ihr doch manche funktional äquivalente Garantien entnehmen. Dazu gehört die Herrschaft der allgemeinen Gesetze, die weitreichenden originären Kompetenzen der Krone entgegensteht und damit zugleich die Souveränität des Parlaments sichert. Dessen Gesetzgebung wird traditionell allerdings eher als Statuierung allgemeiner Regeln verstanden denn als Übertragung spezifischer Eingriffsermächtigungen im Sinne des Vorbehalts des Gesetzes. Die »rule of law« gewährleistet ferner die Gleichheit vor dem Gesetz und verkörpert die Überzeugung, dass die Verfassung Großbritanniens in erster Linie auf dem Common Law beruht.[42] Letzteres wird mit Blick auf die Bedeutung der Gesetzgebung sowohl für die Begründung als auch für die Beschränkung der Rechte der Bürger wird dies heute allerdings in Zweifel gezogen.[43] Zu erwähnen ist schließlich, dass britische Gesetze seit dem Human Rights Act 1998, der die unmittelbare Anwendung der Europäischen Menschenrechtskonvention in Großbritannien vorsieht, konventionskonform ausgelegt (§ 3 Human Right Act) und das Common Law entsprechend fortgeschrieben werden müssen.

2. EU-Ebene

Wie ihre Mitglieder, so gründet auch die EU ausweislich des Artikels 2 EUV u.a. auf die Rechtsstaatlichkeit. Diese gehört zu ihren grundlegenden Werten, ohne dass ihr Inhalt und ihr Verhältnis zu den anderen dort aufgeführten Grundwerten damit geklärt wäre. Bald 70 Jahre nach dem Beginn der europäischen Integration und einer umfangreichen Spruchtätigkeit von Europäischem Gerichtshof[44] wie Europäischem Menschenrechtsgerichtshof ergeben sich freilich durchaus Konturen eines europäischen Verständnisses von Rechtsstaatlichkeit, die sich auch im konkreten Fall operationalisieren lassen. Das ist etwa für das im Jargon nicht zufällig »Rechtsstaatsverfahren« genannte Verfahren nach Artikel 7 EUV ebenso bedeutsam wie für Vertragsverletzungs- und Vorabentscheidungsverfahren.[45]

In der Sache wird man jedenfalls das Legalitätsprinzip, die Grundsätze der Rechtssicherheit und des Vertrauensschutzes, der Verhältnismäßigkeit, den Gleichheitssatz sowie die Gewährleistung effektiven Rechtsschutzes zu dieser gemeineuropäischen Verbürgung von Rechtsstaatlichkeit zählen können.[46] Dazu gehört ferner der Zugang zu einem unabhängigen, auf Gesetz beruhenden Gericht, der nicht in seinem Wesensgehalt angetastet werden darf. Eine Beschränkung ist auch unzulässig, wenn sie kein berechtigtes Ziel verfolgt oder kein angemessenes Verhältnis zwischen den angewandten Mitteln und dem verfolgten Ziel besteht.[47]

3. Gemeinsamkeiten und Divergenzen

Bürgerrechte gegen den Staat sind heute überall in Europa anerkannt, das Legalitätsprinzip und / oder die »rule of law« haben sich durchgesetzt. Vom deutschen Rechtskreis unterscheiden sich die anderen (Teil)Rechtsordnungen jedoch zum einen mit Blick auf die Stellung der (Verfassungs- und Verwaltungs-)Gerichtsbarkeit und zum anderen dadurch, dass sie das (öffentliche) Recht nicht so sehr als Instrument der Bindung und Eindämmung politischer Handlungsoptionen begreifen denn als Instrument zur Verwirklichung politischer Ziele. Das (öffentliche) Recht erkennt dort in größerem Umfang als in Deutschland eigenständige Prärogativen der Politik an.[48]

Erst mit dem Aufkommen der »Neuen Verwaltungsrechtswissenschaft« in den 1990er-Jahren[49] wurde auch hierzulande die Forderung laut, das (öffentliche) Recht nicht nur von seiner Begrenzungs-, sondern auch von seiner Bereitstellungs- und Ermöglichungsfunktion her zu begreifen. Inwieweit dies zu einer grundlegenden Perspektivenverschiebung führen wird, lässt sich derzeit noch nicht sagen.

Es kann jedenfalls nicht überraschen, dass der während der Eurokrise gefallene Satz der früheren französischen Finanzministerin Christine Lagarde vom »forget about the treaty«[50] in Deutschland nachgerade als Aufkündigung der Rechtsgemeinschaft der EU verstanden wurde, während Frau Lagarde insoweit vermutlich bis heute kein schlechtes Gewissen hat. Dass die Auseinandersetzungen um die Erhaltung und (Weiter-)Entwicklung der europäischen Währungsunion nur in Deutschland gerichtsförmig ausgetragen werden, passt ebenfalls ins Bild und lässt sich nicht allein mit der unterschiedlichen Interessenlage zwischen den Mitgliedstaaten erklären.[51]

III. Rechtsstaat als Verfassungsgrundsatz

1. Keine kompakte Textgrundlage

Vor dem Hintergrund des bislang Ausgeführten liegt es auf der Hand, dass dem Rechtsstaat im Verfassungsgefüge des Grundgesetzes eine überragende Bedeutung zukommt. Allerdings hat auch der Verfassungsgeber des Grundgesetzes das Rechtsstaatsprinzip als solches nicht in einem besonderen Rechtssatz konkretisiert, so dass bezweifelt wird, ob es »das Rechtsstaats-prinzip« überhaupt gibt.[52]

Diese Zweifel sind jedoch von geringer praktischer Relevanz. Das Verfassungsrecht besteht bekanntlich nicht nur aus den einzelnen Normen der geschriebenen Verfassung, sondern auch aus sie verbindenden, innerlich zusammenhängenden allgemeinen Grundsätzen und Leitideen, die der Verfassungsgeber vorgefunden hat und von denen er ausgegangen ist, auch wenn er sie nicht in einem besonderen Rechtssatz konkretisiert hat.

Das gilt namentlich für das Rechtsstaatsprinzip. So belegt schon ein Blick auf das Homogenitätsgebot des Artikels 28 Absatz 1 Satz 1 GG, der die Länder an die Grundsätze des »Rechtsstaates im Sinne des Grundgesetzes« bindet, dass die Mütter und Väter der Verfassung offenbar davon ausgegangen sind, einen entsprechenden Grundsatz verankert zu haben. Ausdrücklich verankert haben sie jedenfalls das für die deutsche Rechtsordnung prägende formelle Konzept des Rechtsstaats:[53] Nach Artikel 20

Absatz 3 GG sind die Gesetzgebung an die verfassungsmäßige Ordnung, vollziehende Gewalt und Rechtsprechung an Gesetz und Recht gebunden. Zu den rechtsstaatlichen Gewährleistungen wird man darüber hinaus die in Artikel 1 bis 19 sowie Artikel 101 bis 104 GG niedergelegten Grundrechte, Allgemeinheits- und Zitiergebot, Wesensgehaltsgarantie, die Erstreckung der Grundrechte auf juristische Personen und die Garantie effektiven Rechtsschutzes rechnen müssen (Art 19 GG). Auch der Grundrechtseingriffe mäßigende Grundsatz der Gewaltenteilung (Artikel 20 Absatz 2 Satz 2 GG) und die grundrechtsgleichen Rechte aus Artikel 33 und 38 GG gehören hierher, die erschwerte Abänderbarkeit der Verfassung (Artikel 79 Absatz 1 und 2 GG), die begrenzte Delegationsmöglichkeit von Rechtsetzungsbefugnissen auf die Exekutive (Artikel 80 GG) und die Unabhängigkeit der Richter (Artikel 97 Absatz 1 GG).

Der Verfassungsgrundsatz des Rechtsstaats ergibt sich mit anderen Worten aus einer Zusammenschau der genannten Vorschriften sowie aus der Gesamtkonzeption des Grundgesetzes selbst.[54] Gleichwohl figuriert Artikel 20 Absatz 3 GG in Rechtsprechung[55] und Schrifttum als wichtigster Textbefund der umfassenderen Gewährleistung.

2. Rechtsstaat im formellen Sinne

a) Gesetzmäßigkeit der Verwaltung

Die Gesetzmäßigkeit der Verwaltung und ihre Untergliederung in die Grundsätze vom Vorrang und Vorbehalt des Gesetzes stellen das historische Substrat des Rechtsstaats (im formellen Sinne) dar.

Der Vorrang des Gesetzes – das Legalitätsprinzip – enthält das an Regierung, Verwaltung und Gerichte gerichtete Gebot, die Gesetze anzuwenden und ein Verbot, von ihnen abzuweichen. Kollisionen mit anderen Verfassungsgrundsätzen sind dabei allerdings nicht ausgeschlossen. So gestattet es § 48 Verwaltungsverfahrensgesetz (VwVfG) etwa im Hinblick auf den Vertrauensschutz, rechtswidrige Verwaltungsakte aufrechtzuerhalten; das geht im europäischen Vergleich sehr weit und ist vom Europäischen Gerichtshof mit Blick auf das Unionsrecht auch wiederholt beanstandet worden.[56] Dem Legalitätsprinzip wird – soweit dies nicht aus den (Grund-)Rechten und / oder der Rechtsschutzgarantie abgeleitet wird[57] – in jüngerer Zeit auch entnommen, dass der Staat für durch ihn verursachte Schäden haftet (vgl. auch Artikel 41 EMRK).[58]

Der Vorbehalt des Gesetzes hatte zunächst den Zweck, die Sphäre der Bürger vor dem Zugriff des Staates zu schützen. Eingriffe in Freiheit und Eigentum wurden deshalb an die Zustimmung der Volksvertretung gebunden, die diese Zustimmung in Form parlamentarischer Gesetze erteilte. Insoweit betraf er lediglich die Eingriffsverwaltung. Diese Beschränkung ist heute überholt und durch die sogenannte Wesentlichkeitsdoktrin weitgehend überlagert worden. In ständiger Rechtsprechung hat das Bundesverfassungsgericht aus grundrechtlichen Gesetzesvorbehalten und dem Rechtsstaatsprinzip (Artikel 20 Absatz 3 GG) einerseits sowie später auch dem Demokratieprinzip (Artikel 20 Absatz 1 und 2 GG) andererseits die Verpflichtung des Gesetzgebers abgeleitet, in allen grundlegenden normativen Bereichen die wesentlichen Entscheidungen selbst zu treffen.[59] Damit soll gewährleistet werden, dass Entscheidungen von besonderer Tragweite aus einem Verfahren hervorgehen, das der Öffentlichkeit Gelegenheit bietet, ihre Auffassungen auszubilden und zu vertreten, und das die Volksvertretung dazu anhält, Notwendigkeit und Ausmaß von Grundrechtseingriffen in öffentlicher Debatte zu klären. »Wesentlich« bedeutet danach zum einen »wesentlich für die Verwirklichung der Grundrechte«.[60] Der Gesetzgeber ist zum anderen zur Regelung der Fragen verpflichtet, die für Staat und Gesellschaft von erheblicher Bedeutung sind. Die Wesentlichkeitsdoktrin enthält insoweit auch Vorgaben für die Frage, in welchem Umfang und in welcher Bestimmtheit der Gesetzgeber selbst tätig werden muss.[61] Das hängt von dem in Rede stehenden Sachbereich und von den Umständen ab, die zu der gesetzlichen Regelung geführt haben.[62] Die Anforderungen der Wesentlichkeitsdoktrin werden durch Artikel 80 Absatz 1 Satz 2 GG näher konkretisiert.[63]

c) Vorrang der Verfassung

Der Vorrang der Verfassung ist zunächst lediglich eine besondere Form des Legalitätsprinzips bzw. des Vorrangs des Gesetzes. Soweit er ausweislich von Artikel 1 Absatz 3 und Artikel 20 Absatz 3 GG auch den Gesetzgeber bindet, geht es jedoch weniger um die Durchsetzung der in der Verfassung verankerten Präferenzentscheidungen, als um die Absicherung der Minderheit gegen den (historischen) Grundkonsens beeinträchtigende Entscheidungen der Mehrheit. Das ist im Kern ein rechtsstaatliches Anliegen.[64]

3. Rechtsstaat im materiellen Sinne

a) Gewaltenteilung

Der Rechtsstaat will eine Mäßigung der Macht durch gegenseitige Kontrolle der Gewalten. Ein System von checks and balances gehört daher zum unverzichtbaren institutionellen Design jedes Rechtsstaats.[65] Das Grundgesetz kennt daher auch keinen Gewaltenmonismus in Form eines umfassenden Parlamentsvorbehalts,[66] sondern zielt ausweislich der in Artikel 20 Absatz 2 Satz 2 GG normierten organisatorischen und funktionellen Trennung der Gewalten darauf ab, dass staatliche Entscheidungen möglichst richtig, das heißt von den Organen getroffen werden, die dafür nach ihrer Organisation, Zusammensetzung, Funktion und Verfahrensweise über die besten Voraussetzungen verfügen.

b) Grundrechtsschutz, Verhältnismäßigkeit, Vertrauensschutz

Wesentliches Kennzeichen des Rechtsstaates ist heute die Anerkennung und effektive Gewährleistung der Grundrechte. Solche Gewährleistungen finden sich in den Artikeln 1 bis 19, 33 und 38 Absatz 1 Satz 1 sowie in den Artikeln 101 bis 104 GG und sind in den vergangenen 70 Jahren vor allem durch die Rechtsprechung fortentwickelt und entfaltet worden. Zu den besonderen Innovationen gehören das Recht auf informationelle Selbstbestimmung[67] und das Recht auf Vertraulichkeit und Integrität informationstechnischer Systeme,[68] die ihre Grundlage beide in einer Kombination von Artikel 2 Absatz 1 i.V.m. Artikel 1 Absatz 1 GG haben. Die Grundrechte sind zudem aufs Engste mit den Grundsätzen der Verhältnismäßigkeit und des Vertrauensschutzes verknüpft, auch wenn hier im Einzelnen noch Vieles ungeklärt ist.

Der Grundsatz der Verhältnismäßigkeit war zwar sowohl dem Common Law[69] als auch dem Allgemeinen Landrecht geläufig (§ 10 II 17 PrALR 1794). Seine heutige Bedeutung hat er allerdings erst nach dem Zweiten Weltkrieg erlangt. Das ist wesentlich ein Verdienst von Peter Lerche, der das ursprünglich polizeirechtliche Institut zu einem allgemeinen Verfassungsgrundsatz weiterentwickelt hat.[70] Die Rechtsprechung des Bundesverfassungsgerichts hat dies aufgegriffen, Europäischer Menschenrechtsgerichtshof und Europäischer Gerichtshof haben es rezipiert. Von hier aus hat der Grundsatz der Verhältnismäßigkeit Eingang in die meisten europäischen Rechtsordnungen gefunden.[71] Er ist heute in Artikel 5 Absatz 1 und 4 EUV ausdrücklich kodifiziert.[72] Was Gewährleistungsgehalt und Direktionskraft des Grundsatzes der Verhältnismäßigkeit anlangt – mitunter ist auch vom Übermaßverbot die Rede – ist allerdings manches ungeklärt. So wird zwischen einem Verhältnismäßigkeitsgrundsatz im engeren und im weiteren Sinne unterschieden sowie zwischen einer strengen Form, die bei Eingriffen der öffentlichen Hand Platz greift, und einer weiteren »Angemessenheits-Verhältnismäßigkeit«, die bei der Herstellung praktischer Konkordanz zwischen kollidierenden Verfassungsgütern zu beachten ist und größere Spielräume für den Interessenausgleich lässt.[73] Auch über seine rechtliche Verankerung besteht kein Konsens. Teilweise wird er als Ausfluss des jeweils betroffenen Grundrechts verstanden, das nicht übermäßig eingeschränkt werden darf, teilweise als eigenständiges Unterprinzip des Rechtsstaats. Das Unionsrecht hat den Grundsatz der Verhältnismäßigkeit sogar als allgemeines Abwägungsprinzip etabliert, das für Kompetenzabgrenzungen zwischen der EU und den Mitgliedstaaten ebenso gilt wie für Grundrechte und Grundfreiheiten beschränkende Maßnahmen. Diese Diffusität hat freilich ihren Preis: Ohne die Eingriffswirkung einer Maßnahme zu dem betroffenen Schutzgut in Beziehung setzen zu können, lassen sich belastbare Aussagen über deren Erforderlichkeit und Angemessenheit nicht treffen.[74] Der Grundsatz der Verhältnismäßigkeit wird dann zur Leerformel.

Schließlich ist die Verlässlichkeit des Rechts Grundbedingung jeder rechtsstaatlichen Ordnung.[75] Rechtssicherheit und Vertrauensschutz gehören daher ebenfalls zu den Grundlagen des Rechtstaats,[76] unabhängig davon ob man sie primär im Rechtsstaatsprinzip (Artikel 20 Absatz 3 GG) oder in den einzelnen Grundrechten verankert sieht, ob sie kodifiziert sind oder auf Richterrecht beruhen.[77]

c) Widerspruchsfreiheit der Rechtsordnung

Dem Rechtsstaatsprinzip – und nicht etwa dem Grundsatz der Bundestreue – hat das Bundesverfassungsgericht ferner eine Verpflichtung aller rechtsetzenden Organe des Bundes und der Länder entnommen, ihre Regelungen so aufeinander abzustimmen, dass die Bürger nicht gegenläufige Regelungen erreichen, die die Rechtsordnung widersprüchlich machen.[78]

d) Rechtsschutz

Dem Rechtsstaatsprinzip lässt sich schließlich eine allgemeine Justizgewährungspflicht entnehmen, der in der Regel ein aus Artikel 2 Absatz 1 bzw. spezielleren Grundrechten abgeleiteter Justizgewährungsanspruch korrespondiert.[79] Sie ist die Kehrseite des staatlichen Gewaltmonopols, des Selbsthilfeverbots und der allgemeinen Friedenspflicht der Bürger[80] und zieht weitere Gewährleistungen wie die prozessualen Grundsätze der Fairness,[81] der Waffengleichheit[82] oder das Recht auf anwaltlichen Beistand nach sich.

Soweit es um Rechtsschutz gegen die öffentliche Gewalt geht, findet der Anspruch auf effektiven Rechtsschutz in Artikel 19 Absatz 4 GG eine spezielle Ausformung.[83] Mitunter wird allerdings angenommen, dass die gerichtliche Durchsetzbarkeit schon ein wesensnotwendiger Bestandteil jedes Rechts selbst ist.[84] Wie auch immer man sich hier entscheidet: Der Befund macht deutlich, dass effektiver Rechtsschutz ein wesentlicher Bestandteil des Rechtsstaatsprinzips ist.[85] Das gilt auch für die ihm dienenden Gewährleistungen rechtlichen Gehörs (§ 28 VwVfG, Artikel 103 Absatz 1 GG), Begründungspflichten (§ 39 VwVfG) und Akteneinsichtsrechte (§ 29 VwVfG, § 100 VwGO).

IV. Der Rechtsstaat in der Ordnung des Grundgesetzes

1. Prinzipienqualität des Rechtsstaats

Die disparate Verankerung des Rechtsstaats im Grundgesetz verbietet es eigentlich, von *einem* Rechtsstaatsprinzip im Sinne eines optimierungsbedürftigen Verfassungsgrundsatzes[86] zu sprechen. Falsch ist diese Kategorisierung gleichwohl nicht, weil die wesentlichen Bestandteile des Rechtsstaats – Grundrechte, Gewaltenteilung, Rechtsschutz durch unabhängige Gerichte – ihrerseits als auf Optimierung drängende Grundsatznormen eingestuft werden können.

2. Abgrenzung zu anderen Verfassungsgrundsätzen

Das Rechtsstaatsprinzip steht in einem Spannungsverhältnis zu anderen Verfassungsgrundsätzen, was etwa in den Formeln vom »freiheitlichen Rechtsstaat« oder der »freiheitlich-demokratischen Grundordnung«[87] einen gegensatzaufhebenden Ausdruck gefunden hat. Das zieht jedoch Unsicherheiten nach sich und schwächt die Direktionskraft auch des Rechtsstaatsprinzips. Deshalb zwingt das Gebot, die Wirkkraft der Verfassung möglichst zu entfalten, ungeachtet aller Überschneidungen, die zwischen den in Artikel 20 GG verankerten Verfassungsgrundsätzen fraglos bestehen,[88] dazu, sie auf ihren jeweiligen Kern zurückzuführen, zu unterscheiden und einander zuzuordnen. Kollisionen mit den Prinzipien der Demokratie, der Republik oder des Bundesstaates sind dabei unumgänglich, ermöglichen aber auch eine rationale Abwägung, auf deren Grundlage sich spezifische Aussagen etwa über das Erfordernis einer gesetzlichen Eingriffsermächtigung, Bestimmtheitsanforderungen an die Rechtsetzung, die Möglichkeiten delegierter Normsetzung oder die Höhe von Quoren bei Volksbegehren[89] treffen lassen.

3. Änderungs- und Integrationsfestigkeit des Rechtsstaatsprinzips

Soweit der Rechtsstaat in Artikel 1 und 20 Absatz 3 GG verankert ist, ist er änderungs- und integrationsfest (Artikel 79 Absatz 3, Artikel 23 Absatz 1 Satz 3 GG). Weder der verfassungsändernde Gesetzgeber noch einer Übertragung von Hoheitsrechten auf die Europäische Union dürfen daher am Menschenwürde- bzw. Wesensgehalt der Grundrechte rütteln noch an den damit verbundenen Grundsätzen vom Vorbehalt des Gesetzes und der Verhältnismäßigkeit[90] sowie an der Bindung des Gesetzgebers an die Verfassung oder dem Legalitätsprinzip.

4. Rechtsstaatlichkeit und Gerechtigkeit

Zweck des Rechtsstaats ist letztlich eine gerechte Gesellschaft. In diesem Sinne beschreibt Artikel 1 Absatz 2 GG die unverletzlichen und unveräußerlichen Menschenrechte u.a. als Grundlage der Gerechtigkeit in der Welt und deshalb bindet Artikel 20 Absatz 3 GG vollziehende Gewalt und Rechtsprechung an Gesetz *und Recht.* Gerechtigkeit ist allerdings –

von ihrer grundsätzlichen Infragestellung abgesehen[91] – kein juristisch operationalisierbarer Maßstab.

Gleichwohl ist das berühmte Resümee Bärbel Bohleys aus den Jahren nach 1990 – wir wollten Gerechtigkeit und bekamen den Rechtsstaat – nicht nur als lakonischer Hinweis darauf verstanden worden, dass es auch im Rechtsstaat des Grundgesetzes Ungerechtigkeiten und Härten gibt, sondern als grundsätzliche Infragestellung seiner Orientierung auf die Gerechtigkeit hin und als Legitimation, sich im Interesse subjektiver Gerechtigkeits- oder Moralvorstellungen über das Recht auch einmal hinwegsetzen zu dürfen. Das hat dazu beigetragen, dass das Verständnis für die rechtsstaatliche Bedeutung von Form-, Zuständigkeits- und Verfahrensvorschriften geschwunden ist, und einer gewissen Relativierung rechtlicher Bindungen Vorschub geleistet, die manchem als juristische Quisquilien erscheinen mögen.[92] Damit gerät aus dem Blick, dass die Anforderungen des Rechtsstaats Garanten von Legitimität und Rechtssicherheit der staatlichen Ordnung sind. Da es in ihm keine verbindliche Moral gibt, kann die Berufung auf individuelle Moral- und Gerechtigkeitsvorstellungen die Abweichung vom geltenden Recht auch nicht rechtfertigen. Der Rechtsstaat existiert durch das Gesetz oder er existiert nicht!

V. Gefährdungen des Rechtsstaats

1. Hypertrophie des Rechtsstaats

Die größte strukturelle Herausforderung des Rechtsstaats ist seine Hypertrophie. Zwar ist das Phänomen nicht neu. Schon Montesquieu wird der Ausspruch zugeschrieben, dass, wenn es nicht notwendig ist, ein Gesetz zu erlassen, es notwendig ist, das Gesetz nicht zu erlassen. Das gilt heute freilich mehr denn je. Etwa 150.000 – nicht oder schlecht aufeinander abgestimmte – Rechtsakte der EU, 15.000 Vorschriften des Bundes- und etwa 8000 Bestimmungen des Landesrechts machen es zunehmend unmöglich, das geltende Recht zuverlässig und schnell zu ermitteln. Sie lassen das Legalitätsprinzip erodieren und machen aus Gesetz, Verordnung und Richtlinie – den vorrangigen Steuerungsinstrumenten des Rechtsstaats – Zufallsgeneratoren, deren Output kaum vorhergesagt werden kann. Das beeinträchtigt die Rechtssicherheit, ermuntert Entscheidungsträger in der Politik, rechtliche Vorgaben beiseitezulassen und zwingt Regierung und Verwaltung mitunter auch zu Attentismus. Dass dies zu einer Marginalisierung des Rechts beiträgt, liegt auf der Hand.

Verstärkt wird diese Entwicklung durch einen jahrzehntelangen Trend zu immer mehr Einzelfallgerechtigkeit, der Ausnahmen zur Regel macht und die Gestaltungsmacht der Richter immer weiter vergrößert. Vom Ausländer- und Asylrecht über das Planungs-, Wirtschafts- oder Umweltrecht bis zum Zivilrecht – kein Referenzgebiet ist vom Sog der Individualisierung verschont geblieben. Dazu trägt auch die offene Programmierung der Gesetze bei, die deren Vorgaben tendenziell verunklart. Unter all dem leidet nicht nur die Gleichheit vor dem Gesetz (Artikel 3 Absatz 1 GG), sondern auch das Vertrauen in die Politik, in den Gesetzgeber und die Verwaltung, die zunehmend unfähig erscheinen, angekündigte Vorhaben auch umzusetzen.

2. Deutschland

Zu den hausgemachten Gründen für das schwere Fahrwasser, in dem sich der Rechtsstaat befindet, gehört vor allem die mangelnde politische und inhaltliche Abstimmung in einem politischen System mit fünf Ebenen (EU, Bund, Länder, Kreise und Gemeinden). Sie erschwert einen rechtssicheren Vollzug des geltenden Rechts und erleichtert seine – mitunter politisch gewollte – Unterminierung (z.B. Atomausstieg, Flüchtlingspolitik).[93]

Die gesellschaftliche Marginalisierung der Juristen und ihre Verdrängung aus den Vorstandsetagen der Unternehmen, der steuer- und wirtschaftsberatenden Berufe und zunehmend auch der Verwaltung macht es heute schwerer als früher, die Gesetzmäßigkeit der Verwaltung personalwirtschaftlich zu umhegen, wie dies Artikel 33 GG vorsieht. Das Interesse der Öffentlichkeit an diesen Erosionstendenzen hält sich in Grenzen; sie nimmt sie mit gelangweilter Indifferenz zur Kenntnis.

3. Europäischer Rechtsraum

Besondere Besorgnis rufen derzeit schließlich die Entwicklungen in Ungarn, Polen, Rumänien, Griechenland, Russland und der Türkei hervor. In all diesen Staaten findet sich Anschauungsmaterial für eine Demontage der Verfassungsgerichte, rechtsstaatlichen Verfall, und eine

Gleichschaltung der Justiz.[94] Die Machthaber geben dabei vor, den Willen der Mehrheit zu vollziehen.

Diese Position verkennt jedoch, dass der demokratische Rechtsstaat auf der Dialektik von Mehrheitswillen und Rechtsbindung beruht. Politische Herrschaft nach dem Willen der Mehrheit ist in ihm nur als rechtlich verfasste und gebundene Herrschaft zulässig, die sich insbesondere nicht über die rechtsstaatlichen Garantien der Verfassung hinwegsetzen darf. In diesem Sinne heißt es im NPD-Urteil des Bundesverfassungsgerichts vom 17. Januar 2017, dass die Begrenzung demokratischer Mitwirkungsrechte, wenn sie sich gegen die freiheitliche demokratische Grundordnung richten, nicht nur als von außen gesetzte Schranken zu verstehen sind, sondern als Ausdruck einer dem Demokratieprinzip eigenen Selbstbeschränkung, um eine dauerhafte Demokratie zu gewährleisten:

> Herrschaft auf Zeit als Wesensgehalt von Demokratie erfordert, dass die jeweilige Mehrheit in (steter) Konkurrenz zur Minderheit steht und diese die Chance hat, selbst zur Mehrheit zu werden. Die vorübergehende Mehrheit darf daher nicht die offene Tür, durch die sie eingetreten ist, hinter sich zuschlagen.[95]

Diese – rechtsstaatlich eingehegte – liberale Demokratie ist Autokraten freilich ein Dorn im Auge. Sie schmähen sie als Hindernis für die Wohlfahrt des Volkes und setzen ihr die Konzeption einer illiberalen Demokratie entgegen, in der der Wille der (vermeintlichen oder behaupteten) Mehrheit das Maß der Dinge ist. Insoweit muss die »countermajoritarian difficulty« in Anlehnung an die US-amerikanische Diskussion herhalten, um die Demontage des Rechtsstaats zu rechtfertigen.

Anmerkungen

1 Charles de Montesquieu, De L'esprit des lois, Bd. 1, 1748, S. 174: République fédérative d'Allemagne; ders., Meine Reisen in Deutschland 1728–1729. Ausgewählt und eingeleitet von Jürgen Overhoff, deutsch 2014; zur Rezeption durch Alexander Hamilton, Federalist 9, 20.11.1787, The Union as a Safeguard Against Domestic Faction and Insurrection.

2 Dazu Peter Michael Huber, Recht und nationale Identität, in: Kment (Hg.), Festschrift für Hans D. Jarass, 2015, S. 205 (209 ff.).

3 Montesquieu, Meine Reise (Fn. 1), 2014.

4 Dietmar Willoweit, Deutsche Verfassungsgeschichte, 7. Aufl., 2013, § 15 Rn. 19.

5 Andreas Voßkuhle, Religionsfreiheit und Religionskritik – Zur Verrechtlichung

religiöser Konflikte, in: Europäische Grundrechte-Zeitschrift 2010, S. 537 (538), unter Hinweis auf Martin Heckel.

6 Britta Gehm, Die Hexenverfolgung im Hochstift Bamberg und das Eingreifen des Reichshofrates zu ihrer Beendigung, 2000.

7 Meyers Großes Konversations-Lexikon. Bd. 9, Leipzig 1905, S. 765.

8 Siehe Uwe Wesel, Geschichte des Rechts, 3. Aufl., 2006, S. 412 ff.

9 Peter Michael Huber, The Principle of Proportionality, in: Schroeder (ed.), Strengthening the Rule of Law in Europe, 2016, S. 98 (99).

10 Immanuel Kant, Werke in Zwölf Bänden, Bd. 7, Über ein vermeintes Recht aus Menschenliebe zu lügen, 1997, S. 642.

11 Robert v. Mohl, Das Staatsrecht des Königreichs Württemberg II, 1831; Friedrich Julius Stahl, Philosophie des Rechts, 3 Bände, 1830–1837.

12 Preußisches Oberverwaltungsgericht, Urteil vom 14.6.1882, PrOVG Entscheidungen Bd. 9, S. 353; im Original abgedruckt in: Deutsches Verwaltungsblatt 1985, S. 216–226.

13 Otto Mayer, Verwaltungsrecht I, 3. Aufl., 1924, S. 95.

14 Georg Jellinek, System der subjektiven öffentlichen Rechte, 1. Aufl., 1895, 2. Aufl., 1905, neu herausgegeben von Jens Kersten, 2011; Otmar Bühler, Die subjektiven öffentlichen Rechte und ihr Schutz in der deutschen Verwaltungsrechtsprechung, 1914.

15 Armin v. Bogdandy / Peter Michael Huber, Grundlagen des Verwaltungsrechts: Deutschland, in: v. Bogdandy / Cassese / Huber (Hg.), Ius Publicum Europaeum, Bd. III, 2011, § 42 Rn. 39 ff., 41.

16 Vgl. aber zur Rekonstruktion des Berufsbeamtentums als personalwirtschaftliche Umhegung des Rechtsstaats Hans Gerber, Entwicklung und Reform des Beamtenrechts, in: Veröffentlichungen der Vereinigung der Deutschen Staatsrechtslehrer 7 (1931), S. 2 ff.; Monika Jachmann, Das Berufsbeamtentum – Säule der Rechtsstaatlichkeit?, in: Eichenhofer (Hg.), 80 Jahre Weimarer Reichsverfassung – Was ist geblieben?, 1999, S. 155 (159 ff.).

17 Zum Verfall der diese Entwicklung begleitenden Staatsrechtslehre Walter Pauly, Die deutsche Staatsrechtslehre in der Zeit des Nationalsozialismus, in: Veröffentlichungen der Vereinigung der Deutschen Staatsrechtslehrer 60 (2001), S. 73 (74, 88 ff., 100 f.).

18 v. Bogdandy / Huber (Fn. 15), § 42 Rn. 60 f.

19 Für das Zivilrecht Claus Wilhelm Canaris, Grundrechte und Privatrecht, in: Archiv für die civilistische Praxis 184 (1984), S. 201 ff.; für das Verwaltungsrecht vgl. Peter Michael Huber, Konkurrenzschutz im Verwaltungsrecht, 1991; Matthias Schmidt-Preuß, Kollidierende Privatinteressen im Verwaltungsrecht, 1992.

20 Vgl. zu den Diesel-Fahrverboten nur Bundesverfassungsgericht, Urteil vom 7.2.2018, 7 C 26/16, juris – Luftreinhalteplan Düsseldorf; zur Rückholung zu Unrecht abgeschobener Asylbewerber Oberverwaltungsgericht für das Land Nordrhein-Westfalen, Beschluss vom 15.8.2018, 17 B 1029/18, juris – Tunesien.

21 Friedhelm Hufen, Staatsrecht II, 6. Aufl., 2017, § 1 Rn. 18; Wolfgang Rüfner, Leistungsrechte, in: Merten / Papier (Hg.), Handbuch der Grundrechte, Bd. II, 2006, § 40 Rn. 48.

22 BVerfGE 89, 155 ff. – Maastricht (1993).

23 BVerfGE 123, 267 ff. – Lissabon (2009).

24 BVerfGE 97, 350 ff. – Euro-Einführung (1998).

25 BVerfGE 129, 124 ff. – EFSF (2011).
26 BVerfGE 132, 195 ff.; 135, 317 ff. – ESM-Vertrag (2012); Europäischer Gerichtshof – Pringle – ECLI:EU:C:2012:756.
27 BVerfGE 134, 366 ff. – OMT-Vorlage Europäischer Gerichtshof (2014); 142, 123 ff. – OMT-Beschluss (2016); Europäischer Gerichtshof – Gauweiler – ECLI:EU:C:2015:400.
28 BVerfGE 146, 216 ff. – PSPP-Anleihekaufprogramm Vorlage (2017); Europäischer Gerichtshof – Weiss – ECLI:EU:C:2018:1000.
29 Zur Vermittlung demokratischer Legitimation durch Gerichte Peter Michael Huber, Die Bayerische Verfassung als lebendige Grundlage politischen und gesellschaftlichen Lebens, in: Bayerische Verwaltungsblätter 2012, S. 257 (259).
30 So für Großbritannien im 18. Jahrhundert Charles de Montesquieu, De l'esprit des lois, Œuvres de Montesquieu, 1823, S. 80.
31 Vgl. dazu Armin v. Bogdandy, Europäische und nationale Identität: Integration durch Verfassungsrecht?, in: Veröffentlichungen der Vereinigung der Deutschen Staatsrechtslehrer 62 (2003), S. 156 (169) mit weiteren Nachweisen.
32 Carl Schmitt, Legalität und Legitimität (1932), 6. Aufl., 1998, S. 8 f.; zum Streit zwischen Kelsen und Schmitt, Shu-Perng Hwang, Verfassungsgerichtlicher Jurisdiktionsstaat, 2005, S. 17 ff.
33 Ernst Wolfgang Böckenförde, Zur Lage der Grundrechtsdogmatik nach 40 Jahren Grundgesetz, 1989, S. 69; ders., Grundrechte als Grundsatznormen. Zur gegenwärtigen Lage der Grundrechtsdogmatik, in: Der Staat 20 (1990), S. 1 (29); aus jüngerer Zeit Matthias Jestaedt / Oliver Lepsius / Christoph Möllers / Christoph Schönberger, Das entgrenzte Gericht, 2011.
34 Gertrude Lübbe-Wolff, Sondervotum BVerfGE 134, 366 (108) – OMT-Vorlage Europäischer Gerichtshof (2014).
35 Ewald Wiederin, Staat, Verwaltung und Verwaltungsrecht: Österreich, in: (Fn. 15), § 46 Rn. 36 ff.
36 Michael Holoubek, Grundzüge des Verwaltungsrechts in gemeineuropäischer Perspektive: Österreich, in: v. Bogdandy / Cassese / Huber (Hg.), Ius Publicum Europaeum, Bd. V, 2014, § 79 Rn. 30 unter Hinweis auf Christina Fuchs, Rechtsschutz, Rechtsstaat, Rechtsschutzstaat – Reflexionen zur Verfassungsinterpretation, in: Holoubek / Martin / Schwarzer (Hg.), Festschrift für Karl Korinek, 2010, S. 83.
37 Holoubek (Fn. 36), § 79 Rn. 30.
38 Mario Dogliani / Cesare Pinelli, Grundlagen und Grundzüge staatlichen Verfassungsrechts: Italien, in: v. Bogdandy / Cruz Villalón / Huber (Hg.), Ius Publicum Europaeum, Bd. I, 2007, § 5 Rn. 99 ff., 112 ff.
39 Dogliani / Pinelli (Fn. 38), § 5 Rn. 118.
40 Luc Heuschling, Die Wissenschaft vom Verfassungsrecht: Frankreich, in: v. Bogdandy / Cruz Villalón / Huber (Hg.) Ius Publicum Europaeum, Bd. II, 2007, § 28 Rn. 27, 52.
41 Vgl. Martin Loughlin, Grundlagen und Grundzüge staatlichen Verfassungsrechts: Großbritannien, in: (Fn. 38), § 4 Rn. 81.
42 Albert Venn Dicey, Law of the Constitution, 8. Aufl., 1915, S. 189 ff., 199.
43 Loughlin (Fn. 41), § 4 Rn. 82.
44 Aus jüngster Zeit Europäischer Gerichtshof, Urteil vom 27.2.2018, Associação Sindical dos Juízes Portugueses, Rs. C64/16, EU:C:2018:117, Rn. 41 ff.; Urteil vom 6.3.2018,

Achmea, Rs. C284/16, EU:C:2018:158, Rn. 34; Urteil vom 25.7.2018, Rs. C 216/18 PPU, Minister for Justice and Equality (Mängel des Justizsystems in Polen), Rn. 35, 45 ff.

45 Christoph Möllers / Linda Schneider, Demokratiesicherung in der Europäischen Union, 2018, S. 45 ff.; früher schon Thomas Pforr, Die Allgemeine Unionsaufsicht, 2004.

46 Europäischer Gerichtshof, Urteil vom 27.2.2018, Associação Sindical dos Juízes Portugueses, ECLI:EU:C:2018:117, Rn. 31 f.; Urteil vom 6.3.2018, Achmea, ECLI: EU:C:2018:158, Rn. 36; Urteil vom 25.7.2018, Rs. C 216/18 PPU, Minister for Justice and Equality (Mängel des Justizsystems in Polen), Rn. 48 f.

47 Europäischer Gerichtshof für Menschenrechte [GK], Waite and Kennedy v. Germany, Urteil vom 18.2.1999, Nr. 26083/94, § 59, m. w. N.; vgl. auch Europäischer Gerichtshof für Menschenrechte, Roland Klausecker v. Germany, Urteil vom 6.1.2015, Nr. 415/07, § 62; Bundesverfassungsgericht, Beschluss des Zweiten Senats vom 24.7.2018, 2 BvR 1961/09, in: Neue Juristische Wochenschrift 2018, S. 3374 (3377) – Europäische Schulen, Rn. 39.

48 Siehe etwa zur Anerkennung des pouvoir administratif in Frankreich Pascale Gonod, Grundzüge des Verwaltungsrechts in gemeineuropäischer Perspektive: Frankreich, in: (Fn. 36), § 75 Rn. 2 passim.

49 Andreas Voßkuhle, Neue Verwaltungsrechtswissenschaft, in: Hoffmann-Riem / Schmidt-Aßmann / ders. (Hg.), Grundlagen des Verwaltungsrechts, Bd. I, 2. Aufl. 2012, § 1 Rn. 16 ff., 29 ff., 37 ff., 48.

50 Siehe Nikki Tait, EU ministers back harder line on fiscal rules, Financial Times vom 21.5.2010.

51 Peter Michael Huber, Verfassungsstaat und Finanzkrise, 2014, S. 39 f.

52 Philip Kunig, Das Rechtsstaatsprinzip, 1986, S. 80 ff., 84 f.; Katharina Sobota, Das Prinzip Rechtsstaat, 1997, S. 399 ff.

53 BVerfGE 35, 41 (47) – Verschulden des Prozessbevollmächtigten (1973); 39, 128 (143) – Soldatengesetz (1975); 48, 210 (221) – ausländische Einkünfte (1978); 51, 356 (362) – freiwillige Weiterversicherung (1979); 56, 110 (128) – Amtsanwalt (1981); 58, 81 (97) – Ausbildungsausfallzeiten (1981); 101, 397 (404) – Nachlasspfleger (2000); 108, 186 (234) – Altenpflegeausbildungsumlage (2003); 133, 143 (157 f., Rn. 40) – Vorteilsausgleich (2013); 134, 33 (89, Rn. 129) – Therapieunterbringungsgesetz (2013); stRspr.

54 BVerfGE 2, 380 (403) – Haftentschädigung (1953).

55 BVerfGE 35, 41 (47) – Verschulden des Prozessbevollmächtigten (1973); 39, 128 (143) – Soldatengesetz (1975); 48, 210 (221) – ausländische Einkünfte (1978); 51, 356 (362) – freiwillige Weiterversicherung (1979); 56, 110 (128) – Amtsanwalt (1981); 58, 81 (97) – Ausbildungsausfallzeiten (1981); 101, 397 (404) – Nachlasspfleger (2000); 108, 186 (234) – Altenpflegeausbildungsumlage (2003); 133, 143 (157 f., Rn. 40) – Vorteilsausgleich (2013); 134, 33 (89, Rn. 129) – Therapieunterbringungsgesetz (2013); Bundesverfassungsgericht, Urteil des Zweiten Senats vom 19.9.2018, 2 BvF 1/15, Rn. 190 f. – Zensus 2011; stRspr.

56 Vgl. Europäischer Gerichtshof, Kommission / Deutschland, Slg. 1990 I-3437 Rn. 13 f. (BUG Alutechnik); Spanien / Kommission, Slg. 1997 I-135 Rn. 51; ferner Urteil vom 19.9.2006, Rs. C-392/04 u. a. – i-21 Germany und Arcor, Slg. 2006, I-8559.

57 Peter Axer, Primär- und Sekundärrechtsschutz im öffentlichen Recht, in: Deutsche Verwaltungsblätter 2001, S. 1322 (1328); Wolfram Höfling, Primär- und Sekundärrechtsschutz im Öffentlichen Recht, in: Veröffentlichungen der Vereinigung der

Deutschen Staatsrechtslehrer 61 (2002), S. 260 (267 ff.); Peter Michael Huber, in: v. Mangoldt/Klein/Starck, GG-Kommentar, Bd. I, 7. Aufl., 2018, Artikel 19 Absatz 4 Rn. 459; Martin Ibler, in: Friauf/Höfling (Hg.), Berliner Kommentar, Artikel 19 Absatz 4 Rn. 234.

58 Gonod (Fn. 48), § 75 Rn. 32; Paul Craig, Grundzüge des Verwaltungsrechts in gemeineuropäischer Perspektive: Großbritannien, in: v. Bogdandy/Cassese/Huber (Fn. 36), § 77 Rn. 9.

59 Vgl. BVerfGE 49, 89 (126) – Kalkar I (1989); 77, 170 (230 f.) – C-Waffen (1987); 98, 218 (251) – Rechtschreibreform (1998); 136, 69 (114 Rn. 102) – überlange Fahrzeuge; Bundesverfassungsgericht, Urteil vom 19.9.2018, 2 BvF 1/15, juris, Rn. 191 – Zensus 2011.

60 Vgl. BVerfGE 47, 46 (79) – Sexualkundeunterricht (1977); 98, 218 (251) – Rechtschreibreform (1998); 139, 19 (45 Rn. 52) – Höchstaltersgrenze Beamte (2015); Bundesverfassungsgericht, Urteil vom 19.9.2018, 2 BvF 1/15, Rn. 193 – Zensus 2011.

61 Vgl. BVerfGE 83, 130 (152) – Josefine Mutzenbacher (1990); 101, 1 (34) – Hennenhaltungsverordnung (1999); 123, 39 (78) – Wahlcomputer (2009); Bundesverfassungsgericht, Urteil vom 19.9.2018, 2 BvF 1/15, Rn. 196 – Zensus (2011).

62 Vgl. BVerfGE 28, 175 (183) – Porst-Fall (1970); 131, 268 (307) – Sicherungsverwahrung II (2012); 134, 33 (81 f. Rn. 112) – Therapieunterbringungsgesetz (2013); 143, 38 (55 Rn. 41) – Rindfleischetikettierung (2016); Bundesverfassungsgericht, Urteil vom 19.9.2018, 2 BvF 1/15, Rn. 193 – Zensus 2011.

63 Bundesverfassungsgericht, Urteil vom 19.9.2018, 2 BvF 1/15, Rn. 198 – Zensus (2011).

64 Vgl. Peter Michael Huber, Volksgesetzgebung und Ewigkeitsgarantie, 2003, S. 37 f.

65 Christoph Möllers, Gewaltengliederung, 2005.

66 BVerfGE 68, 1 (86 f.) – Pershing II; 98, 218 (251 f.) – Rechtschreibreform; 139, 19 (46 Rn. 53) – Höchstaltersgrenze Beamte (2015); Bundesverfassungsgericht, Urteil vom 19.9.2018, 2 BvF 1/15, Rn. 197 – Zensus 2011.

67 BVerfGE 65, 1 ff. – Volkszählungsgesetz (1983).

68 BVerfGE 120, 274 ff. – Online-Durchsuchung (2008).

69 William Blackstone, Commentaries on the Laws of England, 4th edition, 1899, S. 115.

70 Peter Lerche, Übermaß und Verfassungsrecht, 1961; Karl-Peter Sommermann, Prinzipien des Verwaltungsrechts, in: (Fn. 36), § 86 Rn. 35.

71 Vgl. Craig (Fn. 58), § 77 Rn. 2, 101 ff.

72 Europäischer Gerichtshof, Rs. C-280/93, Slg. 1994, I-4973, Rn. 88 – Deutschland/Rat; Thomas von Danwitz, Europäisches Verwaltungsrecht, 2. Aufl., 2008, S. 569 ff.

73 Ernst Wolfgang Böckenförde, Zur Lage der Grundrechtsdogmatik nach 40 Jahren Grundgesetz, 1990, S. 53.

74 Peter Michael Huber, Recht der Europäischen Integration, 2. Aufl., 2002, § 8 Rn. 71.

75 BVerfGE 97, 67 (78) – Schiffbauverträge (1997).

76 Wolfgang Kahl, Grundzüge des Verwaltungsrecht in gemeineuropäischer Perspektive: Deutschland, in: (Fn. 36), § 74 Rn. 15; Craig (Fn. 58), § 77 Rn. 38; Oriol Mir Puigpelat, Grundzüge des Verwaltungsrechts in gemeineuropäischer Perspektive: Spanien, in: (Fn. 58), § 84, Rn. 8; Karl-Peter Sommermann, Prinzipien des Verwaltungsrechts, in: (Fn. 58), § 86 Rn 32.

77 Vgl. Europäischer Gerichtshof, Rs. 42 und 49/59, Slg. 1961, 101 – S.N.U.P.A.T./Hohe Behörde; Rs. 170/86, Slg. 1988, 2355 – v. Deetzen/Hauptzollamt Hamburg-Jonas; Rs. C-298/96, Slg. 1998, I-4767, Rn. 31 und 37 – Oelmühle Hamburg und Schmidt

Söhne/Bundesanstalt für Landwirtschaft und Ernährung; allgemein Kyrill Alexander Schwarz, Vertrauensschutz als Verfassungsprinzip, 2002.

78 BVerfGE 98, 106 (118 f.) – Kommunale Verpackungssteuer (1998). Der Fall wäre mit Artikel 31 GG freilich leichter zu lösen gewesen.

79 BVerfGE 54, 277 (291) – Revisionsannahme (1980); 85, 337 (345) – Kostenrisiko (1992); 88, 118 (123) – Versäumnisurteil (1993); 93, 99 (107) – Rechtsmittelbelehrung (1995); 107, 395 (401) – fachgerichtlicher Rechtsschutz (2003); 116, 135 (150) – Vergaberecht (2006); 117, 71 (121 f.) – Strafrestaussetzung (2006).

80 BVerfGE 54, 277 (292) – Revisionsannahme (1980); 81, 347 (356) – Prozesskostenhilfe (1990); Josef Isensee, Staat und Verfassung in: ders./P. Kirchhof (Hg.), Handbuch des Staatsrechts, Bd. I, 3. Aufl. 2004, § 15 Rn. 93; Helmuth Schulze-Fielitz, in: Dreier (Hg.), GG-Kommentar, Bd. I, 3. Aufl., 2013, Artikel 19 IV Rn. 35.

81 BVerfGE 26, 66 (71) – Nebenklage (1969); 38, 105 (111) – Zeugenvertretung (1974); 57, 250 (274 f.) – V-Mann (1981); 64, 135 (145 ff.) – Gerichtssprache (1983).

82 BVerfGE 35, 263 (276 f.) – Nachbarklage (1973); 38, 105 (111) – Zeugenvertretung (1974).

83 Eberhard Schmidt-Aßmann, in: Schoch/ders./Pietzner (Hg.), Verwaltungsgerichtsordnung, Kommentar, (Stand 5/1997), Einl. Rn. 51.

84 BVerfGE 24, 367 (407) – Deichordnungsgesetz (1968); 35, 348 (361) – Armenrecht (1973); 37, 132 (148) – Wohnraumkündigung (1974); 45, 297 (333) – Hamburger U-Bahn (1977); 46, 325 (334) – Zwangsversteigerung (1977); 49, 220 (225) – Zwangsversteigerung (1978); 49, 252 (257) – rechtliches Gehör (1978); 51, 324 (346 ff.) – Verhandlungsunfähigkeit des Angeklagten (1979); 83, 130 (148) – Josefine Mutzenbacher (1990).

85 Huber (Fn. 57), Rn. 356; Michael Sachs, in: ders. (Hg.), GG-Kommentar, 8. Aufl., 2018, Artikel 19 Rn. 11; Dieter Lorenz, Der Rechtsschutz des Bürgers und die Rechtsweggarantie, 1973, S. 13; Richard Thoma, Rechtsstaatsidee und Verwaltungsrechtswissenschaft, in: Jahrbuch für öffentliches Recht 4 (1910), S. 196 (205).

86 Robert Alexy, Theorie der Grundrechte, 1986, S. 117 ff., 125 ff.; Neuauflage 1994.

87 Zuletzt BVerfGE 144, 20 ff. – NPD-Verbot (2017).

88 Vgl. etwa Marc André Wiegand, Demokratie und Republik, 2017.

89 Vgl. etwa Bayerischer Verfassungsgerichtshof, in: Bayerische Verwaltungsblätter 1999, 719 ff.

90 Vgl. dazu Huber (Fn. 57), Artikel 19 Absatz 2 Rn. 148 ff., 156.

91 BVerfGK 20, 164 (165): Aussage des Richters: »Die Wahrheit interessiert mich nicht«.

92 Siehe Reinhard Kardinal Marx, Interview mit dem Münchner Merkur vom 12.9.2015: »Sie [scil. die Bundeskanzlerin] hat sich sogar über das Gesetz hinweggesetzt. Das gehört auch zur politischen Führung!«

93 BVerfGE 81, 310 (331 ff.) – Kalkar II (1990); 84, 25 ff. – Schacht Konrad (1991); 104, 238 ff. – Gorleben (2001); 104, 249 ff. – Kernkraftwerk Biblis (2002).

94 Peter Michael Huber, Europäische Verfassungs- und Rechtsstaatlichkeit in Bedrängnis. Zur Entwicklung der Verfassungsgerichtsbarkeit in Europa, in: Der Staat 56 (2017), S. 389 ff.; Christoph Möllers/Linda Schneider (Fn. 45), passim.

95 BVerfGE 144, 20 (196 f. Rn. 517) – NPD-Verbot (2017).

Föderalismus

Der prekäre Status der Länder als politischer Raum

Christian Waldhoff, Berlin

I. Föderale historische Hypotheken

(Gesamt-)deutsche Staatlichkeit ist und war immer bundesstaatlich organisiert.[1] Das plausibilisiert die Pfadabhängigkeit föderalstaatlicher Entwicklung, das Fehlen eines abstrakten Idealbundesstaates oder mit einem vielzitierten Diktum: »Jeder Bundesstaat ist ein Unikat«.[2] Es erklärt zugleich, dass die vielfachen internationalen Versuche nachträglicher Föderalisierungen regelmäßig schwierig sind, Föderalismus also kaum aufgezwungen werden, sondern nur wachsen kann.[3] Zentrales autochtones Element deutscher Bundesstaatlichkeit ist dabei – trotz gravierender Neuzuschnitte nach 1945 – die sehr unterschiedliche Größe und Leistungsfähigkeit der Länder. Diese erreichen freilich nicht die Disparitäten der beiden prototypischen und bis heute besonders kraftvollen Bundesstaaten – der USA und der Schweiz. In jedem Fall sind auch für Deutschland Neugliederungsfragen politisch inopportun und sollten in das Reich technokratischer Phantasien verbannt werden. Kaum zufällig spiegelt sich das in der Textgeschichte des einschlägigen Artikels 29 GG.[4]

Die Außensicht auf die deutsche Bundesstaatlichkeit ist ambivalent: Einerseits gab es in den letzten 70 Jahren, anders als in fast allen anderen größeren europäischen Staaten, keinerlei ernsthafte separatistische Bestrebungen[5] – Bayern ist weder Nordirland noch Katalonien. Andererseits gehört die bundesstaatliche Ordnung zu denjenigen Teilen des Grundgesetzes, die – entgegen der Grundrechtsordnung und der Verfassungsgerichtsbarkeit[6] – international überhaupt nicht ausstrahlen, die keinerlei Vorbildpotenzial besitzen und die auch aus Deutschland heraus nicht zum Verfassungsexport empfohlen werden. Die bundesstaatliche Ordnung des Grundgesetzes wird weder angeboten noch nachgefragt. Das hängt in erster Linie mit der eingangs erwähnten historischen Pfadabhängigkeit zusammen. Daneben werden jedoch im In- wie im Ausland entsprechende Dysfunktionalitäten beobachtet, die das Modell nicht als wirklich attraktiv erscheinen lassen. Aus einer Außenperspektive funktioniert die Bundesstaatlichkeit in Deutschland nicht besonders gut.

Vor diesem Hintergrund möchte ich im Folgenden keine Tour d'Horizon des Phänomens Föderalismus der letzten 70 Jahre unternehmen, also nicht die Entwicklung vom separierten über den unitarischen zum kooperativen Bundesstaat und ein erneut reformiertes Föderalismusverständnis nach der Wiedervereinigung nachzeichnen,[7] sondern die Länder als »politischen Raum« betrachten: Inwiefern kann hier überhaupt von »politischen Räumen« – eingedenk dessen, dass es sich bei dieser Begrifflichkeit um eine Metapher handelt, die womöglich eine nicht unproblematische Eigendynamik entwickelt – gesprochen werden?[8] Was haben »politische Räume« mit der bundesstaatlichen Struktur zu tun? Das läuft auf die Frage zu, was überhaupt »politisch« an den Ländern ist oder genauer, wo und wie sich Politik im bundesstaatlichen Gefüge abbildet, inwiefern bezogen auf jedes einzelne Land von einem »politischen Raum« sinnvoll gesprochen werden kann. Das soll in fünf Schritten entwickelt werden.

Geradezu stereotyp wird bei der Behandlung des Föderalismus des Grundgesetzes wiederholt, die deutsche Bundesstaatlichkeit sei tief in der Vergangenheit verankert.[9] Das allein besagt freilich wenig. Zum Verständnis wichtiger ist ein anderes Faktum. In den beiden »klassischen« Bundesstaaten der Neuzeit – den USA 1787 und der Schweiz 1848 – verbanden sich zukunftsgerichtete Postulate von Freiheit und Demokratie mit der föderalistischen Staatsstrukturentscheidung. In Nordamerika war die Bundesstaatsgründung eine Station in der revolutionären Loslösung vom kolonialen Mutterland,[10] also die höchste Stufe politischer Selbstbestimmung. In der Schweiz, die bis zum Sonderbundskrieg 1847 eine Art lockeren Staatenbund darstellte, kann die gliedstaatliche, d.h. kantonale Ebene auf eine jahrhundertealte und damit tief verwurzelte kommunal-demokratische Tradition zurückblicken und an sie anknüpfen.[11] Dort vollzieht sich bis in die Gegenwart der Staatsaufbau »von unten nach oben« – am besten sichtbar in der Konstruktion der sich vermittelnden Zugehörigkeitsrechte von der Gemeinde über den Kanton hin zum Bund.[12] In Deutschland stand Bundesstaatlichkeit demgegenüber für Fürstensouveränität, Kleinstaaterei und damit gegen die wirkmächtigen liberalen, nationalen und demokratischen Bewegungen im 19. Jahrhundert.[13] Föderalismus und Bundesstaatlichkeit konnten somit in der Breite von vornherein kaum positiv konnotiert sein. Gliedstaatliche Verankerungen sind m.E. bis heute eher kulturell denn politisch determiniert[14] –

Bayern ist das herausstechende Beispiel, aber auch das Saarland, Sachsen oder die Hansestädte könnten genannt werden. In den sog. Bindestrich-Ländern gab und gibt es Versuche von Ersatzstrategien. Johannes Rau war mit einem Slogan »Wir in Nordrhein-Westfalen« zeitweise dort erfolgreich.[15] Das alles wirkt, auch wenn uns das nicht stets bewusst ist, bis heute fort.[16] Die Demokratisierung und der langersehnte Nationalstaat lagen in historischer Perspektive wenn nicht gegen, so doch mindestens quer zur Institutionalisierung eines Bundesstaats in Deutschland 1867/71. Wie wenig die Nationalstaatsbildung mit der monarchischen Herrschaftslegitimation partikularer Staaten bzw. Länder harmonierte, wurde schon bei der Reichsgründung mit dem »Reichspräsidium«[17] deutlich, denn der Kaiser als Staatsoberhaupt konnte sich ja gerade nicht auf das im monarchischen Prinzip vorsichtig säkularisierte Gottesgnadentum in Bezug auf Deutschland als Ganzes stützen; auch die konstruktiv wie politisch misslungene Integration des annektierten Elsass-Lothringen spricht hier Bände.[18] Wenn auch die nationalstaatliche Euphorie dies unter tatkräftiger Mithilfe des national gesinnten Liberalismus vorübergehend zu kaschieren vermochte, stellt die Bundesstaatsgründung durch Bismarck bis heute insofern eine Hypothek dar. So ist es etwa kein Zufall, dass die durchgehende Bundesratstradition mit der parlamentarischen Demokratie bis in die Gegenwart in einem nicht vollständig aufgelösten Spannungsverhältnis steht,[19] während die beiden anderen Bundesstaaten – USA und Schweiz – mit ihrem Senat und ihrem Ständerat dem demokratischeren und politischeren Gegenmodell folgen. Bemerkenswert ist in diesem Zusammenhang auch, dass von den politischen Großströmungen im Parlamentarischen Rat nur die Unionsparteien und das damals noch vertretene Zentrum vorbehaltlos für eine föderale Ordnung eintraten. Die Sozialdemokratie befürchtete, ihre auf zentrale Steuerung angewiesenen sozialstaatlichen Vorstellungen könnten durch föderale Gliederung behindert werden,[20] der Liberalismus hatte ein gespaltenes Verhältnis zur Bundesstaatlichkeit.[21] Entscheidend war die klar föderalistische Position der Alliierten, wobei auch hier nur die Amerikaner von ihrer demokratiefördernden Wirkung aus eigener Erfahrung ausgehen konnten, Briten und Franzosen Föderalismus grundsätzlich fremd war und etwa auf französischer Seite eher als Instrument der Schwächung des besiegten Deutschland eingesetzt wurde.[22]

II. Die Struktur der Kompetenzaufteilung als Faktor der Relativierung politischer Räume

Zum Verständnis von Föderalismus und Bundesstaatlichkeit ist die Struktur der Kompetenzaufteilung zwischen Zentrale und Gliedstaaten von großer Bedeutung.[23] Dies insbesondere auch deshalb, weil der spezifische Zuschnitt wenn nicht die Existenz eines »politischen Raums« verhindert, so doch ihm eine besondere Wendung gibt.[24] Nicht nur im Grundgesetz beschäftigt sich die Mehrzahl der Normen mit der Kompetenzaufteilung.[25] Das Grundgesetz verteilt die bundesstaatlichen Kompetenzen nach Staatsfunktionen.[26] »Klassische« Bundesstaaten folgen zumindest im Ausgangspunkt eher einem Säulenmodell, in dem die Rechtsetzung, die Vollziehung, die Rechtsprechung und idealerweise auch die Finanzierung jeweils Zentral- oder Gliedstaat zugeordnet sind.[27] Durch das »Aufschneiden« in Funktionen lässt sich die Struktur im Grundgesetz demgegenüber im Bild als aufeinanderliegende, gegenseitig verschobene Scheiben kennzeichnen: Die Gesetzgebung ist stark zentralisiert, der Vollzug liegt ganz überwiegend auf Landesebene, die Rechtsprechungszuständigkeiten sind nach einem dem Instanzenzug folgenden Schema verteilt, während die Finanzierung vollzentralisiert erscheint (die Steuergesetzgebungskompetenzen waren dies schon immer, durch die neue Schuldenbremse wird die letzte Einnahmegestaltungsmöglichkeit der Länder abgeschnitten, die Zentralisierung in gewisser Weise radikalisiert). Das wird üblicherweise mit der Bezeichnung »Vollzugs-« oder »Exekutivföderalismus« auf den Begriff gebracht.[28] Die Tatsache, dass im Wesentlichen Bundesgesetze »vollzogen« werden und dass finanzpolitisch praktisch keine Spielräume mehr bestehen, führt aber zu einer Wandlung vom »vollpolitischen« zum »teilpolitischen Raum«. Juristen und Staatspraktiker wissen zwar über die beachtlichen Vollzugsspielräume, über die Bedeutung, die Verwaltung personell besetzen und steuern zu können; gleichwohl wird das Politische in den Ländern so zur Mitsprache an zentralen Entscheidungen statt zu föderaler Vielfalt. Der entscheidende Legitimationsgrund bundesstaatlicher Ordnungen, die parallele Vielfalt unterschiedlicher Lösungen, wird durch eine spezifisch bundesstaatliche Ergänzung von Gewaltengliederung ersetzt. In der Kurzform: Mitsprache statt Differenz und Vielfalt.[29] Die Mitsprache vollzieht sich zumindest bei existenziellen Fragen dann auch folgerichtig weniger parteipolitisch aufgefächert als durch den Gegensatz von

Bundes- und Landesinteressen geprägt. Die steigende Buntheit und Vielfalt der Koalitionen auf Landesebene wird das womöglich noch verstärken. Das mag man als Versachlichung etwa der Bundesratsarbeit loben, ist aber eine spezifische Form von Entpolitisierung. Die von sozialwissenschaftlicher Seite angesichts des kooperativen Föderalismus geprägte Redeweise von der »Politikverflechtungsfalle«[30] scheint mir nach wie vor treffend zu sein. Diese Beobachtungen leiten zu dem Schluss, dass nicht die Länder, sondern das Bundesorgan Bundesrat der eigentliche politische Raum für die Länder ist. Darauf werde ich am Schluss zurückkommen.

Bemerkenswert ist dann, wie zaghaft Reföderalisierungsbemühungen im Sinne von Autonomiesteigerungsversuchen ausfallen. Die wichtigste Reform war dabei neben der Neujustierung der zentralen Vorschrift des Artikels 72 Absatz 2 GG im Nachgang zur Wiedervereinigung 1994 (materielle Voraussetzungen für die Inanspruchnahme der konkurrierenden Gesetzgebungskompetenz durch den Bund)[31] die Föderalismusreform I von 2006,[32] die freilich anschließend Stück für Stück wieder zurückgenommen bzw. nicht kraftvoll umgesetzt wurde.[33] Vorbereitet worden waren diese Bemühungen durch das Erkennen der Kosten des seit 1969 fungierenden kooperativen Föderalismus unter Schlagworten wie der »Steigerung von Verantwortungsklarheit« im Bundesstaat.[34] Hier – wie übrigens bemerkenswerterweise auch auf kommunaler Ebene – fehlt es schlicht oft auch am »Willen zur Autonomie«.[35] Die ohnehin geringen Autonomiespielräume werden – man denke an die 2006 eingeführte Abweichungsgesetzgebungskompetenz – wenig genutzt, weil dies u.U. politisch riskant sein könnte. Wirklich autonome Einheiten sind in meiner Beschreibung politisch »vollverantwortlich«. Die spezifisch deutsche bundesstaatliche Kompetenzverteilung unter dem Grundgesetz spaltete die Autonomie und damit auch Zurechenbarkeit und Verantwortlichkeit demgegenüber auf.

Besonders dramatisch wird dieses Setting in der Finanzierungsfrage. Artikel 104a wurde 1969 im Rahmen der Großen Finanzreform, die eine große Bundesstaatsreform war,[36] in das Grundgesetz eingefügt, um den Übergriff des Bundes in Landeskompetenzen über den Weg der Finanzierung wenn nicht auszuschließen, so doch verfassungsrechtlich zu steuern.[37] Nachdem die Ausfransungen der Finanzierungsregelung durch die Föderalismusreform I von 2006 erneut zurechtgestutzt wurden,[38] scheint die Bundesfinanzierung wichtiger Aufgaben aktuell erneut das Mittel der Wahl zu sein.[39] Die Sachlogik dieses politischen Vorgangs ist klar: Wer das Geld gibt, hat auch das Sagen. Geld ist entgegen der Sentenz »pecunia non olet« eben gerade alles andere als »neutral«. Folgerichtig beansprucht der geldgebende Bund zudem weitreichende Kontrollrechte auf Landes- und Kommunalebene[40] – aus seiner politischen Logik heraus zu Recht, weil sonst u.U. kontrollfreie Räume entstehen könnten und weil ihm dies weitere Einflussmöglichkeiten bietet. Wenn der Bund politische Programme, für die er keine Kompetenz besitzt, umsetzen will, versucht er dies durch die Finanzierung derselben auf Landesebene. Kein Ministerpräsident kann sich gegen die Sanierung maroder Schulen, den Ausbau seiner Wissenschaftsstandorte oder die Finanzierung von Kinder-Ganztagsbetreuungen wehren, da das den Bürgerinnen und Bürgern – hier schließt sich der Kreis zu den historischen Ausführungen – politisch nicht zu vermitteln ist. Als Mitglied einer hervorragenden, jedoch unterfinanzierten Universität leuchtet mir das alles politisch unmittelbar ein. Als Hochschullehrer bin ich über Bundesmittel dankbar, als Finanzverfassungsrechtler und Beobachter des grundgesetzlichen Föderalismus lege ich die Stirn in Sorgenfalten. Das ist die Situation, in der der politische Prozess durch Normen des Verfassungsrechts in Zaum gehalten werden muss. Das Bedenkliche ist, dass hier offensichtlich jeder Damm gebrochen zu sein scheint und die qualifizierten Mehrheiten für Verfassungsänderungen erreichbar sind. Der erst kürzlich eingefügte Artikel 104c GG[41] wird schon wieder aufgeweicht, indem das Kriterium der Finanzschwäche für die Förderung von kommunaler Bildungsinfrastruktur gestrichen werden soll und der Anwendungsbereich der Vorschrift entgrenzt erscheint.[42] Ideen für Artikel 104d und e gibt es – wenig überraschend – auch schon.[43] Die Erosion des spezifischen politischen Raums der Länder wird hier besonders greifbar, die Bedeutung der Finanzierung staatlicher Aufgabenerfüllung plastisch. Die im Staatshaushalt sichtbar werdende politische Gesamtkoordinationsentscheidung[44] funktioniert nicht mehr, weil der Zusammenhang zwischen Einnahmen und Ausgaben gestört ist, wenn zu wenig Einnahmeautonomie existiert.[45] Das, was man als »bundesstaatliche Ordnungspolitik« bezeichnen könnte, befindet sich im freien Fall – auch wenn jüngste Initiativen einer Gruppe von Ministerpräsidenten zur Stärkung des Föderalismus aufhorchen lassen.[46] Das Ganze ist freilich ein Phänomen, das in anders strukturierten Bundesstaaten ebenfalls existiert: In den USA mit ihrer ganz anderen bundesstaatlichen Kompetenzaufteilung steuert der Zentralstaat über sogenannte Grants, an Programme geknüpfte Bundeszuschüsse, durchaus ähnlich.[47]

III. Die schillernde Formel von den einheitlichen oder gleichwertigen Lebensverhältnissen im Bundesgebiet

Jede bundesstaatliche Verfassung muss gewisse Einheitlichkeitspostulate festschreiben. Andernfalls würde der Bundesstaat nicht funktionieren. Diese Homogenitätsanforderungen sind, betreffen sie normative Fragen, meist wenig spektakulär. Die Homogenitätsklausel des Artikels 28 Absatz 1 Satz 1 GG hat in den 70 Jahren Grundgesetz kaum Probleme aufgeworfen – das hängt freilich mit der Bedeutungsschwäche des Landesverfassungsrechts zusammen.[48] Ganz anders sieht das bei Homogenitätsanforderungen, die sich auf die tatsächlichen Verhältnisse beziehen, aus. Hier spricht der Verfassungstext von »gleichwertigen Lebensverhältnissen«.[49] Die zentrale Normierung als materielle Voraussetzung für die Ausübung der konkurrierenden Gesetzgebungskompetenz des Bundes findet sich in Artikel 72 Absatz 2 GG, der seit 1949 gleich zweimal durchaus grundlegend geändert wurde. Aus der Bedürfnis- wurde die Erforderlichkeitsklausel und das Ganze musste später noch mit der Abweichungsgesetzgebungskompetenz koordiniert werden.[50] Nachdem die Rechtsprechung in Karlsruhe nach der Reform 1994 durchaus auf das Anliegen eingegangen ist,[51] scheint dieser Elan schon wieder erloschen zu sein.[52] Die Formel von den einheitlichen oder gleichwertigen Lebensverhältnissen im Bundesgebiet taucht auch in der Finanzverfassung mehrfach in unterschiedlichem Kontext auf. Gleichwohl kann es sich dabei nicht um eine eigenständige und übergreifende Staatszielbestimmung handeln, das Postulat ist nicht verallgemeinerungsfähig. Es erfüllt seine Funktion in konkreten Zusammenhängen und weist im Übrigen auf das selbstverständliche Faktum hin, dass eine gewisse Grundhomogenität auch im Tatsächlichen für das Funktionieren einer föderalen Ordnung unabweisbar ist.[53] Sofern aus dem Postulat ein verbindlicher Rechtssatz, gar eine Art Staatszielbestimmung gemacht wird, liegt dem die Gefahr zugrunde, dass aus tatsächlichem Verhalten oder politischem Wollen eine Rechtspflicht gemacht wird.[54] Die vereinheitlichende Wirkung der Bundesgrundrechte, einheitliche Sozialstandards aufgrund des im Grundgesetz verankerten Sozialstaatsprinzips, bundesweit agierende politische Parteien sowie Erwartungshaltungen der Bürger haben daraus – mit einem Wort Peter Lerches – den »Trend […] als Faktum […], dem sich die Rechtswelt zu fügen habe«, gemacht.[55] Die Vermutung, dass entsprechende Diskussionen angesichts der wachsenden

Disparitäten zwischen urbanen und ländlichen Räumen noch zunehmen werden, liegt nicht fern.[56]

IV. Die politische Dimension der Verrechtlichung bundesstaatlicher Konflikte

Eine entpolitisierende Funktion in Bezug auf die Länder hat auch das spezifisch deutsche Verständnis von der rechtlichen Kontrollierbarkeit der bundesstaatlichen Kompetenzordnung.[57] Das findet weder in den USA noch im Rahmen der Europäischen Union eine Entsprechung. Es knüpft weniger an der deutschen bundesstaatlichen Tradition als vielmehr an der gestiegenen Bedeutung der Verfassungsgerichtsbarkeit an. Vor einigen Jahren wurde die Forderung erhoben, für die Kompetenzverteilung zwischen der Europäischen Union und den Mitgliedstaaten ähnlich vorzugehen.[58] Der Zusammenhang mit einem eher statischen Kompetenzverständnis – das Grundgesetz kennt keine »finalen« Kompetenznormen[59] – und einer Vernachlässigung der Verfahrensdimension von Bundesstaatlichkeit liegt auf der Hand. Peter Lerche hat in seinem zu wenig rezipierten Staatsrechtslehrerreferat von 1963 den Versuch gewagt, Bundesstaatlichkeit insgesamt in Verfahren aufzulösen, zumindest zu erklären: Die »Homogenität im Verfahren«[60] sieht er als zentralen politischen Kern der (deutschen) Bundesstaatlichkeit; die »Konflikte des täglichen Betriebs«[61] lösten sich auf diesem Weg, nicht durch starre Kompetenznormen und verfehlte Homogenitätsvorstellungen. Der richtige Kern dieses Ansatzes ist es, die Bedeutung von Aushandlungsprozessen zu betonen. (Verfassungs-)Gerichte handeln jedoch nicht aus, sondern entscheiden autoritativ. Dieser Verfahrensaspekt relativiert das Denken in »politischen Räumen«, die eher auf ein statisches Kompetenzverständnis hin ausgerichtet sind, von vornherein deutlich.

V. Die Länder als politisch-kommunikativer Raum versus die Länder als personalpolitisches Reservoir für die Bundespolitik

Am Schluss sei die Frage nach den Ländern als »politischem Raum« erneut aufgegriffen und auf den vielleicht eigentlichen Kern der Raummetapher bezogen. Der demokratische Meinungs- und Willensbildungsprozess vollzieht sich in der Tat in einem »Raum«, bedarf – Digitalisierung hin oder her – einer räumlichen Radizierung: Mithilfe idealerweise der politischen Parteien findet die Vorformung des politischen Willens in der gesellschaftlichen Sphäre statt; im Wahlakt wird die Schwelle zur staatlichen Willensbildung berührt oder überschritten, während sich im Parlament die staatsorganschaftliche Willensbildung fortsetzt oder anschließt – entsprechende Rückkopplungsmechanismen sind selbstverständlich.[62] Aus der europaverfassungsrechtlichen Diskussion – verwiesen sei auf das Maastricht-[63] und das Lissabonurteil[64] des Bundesverfassungsgerichts – sind diese Zusammenhänge in Gestalt des Problems der fehlenden europäischen politischen Öffentlichkeit bekannt.[65] Doch: Gibt oder gab es in der Bundesrepublik überhaupt eine landesspezifische politische Öffentlichkeit? Dies berührt auch die alte Frage, ob Landtagswahlen verkappte Bundestagswahlen sind oder nicht. Hinzu kommt, dass die großen Verlierer der gestärkten Mitwirkungsbefugnisse des Landes auf Bundesebene die Landtage sind, das Phänomen mithin eine gewaltenteilige Dimension besitzt.[66] Die Landesparlamente sind kompetenziell ausgeblutet, was sich teilweise wiederum an der Qualität der politischen Diskussionen dort zeigt und sich wechselseitig verstärken mag. Vergleicht man die Entwicklung der Bedeutung und den Abstand zwischen Bundestag und Landesparlamenten sowie zwischen Bundesregierungen und Landesregierungen miteinander, scheint mir das Ergebnis klar zu sein: Der Abstand ist bei den Parlamenten ganz ungleich größer als bei den Exekutiven. Unter demokratischen Prämissen können jedoch Regierungen sehr viel weniger politische Räume bespielen oder gar schaffen als Parlamente. Zudem führt die so bedeutsame Mitwirkung der Landesregierungen an der politischen Willensbildung des Bundes zur zentralstaatlichen Politisierung dieser Regierungen. Durch das Bundesratssystem müssen sich alle Landesregierungen jeweils mit allen bundespolitischen Fragen ständig intensiv befassen. Das impliziert wiederum eine stärkere Unabhängigkeit der Landesregierungen von den Landesparlamenten, sofern sich ein Schwerpunkt ihrer exekutiven Leitungstätigkeit auf bundespolitische Fragen verlagert hat. Das belegt eindrücklich die These, dass der politische Raum der Länder sich in das Bundesorgan Bundesrat und dessen politisches Umfeld verlagert hat. Die gestärkten Landesregierungen bilden dann – und das ist nicht der schlechteste Effekt dieser Entwicklungen – nach wie vor ein zentrales Personalreservoir auch für die Bundesebene, das bereits gesamtstaatliche Erfahrungen sammeln konnte.

Die Bundesstaatlichkeit ist die einzige Staatsstrukturbestimmung, die in einem freiheitlichen Verfassungsstaat westlicher Prägung nicht zwingend ist.[67] Mit dem funktionierenden Einheitsstaat besteht eine reale Alternative. Folglich ist sie in besonderer Weise rechtfertigungsbedürftig. Uwe Volkmann sieht angesichts der nichtbeantworteten Sinnfrage eine »innere wie äußere Auszehrung« des föderalistischen Prinzips.[68] Dem unklaren Legitimationsgrund korrespondiert die Änderungsfrequenz: Kein anderer Normenbestand des Grundgesetzes wurde so häufig und so grundlegend geändert. Es wird darauf zu achten sein, dass nicht durch weiter voranschreitende Entföderalisierung auch noch die letzten Legitimationsressourcen verspielt werden. Die jüngsten Verfassungsänderung(sversuche) geben Anlass zur Sorge.

Anmerkungen

1 Überblick über die föderale Entwicklung in Deutschland etwa bei Stefan Oeter, Integration und Subsidiarität im deutschen Bundesstaatsrecht, 1998, S. 17 ff.; Albert Funk, Kleine Geschichte des Föderalismus, 2010; zu Möglichkeiten und Grenzen entsprechender Traditionsanknüpfungen Josef Isensee, Idee und Gestalt des Föderalismus im Grundgesetz, in: ders./P. Kirchhof (Hg.), Handbuch des Staatsrechts der Bundesrepublik Deutschland, Bd. VI, 3. Aufl. 2008, § 126 Rn. 10 ff.

2 Walter Rudolf, Kooperation im Bundesstaat, in: Isensee/P. Kirchhof (Fn. 1), § 141 Rn. 1.

3 Dazu etwa Christian Waldhoff/Jelena v. Achenbach, Erfahrungen mit Formen der »asymmetrischen« Föderalisierung, in: Scherzberg/Can/Dogan (Hg.), Der Schutz ethnischer Minderheiten in der Türkei und die Dezentralisation der Staatsorganisation, 2014, S. 123 ff.

4 Statt aller etwa Johannes Dietlein, in: Kahl/Waldhoff/Walter (Hg.), Bonner Kommentar zum Grundgesetz, Loseblattsammlung, Artikel 29 Rn. 13 ff. (99. Ergänzungslieferung März 2002); zu den Diskussionen Jörn Ipsen, Der Staat der Mitte, 2009, S. 109 ff.

5 Vgl. nur Isensee (Fn. 1), § 126 Rn. 63, 159, 348.

6 Zu den Ausstrahlungswirkungen des Grundgesetzes vgl. Peter Häberle, Wechselwirkungen zwischen deutschen und ausländischen Verfassungen, in: Merten/Papier (Hg.), Handbuch der Grundrechte, Bd. 1, 2004, § 7 Rn. 30 ff.; im Einzelnen zu den Beispielen Schweiz, Österreich, Italien, Spanien, Portugal, Griechenland, Türkei, Zypern, Polen, Korea und Japan vgl. die entsprechenden Beiträge in: Battis/Mahrenholz/Tsatsos (Hg.), Das Grundgesetz im internationalen Wirkungszusammenhang der Verfassungen, 1990.

7 Vgl. etwa Stefan Oeter (Fn. 1), S. 143 ff.; Hartmut Bauer, Entwicklungstendenzen und Perspektiven des Föderalismus in der Bundesrepublik Deutschland – Zugleich ein Beitrag zum Wettbewerbsföderalismus, in: Die öffentliche Verwaltung 2002, S. 837 ff.; Ipsen (Fn. 4), S. 103 ff.

8 Zur entsprechenden politischen Metaphorik etwa Siegfried Schieder, Die gestaltende Kraft von Sprachbildern und Metaphern, 2011; Werner Stegmair, Philosophie der Orientierung, 2008, S. 485 (zum »politischen Raum«).

9 Werner Heun, Die Verfassungsordnung der Bundesrepublik Deutschland, 2012, S. 61.

10 Zur nordamerikanischen Revolution Gordon S. Wood, The Creation of the American Republic 1776–1787, 1969/1998; Horst Dippel, Die Amerikanische Revolution 1763–1787, 1985.

11 Zur schweizerischen Bundesstaatsgründung Erich Gruner, Die Schweizerische Eidgenossenschaft von der Französischen Revolution bis zur Reform der Verfassung (1789 bis 1874), in: v. Greyerz u. a. (Hg.), Geschichte der Schweiz, 1987, S. 112 (123 ff.).

12 Christoph Schönberger, Unionsbürger. Europas föderales Bürgerrecht in vergleichender Sicht, 2005, S. 80 ff.

13 Zu diesen Bewegungen etwa Thomas Nipperdey, Deutsche Geschichte 1800–1866, 1983/1998, S. 272 ff., 704 ff.

14 Teilweise abweichend Michael Anderheiden, Mitwirkung der Länder an der Gesetzgebung, in: Isensee / P. Kirchhof (Hg.), Handbuch des Staatsrechts der Bundesrepublik Deutschland, Bd. VI, 3. Aufl. 2008, § 140 Rn. 5; Uwe Volkmann, Grundzüge einer Verfassungslehre der Bundesrepublik Deutschland, 2013, S. 273.

15 Hierzu Ulrich von Alemann, Nüchtern und ohne Leidenschaft: Ein Land hat sich gefunden, in: U. Canaris / Rüsen (Hg.), Kultur in Nordrhein-Westfalen. Zwischen Kirchturm, Förderturm und Fernsehturm, 2001, S. 48 ff.

16 Für den Anwendungsfall des bundesstaatlichen Finanzausgleichs deutlich Ulrich Haltern, Die künftige Ausgestaltung der bundesstaatlichen Finanzordnung, in: Veröffentlichungen der Vereinigung der Deutschen Staatsrechtslehrer 73 (2014), S. 103 (114 ff., 117 – Zitat – und durchgehend), kulminierend in dem Satz »Die föderale Aufgaben- und Kompetenzverteilung liegt quer zu einer sozialen Imagination des Staates, die ganz andere Prioritäten als föderale Verteilungsgerechtigkeit hat.«

17 Dazu Ernst Rudolf Huber, Deutsche Verfassungsgeschichte seit 1789, Bd. 3, 2. Aufl. 1970, S. 809 ff.

18 Zur staatsrechtlichen Konstruktion und zur Ereignisgeschichte Ernst Rudolf Huber, Deutsche Verfassungsgeschichte seit 1789, Bd. 4, 1. Aufl. 1969, S. 437 ff.

19 Christoph Möllers, Der parlamentarische Bundesstaat – Das vergessene Spannungsverhältnis von Parlament, Demokratie und Bundesstaat, in: Aulehner u. a. (Hg.), Föderalismus – Auflösung oder Zukunft der Staatlichkeit?, 1997, S. 81 (102 ff. und durchgehend); zu den intensiven Diskussionen im Parlamentarischen Rat über die Ausgestaltung einer »Zweiten Kammer« zwischen Bundesrats- und Senatsmodell Frank R. Pfetsch, Verfassungspolitik der Nachkriegszeit, 1985, S. 60 ff.

20 Manfred Görtemaker, Geschichte der Bundesrepublik Deutschland, 2004, S. 68; insgesamt zur föderalen Diskussion in der Entstehungszeit des Grundgesetzes Pfetsch (Fn. 19), S. 75 ff.

21 Dazu differenziert Karl Heinz Lamberty, Die Stellung der Liberalen zum föderativen Staatsaufbau in der Entstehungsphase der Bundesrepublik Deutschland 1945–1949, Diss. phil. Bonn 1983, S. 113 ff.

22 Zu den unterschiedlichen Motiven Heinrich Wilms, Ausländische Einwirkungen auf die Entstehung des Grundgesetzes, 1999, S. 90 ff. und öfter.

23 Eingedenk der Mahnung Peter Lerches, Föderalismus als nationales Ordnungsprinzip, in: Veröffentlichungen der Vereinigung der Deutschen Staatsrechtslehrer, Bd. 21, 1964, S. 66 f.

24 Lerche (Fn. 23), S. 67, bemerkt zu Recht, dass die typischen föderalen Konflikte (und damit letztlich der »Ort des Politischen«) durch ein statisches Kompetenzdenken verkannt werden.

25 Volkmann (Fn. 14), S. 264.

26 Isensee (Fn. 1), § 126 Rn. 198 ff.

27 Für die Vereinigten Staaten vgl. etwa Hans-Heinrich Trute, Zur Entwicklung des Föderalismus in den Vereinigten Staaten von Amerika, Zeitschrift für ausländisches öffentliches Recht und Völkerrecht 1989, S. 191 ff. (204 ff.); ferner Roland Sturm, Föderalismus in Deutschland und den USA, in: Zeitschrift für Parlamentsfragen 1997, S. 335 (341); zum Unterschied auch Heun (Fn. 9), S. 68 f.

28 Oeter (Fn. 1), S. 403 ff.

29 Vgl. etwa Michael Anderheiden, Mitwirkung der Länder bei der Gesetzgebung, in: Isensee / P. Kirchhof (Fn. 1), § 140 Rn. 6; Peter Lerche (Fn. 23), S. 70.

30 Fritz W. Scharpf, Die Politikverflechtungs-Falle, in: Politische Vierteljahresschrift 26 (1985), S. 323; Oeter (Fn. 1), S. 461 ff.

31 Gesetz zur Änderung des Grundgesetzes vom 27. Oktober 1994 (BGBl. I, S. 3146 ff.); dazu etwa Wolfgang Rüfner, Artikel 72 Absatz 2 GG in der Rechtsprechung des Bundesverfassungsgerichts, in: Staat im Wort. Festschrift für Josef Isensee, 2007, S. 389 ff.

32 Gesetz zur Änderung des Grundgesetzes vom 28. August 2006 (BGBl. I, S. 2034 ff.).

33 Evaluation bei Hans-Peter Schneider, Der neue deutsche Bundesstaat. Bericht über die Umsetzung der Föderalismusreform I, 2013; betont kritisch Hans Meyer, Die Föderalismusreform 2006, 2006.

34 Peter M. Huber, Gutachten D zum 65. Deutschen Juristentag Bonn 2004, S. D 33 ff.; ders., Deutschland in der Föderalismusfalle, 2003.

35 Christian Waldhoff, Finanzautonomie und Finanzverflechtung in gestuften Rechtsordnungen, Veröffentlichungen der Vereinigung der deutschen Staatsrechtslehrer 66 (2007), S. 216 (268).

36 Im Einzelnen Klaus Vogel / Christian Waldhoff, in: Kahl / Waldhoff / Walter (Hg.), Bonner Kommentar zum Grundgesetz, Loseblattsammlung, Vorb. z. Artikel 104a-115 Rn. 211 ff.

37 Henning Tappe, in: Kahl / Waldhoff / Walter (Hg.), Bonner Kommentar zum Grundgesetz, Loseblattsammlung, Artikel 104a Rn. 48 ff., 62 ff. (184. Ergänzungslieferung Mai 2017).

38 Im Überblick Werner Heun / Alexander Thiele, in: Dreier (Hg.), GG-Kommentar, 3. Aufl., 2018, Vorb. z. Artikel 104a-115 GG, Rn. 10 ff.

39 Grundsätzliche Kritik an Mischfinanzierungstatbeständen bei Christian Waldhoff, Mischfinanzierungen in der Bundesstaatsreform, in: Kritische Vierteljahresschrift für Gesetzgebung und Rechtsprechung 91 (2008), S. 213 ff.

40 Vgl. zuvor bereits BVerfGE 127, 165 – § 6a Zukunftsinvestitionsgesetz (2010).

41 Gesetz zur Änderung des Grundgesetzes vom 13.7.2017 (BGBl. I, S. 2347); dazu kritisch etwa Hans-Günter Henneke, »Die wilden 13« bekommen Junge, in: Deutsches Verwaltungsblatt 2018, S. 817 ff.

42 Hierzu Josef Franz Lindner, Reform des deutschen Bildungsföderalismus, in: Zeitschrift für Rechtspolitik 2018, S. 94 ff.

43 S. den Gesetzentwurf der Bundesregierung vom 18.7.2018, BT-Drucks. 19/3440; außerdem die diesen modifizierende Beschlussempfehlung des Haushaltsausschusses vom 28.11.2018, BT-Drucks. 9/6144.

44 Vgl. nur Paul Kirchhof, Die Steuerung des Verwaltungshandelns durch Haushaltsrecht und Haushaltskontrolle, in: Neue Zeitschrift für Verwaltungsrecht 1983, S. 505 ff.

45 Grundlegend Waldhoff (Fn. 35), S. 216 ff.

46 Vgl. den Beitrag der Ministerpräsidenten Volker Bouffier, Winfried Kretschmann, Michael Kretschmer, Armin Laschet und Markus Söder in der Frankfurter Allgemeinen Sonntagszeitung vom 2.12.2018.

47 S. hierzu Albert J. Rosenthal, Conditional Federal Spending and the Constitution, in: Stanford Law Review 39 (1987), S. 1103 ff.; außerdem das grundlegende Urteil des Supreme Court, South Dakota v. Dole, 483 U.S. 203 (1987).

48 Zum Landesverfassungsrecht Jörg Menzel, Landesverfassungsrecht, 2002; Richard Bartlsperger, Das Verfassungsrecht der Länder in der gesamtstaatlichen Verfassungsordnung, in: Isensee / P. Kirchhof (Hg.), Handbuch des Staatsrechts der Bundesrepublik Deutschland, Bd. VI, 3. Aufl. 2008, § 128.

49 Vgl. allgemein Martin Schuppli, Herstellung gleichwertiger Lebensverhältnisse, 2016; Wolfgang Kahl, »Gleichwertige Lebensverhältnisse« unter dem Grundgesetz, 2016.

50 Näher Christian Waldhoff, Verfassungsrechtliche Anforderungen an die Ausübung von Gesetzgebungskompetenzen, in: Henneke (Hg.), Föderalismusreform in Deutschland, 2005, S. 55 ff.

51 Hier steht die Entscheidung zum Altenpflegegesetz im Vordergrund, BVerfGE 106, 62 – Altenpflegegesetz (2002).

52 In neueren Entscheidungen, wo dies möglich gewesen wäre, ist der Prüfungsmaßstab offensichtlich erneut deutlich zurückgenommen worden, vgl. etwa BVerfGE 138, 136 (176 ff.) – Erbschaftsbesteuerung (2014).

53 Näher Christian Waldhoff, Verfassungsrechtliche Vorgaben für die Steuergesetzgebung im Vergleich Deutschland – Schweiz, 1997, S. 84 ff.

54 Kritisch etwa auch Oeter (Fn. 1), S. 532 ff.

55 Peter Lerche, Finanzausgleich und Einheitlichkeit der Lebensverhältnisse, in: Blumenwitz / Randelzhofer (Hg.), Festschrift für Friedrich Berber, 1973, S. 299.

56 Vgl. etwa Fabian Prante, Gleichwertige Lebensverhältnisse? Die Auswirkungen des demografischen Wandels auf die Infrastrukturpolitik am Beispiel Mecklenburg-Vorpommerns, 2010; Wissenschaftlicher Beirat beim Bundesministerium der Finanzen, Finanzpolitische Herausforderungen des demografischen Wandels in föderativen Systemen, Gutachten, April 2013.

57 Allgemein vergleichend zur Lösung föderaler Konflikte Dirk Hanschel, Konfliktlösung im Bundesstaat, 2012.

58 Eingehend hierzu Dirk Kiekebusch, Der Grundsatz der begrenzten Einzelermächtigung, 2017, S. 437 ff.

59 Dazu etwa Hans D. Jarass, Die Kompetenzverteilung zwischen der Europäischen Gemeinschaft und den Mitgliedstaaten, in: Archiv des öffentlichen Rechts 121 (1996), S. 173 (180); Armin v. Bogdandy / Jürgen Bast, Die vertikale Kompetenzordnung der Europäischen Union, in: Europäische Grundrechtezeitschrift 2001, S. 441 (446).

60 Lerche (Fn. 23), S. 84 f.
61 Ebd., S. 87.
62 Walter Schmitt Glaeser, Die grundrechtliche Freiheit des Bürgers zur Mitwirkung an der Willensbildung, in: Isensee / P. Kirchhof (Hg.), Handbuch des Staatsrechts der Bundesrepublik Deutschland, Bd. III, 3. Aufl. 2005, § 38; Christian Waldhoff, Parteienrecht, Wahlrecht, Parlamentsrecht, in: Gärditz / Herdegen / Masing / Poscher (Hg.), Handbuch des Verfassungsrechts, 2019, im Erscheinen.
63 BVerfGE 89, 155 (185 und öfter) – Maastricht (1993).
64 BVerfGE 123, 267 (358 f. und öfter) – Lissabon (2009).
65 Vgl. etwa Dieter Grimm, Braucht Europa eine Verfassung? 1994, S. 36 ff.
66 Hierzu Thomas Puhl, Entparlamentarisierung und Auslagerung staatlicher Entscheidungsverantwortung, in: Isensee / P. Kirchhof (Fn. 62), § 48 Rn. 17 ff.
67 Heun (Fn. 9), S. 62.
68 Volkmann (Fn. 14), S. 271.

Das Sozialstaatsprinzip des Grundgesetzes zwischen Rechtsgrundsatz und Imagination des Politischen[1]

Hans Michael Heinig, Göttingen

I. Der Sozialstaat in der deutschen Verfassungsordnung

Der Sozialstaat gehört zu den zentralen Charakteristika des politischen Gemeinwesens in Deutschland. Die Mütter und Väter des Grundgesetzes fanden ihn in gewissen Grundzügen 1949 schon vor, ebenso wie die Weimarer Nationalversammlung 1919.[2] Dem Parlamentarischen Rat war der Sozialstaat so wichtig, dass er das Sozialstaatsgebot in den Katalog derjenigen Verfassungsprinzipien aufgenommen hat, die unter dem Grundgesetz »ewig« Bestand haben sollen und nicht auf dem Wege der Verfassungsänderung beseitigt werden können (Artikel 79 Absatz 3 GG). Zu diesen – jeder demokratischen Verfügbarkeit enthobenen und damit quasi entpolitisierten – Merkmalen zählen die Unantastbarkeit der menschlichen Würde (Artikel 1 Absatz 1 GG) sowie der Charakter des Staates als Demokratie, Republik, Föderation, Rechtsstaat und Sozialstaat (Artikel 20 Absatz 1 GG). Über die Bedeutung dieser Grundbestimmungen kann man juristisch und politisch streiten, nicht aber über ihre Fortgeltung. Betrachtet man die der Staatsstruktur gewidmeten Prinzipien näher, fällt ein signifikanter Unterschied auf zwischen der Demokratie, der Bundesstaatlichkeit, der Herrschaft des Rechts und des Republikanismus einerseits sowie dem Sozialstaat andererseits. Die vier erstgenannten Merkmale weisen eine lange verfassungsgeschichtliche Tradition auf, sie sind in der politischen Philosophie der Neuzeit durchbuchstabiert und werden im Grundgesetz durch detaillierte Regelungen näher konkretisiert. An einem sozialstaatlichen »Meisterdenker« fehlt es hingegen in der politischen Ideengeschichte.[3] Auch in der Verfassungsgeschichte spielt die Verankerung des Sozialstaates keine besondere Rolle und dem Grundgesetz selbst sind auf den ersten Blick kaum Angaben zu entnehmen, was denn unter »Sozialstaat« im Sinne der Verfassung zu verstehen ist und welche normativen Konsequenzen aus dem Verfassungsprinzip zu ziehen sind. Möglicherweise ist die Bedeutung des Sozialstaatsprinzips also vor allem jenseits rechtsdogmatischer Gehalte zu suchen: Das Sozialstaatsprinzip dient dann nicht primär dazu, auf konkrete Rechtsfragen zu antworten, sondern ein Ideal gesellschaftlicher Ordnung zum Ausdruck zu bringen.

II. Verfassungsdogmatik des Sozialstaates

An drei Stellen finden sich im Grundgesetz Anhalte für ein der Verfassungsdogmatik zuzuordnendes »Sozialstaatsprinzip«: in Artikel 20 Absatz 1 GG (»Die Bundesrepublik Deutschland ist ein […] sozialer Bundesstaat«), in Artikel 28 Absatz 1 GG (»Die verfassungsmäßige Ordnung in den Ländern muss den Grundsätzen des […] sozialen Rechtsstaates im Sinne dieses Grundgesetzes entsprechen«) und in Artikel 23 Absatz 1 GG (»Zur Verwirklichung eines vereinten Europas wirkt die Bundesrepublik Deutschland bei der Entwicklung einer Europäischen Union mit, die […] sozialen Grundsätzen verpflichtet ist.«). Von der Aufnahme sozialer Grundrechte, wie sie etwa die Weimarer Reichsverfassung kannte und einzelne Länderverfassungen sowie die Europäische Grundrechtecharta aufweisen, hat der Parlamentarische Rat hingegen bewusst abgesehen, sieht man einmal vom Anspruch jeder Mutter nach Artikel 6 Absatz 4 GG »auf den Schutz und die Fürsorge der Gemeinschaft« ab. Sonstige Regelungen, die sich explizit den sozialstaatlichen Aktivitäten des Staates widmen, sind rar. Artikel 87 Absatz 2 GG erwähnt Sozialversicherungsträger (und regelt, ob diese juristische Personen des Bundes oder der Länder sind) und Artikel 74 Absatz 1 GG führt Gesetzgebungskompetenzen für Bereiche auf, die klassischerweise dem Sozialstaat zuzuordnen sind, etwa der öffentlichen Fürsorge (Artikel 74 Absatz 1 Nr. 7), der Versorgung von Kriegsversehrten (Nr. 10) und der Sozialversicherung (Nr. 12).

Vor dem Hintergrund dieser verfassungstextuellen Ausgangslage hat sich in der Rechtsprechung des Bundesverfassungsgerichts und der deutschen Rechtswissenschaft ein Kanon an Aussagen über das Sozialstaatsprinzip ausgebildet, der vor allem die Grenzen der Verfassungsbestimmung unterstreicht:

1. Das Sozialstaatsprinzip wird nicht bloß als politisches Programm, sondern als ein echter Rechtssatz begriffen.[4]

2. Das Sozialstaatsprinzip ermächtige und verpflichte den Staat zu gewissen sozialstaatlichen Aktivitäten. Dieser habe »für eine gerechte Sozialordnung zu sorgen«.[5] Ein Minimum sozialer Aktivitäten sei dem Staat von Verfassungs wegen geboten (Untermaßverbot).
3. Welchen Inhalt diese Aktivitäten haben, wird in historischen Prägungen bestimmt, also vor der Folie der sozialen Notlagen des ausgehenden 19. Jahrhunderts, auf die die Ausbildung des Sozialstaates in Deutschland eine Antwort geben wollte (soziale Frage als Arbeiterfrage).[6] Der Sozialstaat sei aber offen für neue Nöte und Bedrängnisse (Sozialstaat als offener Prozess).[7] Das Sozialstaatsprinzip verpflichte den Staat deshalb auch nicht auf einen bestimmten sozialrechtlichen Status quo. Konkret bestehende Leistungen und institutionelle Ausgestaltungen wüchsen durch das Sozialstaatsprinzip nicht in Verfassungsrang. Das Grundgesetz enthalte kein sozialpolitisches »Rückschrittsverbot«.
4. Subjektive Rechte ließen sich dem Sozialstaatsprinzip in der Regel nicht entnehmen, auch nicht in Verbindung mit einzelnen Grundrechtspositionen. Ausnahmen bildeten in der Rechtsprechung des Bundesverfassungsgerichts lediglich die Verbindung von Sozialstaatsprinzip und Menschenwürde (Artikel 1 Absatz 1 GG), der man das subjektive Recht hilfebedürftiger Personen auf Sicherung eines menschenwürdigen Existenzminimums entnimmt,[8] sowie das Recht auf Gesundheit und körperliche Unversehrtheit, dem im Falle lebensbedrohender oder regelmäßig tödlich verlaufender Krankheiten innerhalb des Systems der gesetzlichen Krankenversicherung auch konkrete Leistungspflichten entwachsen.[9]
5. Wie sich das Verhältnis von individueller Eigensorge und solidarischer, d.h. sozialstaatlicher Gemeinschaftssorge ansonsten genau gestaltet, wird dem Gesetzgeber überlassen.[10] Dieser sei, durch Wahlen demokratisch unmittelbar legitimiert, von Verfassungs wegen zuvörderst dazu berufen, zu entscheiden, wem welche konkreten sozialen Rechte eingeräumt und wie dann die sozialen Leistungen finanziert werden. Dabei sei ihm aus demokratietheoretischen wie pragmatischen Gründen ein erheblicher Spielraum zuzugestehen (Einschätzungsprärogativen und Ausgestaltungsermessen), der die verfassungsgerichtliche Kontrolldichte auf ein Minimum reduziert.[11]
6. Von Sozialstaatsdebatten gänzlich abgelöst entwickelt hat sich die Dogmatik des Eigentumsgrundrechts (Artikel 14 GG), das die Klausel »Eigentum verpflichtet« und Regelungen zur Enteignung gegen Entschädigung kennt. Praktisch wie wissenschaftlich irrelevant ist zudem

der Sozialisierungsartikel (Artikel 15 GG); das Sozialstaatsprinzip wird gemeinhin nicht im Lichte der dort erwähnten »Gemeinwirtschaft« gedeutet.

Damit ist die verfassungsrechtliche Relevanz des Sozialstaatsprinzips recht überschaubar: Der Staat darf und soll sich als Sozialstaat ausbilden. Weitere Einzelheiten hat der Gesetzgeber zu regeln.

Vor dem Hintergrund dieses bescheidenen Ertrages drängt sich die Frage auf, wozu es überhaupt einer verfassungsrechtlichen Regelung zum Sozialstaat bedarf, zudem einer, die durch Artikel 79 Absatz 3 GG in den Stand des konstitutionellen Hochadels des Grundgesetzes erhoben wird? Die bloße Ermächtigung zum sozialstaatlichen Wirken scheint keine sonderlich vordringliche Aufgabe des Verfassungsrechts zu sein. Schon der preußische Staat zu Zeiten des Allgemeinen Landrechts war in gewissem Umfang ein Sozialstaat; seine entscheidende Dynamik gewann der Sozialstaat ohne konstitutionelle Anleitung Ende des 19. Jahrhunderts; zahlreiche europäische Staaten kamen und kommen ohne verfassungsrechtliche Bestimmungen zum sozialstaatlichen Charakter des Gemeinwesens aus, ohne dass es ihnen am Auf- und Ausbau entsprechender Aktivitäten fehlen würde. Was ist also eigentlich am Sozialstaatsprinzip, wenn es einen derart begrenzten Regelungsgehalt hat, so besonders, dass es den hehren Grundsätzen der Demokratie, des Rechtsstaates, der Republik und des Bundes an die Seite gestellt wird?

III. Verfassungstheorie des Sozialstaates

An dieser Stelle dürfte ein Perspektivwechsel hilfreich sein – von der Dogmatik zur Theorie. Wenn für das – durch Artikel 79 Absatz 3 GG zudem herausgehobene – Sozialstaatsprinzip kein markantes rechtsdogmatisches Profil auszumachen ist, dann liegt es nahe, seine »eigentliche« Bedeutung gerade jenseits der Rechtsdogmatik zu suchen. Recht ist immer auch Teil unseres kulturellen Selbstverständnisses. »Das Recht [...] ist Teil des kulturellen Bedeutungs- und Symbolgewebes, in das der Mensch verstrickt ist«.[12] Im Anschluss an Ernst Cassirer könnte man auch sagen: Das Recht bildet eine symbolische Form,[13] in der sich bestimmte Erfahrungen und Geschichte(n) ablagern. Das Recht wird so zu einer Art »Sinnspeicher«. Das Recht gibt Antworten auf die Frage, wie wir leben, wie wir unser Zusammenleben organisieren wollen, wie wir dieses Zusammenleben verstehen und welche starken Wertungen uns dabei leiten sollen. In den letzten Jahren ist das Bewusstsein in der Rechtswissenschaft für solche Dimensionen des Verfassungsrechts deutlich gestiegen. Uwe Volkmann etwa spricht von im Verfassungsrecht verdichteten gesellschaftlichen Ordnungsvorstellungen, die als Leitbilder dienen.[14]

Um die Dimension des Sozialstaats, die das Technische des Verfassungsrechts überschreitet, besser fassen zu können, lässt sich die heikle Kategorie des »Politischen« bemühen: Die Formulierung und Deutung des Verfassungsrechts einerseits und die politischen Vorstellungswelten anderseits prägen sich wechselseitig. Das ist schon der Funktion der Verfassung in modernen Gesellschaften geschuldet, eine Art Scharnier zwischen Recht und Politik zu bilden.[15] Das Verfassungsrecht lässt sich so gesehen (auch) als »Imagination des Politischen« beschreiben, als symbolische Verdichtung einer politischen Vorstellung der Gesellschaft, als Repräsentation einer politischen kollektiven Identität.[16] Nicht alle Verfassungsnormen erfüllen diese Aufgabe in gleicher Weise. Die meisten Normen dienen dazu, eine konkrete Rechtsfrage anhand der Differenz von Recht und Unrecht zu entscheiden. Einige Grundsatznormen aber sind für sich gesehen besonders vage, ausfüllungsbedürftig, der Optimierung und Relativierung zugänglich und erfahren durch weitere Bestimmungen eine Konkretisierung. Für das Sozialstaatsgebot hingegen lässt sich diese Konkretisierung auf Verfassungsebene nicht beobachten.

Fragt man nun vor dem Hintergrund konkurrierender politischer Ideen nach dem Sinn und Zweck des Sozialstaatsprinzips, zeigt sich eine formbildende Funktion des Einschlusses und Ausschlusses. In Anlehnung an Carl Schmitt könnte man sagen: Das Sozialstaatsprinzip markiert Grenzen – außerhalb dieser Grenzen herrscht gleichsam der Modus der politischen »Feindschaft«, innerhalb der Grenzen der durch den politischen Agon nicht berührten republikanischen »Freundschaft«.[17] Bestimmte Imaginationen des Politischen werden durch die Verpflichtung des Staates auf sozialstaatliche Aktivitäten inkludiert, andere, konkurrierende Imaginationen hingegen exkludiert. Das Sozialstaatsprinzip bearbeitet so gesehen die bis heute die politische Vorstellungswelt prägenden ideologischen Großkämpfe des 19. und 20. Jahrhunderts im Dreieck zwischen wirtschafts- und individualzentriertem Liberalismus, kulturkritisch-restaurativem Konservativismus und revolutionärem Sozialismus.

Die Erwähnung des Sozialstaates in der Verfassung bedeutet eine Absage an ein Modell rein marktförmiger Selbstorganisation der Gesellschaft in Gestalt des Manchesterliberalismus, eine Absage an ein Ideal der Gerechtigkeitserzeugung über das freie Spiel der Kräfte, die sich von »unsichtbarer Hand« geführt in eine Art harmonische Ordnung fügen. Aber es enthält ebenso eine klare Entscheidung gegen Ideen einer durchgreifenden Neuordnung der Primärverteilung von Eigentum in der Gesellschaft im Geiste des Marxismus-Leninismus sowie gegen das konservativ-romantische Ideal einer Rückkehr zu ständischpatriarchalischen Wirtschaftsformen, wie sie für die agrarische Gesellschaft typisch waren.

Zugleich inkludiert das Sozialstaatsprinzip gerade in seiner vagen Ausgestaltung. Schließlich konkurrieren in der politischen Philosophie unterschiedliche normative Begründungsmodelle für den sozialen Staat. Idealtypisch kann man zwischen auf Thomas Hobbes zurückführbaren subsistenzorientierten, rousseauistisch informierten demokratie- und egalitätsorientierten, neoaristotelisch-gemeinschaftsorientierten sowie kantischen freiheitsorientierten Sozialstaatsmodellen unterscheiden.[18] Das Sozialstaatsprinzip des Grundgesetzes vermeidet gerade in seiner Vagheit eine klare Stellungnahme zu solchen Begründungsdiskursen. Es erlaubt damit Projektionen unterschiedlichster Art: Die einen sehen im Sozialstaat eine eher minimalistische Subsistenzsicherung. Andere betonen die Gleichheitsverpflichtung des Sozialstaates oder seinen Gemeinschaftscharakter, zuweilen damit auch seinen kulturellen Homogenitätsbedarf. Als Alternative wird vorgeschlagen, nicht »Gleichheit«, sondern die Befähigung zur Verwirklichung der Freiheit, nicht Verteilungs-, sondern Befähigungsgerechtigkeit zur Zentralperspektive einer freiheitlichen Begründung des Sozialstaates zu machen.[19] Das Grundgesetz mit seinem Sozialstaatsgebot bietet Raum für solche unterschiedlichen Deutungen. Es sistiert also in einer Art Doppelstrategie die ideologischen Großkämpfe um die Wirtschafts- und Sozialordnung einer Gesellschaft. Bestimmte »Imaginationen des Sozialpolitischen« werden ausgeschlossen, andere in ihrer Viel- und Gegensätzlichkeit durch relative Offenheit integriert.

In dieser Funktionsweise wirkt das Sozialstaatsprinzip dann, gegenläufig zum Eingangsbefund dieses Beitrags, auf die Verfassungsdogmatik zurück, gleichsam im Rücken der eigentlichen dogmatischen Debatten. Denn in den letzten 70 Jahren hat sich auf der Metaebene – jenseits konkreter einzelner Rechtsfragen – eine Auslegung des Grundgesetzes etabliert, die die zentrale Bedeutung der individuellen Freiheit im Gesamtgefüge der Verfassung herausstreicht, zugleich aber gegenüber der klassisch liberalen Grundrechtstheorie des 19. Jahrhunderts durchgreifende Veränderungen vornimmt. Der Freiheitsbegriff und in seinem Fahrwasser die Grundrechtsdogmatik werden so, auch unter Rekurs auf das Sozialstaatsprinzip, zum zentralen Schauplatz im Ringen um ein angemessenes politisches und gesellschaftstheoretisches Selbstverständnis, um die bundesdeutsche »Imagination des Politischen«. In der deutschen Grundrechtsdogmatik treten neben das klassische Verständnis der Grundrechte als Abwehrrechte der freiheitsberechtigten Bürger gegenüber dem freiheitsverpflichteten Staat weitere Grundrechtsdimensionen: Grundrechte als objektive »Werteordnung«, Grundrechte als Schutzpflichten des Staates gegenüber seinen Bürgern, Grundrechte als Teilhaberechte in einer von staatlichen Aktivitäten durchprägten Gesellschaft. Die für das liberale Verfassungsdenken konstitutive Figur der Trennung von Staat und Gesellschaft wird hier zunehmend in Frage gestellt,[20] Grundrechte erfahren zu einem gewissen Teil quasi eine Schubumkehr: Aus einem Schutz vor staatlichen Interventionen wird die Berechtigung, ja Verpflichtung zu staatlichen Aktivitäten, die sich ggf. auch gegen den entgegenlaufenden Willen der Betroffenen durchzusetzen hat. Und: Der Zugang zu Infrastruktureinrichtungen in privater Trägerschaft (etwa Shoppingmalls und Fußballstadien) wird einer immer schärferen Grundrechtskontrolle unterzogen, weil er von elementarer Bedeutung für die effektive Verwirklichung von Grundrechten sein kann;[21] die sogenannte Drittwirkung der Grundrechte (als objektive Grundentscheidungen im Rechtsverhältnis zwischen Bürgern) nähert sich der Funktion als freiheitsschützendes Eingriffsabwehrrecht gegenüber dem Staat immer mehr an.

Grundlage für diese Entwicklung ist ein insbesondere von der Menschenwürde (auch als Korrektiv zum Autonomiepostulat) ausgehendes Menschenbild, und ein postlibertäres – eben sozialstaatliches – Staatsverständnis. Dem Grundgesetz wird gleichsam ein antilibertäres wie antisozialistisches Menschenbild unterstellt: »Das Grundgesetz konstruiert den Menschen zwar als frei, setzt aber dennoch dessen soziale Bindung zur Gesellschaft voraus.«[22] Damit korrespondiert die Vorstellung vom Staat als aktivem Wohlfahrtsstaat: »Der Staat ist planender, verteilender, gestaltender, individuelles wie soziales Leben erst ermöglichender Staat«.[23] So bildet sich im Wechselspiel von allgemeiner Grundrechtslehre, Menschenwürdetopos und Sozialstaatsprinzip unter dem Grundgesetz eine das rechtliche, politische und sonstige gesellschaftliche Leben maßgeblich prägende spezifische Vorstellung vom Menschen in der staatlichen Gemeinschaft aus – eben eine Imagination des Politischen, die insbesondere bestimmte Entwicklungstendenzen in der Grundrechtsdogmatik stützt und befördert.

IV. Ambivalenzen des Sozialstaates

Die verfassungstheoretische Kategorie des »Politischen« ist alles andere als harmlos. Für Carl Schmitt war die Unterscheidung von Freund und Feind »in ihrem konkreten, existenziellen Sinne« bis hin zur physischen Vernichtung die Grundlage des Politischen.[24] In der jüngeren US-amerikanischen Verfassungstheorie findet sich der Schlüsselsatz: »No theory of the political is adequate if it fails to confront and explain the phenomena of sacrifice and killing.«[25] Diese belligrante Zuspitzung mag lange Zeit eine treffende Rekonstruktion der US-amerikanischen Imagination des Politischen gewesen sein. Dann könnte man im deutschen Sozialstaatsmodell eine Art Gegenentwurf sehen, der wie das Grundgesetz selbst auf einem großen »Nie wieder!« aufruht. Auch der Sozialstaat erzeugt eine Form ultimativer Bedeutung, wie sich etwa an der Mentalitätsgeschichte Westdeutschlands zwischen 1950 und 1989 ablesen lässt. Die Versöhnung von Kapital und Arbeit im rheinischen Kapitalismus, das Versprechen einer nivellierten Mittelstandsgesellschaft (Helmut Schelsky) wurden hier zum Identifikationspunkt eines ganzen Landes. Die Gerechtigkeits- und Fortschrittsversprechen der »sozialen Marktwirtschaft« (»Wohlstand für alle!«) ersetzten den durch den Nationalsozialismus diskreditierten Nationalchauvinismus im Geflecht kollektiver Identitätsbildungsprozesse. Mit dem sozialpolitischen Pazifismus nach innen korrespondierte dabei außenpolitisch das Konzept der Selbstbindung und Kooperation (Westintegration). Opfer wurden nun nicht mehr in Kriegen erbracht, sondern allenfalls in Gestalt von Steuern und Sozialbeiträgen,[26] um soziale Umverteilung zu finanzieren. Auch eine solche Imagination vermag starke Bindungen und Identifikationen zu erzeugen; gerade diese Imagination beschränkt sich nicht auf ein rationales Kalkül der atomisierten Interessen, sondern schöpft aus dem alteuropäischen Bilderfundus der Liebe und Nächstenliebe sowie der solidarischen Gemeinschaft, in der der Einzelne aufgehoben ist.

Deshalb war es von der politischen Linken Westdeutschlands der 1980er-Jahre wohl allzu voreilig, den Sozialstaat zu einer Art postnationalem Vorzeigeprojekt zu deklarieren. Eine vom Sozialstaatsprojekt ausgehende Imagination des Politischen lässt sich nicht einfach von der klassisch nationalstaatlichen Imagination lösen. Hierzu drei Erinnerungen: Entstanden ist der Sozialstaat in Deutschland als hochgradig politisiertes Projekt in Gestalt eines Sozialversicherungsstaates, um die aufkommende

Arbeiterbewegung zu »neutralisieren«. Zugleich stellte er eine Reaktion auf den besonderen Legitimationsbedarf des 1871 gegründeten Deutschen Reiches dar, das als von oben gegründete »verspätete Nation«[27] die gescheiterte bürgerliche Revolution von 1848/1849 im Nacken hatte und der demokratischen Legitimation weitestgehend entbehrte. Eine nicht unerhebliche Ausdehnung erfuhr der Sozialstaat in Deutschland während des Ersten Weltkrieges; im Nationalsozialismus sollte sich dieser Vorgang dann – ungeachtet der rassenpolitisch motivierten, diskriminierenden Ausrichtung – wiederholen. Der Historiker Götz Aly spricht in seinem viel beachteten Buch »Hitlers Volksstaat« nicht zu Unrecht von einer wohlfahrtsstaatlichen Gefälligkeitsdiktatur, in der die Zustimmung der Bevölkerung – gerade während der ersten Kriegsjahre – jedenfalls auch durch sozialpolitische Wohltaten erkauft wurde.[28] Wie prekär der postnationale Status einer westdeutschen Imagination des Politischen auf der Basis des Sozialstaates war, zeigte sich 1989/1990, als das mit dem Sozialstaat verbundene Prosperitäts- und Sekuritätsversprechen verwendet wurde, um die Zustimmung zu einer beschleunigten Vereinigung der beiden Teile Deutschlands zu erreichen; die sozialstaatlich geprägte Kollektividentität Westdeutschlands ließ sich nahtlos in den Ostteil des Landes überführen und zum Ausgangspunkt der Bemühungen um eine gesamtdeutsche Identitätsbildung machen.

Inzwischen hat sich durchaus eine gesamtdeutsche Imagination des Politischen im Prisma des Sozialstaates in Deutschland ausgebildet. Sie wurde maßgeblich geprägt durch Diskussionen über die Krise des deutschen Sozialstaates in den späten 1990er- und anfänglichen 2000er-Jahren unter dem Eindruck der Intensivierung und Beschleunigung globaler Wirtschaftsströme. Die sogenannten Hartz-Reformen waren eine Reaktion auf diese Debatten. In nachfolgenden Wirtschafts- und Währungskrisen (Weltfinanzkrise ab 2007, Eurokrise ab 2009) erwies sich der deutsche Sozialstaat dann als relativ robust und handlungsfähig. Gleichwohl erscheint die politische Imagination des Sozialstaates gegenwärtig weniger kompakt als früher: Für weite Teile der Sozialversicherung bleibt umstritten, ob eine Grundsicherung oder die Erhaltung des individuell erreichten Lebensstandards das Ziel sozialer Leistungen sein soll. Trotz gleichbleibend hoher Sozialleistungsquote nehmen Teile der Bevölkerung Strukturanpassungen (»Umbau«) vorrangig als »Abbau« des Sozialstaates wahr. Seit Jahrzehnten diffus bleibt die Antwort auf die Frage, ob sich ergänzend zur nationalen eine europäische Imagination des Sozialpolitischen ausbilden wird. Momentan sind Wohlstandsniveau und

Sozialstaatsmodelle innerhalb der Europäischen Union, aller Rhetorik vom »sozialen Europa« zum Trotz, allzu unterschiedlich, um eine tragfähige gemeineuropäische Identität auszubilden, die auf gemeinsamen wohlfahrtsstaatlichen Leitbildern aufruht.[29] Schließlich: Gegenwärtig haben in ganz Europa wieder politische Imaginationen Konjunktur, die kulturelle Homogenität und nationale Identität betonen. Der Populismus linker und rechter Provenienz mag einer eigenen politische Ökonomie folgen.[30] Möglicherweise stellt die wohlfahrtstaatliche Dynamik die Bedingungen ihrer Möglichkeit aber auch grundlegend in Frage,[31] mit der Folge, dass neue politische Imaginationen an die Stelle der durch den modernen Wohlfahrtsstaat geprägten treten.

Der Druck der hier beschriebenen Verhältnisse dürfte über kurz oder lang nicht folgenlos für die Selbstdeutung der Gesellschaft und deren Abbildung im Recht sein. Wie leistungsfähig das Sozialstaatsprinzip des Grundgesetzes als Imagination des Politischen unter sich wandelnden Verhältnissen bleibt, wird sich zeigen müssen. Die bisherigen Erfahrungen lehren immerhin, die Resilienz und Wandlungsfähigkeit des Sozialstaatsprinzips nicht zu unterschätzen.

Anmerkungen

1 Eine längere Vorstudie zu dieser Abhandlung erschien unter dem Titel »Das Sozialstaatsprinzip als Imagination des Politischen« in der Studentischen Zeitschrift für Rechtswissenschaft Heidelberg 2007, S. 3 ff.

2 Vgl. etwa Michael Stolleis, Geschichte des Sozialrechts in Deutschland, 2003.

3 Als solcher kommt in der Sache am ehesten Lorenz von Stein in Betracht (vgl. Hans Michael Heinig, Der Sozialstaat im Dienst der Freiheit, 2008, S. 56 ff.), der einem breiteren – und internationalen – Publikum aber wohl unbekannt sein dürfte.

4 Anders hinsichtlich des verfassungsrechtlichen Status noch Ernst Forsthoff, Begriff und Wesen des sozialen Rechtsstaates (1954), in: ders. (Hg.), Rechtsstaatlichkeit und Sozialstaatlichkeit, 1968, S. 165 ff.

5 BVerfGE 59, 231 (262) – freier Rundfunkmitarbeiter (1982).

6 In Frankreich dagegen ist die soziale Frage stets eher als Familienfrage und in Großbritannien eher als Armutsfrage thematisiert worden. Hieraus resultieren bis heute signifikante Unterschiede in den Strukturen sozialer Sicherheit. Siehe Franz-Xaver Kaufmann, Christentum und Wohlfahrtsstaat, in: Zeitschrift für Sozialreform 34 (1988), S. 65 ff.

7 Hans Zacher, Was können wir über das Sozialstaatsprinzip wissen?, in: Stödter/Thieme (Hg.), Festschrift für Hans Peter Ipsen, 1977, S. 207 (240 ff.).

8 Zu dieser Rspr. m.w.N. Hans Michael Heinig, Menschenwürde und Sozialstaatsprinzip als normative Grundlagen des Existenzminimums, in: Fahlbusch (Hg.), Festschrift 50 Jahre Sozialhilfe, 2012, S. 13 (22 ff.).

9 BVerfGE 115, 25 ff. – Alternativmedizin (2005).

10 So schon BVerfGE 97, 103 (105) – Kindererziehungszeiten (1997); 50, 57 (108) – Zinsbesteuerung (1978); 59, 231 (262) – freier Rundfunkmitarbeiter (1982); insg. Christoph Enders, Sozialstaatlichkeit im Spannungsfeld von Eigenverantwortung und Fürsorge, in: Veröffentlichungen der Vereinigung der Deutschen Staatsrechtslehrer 64 (2005), S. 7 ff.

11 Siehe insg. etwa Thorsten Kingreen, Das Sozialstaatsprinzip im europäischen Verfassungsverbund, 2003, S. 120 ff.; Rainer Pitschas, Soziale Sicherungssysteme im »europäisierten« Sozialstaat, in: Badura / Dreier (Hg.), Festschrift 50 Jahre Bundesverfassungsgericht, Bd. 2, 2001, S. 827 ff. m. w. N.

12 Ulrich Haltern, Europarecht und das Politische, 2005, S. 18.

13 Vgl. Ernst Cassirer, Versuch über den Menschen, 1996 (amerik. Orig. An Essay on Man, 1944).

14 Uwe Volkmann, Grundzüge einer Verfassungslehre der Bundesrepublik Deutschland, 2013, S. 148 f.

15 Niklas Luhmann, Das Recht der Gesellschaft, 1997, S. 470 f.; ders., Verfassung als evolutionäre Errungenschaft, in: Rechtshistorisches Journal 6 (1990), S. 178 ff. spricht von »struktureller Koppelung«.

16 Haltern (Fn. 12), S. 17 ff. und öfter; dies ist freilich nur eine Perspektive auf das Recht, die insbesondere das Verfassungsrecht betrifft. Das Recht als kulturelle Erscheinung ist aber nicht nur eine Imagination des Politischen; es prägt als Zivil- und Handelsrecht etwa auch unsere Vorstellungen des Ökonomischen und wird umgekehrt von diesem geprägt. Grundlegend zum Imaginationsbegriff in diesem Zusammenhang Benedict Andersen, Die Erfindung der Nation, 2. Aufl. 2005 (amerik. Orig. Imagined Communities, 1983).

17 Zur Unterscheidung von Freund und Feind als Merkmal des Politischen siehe Carl Schmitt, Der Begriff des Politischen, 3. Aufl. der Ausgabe von 1963, 1991, S. 26 ff.

18 Vgl. insg. Wolfgang Kersting, Kritik der Gleichheit, 2002, S. 34 ff. m. w. N., der allerdings die neoaristotelische Tradition ausspart.

19 Heinig (Fn. 3).

20 Konrad Hesse, Der Rechtsstaat im Verfassungssystem des Grundgesetzes (1962), in: Forsthoff (Fn. 3), S. 556 f., 575 ff.; Dieter Grimm, Der Wandel der Staatsaufgaben und die Krise der Rechtsstaats, in: ders., Die Zukunft der Verfassung, 2. Aufl., 1994, S. 159 (170).

21 BVerfG, Beschluss des Ersten Senats vom 11.4.2018, 1 BvR 3080/09; BVerfG, Beschluss der 3. Kammer des Ersten Senats vom 18.7.2015, 1 BvQ 25/15.

22 Pitschas (Fn. 11), S. 831; siehe auch BVerfGE 27, 253 (283) – Besatzungsschäden (1969): Die Verfassung »stellt den freien, sich in der Gesellschaft entfaltenden Menschen in den Mittelpunkt der staatlichen Ordnung«.

23 Hesse (Fn. 19), S. 566.

24 Schmitt (Fn. 16), S. 26 ff.

25 Paul Kahn, Putting Liberalism in its Place, 2005, S. 230 f.

26 Wobei zuzugestehen ist, dass der Opferbegriff hier nur im metaphorischen Sinne gebraucht wird; Sozialabgaben ist eine reziproke Solidaritätsstruktur eigen, gerade darin unterscheiden sie sich von der Einseitigkeit des Opfers im Sinne der Selbstlosigkeit des Sich-Opferns oder der Unfreiwilligkeit des Opferwerdens.

27 Helmuth Plessner, Die verspätete Nation (1959), 3. Aufl. 1988.

28 Götz Aly, Hitlers Volksstaat, 2005. Da die frühe Bundesrepublik an der politischen Integration durch soziale Umverteilung festhielt, spricht Aly – irreführend – von einem »säkularisierten« Nationalsozialismus, der sich in Deutschland festgesetzt habe; die Governancetechniken des Sozialstaates sind dem Nationalsozialismus aber vorgängig und keineswegs auf Deutschland beschränkt. Auch die Bezüge zwischen sozialstaatlichen Extensionen und Herstellung und Sicherung der Kriegsbereitschaft sind deshalb vergleichend international zu analysieren (GB: Beveridge-Plan 1943; USA: Fortsetzung des New Deal nach 1939). Aufschlussreich in diesem Zusammenhang die komparative Studie über den New Deal, den italienischen Faschismus und den Nationalsozialismus der 1930er-Jahre von Wolfgang Schivelbusch, Entfernte Verwandtschaft, 2005.

29 Insoweit ist es folgerichtig, wenn das Bundesverfassungsgericht die sozialpolitische Handlungsfähigkeit der Bundesrepublik für »integrationsfest« erklärt; BVerfGE 123, 267 ff. – Lissabon (2009).

30 Philip Manow, Die politische Ökonomie des Populismus, 2018.

31 Niklas Luhmann, Die Politik der Gesellschaft, 2000, S. 422 ff. und öfter.

Die Verfassungsgerichtsbarkeit als Potential für demokratisches Regieren

Christine Landfried, Hamburg/Berlin

Das Grundgesetz hat bei den Bürgerinnen und Bürgern in Deutschland einen guten Ruf. 60% der Bevölkerung sind nach einer Umfrage des Instituts für Demoskopie in Allensbach vom Sommer 2014 der Meinung, das Grundgesetz zähle zu den größten Leistungen der Bundesrepublik.[1] Das Bundesverfassungsgericht hat mit seiner Rechtsprechung zu dieser gesellschaftlichen Verwurzelung der Verfassung entscheidend beigetragen[2] und genießt bei der Bevölkerung seit vielen Jahren großes Vertrauen. Während – wiederum nach der Umfrage von 2014 – nur 56% der Bevölkerung dem Bundestag und 22% den politischen Parteien Vertrauen entgegenbringen, steht das Bundesverfassungsgericht mit 79% Vertrauen bei den Bürgern hoch im Kurs.[3]

In Zeiten wachsender gesellschaftlicher Gegensätze, einer immer größeren Kluft zwischen Arm und Reich, einer Entfremdung zwischen den politischen Eliten und Teilen der Bevölkerung, und einem zunehmenden Einfluss populistischer Parteien und ihrer antipluralistischen Politik[4] ist es jedoch nicht mehr selbstverständlich, dass die Verfassung auch in Zukunft so fest in der Gesellschaft verankert sein wird. Auch die Wertschätzung eines die politische Macht kontrollierenden Verfassungsgerichtes ist auf eine lebendige Demokratie angewiesen.[5] Kommen populistische Parteien an die Regierung, ist die Unabhängigkeit der Verfassungsgerichtsbarkeit gefährdet.[6]

In meinem Beitrag möchte ich daher folgende Frage stellen: Welches sind die Bedingungen, die es ermöglichen, dass die Richter des Bundesverfassungsgerichtes zu einer gesellschaftlichen Verwurzelung des Grundgesetzes beitragen? Während aus politikwissenschaftlicher Sicht häufig auf die Widersprüche zwischen Demokratie und Verfassungsgerichtsbarkeit hingewiesen wird, möchte ich hier einmal das Potential der Verfassungsgerichtsbarkeit für demokratisches Regieren in den Mittelpunkt stellen.

Die Richter des Bundesverfassungsgerichtes haben die Macht, die

Verfassung verbindlich zu interpretieren. Nach Artikel 20 GG muss alle öffentliche Gewalt, auch die öffentliche Gewalt der Richter, vom Volke ausgehen. Bundesverfassungsrichter werden jedoch nur indirekt demokratisch gewählt. Umso wichtiger ist es, dass die möglichen Quellen der demokratischen Legitimation der Verfassungsgerichtsbarkeit gut genutzt werden. Zu den Bedingungen für eine legitime und demokratisches Regieren stärkende Verfassungsgerichtsbarkeit gehören der Dialog mit der Öffentlichkeit, eine demokratische, transparente und auf Vielfalt achtende Wahl der Bundesverfassungsrichter sowie die Differenz zwischen politischer und richterlicher Entscheidungsfindung.

I. Dialog mit der Öffentlichkeit

In einer repräsentativen Demokratie beruht die kollektive Verbindlichkeit der Entscheidungen des Gesetzgebers auf der Verbundenheit zwischen den gewählten Repräsentanten und den Repräsentierten. Diese Verbundenheit entsteht in der Öffentlichkeit in einem kontinuierlichen Austausch zwischen Politikern und Bürgern über politische und gesellschaftliche Probleme.[7] Deshalb kommt es für die Realisierung des Gedankens, dass die Ergebnisse demokratischer Verfahren und Diskurse die »Vermutung der Vernünftigkeit begründen«, auf »das diskursive Niveau der öffentlichen Debatten« an.[8] Die Rationalisierung politischer Macht durch Öffentlichkeit lässt dabei emotionale Elemente in der Debatte durchaus zu. Irrational wird ein Diskurs erst, wenn die Emotionen ohne Selbstreflexion zum Ausdruck kommen.[9]

Ebenso wie politische Entscheidungen in einem Zusammenhang mit der öffentlichen Meinung und den realen Problemen der Bürger stehen müssen, so ist es auch für die richterlichen Entscheidungen wichtig, dass die Öffentlichkeit nicht aus dem Blick gerät. Um die Bedeutung der Legitimationsquelle der Öffentlichkeit einschätzen zu können, müssen wir uns zunächst klar machen, dass Bundesverfassungsrichter das Grundgesetz verbindlich interpretieren, jedoch nicht »das letzte Wort haben.« Jutta Limbach, ehemalige und bisher einzige Präsidentin des Bundesverfassungsgerichtes, brachte es auf den Punkt: »Auch Richter und Richterinnen sind geschichtsgebundene Menschen und nicht über den Zeiten schwebende Geister. Auch das Bundesverfassungsgericht kann irren. Gleichwohl kommt seinen Entscheidungen um der Rechtssicherheit willen Verbindlichkeit zu.«[10]

Nach Einschätzung der Bundesverfassungsrichterin Susanne Baer spielt die öffentliche Meinung eine wichtige Rolle in Karlsruhe. Die Richter durchforsteten die täglichen Presseberichte penibel auf Kritik oder Zustimmung zu den Gerichtsentscheidungen. Im Gespräch mit Maximilian Steinbeis sagte sie: »I never read the paper as much as I do now […] We do care a lot what people say. Very sensitive beings, those justices.«[11]

Dabei geht es nicht um eine passgenaue Angleichung der Verfassungsrechtsprechung an die öffentliche Meinung, sondern um den dialogischen Prozess zwischen richterlicher Entscheidung, öffentlicher und wissenschaftlicher Debatte über diese Entscheidung und schließlich erneuter richterlicher Entscheidung zu einem späteren Zeitpunkt. »Judges do not decide finally on the meaning of the Constitution. Rather, it is through the dialogic process of ›judicial decision – popular response – judicial re-decision‹ that the Constitution takes on the meaning it has.«[12]

Dies bedeutet zugleich, dass die mehrheitliche Ablehnung einer bestimmten Entscheidung in der Bevölkerung für die Akzeptanz der Verfassungsgerichtsbarkeit nicht ausschlaggebend ist, solange die Bürgerinnen und Bürger dem Bundesverfassungsgericht ein grundlegendes Vertrauen entgegenbringen. Und genau dieses zeigen auch die Meinungsumfragen. Das hohe Vertrauen der Bevölkerung in das Bundesverfassungsgericht als eine »unerlässliche Kontrollinstanz«[13] wird nicht beeinträchtigt, obwohl wichtige Entscheidungen wie zum Beispiel der Beschluss zum Anbringen eines Kreuzes im Klassenzimmer einer staatlichen Schule aus dem Jahr 1995[14] nur von 36 % der befragten Bürger für richtig gehalten wird.[15]

Die Orientierung der Verfassungsrechtsprechung an der öffentlichen Meinung als Bedingung einer die Demokratie stärkenden Verfassungsgerichtsbarkeit ist auch unter dem Aspekt der Gleichheit zu sehen. Auf diesen Aspekt machte Robert Post in seiner Thurgood Marshall Lecture aufmerksam. Er beschreibt Marshall als einen Verfassungsrichter, der seine Aufgabe darin sah, bei der Entscheidungsfindung auch das tägliche Leben der Bürger und nicht allein der Eliten zu berücksichtigen.

> He understood his judicial task to be the creation of constitutional law that would be more stable and solid, and that meant appreciating how the doctrine he articulated would be received by the public, by everyone in the public and not just by elites […]. This was the only way to guarantee both the normative and sociological legitimacy of constitutional law.[16]

Eine solche Berücksichtigung des Alltagslebens in der Verfassungsrechtsprechung ist nicht einfach zu realisieren, da die Verfassungsrichter zu den Eliten gehören und gerade in einer sozial gespaltenen Gesellschaft in der Regel wenig Kontakt zum Alltagsleben der Bürger haben.

II. Demokratische und die Vielfalt achtende Wahl

Öffentlichkeit und Offenheit müssen die Prinzipien der Wahlen der Bundesfassungsrichter sein, wenn diese Wahlen als Quelle demokratischer Legitimation der Verfassungsgerichtsbarkeit geeignet sein sollen. Denn die Macht der Verfassungsrichter bedarf der Rückbindung an den Willen des Volkes.[17] Die Realität der Verfassungsrichterwahlen in Deutschland kann eine solche demokratische Legitimation richterlicher Macht jedoch nur unzureichend gewährleisten. Auch nach der vom Bundestag 2015 verabschiedeten Reform der Richterwahl[18] bleibt es bei dem intransparenten Wahlverfahren. Die Wahl der Hälfte der Mitglieder des Bundesverfassungsgerichtes durch den Bundestag findet nun nicht mehr im Wahlausschuss, sondern auf Vorschlag des Wahlausschusses im Plenum des Bundestages statt. Von dieser kosmetischen Korrektur abgesehen, ändert sich nichts.

Wenige Bundestagsabgeordnete von CDU/CSU und SPD entscheiden weiterhin in enger Kooperation mit den Partei- und Fraktionsführungen in interfraktionellen Arbeitsgruppen, wer als Kandidatin oder als Kandidat für das Amt eines Bundesverfassungsrichters ausgewählt wird. Nach vertraulichen Beratungen im Ausschuss wird dem Plenum des Bundestages eine Kandidatin oder ein Kandidat zur Wahl vorgeschlagen. Der Bundestag wählt dann ohne Aussprache mit einer Zweidrittelmehrheit die neue Verfassungsrichterin oder den neuen Verfassungsrichter.

Transparenz und Öffentlichkeit spielen in diesem Wahlverfahren kaum eine Rolle. Es wäre sinnvoll, eine öffentliche Anhörung der Kandidatinnen und Kandidaten im Ausschuss durchzuführen. Der Ausschuss würde dann auf der Grundlage der Anhörungen eine Vorschlagsliste verabschieden und das Plenum des Bundestages mit einer Zweidrittelmehrheit das neue Mitglied des Bundesverfassungsgerichtes aus dieser Liste wählen.[19] Für die vom Bundesrat zu wählenden Verfassungsrichter sollte es ebenfalls eine öffentliche Anhörung der Kandidaten in einem Ausschuss geben. Der Gesetzgeber hingegen argumentiert, dass Vertraulichkeit und der Verzicht auf eine Aussprache notwendig seien, um der Autorität der späteren Richter nicht durch eine öffentliche Personaldebatte zu schaden.

Es ist nachvollziehbar, dass niemand Auseinandersetzungen über Kandidaten für das Amt eines Bundesverfassungsrichters anstrebt, wie wir sie gerade bei den Anhörungen im amerikanischen Senat über den mittlerweile amtierenden Supreme Court Richter Brett Kavanaugh erlebt haben. Gleichwohl hat die Öffentlichkeit des Verfahrens in den USA eine informierte Kritik der Wahl ermöglicht. So haben beispielsweise 2400 Rechtsprofessoren am 3. Oktober 2018 in einem Brief an die Senatoren ihre Meinung dargelegt, dass Richter Brett Kavanaugh sich während der Anhörungen in einer Weise voreingenommen, parteiisch und aggressiv verhalten habe, die ihn als Kandidaten für jedes Richteramt, ganz gewiss aber für das Amt eines Richters am Supreme Court disqualifiziere.[20]

Es müsste sich ein Weg finden lassen, die öffentlichen Anhörungen der Kandidatinnen und Kandidaten so zu gestalten, dass die Abgeordneten und Bürger einen Eindruck von der Persönlichkeit eines zukünftigen Mitgliedes des Bundesverfassungsgerichtes gewinnen, ohne der Autorität der späteren Richter oder der Arbeit des Gerichtes zu schaden. Mein Vorschlag wäre, die Kandidaten nach ihren beruflichen Erfahrungen und nach ihrer Herangehensweise an verfassungspolitische Probleme zu befragen und nicht nach inhaltlichen Positionen zu konkreten Interpretationen des Grundgesetzes.

Bei der Auswahl und der Wahl der Bundesverfassungsrichter ist es darüber hinaus wichtig, die Gleichberechtigung von Frau und Mann zu realisieren und eine Vielfalt in der sozialen Herkunft und Berufserfahrung der Richter anzustreben. Gegenwärtig (Januar 2019) arbeiten im Ersten Senat des Bundesverfassungsgerichtes drei Richterinnen und fünf Richter, und im Zweiten Senat arbeiten vier Richterinnen und vier Richter. Die Parität zwischen Frauen und Männern ist also fast, aber eben nur fast, erreicht. Bei der Wahl der Verfassungsrichter sollte Artikel 3 GG gelten: »Der Staat fördert die tatsächliche Durchsetzung der Gleichberechtigung von Frauen und Männern und wirkt auf die Beseitigung bestehender Nachteile hin.« Dies könnte der Staat tun, indem er für die Wahl der Bundesverfassungsrichter eine Frauenquote einführt.

Die soziale Repräsentativität sollte ein Gesichtspunkt bei den Wahlen der Verfassungsrichter sein, auch wenn Kandidatinnen und Kandidaten aus sozial benachteiligten Schichten angesichts der Ungleichheit der Bildungschancen schwer zu finden sein werden. Größere Chancen bestehen bei der Realisierung einer Vielfalt an Berufserfahrung der Verfassungsrichter. Die Berufserfahrung der ersten Generation der Verfassungsrichter war noch ausgesprochen vielseitig. Zehn der damals 24 Bundesverfassungsrichter – eine Frau (!) und 23 Männer – hatten als Anwälte gearbeitet, sechs in der Wirtschaft und in Verbänden, fünf in Parlamenten, darunter zwei ehemalige Mitglieder des Parlamentarischen Rates, zwei in exekutiven Ämtern, und ein Verfassungsrichter war Professor für Rechtsvergleich und ausländisches und internationales Privatrecht.[21]

Während die Zahl der Verfassungsrichter mit beruflicher Erfahrung in einer Anwaltskanzlei, in der Wirtschaft, Verbänden und in Parlamenten abgenommen hat, stieg die Zahl der Richter aus Justiz, Verwaltung und Hochschule. Zum gegenwärtigen Zeitpunkt sind acht Verfassungsrichter Professoren, sechs sind gemäß § 2 Bundesverfassungsgerichtsgesetz ehemalige Richter der obersten Gerichtshöfe des Bundes, ein Verfassungsrichter ist Anwalt und ehemaliges Mitglied des Bundestages und ein Verfassungsrichter ist ehemaliger Ministerpräsident. Diese Verengung der beruflichen Erfahrung der Verfassungsrichter steht im Gegensatz zur wachsenden Vielfalt der verfassungsrechtlichen und verfassungspolitischen Fragen, die im Bundesverfassungsgericht behandelt und entschieden werden.

III. Differenz zwischen richterlicher und politischer Entscheidungsfindung

Eine bisher wenig beachtete Bedingung für das Potential der Verfassungsgerichtsbarkeit, demokratisches Regieren zu stärken, ist der Unterschied zwischen richterlicher und politischer Entscheidungsfindung. Natürlich ist die Verfassungsgerichtsbarkeit nicht unpolitisch. Die Themen eines Verfassungsgerichtes sind politisch. Und auch die Folgen seiner Entscheidungen sind politisch. Aber die Methoden des Entscheidens müssen rechtlichen Kriterien folgen. Der richterliche Entscheidungsprozess sollte sich von politischer Entscheidungsfindung unterscheiden.[22] Und genau in dieser Differenz liegt eine Quelle der demokratischen Legitimität und Effektivität der Verfassungsrechtsprechung.

Interessanter als die übliche Dichotomie zwischen der Charakterisierung der Verfassungsgerichtsbarkeit als einer politischen oder rechtlichen Institution ist daher die Frage: »Was genau ist politisch an der Verfassungsrechtsprechung und was nicht?«[23] Zur Beantwortung dieser Frage gilt es, systematische Kriterien für die richterliche Verfassungsinterpretation zu entwickeln, die es erlauben, zu beurteilen, ob sich der Prozess, in dem die Verfassungsrichter ihre Entscheidungen über die Verfassungsmäßigkeit eines Gesetzes oder einer politischen Handlung treffen, vom politischen Entscheidungsprozess unterscheidet.[24] So wichtig für ein solches Urteil die Analyse des Selbstverständnisses der Verfassungsrichter durch ausführliche Interviews auch ist,[25] so unabdingbar ist zugleich die Einbeziehung der Entscheidungen selbst.

Ein erstes Kriterium für eine Verfassungsrechtsprechung, die eine Ressource für demokratisches Regieren sein kann, ist die Unabhängigkeit des Verfassungsgerichtes von den jeweiligen politischen und gesellschaftlichen Machtverhältnissen. Nur ein Verfassungsgericht, das unabhängig von partei- und machtpolitischen Interessen eine politische Frage in einem neuen Forum, mit anderen Akteuren und anderen Methoden noch einmal neu aufrollt, ohne Zeitdruck diskutiert und sich auf »determinationskräftige rechtliche Maßstäbe«[26] berufen kann, ist ein Gewinn für die Demokratie. Ein Verfassungsgericht beschafft sich Autorität durch die Distanz »zum rein politischen Diskurs.«[27] Wann diese Distanz zur Politik die Unabhängigkeit und damit die »Gegenmacht« des Verfassungsgerichtes gewährleistet und wann sie unzureichend ist, und dies dazu führt, dass die Entscheidungen des Gerichtes »stets um die reale gesellschaftliche und politische Macht oszillieren,«[28] ist eine empirische Frage.

So ist zum Beispiel ein Konsens der Staatsgewalten kein rechtliches Argument und widerspricht der Aufgabe des Bundesverfassungsgerichtes, politische Macht zu kontrollieren und nicht selbst Politik zu betreiben. In der Entscheidung des Bundesverfassungsgerichtes aus dem Jahr 1983 zur Vertrauensfrage des Bundeskanzlers nach Artikel 68 GG wird aber genau dieses Argument verwendet:

> Im Jahre 1972 hatte der amtierende Bundeskanzler […] die Vertrauensfrage nach Art. 68 GG ebenfalls mit dem Ziel der Auflösung des Bundestages gestellt […]. Keines der nach Art. 68 GG beteiligten Verfassungsorgane, weder Bundeskanzler, Bundestag noch Bundespräsident, haben Zweifel an der Verfassungsmäßigkeit des Vorgehens bekundet […]. Das Bundesverfassungsgericht kann das Gewicht dieser einhelligen Überzeugung auf höchster Ebene nicht unbeachtet lassen […]; es ist der Beginn einer Staatspraxis, die einem neuen, besonderen politischen Sachverhalt gerecht zu werden versuchte und auf diesem Wege die Krise löste.[29]

Die »Staatspraxis« ist aber keine rechtliche Begründung für die Verfassungsmäßigkeit einer Auflösung des Bundestages durch eine »unechte«

Vertrauensfrage. Lässt sich ein Verfassungsgericht erst einmal darauf ein, der Staatspraxis Vorrang vor dem Grundgesetz zu geben, dann können sich Politiker wiederum auf eine solche Entscheidung des Verfassungsgerichtes berufen.[30] Und so war es auch in diesem Fall. Als der ehemalige Bundeskanzler Gerhard Schröder am 1. Juli 2005 die Vertrauensfrage im Bundestag stellte, hatte er eine Mehrheit im Bundestag und konnte die Vertrauensfrage nur verlieren, weil es sich um eine »unechte« Vertrauensfrage mit dem Ziel von Neuwahlen handelte. Dies sei jedoch Staatspraxis, die das Bundesverfassungsgericht bestätigt habe,[31] so Bundeskanzler Schröder in seiner Rede vor der Abstimmung über die Vertrauensfrage. In Artikel 68 GG stehe, dass der Bundespräsident auf Vorschlag des Bundeskanzlers den Bundestag auflösen könne, wenn der Kanzler nicht mehr das »stetige Vertrauen« der Mehrheit im Parlament besitze.[32] Der Begriff des »stetigen Vertrauens der Mehrheit« kommt aber im Grundgesetz nicht vor, sondern steht in den Leitsätzen der Entscheidung des Bundesverfassungsgerichtes vom 16. Februar 1983.

Ein zweites Kriterium zur Unterscheidung zwischen politischer und richterlicher Entscheidungsfindung ist in der Aufgabenstellung des Bundesverfassungsgerichtes begründet. Als Kontrollinstanz hat das Bundesverfassungsgericht kein Initiativrecht und sollte nicht zu einem Akteur der Gestaltung von Politik werden. Es lässt sich nicht vermeiden, dass ein Gericht, das parlamentarisch verabschiedete Gesetze auf ihre Verfassungsmäßigkeit prüft, auch politisch gestaltet. Doch sollten sich die Bundesverfassungsrichter so weit als möglich auf die zu klärende Frage konzentrieren.

Ein »Negativ-Beispiel« mag wiederum veranschaulichen, worum es geht. Im Urteil des Zweiten Senats vom 30. Juni 2009 zum Vertrag von Lissabon haben die Bundesverfassungsrichter ungefragt in die politische Debatte eingegriffen. Es geht im Vertrag von Lissabon nicht um einen europäischen Bundesstaat. Gleichwohl warnen die Bundesverfassungsverfassungsrichter:

> Wenn dagegen die Schwelle zum Bundesstaat und zum nationalen Souveränitätsverzicht überschritten wäre, was in Deutschland eine freie Entscheidung des Volkes jenseits der gegenwärtigen Geltungskraft des Grundgesetzes voraussetzt, müssten demokratische Anforderungen auf einem Niveau eingehalten werden, das den Anforderungen an die demokratische Legitimation eines staatlich organisierten Herrschaftsverbandes vollständig entspräche. Dieses Legitimationsniveau könnte dann nicht mehr von nationalen Verfassungsordnungen vorgeschrieben sein.[33]

Ein drittes Kriterium zur Unterscheidung zwischen richterlicher und politischer Entscheidungsfindung liegt in der Bedeutung des Begründens und des Argumentierens. Während in der Politik programmatische Ziele und parteipolitische Interessen, der Wettbewerb in Wahlen, das Gewinnen von Mehrheiten und die Kompromissfähigkeit eine Rolle spielen, sollten in der Verfassungsrechtsprechung die Begründung und das Argument an erster Stelle stehen.[34] Es wird oft eingewandt, dass Verfassungsrichter durchaus politische Präferenzen verfolgten und strategisch handelten, und die rechtlichen Begründungen nur vorgeschoben seien. Nach einer vergleichenden Analyse der Verfassungsrechtsprechung in Deutschland, Frankreich, Kanada, Osteuropa und Südafrika kommt David Robertson zu einem anderen Ergebnis: »Of course judges bargain with each other to get majorities on multimember courts – but the currency they trade in is itself argument.«[35]

Wenn wir annehmen, dass in der Verfassungsrechtsprechung die Begründung und das Argument ernst genommen werden, dann hindert uns dies nicht, die Entscheidungen des Bundesverfassungsgerichtes auf diese Annahme hin zu prüfen. Und dann finden sich Fälle, in denen der hohe Anspruch des Begründens und Argumentierens nicht eingehalten wird, wie zum Beispiel in der Entscheidung des Zweiten Senates vom 14. Januar 2014 zum Beschluss des Rates der Europäischen Zentralbank zu den Outright Monetary Transactions (OMT).

In ihrer abweichenden Meinung äußert die ehemalige Bundesverfassungsrichterin Gertrude Lübbe-Wolff ihre Zweifel, »ob der Senat seinen Begründungspflichten genügt, wenn er die Klagen, soweit sie sich gegen Unterlassungen von Bundestag und Bundesregierung richten, als zulässig behandelt, ohne die von Bundestag und Bundesregierung hiergegen erhobenen Bedenken wiederzugeben und auf sie einzugehen.«[36] Sie argumentiert, dass richterliche Entscheidungen wegen des Demokratie- und des Gewaltenteilungsprinzips »nur als Entscheidungen nach rechtlichen Regeln gerechtfertigt« seien. Die Frage, »wie Bundestag und Bundesregierung auf eine Verletzung von Souveränitätsrechten der Bundesrepublik Deutschland […] zu reagieren haben«, sei jedoch Sache des politischen Ermessens.

> Es verwundert deshalb nicht, dass sich diesbezügliche Regeln weder dem Verfassungstext noch der Rechtsprechungstradition entnehmen lassen. Das wäre schon in harmloseren Fällen misslich. Erst recht sind angesichts des Gewichts der Belange, die im vorliegenden Fall auf dem Spiel stehen, Sachentscheidungen auf so luftiger Grundlage nicht hinnehmbar.[37]

Wird der Unterschied zwischen richterlicher und politischer Entscheidungsfindung missachtet, dann wird das Potential der Verfassungsgerichtsbarkeit für demokratisches Regieren verschenkt. Es ist aber gerade dieser produktive Unterschied, der neben einem Dialog der Bundesverfassungsrichter mit der Öffentlichkeit und einem transparenten Verfahren der Auswahl und Wahl der Verfassungsrichter zu einem Gewinn an Rationalität des demokratischen Regierens durch die Verfassungsrechtsprechung beiträgt. Die Bundesverfassungsrichter arbeiten nicht »besser« als die Abgeordneten des Bundestages. Sie arbeiten anders – oder sollten anders arbeiten. Sie betrachten ein Problem aus einer anderen, einer rechtlichen Perspektive. Sie haben in der Regel mehr Zeit, zu einer Entscheidung zu gelangen. Es können neue Gesichtspunkte herangezogen oder dieselben Dokumente anders gewichtet werden. Die Differenz zwischen politischer und richterlicher Entscheidungsfindung im Bewusstsein der politischen Aspekte einer verbindlichen Verfassungsinterpretation ist die Pointe der Verfassungsgerichtsbarkeit in einer Demokratie.

Anmerkungen

1 Institut für Demoskopie Allensbach, Umfrage vom 21.7. bis 5.8.2014, repräsentative Quotenauswahl, Bevölkerung der Bundesrepublik Deutschland ab 16 Jahren, Anzahl der Befragten: 1.621, Tabelle A 2 der Dokumentation zum Beitrag von Renate Köcher, Großes Vertrauen in die deutsche Justiz, in: Frankfurter Allgemeine Zeitung vom 20.8.2014, S. 8.

2 Jutta Limbach, Das Bundesverfassungsgericht, 2001, S. 9.

3 Institut für Demoskopie Allensbach (Fn. 1), Schaubild 3.

4 Jan-Werner Müller, Was ist Populismus?, 5. Aufl. 2017, S. 129.

5 Martin M. Shapiro, Judicial Power and Democracy, in: Landfried (Hg.), Judicial Power, 2019, S. 35.

6 Für eine detaillierte Analyse der Entwicklung in Polen, wo die 2015 an die Macht gelangte populistische Partei »Recht und Gerechtigkeit« auch ohne verfassungsändernde Mehrheit die Unabhängigkeit und Handlungsmöglichkeiten des Verfassungsgerichtes erheblich schwächte, vgl. Lech Garlicki, Constitutional Court and Politics. The Polish Crisis, in: Landfried (Fn. 5), S. 141–162.

7 Ulrich K. Preuß, Wo bleibt das Volk? Erwartungen an demokratische Repräsentation, in: Fabricius-Brand / Börner (Hg.), 4. Alternativer Juristinnen- und Juristentag, 1996, S. 89 (98).

8 Jürgen Habermas, Faktizität und Geltung, 2. Aufl. 1992, S. 368 f.

9 Irene Neverla, ›Lügenpresse‹ – Begriff ohne jede Vernunft?, in: Lilienthal / dies. (Hg.), »Lügenpresse.« Anatomie eines politischen Kampfbegriffs, 2017, S. 18 (40).

10 Limbach (Fn. 2), S. 85.

11 Bundesverfassungsrichterin Susanne Baer im Gespräch mit Maximilian Steinbeis,

Constitutional Justices have feelings too, you know, in: Verfassungsblog vom 25.9.2011, www.verfassungsblog.de (letzter Zugriff: 9.1.2019).

12 Barry Friedman, The Will of the People. How Public Opinion has influenced the Supreme Court and shaped the Meaning of the Constitution, 2009, S. 382.

13 Renate Köcher, Bundesverfassungsgericht. Das Bollwerk, in: Frankfurter Allgemeine Zeitung vom 21.8.2012, S. 8.

14 BVerfGE 93, 1 – Kruzifix (1995).

15 Institut für Demoskopie Allensbach (Fn. 1), S. 5 und Tabelle A 4.

16 Robert C. Post, Marshall as a Judge, Manuskript der Thurgood Marshall Lecture vom 14.12.2018, zitiert mit Erlaubnis des Autors.

17 Ulrich K. Preuß, Die Wahl der Mitglieder des BVerfG als verfassungsrechtliches und -politisches Problem, in: Zeitschrift für Rechtspolitik 1988, S. 389 ff.

18 BT-Drucks. 18/2737.

19 Damit schließe ich mich dem Vorschlag von Preuß (Fn. 17), S. 389 (394), an und plädiere nicht mehr für eine öffentliche Anhörung der Kandidatinnen und Kandidaten im Plenum des Bundestages. Vgl. Christine Landfried, Die Wahl der Bundesverfassungsrichter und ihre Folgen für die Legitimität der Verfassungsgerichtsbarkeit, in: van Ooyen / Möllers (Hg.), Handbuch Bundesverfassungsgericht im politischen System, 2. Aufl. 2015, S. 369 (386).

20 »The Senate Should Not Confirm Kavanaugh.« Brief vom 3.10.2018, den 2400 Rechtsprofessoren an den US Senat geschickt haben.

21 Landfried (Fn. 19), S. 369 (382).

22 Dieter Grimm, What Exactly Is Political about Constitutional Adjudication?, Landfried (Fn. 5), S. 307–317.

23 Grimm (Fn. 22), S. 307: »one should try to find out what exactly is political about judicial review and what is not.«

24 Grimm (Fn. 22), S. 307 (309).

25 Vgl. hierzu die wichtige Studie von Uwe Kranenpohl, Hinter dem Schleier des Beratungsgeheimnisses. Der Willensbildungs- und Entscheidungsprozess des Bundesverfassungsgerichts, 2010.

26 BVerfGE 134, 366 (421) – OMT-Vorlage Europäischer Gerichtshof (2014), abweichende Meinung Gertrude Lübbe-Wolff.

27 Ulrich K. Preuß, Aus dem Geiste des Konsenses: die Rechtsprechung des Bundesverfassungsgerichts, in: Merkur 41/1987, S. 6.

28 Preuß (Fn. 27), S. 6 (12).

29 BVerGE 62, 1 (48 f.) – Bundestagsauflösung I (1983).

30 Christine Landfried, Das Grundgesetz geht vor, in: Frankfurter Allgemeine Zeitung vom 2.8.2005, S. 8.

31 Und auch in diesem Fall hat das Bundesverfassungsgericht die Verfassungsmäßigkeit einer »unechten« Vertrauensfrage bestätigt: BVerfGE 114, 121 – Bundestagsauflösung II (2005).

32 Deutscher Bundestag, Stenografischer Bericht der 185. Sitzung vom 1.7.2005, BT-PlPr 15/185, S. 17465 ff.

33 BVerfGE 123, 267 (364) – Lissabon (2009).

34 Grimm (Fn. 22), S. 307 (311).

35 David Robertson, The Judge as Political Theorist: Contemporary Constitutional Review, 2010, S. 21.

36 BVerfGE 134, 366 (420) – OMT-Vorlage Europäischer Gerichtshof (2014), abweichende Meinung Gertrude Lübbe-Wolff.
37 BVerfGE 134, 366 (423) – OMT-Vorlage Europäischer Gerichtshof (2014), abweichende Meinung Gertrude Lübbe-Wolff.

Das Grundgesetz und das Politische

Eine Perspektive aus Taiwan auf Deutschland

Shu-Perng Hwang, Taipeh

I. Einleitung

Sowohl in historischer als auch in rechtsvergleichender Hinsicht lässt sich die Verfassungsordnung der Bundesrepublik Deutschland vor allem durch eine umfassende Verrechtlichung der Politik kennzeichnen. Angesichts der Erfahrungen der jüngeren Vergangenheit hat sich die grundgesetzliche Ordnung für einen materiellen Rechtsstaat entschieden, in dem alle politischen Entscheidungen rechtlichen Grenzen unterliegen. Daher schreibt das Grundgesetz einerseits vor, dass alle Staatsgewalt direkt an die Grundrechte gebunden ist (Artikel 1 Absatz 3 GG). Andererseits wird zur Sicherung der (grund-)rechtlichen Bindung der Staatsgewalt eine zentralisierte, machtvolle Verfassungsgerichtsbarkeit aufgebaut. Insofern spiegelt sich das grundgesetzliche Gebot der rechtlichen Bindung der Politik vor allem darin wider, dass auch der unmittelbar demokratisch legitimierte Gesetzgeber grundrechtliche Grenzen einhalten muss. Das seit langem heftig diskutierte Spannungsverhältnis von Grundrechten und Demokratie lässt sich daher als Ausdruck des Recht-Politik-Problems im Kontext des Grundgesetzes verstehen. Vor diesem Hintergrund konzentriert sich der vorliegende Beitrag auf die Entwicklung des Verhältnisses zwischen Grundrechten und Demokratie im Lichte der grundgesetzlichen Ordnung. Er versucht zu zeigen, wodurch sich die Grundrechtsbindung und -kontrolle der demokratischen Willensbildung des Gesetzgebers unter dem Grundgesetz auszeichnet und inwiefern die Debatte um das Verhältnis von Grundrechten und Demokratie eine deutsche Besonderheit aufweist.

II. Die Grundrechtsbindung der demokratischen Willensbildung als Gebot der grundgesetzlichen Ordnung

1. Die Wendung zum materiellen Rechtsstaat als Ausgangspunkt

Wie eingangs erläutert, ist das Anliegen der grundgesetzlichen Ordnung, der Politik strenge rechtliche Grenzen zu ziehen, letztendlich auf die Erfahrung der nationalsozialistischen Gewalt- und Willkürherrschaft zurückzuführen. Nach dem Zweiten Weltkrieg herrschte in Deutschland weitgehend Einigkeit, dass das Ziel der Wiederherstellung des Rechtsstaates im Mittelpunkt stehe. Merkwürdig ist dabei, dass die grundgesetzliche Ordnung sich nicht in der Gewährleistung formeller Rechtsstaatlichkeit erschöpft, sondern vielmehr einen sogenannten materiellen Rechtsstaat anstrebt. Dieser zeichnet sich dadurch aus, dass er »die staatliche Gewalt vorab an bestimmte oberste Rechtsgrundsätze oder Rechtswerte gebunden erachtet und der Schwerpunkt staatlicher Tätigkeit nicht primär in der Gewährleistung formeller Freiheitsverbürgungen, sondern in der Herstellung eines materiell gerechten Rechtszustandes gesehen wird.«[1] Schon in historischer Hinsicht ist die Überzeugung vom Vorliegen materieller Gerechtigkeit gut verständlich: Damit sich die Fehler der NS-Vergangenheit nicht wiederholen, muss gesichert werden, dass auch die demokratische Gesetzgebung den Vorgaben einer höheren gerechten Normenordnung entspricht.

Vor diesem Hintergrund liegt die starke Grundrechtsorientierung des Grundgesetzes durchaus nahe.[2] Nach Artikel 1 Absatz 1 GG ist alle staatliche Gewalt dazu verpflichtet, die für unantastbar erklärte Menschenwürde zu achten und zu schützen. Nach Artikel 1 Absatz 2 GG bekennt sich das deutsche Volk »zu unverletzlichen und unveräußerlichen Menschenrechten als Grundlage jeder menschlichen Gemeinschaft, des Friedens und der Gerechtigkeit in der Welt«. Artikel 1 Absatz 3 GG sieht vor, dass die Grundrechte als »unmittelbar geltendes Recht« »Gesetzgebung, vollziehende Gewalt und Rechtsprechung« binden. Darüber hinaus weisen auch die anderen Grundsatzvorschriften wie Artikel 20 Absatz 3 und Artikel 79 Absatz 3 GG darauf hin, dass im Streben nach dem materiellen Rechtsstaat die grundgesetzliche Ordnung vor allen Dingen darauf abzielt, im Wege einer umfassenden Verrechtlichung der Politik die Grundrechte möglichst lückenlos zu schützen und zu realisieren. Genau zu diesem Zweck wurde im Grundgesetz festgelegt, dem neu etablierten Bundesverfassungsgericht einen besonderen Status und einen weiten Kompetenzbereich einzuräumen. Es wurde erwartet, dass die Einrichtung einer starken Verfassungsgerichtsbarkeit zur effektiven Rechtskontrolle der Politik und damit zu einem optimalen Grundrechtsschutz beiträgt. Insofern lässt sich feststellen, dass der materielle Rechtsstaat im Sinne des Grundgesetzes nicht eine »abstrakte Gerechtigkeit«, sondern die »Verwirklichung der Menschenwürde und individuellen Freiheit« anstrebt.[3]

Die Qualifizierung der Grundrechte als objektive Wertordnung durch die Rechtsprechung des Bundesverfassungsgerichts ist gerade in diesem Zusammenhang zu verstehen: Wenn man davon ausgeht, dass die politischen Entscheidungen auch und gerade des unmittelbar demokratisch legitimierten Gesetzgebers an eine höhere Normenordnung gebunden sind, die der materiellen Gerechtigkeit entspricht und insbesondere der Grundrechtsverwirklichung dient, liegt die Schlussfolgerung nahe, dass das Grundgesetz und vor allem die Grundrechte als Wertordnung gelten.[4] Demzufolge werden die Grundrechte in dem Sinne »aktiviert«, dass sie mit ihrem Wertcharakter immer weiter substantialisiert werden und als wertbezogene Normen die demokratische Gesetzgebung immer intensiver binden. Die Aussage des Bundesverfassungsgerichts in seinem berühmten Lüth-Urteil, dass sich die Grundrechte als subjektive Abwehrrechte und zugleich als objektive Wertordnung konstituieren,[5] hat also nicht nur die objektive Dimension der Grundrechte prinzipiell geöffnet, sondern auch dazu beigetragen, dass die Grundrechte mit der Entfaltung dieser objektiven Dimension in Deutschland eine beispiellose Erfolgsgeschichte geschrieben haben. Insofern lässt sich sagen, dass die Grundrechtsdogmatik des Grundgesetzes in erster Linie durch den ihr zugrundeliegenden Wertordnungsgedanken gekennzeichnet ist.

2. Die Entfaltung objektiver Grundrechtsgehalte

Mit seiner Verankerung des Wertcharakters der Grundrechte ist das Lüth-Urteil in der Geschichte des Bundesverfassungsgerichts zu einer paradigmatischen Entscheidung geworden. Seitdem wurden aus der Qualifizierung der Grundrechte als objektive Grundsatznormen und Wertentscheidungen nicht nur die Drittwirkung der Grundrechte, die im Lüth-Urteil selbst entwickelt wurde, sondern auch die der Organisations- und Verfahrensgarantie dienende Grundrechtsfunktion und die grundrechtlichen Schutzpflichten abgeleitet.[6] Trotz aller Kritik ist nicht zu verleugnen, dass sowohl die Wertorientierung als auch die Multifunktionalität der Grundrechte in der deutschen Staatsrechtslehre weitgehend anerkannt werden. In Anlehnung an die ständige Rechtsprechung des Bundesverfassungsgerichts geht die herrschende Auffassung davon aus, dass das Grundgesetz nicht wertneutral ist, und dass die grundgesetzliche Grundrechtsgewährleistung sich keineswegs im Schutz des Einzelnen gegen den Staat erschöpft.[7]

Indem die Grundrechte als objektive Wertordnung Richtlinien für die Politik und insbesondere für die gesetzgebende Gewalt bereitstellen, wird ihre Geltungskraft mittels der verschiedenen objektiven Grundrechtsgehalte verstärkt. Dies hat einerseits zur Folge, dass die Grundrechte sich immer weiter materialisiert haben. Andererseits hat die Verstärkung der Grundrechtswirkung auch dazu geführt, dass die Gesetzgebung nicht selten zum »Grundrechtsvollzug« herabgestuft wird. Die Gestaltungsfreiheit des Gesetzgebers wird vor allem dadurch erheblich eingeschränkt, dass seine Grundrechtsverwirklichung sich nicht nur auf die grundrechtlichen Wertentscheidungen, sondern vielmehr auf die »grundrechtsrichtige, durch Abwägung aller Umstände zu ermittelnde« Lösung richten muss.[8] Daher legt Josef Isensee dar: »Verfassungsdirektiven und Optimierungsgebote determinieren das politische Handeln des Staates von innen heraus und verwandeln die politische Entscheidungsfreiheit in politisches Ermessen.«[9]

Gerade aus dieser Perspektive stellt die Entfaltung objektiver Grundrechtsgehalte unter dem Grundgesetz eine deutsche Besonderheit dar. Wenngleich die Entwicklung der objektiven Dimensionen der Grundrechte nicht nur in Deutschland stattfindet, sind ihre Auswirkungen auf das Verhältnis von Grundrechten und Demokratie und die Kompetenzabgrenzung zwischen dem Bundesverfassungsgericht und dem Gesetzgeber in rechtsvergleichender Hinsicht außerordentlich tiefgreifend. Besonders im Hinblick darauf, dass sich die Wertordnung des Grundgesetzes bzw. der Grundrechte »geradezu als Gegenentwurf zum Totalitarismus des Nazi-Regimes« deuten lässt,[10] verwundert es nicht, dass auch und gerade die Entfaltung objektiver Grundrechtsgehalte dazu beigetragen hat, die Grundrechte als Optimierungsgebote in den Vordergrund zu rücken und dergestalt den demokratischen Gesetzgeber immer stärker an wertbestimmte Grundrechtsvorgaben zu binden. Auch erst in dieser deutschspezifischen historischen Hinsicht lässt sich das außergewöhnlich hohe Ansehen des Bundesverfassungsgerichts verstehen, das für die Entfaltung objektiver Grundrechtsgehalte und folglich die Materialisierung der Grundrechte zweifellos eine entscheidende Rolle gespielt hat.

III. Das Spannungsverhältnis zwischen Grundrechten und Demokratie als Herausforderung der grundgesetzlichen Ordnung

1. Das Verhältnis zwischen Grundrechten und Demokratie im Wandel

Dem Vorhergehenden ist zu entnehmen, dass die Entwicklung der Grundrechtsdogmatik in der Nachkriegszeit zur starken Grundrechtswirkung und mächtigen Verfassungsgerichtsbarkeit in Deutschland beigetragen und dadurch die Eigenheiten der grundgesetzlichen Ordnung geprägt hat. Aus der Außenperspektive ist die deutsche Verfassungsordnung durch das hohe Niveau des Grundrechtsschutzes und durch die starke Stellung des Bundesverfassungsgerichts als Hüter der Verfassung gekennzeichnet. Insofern ist es kein Wunder, dass diejenigen asiatischen demokratischen Staaten, die unter dem Einfluss des deutschen Verfassungsrechts stehen, vor allem die deutsche Grundrechtsdogmatik in ihrer Entfaltung durch das Bundesverfassungsgericht mit großem Interesse verfolgt und rezipiert haben. Auch in Deutschland herrscht die Meinung vor, in der deutschen Staatsrechtslehre sei »eine latente Bevorzugung des Rechtsstaats- gegenüber dem Demokratieprinzip«[11] festzustellen. So betrachtet steht der Grundrechtsschutz – dank der deutschspezifischen Entwicklungshintergründe – in seinem Verhältnis zur Demokratie unter dem Grundgesetz immer wieder im Vordergrund.

Mit der weitreichenden Verstärkung der Grundrechtswirkung gegenüber dem Gesetzgeber ist das Spannungsverhältnis von Grundrechten und Demokratie verschärft worden. Während das Streben nach Grundrechtsoptimierung dem Anliegen der grundgesetzlichen Ordnung entspricht, hat die Entwicklungstendenz, mit einer immer intensiveren Grundrechtsbindung die Gesetzgebung von politischer Entscheidungsfreiheit auf politisches Ermessen herabzustufen, das Bedenken erregt, ob und inwiefern sich die Entwicklung der Grundrechte zu Lasten der parlamentarischen Demokratie auswirken würde. Von daher wurde seit geraumer Zeit vermehrt Kritik am Phänomen einer »Grundrechtshypertrophie« geübt. Schon in den siebziger und achtziger Jahren wurde nicht selten der Einwand erhoben, die Entfaltung der objektiven Grundrechtsgehalte schränke den Gestaltungsspielraum des Gesetzgebers unangemessen ein und gefährde dadurch die demokratische Willensbildung.[12] Seither wurde immer häufiger beanstandet, die Verstärkung der Geltungskraft der Grundrechte habe zwangsläufig zur Machtverschiebung vom Gesetzgeber zum Bundesverfassungsgericht und zu »Politisierungsgefahren« der Verfassungsgerichtsbarkeit geführt.[13] Der Sorge vor einer mit der Hypertrophie der Grundrechte einhergehenden »Überkonstitutionalisierung der Rechtsordnung« stellt sich die Befürchtung zur Seite, dass das Bundesverfassungsgericht die Grenzen der Rechtskontrolle überschreiten und dergestalt die politische Gestaltungsfreiheit des Gesetzgebers verletzen würde.[14] Insofern spiegelt sich das Spannungsverhältnis zwischen Grundrechten und Demokratie auch und gerade im Spannungsverhältnis zwischen dem Bundesverfassungsgericht und dem Gesetzgeber wider. Während das Bundesverfassungsgericht nach wie vor dazu berufen ist, die Grundrechte des Einzelnen und der Minderheit möglichst lückenlos zu schützen, hat die Gesetzgebung die Funktion, den Willen der Mehrheit zum Ausdruck zu bringen und dadurch die Mehrheitsdemokratie zu gewährleisten. Diese Gegenüberstellung erweckt den Eindruck, als ob der Grundrechtsschutz, der sich nicht selten als Minderheitenschutz erweist, sich zu Lasten der Mehrheit und der Demokratie auswirken müsste. Daher ist es kein Wunder, dass die Annahme weit verbreitet ist, angesichts des unauflösbaren Spannungsverhältnisses von Grundrechten und Demokratie lasse sich die letztere erst durch die Gewährleistung der politischen Gestaltungsfreiheit des Gesetzgebers sicherstellen.

2. Die Gewährleistung der gesetzgeberischen Gestaltungsspielräume zur Überwindung des Spannungsverhältnisses zwischen Grundrechten und Demokratie

In Reaktion auf die Kompetenzausweitung des Bundesverfassungsgerichts wird zunehmend gefordert, dass hinreichende gesetzgeberische Gestaltungsspielräume gewährleistet sein müssen. Gefragt ist ein institutioneller Respekt vor der parlamentarischen Demokratie.[15] Im Schrifttum wurde schon seit geraumer Zeit auf den sogenannten funktionell-rechtlichen Ansatz hingewiesen, wonach sich die Grenzen der Verfassungsgerichtsbarkeit gegenüber der Gesetzgebung unter anderem aus dem Grundsatz der »funktionsgerechten Organstruktur« ergeben[16] und daher unter besonderer Berücksichtigung der Befugnis des parlamentarischen Gesetzgebers zur demokratischen Willensbildung gezogen werden müssten. Dieser Gedanke der sachgerechten Funktions- oder Aufgabenverteilung verkörpert sich auch in der Verfassungsrechtsprechung. Schon früh erläuterte das Bundesverfassungsgericht, dass der Gesetzgeber in bestimmten Sachbereichen größere Gestaltungsfreiheit besitze.[17] Weiterhin wurde in der Entscheidung zum Mitbestimmungsgesetz festgestellt, im Hinblick auf die Einschätzungsprärogative des Gesetzgebers habe das Gericht differenzierte Kontrollmaßstäbe zugrunde zu legen.[18] Insgesamt betrachtet sind sowohl die funktionell-rechtlichen Erwägungen als auch die Entwicklung abgestufter Kontrolldichten auf die Grundannahme zurückzuführen, aus institutionellen Gründen müssten bestimmte Aufgaben oder Sachbereiche dem demokratischen Gesetzgeber vorbehalten bleiben.

Angesichts der prinzipiellen Gegenüberstellung von Grundrechten und Demokratie wird aber nicht lediglich ein funktionell-rechtlicher Ansatz vorgeschlagen, sondern zur Gewährleistung der gesetzgeberischen Gestaltungsspielräume darüber hinaus die eigene Logik und Rationalität der Politik mit Nachdruck in Erinnerung gerufen. Neben dem Verweis darauf, dass »die Rationalität der Politik anders als die Rationalität des Rechts [funktioniert]«,[19] betonen die demokratischen Einwände seit einiger Zeit die Notwendigkeit einer qualitativen Abgrenzung von Politik und Recht, wobei »Politik« als »der vom Recht nicht determinierte Bereich staatlicher Machtausübung« gelte.[20] Um die sogenannten Entgrenzungs- oder Politisierungsprobleme der Verfassungsgerichtsbarkeit zu bewältigen, müsse also die unerlässliche Bedeutung der gesetzgeberischen Gestaltungsspielräume für Politikgestaltung und demokratische Willensbildung erneut hervorgehoben werden. Dazu wird auf die Spielräume für die politischen Kompromisse und auf die Entdogmatisierung bzw. Kontextualisierung der Verfassungsgerichtsbarkeit hingewiesen.[21]

Besonders aus einer Außenperspektive verdient die Unterstreichung von gesetzgeberischen Gestaltungsspielräumen in Deutschland große Aufmerksamkeit. Zum einen bestätigt sie die Grundannahme einer Recht-Politik-Dichotomie, die in der deutschen Staatsrechtslehre eine lange Tradition hat und in rechtsvergleichender Hinsicht doch keineswegs selbstverständlich erscheint.[22] Zum anderen gilt sie als Reaktion auf die Politisierungsgefahren des Bundesverfassungsgerichts; gerade in diesem Sinne aber stellt sie das Streben nach Verrechtlichung der Politik nicht in Frage, sondern setzt dieses voraus. So gesehen weist die Forderung nach

Respekt vor den gesetzgeberischen Gestaltungsspielräumen eine deutsche Eigentümlichkeit auf, indem sie das grundgesetzliche Erfordernis einer umfassenden rechtlichen Kontrolle der Politik zugrunde legt und gerade unter dieser Voraussetzung auf die Notwendigkeit der Gewährleistung eines politischen Spielraums hinweist. Auch insofern zeigt sich, dass die grundrechtsschützende und politikkontrollierende Rolle des Bundesverfassungsgerichts trotz der aufgekommenen demokratietheoretischen Bedenken niemals an Bedeutung verloren hat. Die »Spielraumdogmatik«, die sich zugunsten des demokratischen Gesetzgebers entwickelt hat, bildet keinen grundlegenden Paradigmenwechsel in der deutschen Staatsrechtslehre, sondern stellt Mechanismen zur Entschärfung des Spannungsverhältnisses von Grundrechten und Demokratie bereit, indem sie einerseits auf der Basis des materiellen Rechtsstaates von einem materiellen Grundrechtsverständnis ausgeht[23] und sich andererseits darum bemüht, bestimmte Aufgabenbereiche dem demokratischen Gesetzgeber vorzubehalten. Wir können festhalten: Während die deutsche Staatsrechtslehre der Nachkriegszeit sich überwiegend mit der inhaltlichen Anreicherung der Grundrechte beschäftigte, war die Entwicklung der letzten Jahrzehnte durch die Suche nach der Balance zwischen der Materialisierung der Grundrechte und der Wahrung der gesetzgeberischen Gestaltungsspielräume geprägt. Vor diesem Hintergrund wird nicht nur die mit dem Materialisierungsansatz bekräftigte Konstitutionalisierung der Rechtsordnung, sondern auch der damit eng verbundene »Bundesverfassungsgerichtspositivismus« immer weiter fortgesetzt. Die heftige Kritik am Bundesverfassungsgericht, die mehrere umstrittene Entscheidungen wie »Schwangerschaftsabbruch II«,[24] »Kruzifix«[25] und »Soldaten sind Mörder«[26] ausgelöst haben, ändert daran nichts.

IV. Grundrechte und Demokratie vor dem Hintergrund von Europäisierung und Internationalisierung

1. Die Wahrung der Verfassungsidentität durch Grundrechte und Demokratie

Mit der deutschen Wiedervereinigung hat sich nicht nur die internationale und europäische Politik, sondern auch die Verfassungslage Deutschlands stark verändert.[27] Im Jahr 1992 wurde zur Verwirklichung eines vereinten Europas im neu gefassten Artikel 23 GG die Mitwirkung der

Bundesrepublik bei der Entwicklung der Europäischen Union festgeschrieben. Dieser Europa-Artikel markiert den Beginn einer neuen Phase der europäischen Integration, die sich mit der Gründung der EU viel intensiver als zuvor entwickelt und infolgedessen tiefgreifende Auswirkungen auf Deutschland gehabt hat. Zwar ist in Abkehr von der nationalsozialistischen Unrechtsherrschaft immer wieder von der Völker- und Europarechtsfreundlichkeit des Grundgesetzes gesprochen worden. Die zunehmende Europäisierung und Internationalisierung hat jedoch die verfassungsrechtliche Entwicklung Deutschlands so beeinflusst, dass in Schrifttum und Rechtsprechung sich vermehrt integrationsskeptische Stimmen vernehmen lassen.[28] Gerade vor diesem Hintergrund hat sich das Verhältnis von Grundrechten und Demokratie erneut gewandelt: Während es sich bei den innerstaatlichen Debatten häufig um den Konflikt zwischen dem Grundrechtsschutz und der Mehrheitsdemokratie und die Kompetenzabgrenzung zwischen dem Bundesverfassungsgericht und dem Gesetzgeber handelt, befinden sich Grundrechte und Demokratie im Außenverhältnis Deutschlands mit der EU und der internationalen Rechtsgemeinschaft nicht selten in einem wechselseitig unterstützenden Zusammenhang, indem das Bundesverfassungsgericht trotz des Verfassungsgrundsatzes der Völkerrechtsfreundlichkeit stets an der Unantastbarkeit der Verfassungsidentität des Grundgesetzes festhält.

Um die souveräne Staatlichkeit Deutschlands zu garantieren, wies das Bundesverfassungsgericht bereits im Maastricht-Urteil auf die demokratischen Grenzen der europäischen Integration hin.[29] Im Lissabon-Urteil betonte das Gericht ferner die Notwendigkeit einer Identitätskontrolle, die dazu berufen sei, gerade in den aus demokratischen Gründen als »integrationsfest« erklärten Bereichen die Übertragung von Hoheitsrechten auf die EU sachlich zu begrenzen.[30] Dem liegt die Annahme zugrunde, die Rolle des Nationalstaates für eine funktionsfähige Demokratie sei unersetzbar, weil »die öffentliche Wahrnehmung von Sachthemen und politischem Führungspersonal in erheblichem Umfang an nationalstaatliche, sprachliche, historische und kulturelle Identifikationsmuster angeschlossen bleibt.«[31] Mit anderen Worten: Bereits nach dem Demokratieprinzip müsse die Verfassungsidentität des Grundgesetzes trotz der Tendenz zur fortschreitenden europäischen Integration unangetastet bleiben, da Demokratie und Staat ihrem Wesen nach untrennbar seien. Doch die Unantastbarkeit der Verfassungsidentität lässt sich nicht lediglich auf das Demokratieprinzip, sondern darüber hinaus auf die grundrechtsschützende Funktion des Grundgesetzes zurückführen.

In einem neueren Beschluss des Bundesverfassungsgerichts zum Europäischen Haftbefehl etwa stand die Identitätskontrolle wiederum im Mittelpunkt, indem die Menschenwürdegarantie des Grundgesetzes als unantastbarer Kerngehalt der Verfassungsidentität mit Nachdruck unterstrichen wurde.[32] Den grundrechtlichen und demokratischen Stellenwert der deutschen Verfassung hob das Gericht auch in dem jüngst ergangenen Urteil zum Streikverbot für Beamte hervor: Das grundgesetzliche Streikverbot für Beamte stehe deshalb mit der Europäischen Menschenrechtskonvention im Einklang, weil es nicht nur dem Schutz der Rechte Dritter diene, sondern auch und insbesondere die nationale Besonderheit Deutschlands zum Ausdruck bringe.[33]

Diesen Ausführungen zur Verfassungsidentität ist zu entnehmen, dass – aus der Sicht des Bundesverfassungsgerichts – das Grundgesetz sowohl in demokratischer als auch in grundrechtlicher Hinsicht im Mittelpunkt stehen soll. Gerade im Zeitalter der Europäisierung und Internationalisierung sei die grundgesetzliche Ordnung von unentbehrlicher Bedeutung, weil sie eine funktionsfähige demokratische Selbstbestimmung und einen effektiven Grundrechtsschutz erst sicherstelle. Aus dieser Perspektive dient die verfassungsgerichtliche Identitätskontrolle vor allem dazu, Demokratie und Grundrechte zu gewährleisten. Im Rahmen der Identitätskontrolle stellen Demokratie und Grundrechte also keinen unversöhnlichen Gegensatz dar, sondern bilden gemeinsam den unantastbaren Kern der Verfassungsidentität des Grundgesetzes. Auch in diesem Zusammenhang liegt es nahe, dass bei der Heranziehung integrationsfester Verfassungsidentität die Befugnis des nationalen Gesetzgebers nicht nur zur demokratischen Willensbildung, sondern auch zur Grundrechtsausgestaltung immer wieder in den Vordergrund gerückt wird.[34] Insofern zeigt sich, dass gerade vor dem Hintergrund von Europäisierung und Internationalisierung sowohl das Bundesverfassungsgericht als auch der Gesetzgeber überwiegend als souveräne Instanzen fungieren, die zur Verhinderung eines Demokratie- und Grundrechtsverlustes gemeinsam zur Wahrung der souveränen Staatlichkeit Deutschlands berufen sind. So betrachtet erscheint das Spannungsverhältnis nicht nur von Grundrechten und Demokratie, sondern auch von Bundesverfassungsgericht und Gesetzgeber im Rahmen der Entwicklungstendenz zur Europäisierung und Internationalisierung etwas gemildert.

2. Die grundgesetzliche Ordnung im Lichte eines materiellen Grundrechts- und Demokratieverständnisses

Die in Deutschland immer verbreitete Annahme, dass der Staat als Garant der Grundrechte und Demokratie gilt, wird im Hinblick auf die aktuellen Herausforderungen wie Digitalisierung und Populismus nicht in Frage gestellt, sondern weiterhin bekräftigt. Zur Bekämpfung des internationalen Terrorismus, der digitalen Kriminalität und des weltweit verbreiteten Extremismus etwa wird auf der inter- und supranationalen Ebene immer wieder versucht, grenzübergreifende Maßnahmen vorzunehmen. Dadurch sind aber neue Bedrohungen entstanden, die sich aus dem Völker- und Europarecht ergeben: Obgleich Internationalisierung und Europäisierung unverkennbar auf den Ausbau des Menschenrechtsschutzes verweisen, geht es bei den heutigen Herausforderungen immer häufiger um den Konflikt zwischen Freiheit und Sicherheit, wobei die Entwicklungen der internationalen und europäischen Rechtsordnungen zugunsten der grenzübergreifenden Gefahrenabwehr nicht selten Menschenrechtsbedenken aufwerfen.[35] Vor diesem Hintergrund wird in den Debatten um das Verfassungsrecht in Deutschland der Eindruck verstärkt, dass trotz oder gerade wegen der »offenen Staatlichkeit« die demokratiesichernde und grundrechtsschützende Funktion des Nationalstaates zunehmend an Bedeutung gewinne.[36] Vor allem trage die Wahrung der Verfassungsidentität des Grundgesetzes insbesondere durch das Bundesverfassungsgericht dazu bei, die souveräne Staatlichkeit Deutschlands und letztlich die Grundrechte des Einzelnen zu gewährleisten.

Freilich, mit der Herausstellung der Verfassungsidentität des Grundgesetzes wird das überkommene Dilemma zwischen Grundrechten und Demokratie und folglich zwischen dem Bundesverfassungsgericht und dem Gesetzgeber nicht endgültig überwunden, sondern vielmehr durch das Spannungsverhältnis zwischen der Anerkennung offener Staatlichkeit und der Wahrung nationaler Identität überspielt. Das Bundesverfassungsgericht betont im Zusammenhang mit der Europäisierung und Internationalisierung zwar die Befugnis des nationalen Gesetzgebers zur demokratischen Willensbildung. Dabei wird aber nicht etwa auf die Rücknahme verfassungsgerichtlicher Kontrolldichte hingewiesen, sondern darauf, auch und insbesondere die »Integrationsverantwortung« des Gesetzgebers unterliege der verfassungsgerichtlichen Identitätskontrolle, die davon ausgehe, einige Regelungsgegenstände seien in demokratischer Hinsicht von vornherein »integrationsfest«. In diesem Zusammenhang wird anschaulich, dass das Bundesverfassungsgericht nicht nur an einem materiellen Grundrechtsverständnis, sondern auch an einem materiellen Demokratieverständnis festhält.[37] Gerade diese materielle, nämlich inhaltsbestimmte Grundrechts- und Demokratievorstellung ermöglicht es dem Bundesverfassungsgericht, nach innen die politischen Entscheidungen des demokratischen Gesetzgebers zu kontrollieren und nach außen den Souveränitätsverlust der Bundesrepublik zu verhindern. Der »Materialisierungsansatz« des Bundesverfassungsgerichts soll den Kerngehalt von Grundrechten und Demokratie präzisieren und verfestigen sowie vor beschleunigtem gesellschaftlichem Wandel und ständig wachsender Europäisierung und Internationalisierung bewahren. Auf diese Weise wird aber weder der Grundrechtsschutz noch die demokratische Willensbildung oder Selbstbestimmung, sondern nur der Vorteil des Bundesverfassungsgerichts gegenüber dem nationalen Gesetzgeber und gegebenenfalls auch den inter- bzw. supranationalen Gerichten gesichert. Vor allem dient die Heranziehung der Verfassungsidentität unter anderem zu einer effektiven rechtlichen Kontrolle der Politik, die im Zeitalter von Europäisierung und Internationalisierung immer unberechenbarer erscheint.

In einer Außenperspektive verdient der Materialisierungsansatz im deutschen Verfassungsrecht deshalb Aufmerksamkeit, weil er nicht nur zur Verrechtlichung der Politik und folglich zu einer umfassenden Grundrechtskontrolle der Demokratie beiträgt, sondern darüber hinaus den weit verbreiteten Gedanken zum Ausdruck bringt, erst mit inhalts- bzw. wertbestimmten Rechtsvorgaben könne sich die grundgesetzliche Ordnung vor unerwünschten Veränderungen hüten, die sich aus nationaler oder internationaler Politik ergeben. Insofern liegt es nahe, dass das Grundgesetz immer wieder als etwas Anpassungsfähiges und doch Stabilisierendes bezeichnet wird, dem ein inhalts- und wertbestimmtes Grundrechts- und Demokratiepostulat zugrunde liegt. Genau darin liegt aber das Problem der grundgesetzlichen Ordnung: Indem die herrschende Auffassung und insbesondere das Bundesverfassungsgericht stets an einem materiellen Grundrechts- und Demokratieverständnis festhält, steht dabei die dem zugrunde liegende Wert- und Gerechtigkeitsvorstellung nach wie vor im Mittelpunkt, die zwar der Freiheitsidee keineswegs ohne weiteres entgegensteht, sich unter Umständen aber doch zu Lasten der Freiheit auswirkt.[38] So zeigen zum Beispiel die neueren Entscheidungen des Bundesverfassungsgerichts zur Gleichstellung der eingetragenen Lebenspartnerschaft[39] deutlich, dass gerade das Festhalten des Gerichts an einem inhaltsfesten Ehebegriff[40] den Schutzbereich des Artikels 6 Absatz 1 GG unangemessen einschränkt, so dass sich die daraus folgende ewige Distanzierung der eingetragenen Lebenspartnerschaft von der traditionellen Ehe und von Artikel 6 Absatz 1 GG nicht durch die Heranziehung des Gleichheitssatzes nach Artikel 3 Absatz 1 und 3 GG kompensieren lässt. Der Materialisierungsansatz des Bundesverfassungsgerichts spiegelt sich ferner in der viel diskutierten Wunsiedel-Entscheidung[41] wider. Dort weist das Gericht darauf hin, angesichts der schrecklichen Erfahrungen der historischen nationalsozialistischen Gewalt- und Willkürherrschaft sei eine nach Artikel 5 Absatz 2 GG grundsätzlich verbotene sonderrechtliche Meinungsbeschränkung ausnahmsweise zulässig.[42] In grundrechtlicher Hinsicht ist diese Entscheidung deshalb zu beanstanden, weil sie mit einer materiellen Wertvorstellung die Meinungsfreiheit des Artikels 5 Absatz 1 und 2 GG nicht als meinungsneutrale und insofern freiheitsorientierte Rahmenordnung, sondern überwiegend als inhaltsbestimmte Wertordnung interpretiert und daraus einen Ausnahmemaßstab entwickelt, der nicht mehr mit der verfassungsrechtlichen Gewährleistung der Meinungsfreiheit in Einklang stehen kann. Auch die vorgenannte Entscheidung zum Streikverbot für Beamte veranschaulicht, dass das Bundesverfassungsgericht nicht immer als ein freiheitszentriertes Grundrechtsgericht gilt, sondern sich überwiegend an einer bestimmten Wertvorstellung orientiert: Das Bundesverfassungsgericht versucht zugleich, die Völkerrechtsfreundlichkeit des Grundgesetzes zu unterstreichen und das deutsche Streikverbot für Beamte aufrechtzuerhalten. Dazu hält das Gericht daran fest, dass das Streikverbot für Beamte zu den unabänderlichen, hergebrachten Grundsätzen im Sinne des Artikels 33 Absatz 5 GG zählt. Das Beamtenstreikverbot mit Verfassungsrang stelle als Ausdruck einer deutschen Besonderheit keinen Verstoß gegen die Europäischen Menschenrechtskonvention dar. Die Konvention habe trotz der Gewährleistung des Streikrechts auch für Beamte den Beurteilungsspielraum *(»margin of appreciation«)* der Vertragsstaaten zu respektieren.[43] Dabei wird allerdings von vornherein verkannt, dass nicht das Grundgesetz selbst, sondern erst seine Materialisierung durch das Bundesverfassungsgericht zu einer unüberwindlichen Diskrepanz zwischen den grundgesetzlichen und den konventionsrechtlichen Bestimmungen geführt hat, die zwangsläufig zu Lasten des Menschenrechtsschutzes geht.

V. Ausblick

Es war von Anfang an klar, dass im Mittelpunkt der grundgesetzlichen Ordnung das Bemühen um die Rechtsbindung der Politik und insbesondere die Grundrechtsbindung des Gesetzgebers steht. Vor diesem Hintergrund besitzt das Bundesverfassungsgericht eine im internationalen Vergleich bemerkenswerte Sonderstellung, die im Namen eines lückenlosen Grundrechtsschutzes bekräftigt worden ist. Wie im vorliegenden Beitrag dargelegt wurde, bleibt im Streben nach einem materiellen Rechtsstaat das hohe Ansehen des Bundesverfassungsgerichts trotz zunehmender kompetenzbezogener Einwände unbeeinflusst. Auch die neueren Herausforderungen wie Europäisierung und Internationalisierung stellen die wegweisende Rolle des Bundesverfassungsgerichts nicht in Frage. Unter Heranziehung der Verfassungsidentität des Grundgesetzes weist das Bundesverfassungsgericht deutlich darauf hin, dass erst mit seiner Identitätskontrolle die grundrechtsschützende und demokratiesichernde Funktion der grundgesetzlichen Ordnung aufrechtzuerhalten ist.

Insgesamt zeigt sich, dass das Verhältnis von Grundrechten und Demokratie unter dem Grundgesetz durch die Rechtsprechung des Bundesverfassungsgerichts, vor allem aber durch dessen materielles Grundrechts- und Demokratieverständnis geprägt und entscheidend beeinflusst worden ist. Für Außenstehende ist es daher kaum überraschend, dass die grundgesetzliche Ordnung gerade im Rahmen des Bundesverfassungsgerichtspositivismus eine »Modellfunktion« einnimmt. Doch dieser Materialisierungsansatz, der einerseits zur Vervollständigung der Grundrechtsvorgaben und andererseits zur Begründung eines staatszentrierten und daher integrationsfesten Demokratieprinzips beigetragen hat, hat auch seine Schattenseiten. Indem Grundrechte und Demokratie immer wieder durch inhaltsfeste Vorbestimmungen materialisiert werden, gehen sie nicht selten zwangsläufig am Freiheitsversprechen des Grundgesetzes vorbei. In diesem Sinne ist nicht das Grundgesetz, sondern seine materialisierte Auslegung durch das Bundesverfassungsgericht um der Freiheit willen anpassungsbedürftig.

Anmerkungen

1 Ernst-Wolfgang Böckenförde, Entstehung und Wandel des Rechtsstaatsbegriffs, in: ders., Recht, Staat, Freiheit, 1991, S. 143 (164).

2 Vgl. auch Michael Stolleis, Geschichte des öffentlichen Rechts in Deutschland, Bd. 4, 2012, S. 216 ff.; Peter Graf Kielmansegg, 60 Jahre Grundgesetz. Anmerkungen eines Politikwissenschaftlers, in: Jahrbuch für öffentliches Recht der Gegenwart 59 (2011), S. 169 (177 f.).

3 So Karl-Peter Sommermann, in: v. Mangoldt / Klein / Starck (Hg.), GG-Kommentar, Bd. 2, 7. Aufl. 2018, Artikel 20 Rn. 232, 238, 269.

4 Zu den wirtschaftlichen und gesellschaftlichen Hintergründen für die Entfaltung der Wertordnung des Grundgesetzes vgl. ferner Stolleis (Fn. 2), S. 221 ff.

5 Vgl. BVerfGE 7, 198 (204 f.) – Lüth (1958).

6 Vgl. nur Ernst-Wolfgang Böckenförde, Grundrechte als Grundsatznormen, in: ders., Staat, Verfassung, Demokratie, 1991, S. 159 (163 ff.); Hans D. Jarass, Funktionen und Dimensionen der Grundrechte, in: Merten / Papier (Hg.), Handbuch der Grundrechte, Bd. II, 2006, § 38 Rn. 11 ff., 22 ff., 52 ff.

7 Vgl. etwa Robert Alexy, Grundrechte als subjektive Rechte und als objektive Normen, in: Der Staat 29 (1990), 49 (51 ff.); Jarass (Fn. 6), Rn. 5 ff.; Lars Viellechner, Die transnationale Dimension der Grundrechte, in: Vesting / Korioth / Augsberg (Hg.), Grundrechte als Phänomene kollektiver Ordnung, 2014, S. 295 (311 f.).

8 Zu diesem Ansatz Matthias Jestaedt, Grundrechtsentfaltung im Gesetz, 1999, S. 78 f.

9 Josef Isensee, Verfassungsrecht als »politisches Recht«, in: Isensee / P. Kirchhof (Hg.), Handbuch des Staatsrechts, Bd. VII, 1. Aufl. 1992, § 162 Rn. 45.

10 Vgl. Tobias Handschell, Grundrechtsschranken aus der Wertordnung des Grundgesetzes? Zum Wunsiedel-Beschluss des BVerfG, in: Bayerische Verwaltungsblätter 2011, S. 745 (748).

11 Claudio Franzius, Recht und Politik in der transnationalen Konstellation, in: Archiv des öffentlichen Rechts 138 (2013), S. 204 (226). Vgl. auch Dieter Grimm, Diskussionsbeitrag, in: Veröffentlichungen der Vereinigung der Deutschen Staatsrechtslehrer 71 (2012), S. 84 (85); Ernst-Wolfgang Böckenförde, Verfassungsgerichtsbarkeit: Strukturfragen, Organisation, Legitimation, in: ders., Staat, Nation, Europa, 2. Aufl. 2000, S. 157 (181 f.).

12 Vgl. nur Hans-Jochen Vogel, Videant judices! Zur aktuellen Kritik am Bundesverfassungsgericht, in: Die öffentliche Verwaltung 1978, S. 665 (666 ff.); Wolf-Rüdiger Schenke, Der Umfang der bundesverfassungsgerichtlichen Überprüfung, in: Neue Juristische Wochenschrift 1979, S. 1321 (1327 f.); Eberhard Denninger, Verfassungsrechtliche Schlüsselbegriffe, in: Festschrift für Rudolf Wassermann, 1985, S. 279 (281 ff.).

13 Vgl. etwa Böckenförde (Fn. 11), S. 167 ff., 177 ff.; Rupert Scholz, Karlsruhe im Zwielicht – Anmerkungen zu den wachsenden Zweifeln am BVerfG, in: Festschrift für Klaus Stern, 1997, S. 1201 (1208 ff.); Otfried Höffe, Wieviel Politik ist dem Verfassungsgericht erlaubt?, in: Der Staat 38 (1999), S. 171 (173 ff., 185 ff.).

14 Zu den ideologischen Hintergründen der Kritik an der Rechtsprechung des Bundesverfassungsgerichts vgl. ferner Peter E. Quint, 60 Years of the Basic Law and its Interpretation: An American Perspective, in: Jahrbuch für öffentliches Recht der Gegenwart 57 (2009), S. 1 (7 ff.).

15 Vgl. Christian Hillgruber, Die Herrschaft der Mehrheit, in: Archiv des öffentlichen Rechts 127 (2002), S. 460 (473); neuerdings auch Klaus Ferdinand Gärditz, Demokratizität des Strafrechts und Ultima Ratio-Grundsatz, in: Juristenzeitung 2016, S. 641 (649 f.).

16 Die sogenannte funktionsgerechte Organstruktur fragt danach, »ob dieses Organ nach seiner Zusammensetzung, nach seiner Legitimation, nach dem Verfahren, in dem es Entscheidungen trifft, überhaupt geeignet ist, eine solche Entscheidung zu treffen, wie sie in Rede steht.« Fritz Ossenbühl, Diskussionsbeitrag, in: Götz / Klein / Starck (Hg.), Die öffentliche Verwaltung zwischen Gesetzgebung und richterliche Kontrolle, 1985, S. 198 (201). Zum funktionell-rechtlichen Ansatz als Reaktion auf das verschärfte Gewaltenteilungsproblem vgl. ferner Gunnar Folke Schuppert, Self-restraints der Rechtsprechung, in: Deutsches Verwaltungsblatt 1988, S. 1191 (1193 ff.).

17 Vgl. etwa BVerfGE 18, 315 (331 f.) – Marktordnung (1965); 39, 210 (230 f.) – Mühlenstrukturgesetz (1974).

18 Vgl. BVerfGE 50, 290 (332 f.) – Mitbestimmung (1979).

19 Vgl. Oliver Lepsius, Die maßstabsetzende Gewalt, in: Jestaedt / ders. / Möllers / Schönberger, Das entgrenzte Gericht, 2011, S. 159 (209).

20 So Matthias Jestaedt, Zur Kopplung von Politik und Recht in der Verfassungsgerichtsbarkeit, in: Vesting / Korioth (Hg.), Der Eigenwert des Verfassungsrechts, 2011, S. 317 (317).

21 Vgl. nur Lepsius (Fn. 19), S. 259 ff.; Christoph Möllers, Legalität, Legitimität und Legitimation des Bundesverfassungsgerichts, in: Jestaedt / ders. / Möllers / Schönberger, Das entgrenzte Gericht, 2011, S. 281 (347 ff., 398 ff.).

22 Zur Recht-Politik-Dichotomie in der Tradition der deutschen Staatsrechtslehre vgl. nur Rainer Eckertz, Die Kompetenz des Bundesverfassungsgerichts und die Eigenheit des Politischen, in: Der Staat 17 (1978), S. 183 (193 ff.); Dieter Grimm, »Ich bin ein Freund der Verfassung«, 2017, S. 201 f. Dass diese Dichotomie nicht weltweit gilt, zeigt bereits die US-amerikanische common law-Tradition als Kontrastschablone. Zum politischen Charakter des Rechts bzw. der Rechtsprechung unter dem US-amerikanischen Common Law vgl. etwa Paul W. Kahn, American Exceptionalism, Popular Sovereignty, and the Rule of Law, in: Ignatieff (Hg.), American Exceptionalism and Human Rights 2005, S. 198, 206 f.; Jed Rubenfeld, Unilateralism and Constitutionalism, N.Y.U. Law Review 79 (2004), S. 1971 (1995).

23 Mit dem materiellen Grundrechtsverständnis hält die herrschende Auffassung daran fest, dass die Grundrechte mit ihren determinierten Vorgaben die Möglichkeiten für demokratische Auseinandersetzung und Kompromissgestaltung ohne weiteres ausschlössen. Vgl. dazu kritisch Shu-Perng Hwang, Verfassungsordnung als Rahmenordnung, 2018.

24 BVerfGE 88, 203 – Schwangerschaftsabbruch II (1993).

25 BVerfGE 93, 1 – Kruzifix (1995).

26 BVerfGE 93, 266 – »Soldaten sind Mörder« (1995).

27 Zu den Impulsen der Wiedervereinigung auf die deutsche Verfassungsentwicklung vgl. Hartmut Bauer, Die Verfassungsentwicklung des wiedervereinten Deutschland, in: Isensee / P. Kirchhof (Hg.), Handbuch des Staatsrechts, Bd. XII, 3. Aufl. 2003, § 14 Rn. 3 ff. Vgl. auch Julian Krüper, Auf der Suche nach neuer Identität, in: Duve / Ruppert (Hg.), Rechtswissenschaft in der Berliner Republik, 2018, S. 238 (240 f., 244 ff.).

28 Vgl. auch Vasilios Skouris, Die mitgliedstaatlichen Verfassungen nach fünfzig Jahren europäischer Integration – Bemerkungen am Beispiel des Grundgesetzes, in: Stern (Hg.), 60 Jahre Grundgesetz, 2010, S. 37 (42, 47 ff.); Stefan Ruppert, Die Berliner Republik – eine vorläufige Verortung, in: Duve / ders. (Fn. 27),, S. 36 (52).

29 BVerfGE 89, 155 (186) – Maastricht (1993).

30 Vgl. dazu BVerfGE 123, 267 (354, 358 ff.) – Lissabon (2009).

31 BVerfGE 123, 267 (359) – Lissabon (2009).

32 Vgl. BVerfGE 140, 317 (334, 341) – Europäischer Haftbefehl II (2015).

33 Vgl. Bundesverfassungsgericht, Urteil vom 12.6.2018, 2 BvR 1738/12 u.a. – Beamtenstreikverbot, NVwZ 2018, 1121 (1134 ff. Rn. 179 ff.).

34 Vgl. etwa BVerfGE 123, 267 (357 f.) – Lissabon (2009).

35 Vgl. Christian Walter, 60 Jahre offene Staatlichkeit, in: Wittreck (Hg.), 60 Jahre Grundgesetz, 2010, S. 61 (75).

36 Vgl. nur Bauer (Fn. 27), Rn. 119 ff.; Dieter Grimm, Der Datenschutz vor einer Neuorientierung, in: Juristenzeitung 2013, S. 585 (591 f.); Udo Di Fabio, Die Kultur der Freiheit, 2005, S. 242 f., 256.

37 Zu diesem materiellen Demokratieverständnis gehört unter anderem die Überzeugung, in der demokratischen Ordnung sei eine »relative Homogenität« im politischen Gemeinwesen vorauszusetzen. Vgl. nur Ernst-Wolfgang Böckenförde, Demokratie als Verfassungsprinzip, in: Isensee / P. Kirchhof (Hg.), Handbuch des Staatsrechts der Bundesrepublik Deutschland, Bd. II, 3. Aufl. 2004, § 24 Rn. 63.

38 Dazu näher Hwang (Fn. 23), S. 115 ff., 139 ff., 177 ff. Vgl. insofern auch Krüper (Fn. 27), S. 245 ff.

39 Vgl. etwa BVerfGE 124, 199 ff. – Betriebsrente (2009); 131, 239 ff. – Lebenspartnerschaft von Beamten (2012); 133, 59 ff. – Sukzessivadoption (2013); 133, 377 ff. – Ehegattensplitting (2013).

40 Nach ständiger Rechtsprechung des Bundesverfassungsgerichts gilt Ehe im Sinne von Artikel 6 Absatz 1 GG als »allein der Verbindung zwischen Mann und Frau vorbehaltenes Institut«. Vgl. nur BVerfGE 105, 313 (344 f.) – Lebenspartnerschaft (2002). Daher sind einige der Meinung, die verfassungsrechtliche Zulassung der »Ehe für alle« setze eine Verfassungsänderung voraus. Vgl. dazu etwa: Ex-Verfassungsrichter hält Ehe für alle für verfassungswidrig, abrufbar unter http://www.zeit.de/politik/deutschland/2017-06/grundgesetz-bundestag-bundesverfassungsgericht-hans-juergen-papier-ehe-fuer-alle (letzter Zugriff: 22.12.2018); Christian v. Coelln, Wenn, dann richtig: »Ehe für alle« nur per Verfassungsänderung, in: Neue Justiz 2018, S. 1 (1 ff.).

41 BVerfGE 124, 300 – Wunsiedel (2009).

42 Vgl. BVerfGE 124, 300 (327 ff.) – Wunsiedel (2009).

43 Vgl. Bundesverfassungsgericht, Urteil vom 12.6.2018, 2 BvR 1738/12 u.a. – Beamtenstreikverbot, in: Neue Zeitschrift für Verwaltungsrecht 2018, S. 1121 (1132 ff. Rn. 163 ff.).

IV.
Vergangenheit und Zukunft

Wie sähe heute ein neues Grundgesetz aus?

Dieter Grimm, Berlin

I. Alte Forderungen nach einem neuen Grundgesetz

Über ein neues Grundgesetz wird heute nicht zum ersten Mal gesprochen. Gegen Ende der 1960er Jahre hatte sich die Überzeugung, das Grundgesetz sei »antiquiert« und bedürfe einer »Gesamtrevision«,[1] so weit verdichtet, dass der Bundestag im Oktober 1970 eine Enquete-Kommission einsetzte, die prüfen sollte, »ob und wie weit es erforderlich ist, das Grundgesetz den gegenwärtigen und voraussehbaren zukünftigen Erfordernissen – unter Wahrung seiner Grundprinzipien – anzupassen«.[2] Der Auftrag erging nur zwei Jahre nach der Einführung der Notstandsverfassung durch das 17. Änderungsgesetz zum Grundgesetz und ein Jahr nach der großen Änderungswelle von 1969 mit ihren acht Änderungsgesetzen, die nicht weniger als 25 Artikel betrafen und den Übergang vom dualistischen zum kooperativen Föderalismus vollzogen. Wegen der vorzeitigen Auflösung des 6. Deutschen Bundestages im Zuge der Auseinandersetzungen über die Ostverträge erstattete die Kommission 1972 einen Zwischenbericht.[3] Vom 7. Bundestag erneut eingesetzt, legte sie kurz vor dem Ende der Wahlperiode im Dezember 1976 ihre Empfehlungen vor und äußerte die Erwartung, »dass die Vorschläge geprüft und schrittweise verwirklicht werden«.[4]

Die Erwartung wurde enttäuscht. Der 8. Bundestag sah keine Notwendigkeit zu einer Gesamtrevision. Inzwischen hatte die Verehrung des Grundgesetzes eingesetzt, bei seinem 30-jährigen Jubiläum tauchte erstmals die Wortbildung »Verfassungspatriotismus« auf.[5] Der Ruf nach einem neuen Grundgesetz wurde danach nur noch einmal laut. Den Anstoß gab diesmal jedoch nicht die Befürchtung, das Grundgesetz genüge den Anforderungen der Gegenwart und Zukunft nicht mehr, sondern die Wiedervereinigung und damit die Gelegenheit zur Aktualisierung von Artikel 146 GG, der für diesen historischen Moment eine vom deutschen Volk in freier Entscheidung beschlossene Verfassung verhieß.

Auch dazu ist es nicht gekommen. Artikel 146 wurde in eine falsche Alternative zu Artikel 23 GG als schnellem Weg zur Wiedervereinigung gerückt, die Wiedervereinigung selbst nicht als Neugründung Deutschlands, sondern als Erweiterung der Bundesrepublik verstanden. Das Grundgesetz, das laut Präambel geschaffen worden war, um dem staatlichen Leben in einem Teil Deutschlands für eine Übergangszeit eine neue Ordnung zu geben, wurde auf das Territorium der untergegangenen DDR erstreckt und damit vom Provisorium für die Zeit der Teilung zum Definitivum im wiedervereinigten Deutschland.

Verfassungsänderungen aus Anlass und mehr noch bei Gelegenheit der Wiedervereinigung hat das nicht gehindert, darunter so wichtige wie die Erweiterung von Artikel 3 GG um die »tatsächliche Durchsetzung der Gleichberechtigung von Männern und Frauen« und das Benachteiligungsverbot für Behinderte, die seit langem geforderte Einführung des Staatsziels Umweltschutz in Artikel 20a GG sowie die Regelung des Verhältnisses der Bundesrepublik zur Europäischen Union im frei gewordenen Artikel 23 GG. Artikel 146 GG besteht in veränderter Form fort und gibt Rätsel auf, was er jetzt bedeutet. Ein neues Grundgesetz ist aus diesen Änderungen nicht entstanden, ebenso wenig wie aus den nachfolgenden Verfassungsänderungen, unter denen wieder einmal Föderalismusreformen durch die Änderungsgesetze von 2006 und 2009 herausragen. Die Gesamtzahl der Änderungsgesetze hat sich mittlerweile auf 62 erhöht, die Zahl der Artikel, die davon betroffen waren, ist weit größer. Das Grundgesetz hat derzeit 193 Artikel, nur 70 der ursprünglichen 146 Artikel gelten heute noch in dem Wortlaut von 1949. Im Vergleich zählt das Grundgesetz zu den häufig geänderten Verfassungen.

Die Vielzahl der Änderungen bis in die jüngste Zeit könnte die Vermutung nahelegen, dass das Grundgesetz auf der Höhe der Zeit sei und keiner Erneuerung bedürfe. Auch sind kurz vor seinem 70. Geburtstag keine Rufe nach einer neuen Verfassung zu vernehmen. Nur das Lissabon-Urteil des Bundesverfassungsgerichts verschaffte dem Thema eine kurze Aufmerksamkeit. Danach ist eine Umwandlung der Europäischen Union in einen Staat unter Beteiligung der Bundesrepublik ausgeschlossen, solange das Grundgesetz gilt. Auch eine Verfassungsänderung vermöchte das Hemmnis nicht zu beseitigen. Die Zustimmung zu einer Verstaatlichung der EU könne nur vom deutschen Volk in einer neuen Verfassung erteilt werden.[6] Doch liegt derzeit nichts ferner als die Umwandlung der EU in einen Staat, und auch die Diskussion über eine neue Verfassung, die dies ermöglichen würde, ist schnell verstummt. Aus

Anlass des 70. Geburtstags wird im Gegenteil wieder oft zu hören sein, dass sich das Grundgesetz »bewährt« habe, gerade im Vergleich mit der Weimarer Verfassung, derer 2019 ebenfalls gedacht wird.

II. Bewährung in der Vergangenheit

Wie steht es also mit der Bewährung des Grundgesetzes? Darauf schrumpft die Frage nach einem neuen Grundgesetz wohl zusammen. Die Antwort hängt davon ab, wie man den Fokus einstellt. Bei einer großflächigen Betrachtung bestätigt sich der Eindruck der Bewährung. Die Entwicklung der Bundesrepublik hat insgesamt einen glücklichen Verlauf genommen, besonders wenn man die Weimarer Republik zum Vergleich heranzieht. Inwieweit dies dem Grundgesetz gutgeschrieben werden kann, ist schwer zu ermitteln. In der Regel hat man es mit einem Ursachengeflecht zu tun. Fest steht freilich, dass es zur unbestrittenen Konsensbasis der politischen Konkurrenten und gesellschaftlichen Kräfte geworden ist, anders als die Weimarer Verfassung, die in der Nationalversammlung mit hoher Mehrheit angenommen, aber schnell zum Streitobjekt geworden war. Davon ist die Bundesrepublik verschont geblieben. Selbst die harsche Kritik der 68er-Generation an den politischen und gesellschaftlichen Verhältnissen erstreckte sich nicht auf das Grundgesetz. Vielmehr wurde beklagt, dass es »unerfüllt« geblieben sei.

Das Grundgesetz hat sich im Gegenteil wachsender Wertschätzung erfreut und über seine juristische Relevanz hinaus als Integrationsfaktor gewirkt, besonders vor der Wiedervereinigung, als die geläufigeren Identifikationsfaktoren nicht zur Verfügung standen: die Nation nicht, weil sie geteilt war, die Geschichte nicht, weil sie mit dem Holocaust belastet war, die Kultur nicht, weil sie das letzte einigende Band um die beiden deutschen Staaten war. In diese Lücke konnte das Grundgesetz springen, weil es den Wiederaufstieg Westdeutschlands aus dem tiefen Fall nach 1933 und die Rückkehr in den Kreis der zivilisierten Völker symbolisierte, aber auch die Überlegenheit des westlichen Modells über das in der DDR errichtete sozialistische System.[7] All das wäre indessen unwahrscheinlich gewesen, wenn nach der Währungsreform 1948 nicht ein nahezu 30 Jahre anhaltendes Wirtschaftswachstum eingesetzt hätte, das zu einer allgemeinen, wenn auch nicht gleichen, Wohlstandssteigerung führte und den Verteilungskämpfen die Schärfe nahm, wiederum im Gegensatz zur Weimarer Republik, die zeitlebens von schweren Wirtschaftskrisen erschüttert worden war.

Unwahrscheinlich wäre es freilich auch gewesen, wenn dem Grundgesetz nicht die unvergleichliche juristische Relevanz zugewachsen wäre, die es von allen früheren deutschen Verfassungen unterscheidet. Dazu hätte es wiederum nicht kommen können, wenn der Parlamentarische Rat auf die Schwäche der Weimarer Verfassung nicht mit der Einrichtung einer Verfassungsgerichtsbarkeit reagiert hätte und wenn es dem Bundesverfassungsgericht nicht gelungen wäre, das Grundgesetz täglich als relevant erlebbar zu machen, den individuellen Freiheiten Achtung zu verschaffen und sie auch unter veränderten Bedingungen der Freiheitsverwirklichung zu behaupten, und wenn es in diesen Bemühungen nicht von der Politik respektiert worden wäre. Verfassung und Verfassungsrechtsprechung, Wertschätzung beim Publikum und Befolgungsbereitschaft auf Seiten der Politik stärkten sich auf diese Weise wechselseitig und machten die Bundesrepublik zum Vorbild für viele Länder, die sich nach der Befreiung von diktatorischen oder autoritären Regimen einer demokratisch-rechtsstaatlichen Verfassung zuwandten.

Stellt man den Fokus etwas detailschärfer ein, kommen allerdings auch Bewährungsdefizite zum Vorschein. Ein Beispiel dafür sind die sogenannten Politikblockaden, welche die Bundesrepublik mehrfach empfindlich trafen und an der Akzeptanz von Parteien und Regierungssystem zehrten. Zu diesen Blockaden kam es immer dann, wenn die Regierungsparteien keine Mehrheit im Bundesrat hatten. Eine Gefahr für die Handlungsfähigkeit der Regierung wurde daraus aber erst durch die Verfassungslage. Die fortschreitende Kompetenzverlagerung von den Ländern auf den Bund wurde mit einer Vermehrung der Zustimmungsrechte des Bundesrats bei der Gesetzgebung von ursprünglich 13 auf fast 60 erkauft. Den quantitativen Zuwachs verstärkte das Bundesverfassungsgericht weiter, indem es eine einzige zustimmungspflichtige Gesetzesvorschrift genügen ließ, das gesamte Gesetz zustimmungspflichtig zu machen.[8] Die aus der Bundestagwahl hervorgegangene Mehrheit konnte ihr Regierungsprogramm dann nur noch mit Zustimmung der Opposition verwirklichen.

Wichtige Reformvorhaben kamen auf diese Weise entweder gar nicht oder nur verzögert und verwässert zustande. Ins Zentrum des Geschehens rückte der Vermittlungsausschuss, verdunkelte aber den Entscheidungsprozess, denn er berät nichtöffentlich, und über seinen Vermittlungsvorschlag stimmt der Bundestag im Paket und ohne Aussprache ab. Das mag in Zeiten geringen Handlungsdrucks den gesellschaftlichen Konsens gefördert haben, weil harte oder ungleiche Belastungen vermieden wurden. In Zeiten großen Handlungsdrucks wurde es dagegen als Politikversagen wahrgenommen. Die Bundesrepublik verfing sich in einer Verflechtungsfalle, zu der noch weitere durch Verfassungsänderung geschaffene Faktoren wie die schwerfälligen Gemeinschaftsaufgaben beitrugen.[9] Diese Situation war der Grund für die Einberufung der Föderalismuskommission im Jahre 2003. Ob die Verfassungsänderungen, die daraus entstanden, das Problem gelöst oder nur durch neue Probleme ersetzt haben, ist ungewiss, denn die Neuregelung vor allem von Artikel 72 und 84 GG muss ihre Bewährungsprobe erst noch bestehen. Solange große Koalitionen amtieren, spielen unterschiedliche Mehrheitsverhältnisse in Bundestag und Bundesrat keine Rolle.

Nicht jede Verfassungsänderung hat das Grundgesetz verbessert. Derzeit schreitet die Rückabwicklung der Reformen von 2006 voran. Die große Zahl der Verfassungsänderungen ist auch nicht ohne Folgen für die Funktion der Verfassung geblieben. Verfassungen regeln den politischen Entscheidungsprozess, ersetzen ihn aber nicht. Je mehr sie die Politik inhaltlich festlegen, desto weniger Gestaltungsspielraum bleibt für den demokratischen Prozess. Die Änderungspraxis lässt eine Tendenz zur Aufblähung des Grundgesetzes erkennen. Das betrifft nicht nur die Zahl der Artikel, die um ein Drittel gestiegen ist, sondern auch den Umfang des Textes, der sich verdoppelt hat. Die Finanzverfassung zeigt das überdeutlich. Normen wie Artikel 106 oder 108 GG nehmen im Gesetzblatt mehrere Seiten ein. Aber selbst die Grundrechte sind von der Tendenz nicht verschont geblieben. Kein Grundrecht ist wortreicher als der später eingefügte Artikel 12a GG. Artikel 13 GG, der die Unverletzlichkeit der Wohnung regelt, liest sich nach der Änderung von 1998 streckenweise wie eine Verwaltungsvorschrift. Der neue Asyl-Artikel 16a GG ist vierzigmal so lang wie sein Vorgänger.[10]

Die dahinterstehenden Kompromisse waren oft schwierig und wurden nur erreicht, indem man hinnahm, dass jede Seite so viel wie möglich von ihren politischen Vorstellungen in der Verfassung festschreiben konnte. Viele sehen darin einen Schönheitsfehler. In Wirklichkeit handelt es sich um ein Demokratieproblem. Alles was auf der Verfassungsebene geregelt wird, ist dem demokratischen Prozess entzogen. Es ist nicht mehr Thema, sondern Prämisse politischer Entscheidungen. Wahlen bleiben insoweit folgenlos. Änderungen der politischen Präferenzen, die sich in Wahlen Bahn brechen, können nicht umgesetzt werden. Soweit die Verfassung reicht, gibt es keine Politikänderung ohne vorgängige Verfassungsänderung. Die Verfassung ermöglicht dann nicht Flexibilität, sondern bewirkt Immobilismus, der in Zeiten hohen Problemdrucks wiederum als Politikversagen wahrgenommen wird. Der Unmut richtet sich dann nicht nur gegen diese oder jene Partei, sondern das Regierungssystem, und weckt Zweifel an der Güte der Verfassung.

Zu den veränderungsbedürftigen Teilen des Grundgesetzes gehört daher die Regelung der Verfassungsänderung. Verfassungsänderungen erfolgen gemäß Artikel 79 GG im Weg der Gesetzgebung, von der sie sich nur durch das Erfordernis einer Zwei-Drittel-Mehrheit in Bundestag und Bundesrat unterscheiden. Bei Verfassungsänderungen kommen folglich dieselben Akteure und dieselben Prozeduren zum Zuge, die auch das politische Tagesgeschäft beherrschen. Ins förmliche Verfahren gelangen auf diese Weise nur Änderungswünsche, an denen die Parlamentsparteien ein Interesse haben, und ihre Interessen bleiben auch für das Ergebnis bestimmend. Je schwieriger die Konsensfindung, desto voluminöser die Lösung. Das Erfordernis einer qualifizierten Mehrheit bildet keine ausreichende Bremse, denn Supermajoritäten sind durch große Koalitionen und die häufige Anrufung des Vermittlungsausschusses bereits zur Gewohnheit geworden und verleiten zu einem negotiativen statt deliberativen Entscheidungsstil, der die Aufblähung der Verfassung begünstigt.

Die für den Konstitutionalismus essentielle Differenzierung zwischen den Regeln für politisches Entscheiden und den politischen Entscheidungen selbst wird dadurch eingeebnet. Dass Bewusstsein dafür, dass Politiker bei Verfassungsänderungen in anderer Eigenschaft tätig werden als bei der Gesetzgebung, dass sie ein Stück des *pouvoir constituant* wahrnehmen und selber die Bedingungen ihres Handelns festlegen, die ihnen der Idee nach vom Volk gesetzt werden, geht verloren. In das System müssten daher »Unterbrecher« eingebaut werden, die die Gewohnheiten des Tagesgeschäfts durchstoßen und die Politik zu einem Perspektivenwechsel von innen nach außen zwingen. Dafür gibt es viele Möglichkeiten. Man muss sich nur in ausländischen Verfassungen umschauen, die in diesem Punkt durchaus erfindungsreich sind, ohne es gleich mit der USA-Verfassung zu halten, die Verfassungsänderungen derart erschwert, dass sie praktisch ausgeschlossen sind. Die Last der Anpassung der Verfassung an veränderte Verhältnisse ruht dann auf den Schultern der Richter, was ebenfalls demokratische Kosten verursacht.

III. Veränderte Bedingungen

Stärker als bei früheren Jubiläen stellt sich aber heute die Frage, ob die Bewährung des Grundgesetzes womöglich an ihr Ende gelangt. Einer der Gründe liegt darin, dass das Feld, auf dem das Grundgesetz sich bewähren kann, fortlaufend schrumpft. Das ist in erster Linie eine Folge der europäischen Integration. Im selben Maß, wie nationale Kompetenzen an die EU abgetreten werden, verengt sich der Anwendungsbereich des Grundgesetzes. Es regelt dann zwar immer noch die Bedingungen für die Abtretung von Kompetenzen. Sind sie einmal abgetreten, unterliegt ihre Ausübung aber nicht mehr seinen Anforderungen, und wenn es zu Kollisionen kommt, beansprucht Europarecht Vorrang. Im Grundgesetz steht deswegen eine Reihe von Vorschriften, die nicht mehr stimmen. So hat der Bund nach Artikel 73 GG die ausschließliche Gesetzgebungskompetenz über das Währungswesen und die Zölle. In Wirklichkeit hat er gar keine Kompetenz in diesen Bereichen mehr. Sie ist auf die EU übergegangen. Gemäß Artikel 100 GG darf allein das Bundesverfassungsgericht Gesetze außer Anwendung setzen. In Wirklichkeit kann heute jedes Gericht, ja jeder Verwaltungsbeamte deutschen Gesetzen die Anwendung versagen, wenn sie seiner Ansicht nach mit Unionsrecht nicht übereinstimmen.

Die europäische Integration ist verfassungsgewollt, der geschilderte Zustand also nicht etwa verfassungswidrig. Er darf auch nicht allein unter Verlustgesichtspunkten betrachtet werden, denn dem Verlust steht ein Gewinn an Problemlösungskapazität, Staatenkooperation statt Konfrontation und außenpolitischem Gewicht gegenüber. Ob das für jeden Integrationsfortschritt gilt, ist allerdings nicht sicher. Neben der förmlichen Übertragung von Hoheitsrechten auf die EU vollzieht sich eine schleichende Aushöhlung nationaler Kompetenzen durch eine außerordentlich extensive Interpretation der übertragenen Befugnisse seitens des Europäischen Gerichtshofs. Das jüngste Beispiel dafür ist die Interpretation der europäischen Grundrechtecharta durch den Europäischen Gerichtshof. Nach Artikel 53 GRCh gelten die europäischen Grundrechte für alle Institutionen der EU, für die Mitgliedstaaten dagegen ausschließlich, wenn diese Unionsrecht durchführen. Für den Europäischen Gerichtshof ist die Durchführung von Unionsrecht aber auch die Durchführung nationalen Rechts, soweit dieses in einer wie immer gearteten Beziehung zum Unionsrecht steht. Da das bei dem inzwischen erreichten hohen

Vermengungsgrad von nationalem und europäischem Recht aber regelmäßig der Fall ist, verliert Artikel 53 GRCh seine von den Mitgliedstaaten intendierte begrenzende Wirkung.

Das wirkt dann auf Artikel 51 GRCh weiter, dem zufolge die Grundrechtecharta keine neuen Kompetenzen für die EU begründet und ihre Anwendung nicht zu einer Absenkung des Schutzniveaus der nationalen Grundrechte in deren Geltungsbereich führen darf. Der Geltungsbereich wird aber durch Artikel 53 GRCh bestimmt und aufgrund seiner extensiven Interpretation durch den Europäischen Gerichtshof kontinuierlich verkleinert, während sich der Europäische Gerichtshof über die Grundrechtsinterpretation, etwa beim Datenschutz-Grundrecht, Felder eröffnet, auf denen der EU keine Gesetzgebungskompetenzen übertragen worden sind .[11] Leitmotiv ist für ihn nicht die Verbesserung des Grundrechtsschutzes, sondern Vorrang, Einheit und Wirksamkeit des Unionsrechts. Der Schutzstandard der Grundrechte bleibt vielmehr dem Ziel des Gemeinsamen Marktes untergeordnet. Infolgedessen überwiegen in der EU die wirtschaftlichen Freiheiten, während sie auf der nationalen Ebene am schwächsten sind. Hier überragen die personalen und kommunikativen Grundrechte, die in Europa aber unter Marktvorbehalt stehen. Für die vier wirtschaftlichen Grundfreiheiten des Artikels 26 AEUV gilt weder Artikel 53 GRCh noch Artikel 51 GRCh.

Mit der Bewährung des Grundgesetzes hängt das deswegen zusammen, weil jede Kompetenzübertragung und jeder Kompetenzentzug einen Substanzverlust für die Demokratie der Bundesrepublik bedeutet. Die Probleme der nationalen Demokratie haben auch etwas damit zu tun, dass sie für viele Fragen, die vitale Interessen der Staatsbürger berühren, nicht mehr zuständig ist, und zwar ohne dass die nationale Demokratieeinbuße auf der europäischen Ebene wettgemacht werden könnte. Die Ressourcen für eine europäische Eigenlegitimation sind gering. Verglichen mit den Mitgliedstaaten fällt die Legitimationsvermittlung durch die Europa-Wahlen und das Europäische Parlament schwach aus, und all jene Politikmaterien, die auf der Vertragsebene geregelt sind – weitaus mehr als selbst in der umfangreichsten Verfassung eines Mitgliedstaats –, hat der Europäische Gerichtshof durch die Konstitutionalisierung der Verträge ohnehin dem demokratischen Prozess entzogen.[12] Die EU zehrt nach wie vor von der Legitimationszufuhr aus den Mitgliedstaaten, deren Demokratie sie aber ständig untergräbt.

Grundgesetzschmälernde Wirkungen könnten auch von der Rechtsprechung des Europäischen Gerichtshofs für Menschenrechte ausgehen. Zwar enthält die Europäische Menschenrechtskonvention ebenfalls einen Artikel 53, der es dem Europäischen Menschenrechtsgerichtshof verbietet, die Konventionsgrundrechte so auszulegen, dass der nationale Grundrechtsstandard unterschritten wird. Das hilft, wenn es um die vertikale Beziehung zwischen grundrechtsgeschütztem Individuum und grundrechtsgebundenem Staat geht. Handelt es sich dagegen um die horizontale Beziehung zwischen zwei Individuen, die sich beide auf Grundrechte berufen können, zwischen denen ein angemessener Ausgleich gefunden werden muss, führt eine Beanstandung seitens des Europäischen Menschenrechtsgerichtshofs automatisch zu einer Minderung des Grundrechts, das im nationalen Rechtsstreit die Oberhand behalten hatte. Doch befindet sich das Bundesverfassungsgericht hier in einer besseren Position als gegenüber dem Europäischen Gerichtshof, denn die Europäische Menschenrechtskonvention gilt in Deutschland im Rang unter dem Grundgesetz, und der Europäische Menschenrechtsgerichtshof ist kein Appellationsgericht, das deutsche Rechtsakte außer Kraft setzen kann. Im Unvereinbarkeitsfall können sich daher die nationalen Grundrechte behaupten.[13]

Ein weiterer Grund, der die fortdauernde Bewährung des Grundgesetzes gefährdet, ergibt sich aus der Schwäche der parlamentarischen Repräsentation und, da Wahl und Parlamentsbetrieb von den politischen Parteien gesteuert werden, auch der Schwäche der traditionellen Parlamentsparteien, von denen sich viele Wähler nicht mehr hinreichend vertreten fühlen. Dabei handelt es sich weder um ein völlig neues noch ein spezifisch deutsches Problem. In der ersten Hälfte des 20. Jahrhunderts stellte es sich sogar schärfer als heute. Die Weimarer Republik ist daran zugrunde gegangen. Parlament und Parteien waren am Ende so diskreditiert, dass sich selbst die Befürworter der repräsentativen Demokratie die Lösung der Krise nicht von einer Erneuerung des Parlamentarismus versprachen. Gerade davon ist die Bundesrepublik indes über die längste Zeit ihrer Existenz verschont geblieben. Eine der wesentlichen Neuerungen gegenüber Weimar, die dem Grundgesetz vorangingen, aber sein Schicksal erheblich beeinflusst haben, war die Abkehr von Weltanschauungs- und Klassenparteien.

Volksparteien, die sich nicht einer Klasse, einer Religion, einem Sonderinteresse verpflichtet fühlten, sondern für die verschiedensten Gruppen der Bevölkerung wählbar waren, gehören zu den Faktoren, die für die insgesamt glücklich verlaufene Entwicklung der Bundesrepublik bestimmend waren. In den Bundestagswahlen von 1957 bis 1987 hatten CDU und

SPD zusammen über 80 % der Wählerstimmen bei vergleichsweise hoher Wahlbeteiligung. In den Bundestagswahlen von 1972 und 1976 erreichte ihr Stimmenanteil sogar 90 %. An Parteigründungen, dem Ventil für Unzufriedenheit mit den etablierten Parteien, fehlte es in dieser Zeit nicht. Alle blieben jedoch erfolglos, bis die Grünen 1983 in den Bundestag einzogen. Die hohe Stimmenkonzentration auf die beiden Volksparteien sorgte gleichzeitig für eine Regierungsstabilität, die sich scharf von den Verhältnissen der Weimarer Zeit abhob. Die Bundesrepublik hatte in 69 Jahren acht Kanzler, die Weimarer Republik in 14 Jahren zwölf. Adenauer, Kohl und Merkel waren mehr als 14 Jahre im Amt. Die am längsten amtierende Weimarer Regierung war gut zwei Jahre im Amt, die kürzeste zwei Monate.

Bei der Bundestagswahl von 2009 blieben die beiden großen Parteien zusammen erstmals unter der verfassungsändernden Mehrheit. In der letzten Wahl 2017 fielen sie auf 53,7 %. Deutschland reiht sich damit in einen Trend ein, der andere Staaten seit längerem erfasst hat und dort zum Teil erheblich weiter fortgeschritten ist als hier. Die traditionelle, auf Parteienkonkurrenz gegründete pluralistische Demokratie steht unter Druck.[14] Es öffnet sich eine Kluft zwischen den politischen Eliten in den Parlamenten und Regierungen, die an Vertrauen verlieren, und den Bürgern, die sich entweder von der politischen Partizipation abwenden oder in Protestparteien und Bürgerbewegungen für spezifische Anliegen mobilisieren und sich als moralische Mehrheit gegen korrupte Eliten stilisieren. In manchen Staaten, auch Mitgliedstaaten der EU, hat das zu einem Zusammenbruch des traditionellen Parteiensystems geführt. In die Lücke oder das Vakuum sind populistische Parteien eingedrungen, die sich dadurch von dem normalen Parteienwettbewerb abheben, dass sie nicht nur die Ziele und Programme der anderen Parteien attackieren, sondern auch die verfassungsrechtlichen Regeln für den Austrag politischer Gegensätze bekämpfen.[15]

Dahinter steht als Grundhaltung die Identifizierung der Partei mit dem Volk oder einem hypostatisierten wahren Volkswillen, während ihre Konkurrenten in Gegensatz zum Volk gerückt werden. Erringen solche Parteien die Mehrheit, erblicken sie darin die Berechtigung, ihren politischen Vorstellungen ungehindert Geltung zu verschaffen. Die Einrichtungen der Verfassung zur Machtbegrenzung und -kontrolle und zur Offenhaltung des politischen Prozesses erscheinen dann als Hindernis für die Durchsetzung des Volkswillens und müssen auf Regierungskurs gebracht oder lahmgelegt werden. Wenn die Wahl gar zu einer verfassungsändernden Mehrheit geführt hat, unternehmen sie es, ihre

Parteiziele in der Verfassung zu verankern und so ihre Machtstellung für den Fall zu perpetuieren, dass sie die Wahl verlieren sollten. Die Verfassung büßt damit ihre Grundfunktion als Konsensbasis ein, auf deren Grundlage die Meinungsunterschiede und Interessengegensätze friedlich ausgetragen werden können. Sie wird in ein Instrument der Mehrheit verwandelt, so dass die Minderheit im Fall eines – freilich drastisch erschwerten – Wahlsiegs gar nicht umhin kann, die Verfassung aufzuheben und durch eine – vermutlich ebenso parteiliche – zu ersetzen.

IV. Verfassung als Bollwerk?

So weit ist es in Deutschland nicht. Politische Parteien, die derartigen Vorstellungen anhängen, blieben in der Vergangenheit marginalisiert. Die neue im Auftrieb begriffene Partei, die sich den populistischen Parteien anderer Länder nahe fühlt, kann sich eine offene Abkehr vom Grundgesetz noch nicht leisten. Doch greifen der Vertrauensverlust der traditionellen Parteien, die Moralisierung politischer Konflikte, die Verschärfung des Stils der politischen Auseinandersetzung, vor allem in den sozialen Medien, bereits auf Deutschland über. Man muss deswegen darauf vorbereitet sein, dass auch die Angriffe auf das demokratische und rechtsstaatliche System, welches das Grundgesetz aufgerichtet hat, aggressiver und offener werden. Einige Konsense, die die Bundesrepublik über fast drei Generationen zusammengehalten haben, beginnen zu bröckeln. Deswegen die Frage, ob die Verfassung autokratisch gesonnene Mehrheiten verhindern oder, wenn sie entstanden sind, zügeln kann.[16]

Was die Vorbeugung gegen den Machterwerb populistischer Kräfte angeht, so hat das Grundgesetz auf die Erfahrung der nationalsozialistischen Machtergreifung mit der Möglichkeit eines frühzeitigen Parteiverbots reagiert. Vor dem Einsatz dieses schärfsten Schwerts gegen Bestrebungen der Systemveränderung stehen freilich aus gutem Grund hohe Hürden. Populistische Parteien operieren meist unterhalb dieser Schwelle. Ob das Instrument politisch noch verwendbar ist, wenn eine populistische Partei sich im Wahlergebnis den Volksparteien annähert, erscheint zweifelhaft. Das Wahlrecht verdient aber Aufmerksamkeit. Das zeigen die beiden Mitgliedstaaten der EU, in denen populistische Parteien in die Lage gekommen sind, ihr Programm der Systemveränderung in die Tat umzusetzen.[17] Das polnische Wahlrecht ermöglichte es der PiS-Partei 2015, mit rund 36 % der abgegebenen Stimmen eine absolute

Mehrheit der Parlamentssitze zu erlangen. Die ungarische Fidesz-Partei kam 2010 mit rund 53 % der Wählerstimmen sogar auf eine Zwei-Drittel-Mehrheit im Parlament. Ist die Mehrheit erst einmal errungen, sind Gesetzesänderungen, mit denen die eigene Stellung befestigt und die Opposition gelähmt wird, ein Leichtes.

Nächst den Wahlrechtsgrundsätzen ist das Entscheidende am Wahlrecht der Umrechnungsmodus von Wählerstimmen in Mandate. Mit einem anderen Umrechnungsmodus, als Ungarn und Polen ihn in ihren Wahlgesetzen vorsahen, wäre die legale Systemveränderung in diesen beiden Ländern unmöglich oder zumindest erheblich schwerer gewesen. Das Grundgesetz ist in dieser Hinsicht lückenhaft. Es enthält zwar in Artikel 38 die Wahlrechtsgrundsätze, überlässt die Festlegung des Umrechnungsmodus von Stimmen in Mandate aber dem einfachen Recht. Von ähnlicher Bedeutung für die Bewahrung der Verfassungsordnung ist die Bestellung der Verfassungsrichter. In Ungarn und Polen waren die Verfassungsgerichte dasjenige Hemmnis auf dem Weg zur Systemveränderung, welches als erstes aus dem Weg geräumt wurde. Auch den Wahlmodus der Verfassungsrichter überlässt das Grundgesetz aber der Regelung durch einfache Mehrheit.

Im Übrigen ruhen die meisten Hoffnungen auf einer Aktivierung des Volkes mittels plebiszitärer Elemente. Das Grundgesetz lehnt sie nicht ab. Nach Artikel 20 Absatz 2 Satz 2 GG übt das Volk die Staatsgewalt »in Wahlen und Abstimmungen« aus. Dennoch hat das Grundgesetz Abstimmungen in Erinnerung an ihren Gebrauch in der Weimarer Republik gemieden. Ihre Anhänger meinen, dass sich die Weimarer Erfahrungen im Kontext der Bundesrepublik nicht wiederholen würden. Die Frage ist also nicht, ob plebiszitäre Elemente durch Verfassungsänderung eingeführt werden dürften, sondern ob sie imstande wären, die Schwäche der parlamentarischen Repräsentation auszugleichen. Es muss freilich klar sein, dass Plebiszite nicht die repräsentative Demokratie ersetzen können. Der permanente Entscheidungsbedarf eines hochentwickelten Gemeinwesens ist von Volksentscheiden nicht zu decken. Plebiszitäre Elemente kommen daher immer nur ergänzend zur repräsentativen Demokratie in Betracht. Diese trägt die Hauptlast der Legitimationsbeschaffung. Kriterium für die Aufnahme von Plebisziten in das Grundgesetz muss es daher sein, ob sie geeignet sind, die repräsentative Demokratie zu stützen, oder sie schwächen würden.

Plebiszite betreffen in der Regel einzelne Sachfragen und lassen nur Zustimmung oder Ablehnung zu. Sie isolieren also die zur Entscheidung gestellte Frage aus dem tatsächlich bestehenden Zusammenhang mit anderen Fragen, auf den sie aber Auswirkungen haben. Die Entscheidungsfrage bildet die Komplexität der Entscheidungssituation nicht ab und lässt keinen Raum für die Bedingtheit der Antwort. Folgen und Folgesfolgen können nicht ausreichend berücksichtigt werden. Kompromissmöglichkeiten lassen sich nicht ausschöpfen. Auch Konsistenz ist nicht gewährleistet. Man kann heute per Plebiszit für Steuersenkungen und morgen für Ausgabenerhöhungen stimmen, ohne den Widerspruch anschließend auflösen zu müssen, während er die repräsentativen Körperschaften womöglich vor unlösbare Aufgaben stellt. Selbst unter Berücksichtigung der Schwächen des parlamentarischen Entscheidungsprozesses drohte ein Rationalitätsverlust gegenüber den Entscheidungen der Repräsentativkörperschaften, die sich Isolierungen dieser Art nicht leisten können.

Anders ist das mit dem Volksbegehren. Das Volksbegehren schafft die Möglichkeit, Themen, die einen hinreichend großen Teil der Bevölkerung bewegen, von den etablierten Parteien aber vernachlässigt werden, auf die Tagesordnung zu setzen. Das Parlament muss sich dazu verhalten, das Begehren zurückweisen oder Maßnahmen ergreifen. Volksbegehren sind die einfachere Alternative zur Gründung neuer Parteien. Wie die Geschichte der Bundesrepublik zeigt, waren Parteigründungen dann erfolgreich, wenn sie Themen besetzten, die zwar in der Gesellschaft als drängend empfunden wurden, in den etablierten Parteien jedoch keine Resonanz fanden. Bei den Grünen war das der Umweltschutz, bei der Linken die Kapitalismuskritik, bei der AfD anfangs die Europakritik, heute stärker die Migrationsproblematik. Volksbegehren haben die Funktion eines Frühwarnsystems, vermeiden aber die Nachteile von Plebisziten.

Neue Wege zur Kompensation der Repräsentationsschwächen werden seit längerem in den USA unter dem Stichwort »deliberative democracy« diskutiert.[18] Hinter dieser Bezeichnung verbergen sich verschiedene Formen der Befassung von Bürgern mit politischen Sachfragen, und zwar meist in Gestalt von Bürgerversammlungen, deren Teilnehmer nach dem Zufallsprinzip ausgewählt und für einen begrenzten Zeitraum für die Diskussion freigestellt werden, die sie mit oder ohne Assistenz von Experten führen und zu einem Vorschlag vorantreiben. Ohne die Beteiligung von Experten ist das Problem des Informationsbedarfs schwer zu lösen. Auch mit Experten bleibt aber die Frage, ob die so gefundenen Ergebnisse den nicht beteiligten Wählern überzeugender erscheinen würden als die

Lösungen der professionell betriebenen Politik. Solange die Vorschläge, die aus der Deliberation hervorgehen, unverbindlich bleiben, würde das Experiment jedenfalls keine Verfassungsänderung verlangen.

Insgesamt sind jedoch die Möglichkeiten, dem schwindenden Zutrauen in die pluralistische Demokratie mit verfassungsrechtlichen Mitteln zu begegnen, begrenzt. Hat eine populistische Partei einmal die verfassungsändernde Mehrheit errungen, ist von der Verfassung nichts mehr zu erhoffen. Fehlt es an der verfassungsändernden Mehrheit und greift die Regierungspartei zur Erreichung ihrer Ziele zu offenen Verfassungsverletzungen, hat die Verfassung nur eine Chance, wenn sich genügend gesellschaftliche Kräfte zu ihrer Verteidigung bereitfinden, so dass die populistische Partei um ihre Mehrheit bangen muss. Handelt es sich um Mitgliedstaaten der EU, kann diese auf die Achtung ihrer in Artikel 2 EUV niedergelegten Grundwerte hinwirken. Die Durchsetzungsmittel des Artikels 7 EUV sind jedoch, wie sich zeigt, wirkungsarm. Wir bewegen uns hier im Bereich der sozialen und kulturellen Verfassungsvoraussetzungen, die die Verfassung selbst nicht zu schaffen oder aufrechtzuerhalten vermag. Recht kann da wenig ausrichten, Erziehung mehr.

Ich verweigere mich also der mir gestellten Frage, wie ein neues Grundgesetz heute aussähe. Für eine neue Verfassung der Bundesrepublik fehlt sowohl der triftige Grund als auch die zündende Idee. Es gibt keinen »constitutional moment«. Ohne eine derartige Zäsur und den »veil of uncertainty«, der mit ihr verbunden ist, drohten all die Untugenden Platz zu greifen, die bisher schon bei Verfassungsänderungen zu beobachten waren. Die Versuchung, so viel wie möglich von den Parteiinteressen in der Verfassung zu befestigen und auf diese Weise dem Zugriff wechselnder Mehrheiten zu entziehen, würde übermächtig. Auch die Begehrlichkeiten aus der Gesellschaft würden geweckt. Anwärter für einen Platz im Grundgesetz stehen in großer Zahl bereit. Ob dann immer noch von Bewährung gesprochen werden könnte, scheint fraglich.

Anmerkungen

1 Vgl. Helmut Lindemann, Das antiquierte Grundgesetz. Plädoyer für eine zeitgemäße Verfassung, 1966; Hans Dichgans, Vom Grundgesetz zur Verfassung. Überlegungen zu einer Gesamtrevision, 1970 (Zusammenfassung mehrerer zuvor erschienener Aufsätze). Eine Übersicht zu Vorgeschichte und Literatur zur Verfassungsreform bei Werner Weber, Das Problem der Revision und einer Totalrevision des Grundgesetzes, in: Spanner / Lerche / Zacher / Badura / v. Campenhausen (Hg.), Festgabe für Theodor Maunz, 1971, S. 451 (454).

2 Deutscher Bundestag, 6. Wahlperiode, 70. Sitzung vom 8.10.1970, BT-PlPr 6/70, S. 3893 (3896 D); BT-Drucks. VI/653, VI/739, VI/1211.
3 BT-Drucks. VI/3829.
4 Deutscher Bundestag, 7. Wahlperiode, BT-Drucks. 7/5924, S. 3.
5 Dolf Sternberger, Verfassungspatriotismus, in: Frankfurter Allgemeine Zeitung v. 23.5.1979, S. 1; auch in ders., Schriften, Bd. X, Verfassungspatriotismus, 1990, S. 13 f.
6 BVerfGE 123, 267 ff. – Lissabon (2009), insb. S. 347 f.
7 Vgl. Dieter Grimm, Verfassungspatriotismus nach der Wiedervereinigung, in: ders., Die Verfassung und die Politik, 2001, S. 107 (ursprünglich unter dem Titel »Hütet die Grundrechte« in: DIE ZEIT vom 18.4.1997, S. 14).
8 BVerfGE 8, 274 ff. – Preisgesetz (1958); 24, 184 ff. – Apostillenverfahren (1968).
9 Grundlegend Fritz Scharpf u.a., Politikverflechtung, 1976; dies., Politikverflechtung II, 1977.
10 Vgl. Dieter Grimm, Wie man eine Verfassung verderben kann, in: ders., Die Verfassung und die Politik, 2001, S. 126 (ursprünglich unter dem Titel »Parteiinteressen und Punktsiege« in: Frankfurter Allgemeine Zeitung vom 12.10.1998, S. I / II).
11 Vgl. insb. die Entscheidungen Europäischer Gerichtshof, Åkerberg Fransson, Rs. C-617/10 (2013), und Melloni, Rs. C-399/11 (2013).
12 Vgl. Dieter Grimm, Europa ja – aber welches?, 2016, insb. S. 95 ff., 133 ff.
13 Das Bundesverfassungsgericht hat dafür eine angemessene Lösung gefunden, s. BVerfGE 111, 307 ff. – Görgülü (2004).
14 Zur Demokratie-Erosion vgl. Samuel Issacharoff, Fragile Democracies, 2015; Steven J. Levitsky / Daniel Ziblat, How Democracies Die, 2018; Mark A. Graber / Sanford Levinson / Mark Tushnet (Hg.), Constitutional Democracy in Crisis, 2018. Democratic Resilience, Verfassungsblog 2018.
15 Vgl. Jan-Werner Müller, Was ist Populismus?, 2016; Philip Manow, Die Politische Ökonomie des Populismus, 2018.
16 Vgl. Tom Ginsburg / Aziz Z. Huq, How to Save a Constitutional Democracy, 2018.
17 Die beste Quelle zu den Entwicklungen in Ungarn und Polen sind die Berichte der Venedig-Kommission, zugänglich unter https://www.venice.coe.int (letzter Zugriff: 9.1.2019); vgl. ferner Kim Lane Scheppele, Constitutional Coups and Judicial Review, Transnational Law and Contemporary Problems 23 (2014), 51; dies., Autocratic Legalism, University of Chicago Law Review 85 (2018), 545.
18 Vgl. etwa Bruce Ackerman / James S. Fishkin, Deliberation Day, 2004.

Autorenverzeichnis

Bahners, Patrick, geb. 1967, Historiker, Redakteur der Frankfurter Allgemeinen Zeitung, verantwortlich für Geisteswissenschaften.

Baldus, Manfred, Prof. Dr. iur., geb. 1963, Richter des Thüringer Verfassungsgerichtshofs, Professor für Öffentliches Recht und Neuere Rechtsgeschichte an der Staatswissenschaftlichen Fakultät der Universität Erfurt.

Decker, Frank, Prof. Dr. rer. pol., Jahrgang 1964, Professor für Politische Wissenschaft an der Philosophischen Fakultät der Rheinischen Friedrich-Wilhelms-Universität Bonn.

Di Fabio, Udo, Prof. Dr. iur, Dr. sc. pol., geb. 1954, Richter des Bundesverfassungsgerichts a.D. (1999–2011), Professor für Öffentliches Recht und Staatsrecht an der Rechts- und Staatswissenschaftlichen Fakultät der Rheinischen Friedrich-Wilhelms-Universität Bonn.

Grimm, Dieter, Prof. Dr. Dr. h.c. mult., geb. 1937, Richter des Bundesverfassungsgerichts a.D. (1987–1999), Rektor des Wissenschaftskollegs zu Berlin (2001–2007), emeritierter Professor für Öffentliches Recht an der Juristischen Fakultät der Humboldt-Universität zu Berlin.

Heinig, Hans Michael, Prof. Dr. iur, geb. 1971, Professor für Öffentliches Recht, insbesondere Kirchenrecht und Staatskirchenrecht an der Georg-August-Universität Göttingen und Leiter des Kirchenrechtlichen Instituts der Evangelischen Kirche in Deutschland.

Huber, Peter Michael, Prof. Dr. iur., geb. 1959, Richter des Bundesverfassungsgerichts, Minister a.D., Professor für Öffentliches Recht und Staatsphilosophie an der Juristischen Fakultät der Ludwig-Maximilians-Universität München.

Hwang, Shu-Perng, Prof. Dr. iur., geb. 1975, Forschungsprofessorin für Öffentliches Recht am Institutum Iurisprudentiae der Academia Sinica in Taipeh/Taiwan.

Jestaedt, Matthias, Prof. Dr. iur., geb. 1961, Professor für Öffentliches Recht und Rechtstheorie an der Rechtswissenschaftlichen Fakultät der Albert-Ludwigs Universität Freiburg i.Br.

Krüper, Julian, Prof. Dr. iur., geb. 1974, Professor für Öffentliches Recht, Verfassungstheorie und interdisziplinäre Rechtsforschung an der Juristischen Fakultät der Ruhr-Universität Bochum.

Landfried, Christine, Prof. Dr. phil, geb. 1949, emeritierte Professorin für Politikwissenschaft an der Fakultät für Wirtschafts- und Sozialwissenschaften der Universität Hamburg, 2014 bis 2016 Inhaberin des Max Weber Lehrstuhls an der New York University, Senior Fellow an der Hertie School of Governance in Berlin.

Lennartz, Jannis, Assessor Dr. iur., geb. 1986, Habilitand und wissenschaftlicher Mitarbeiter an der Juristischen Fakultät der Humboldt-Universität zu Berlin.

Meinel, Florian, Prof. Dr. iur., geb. 1981, Professor für Öffentliches Recht und Rechtsphilosophie an der Juristischen Fakultät der Julius-Maximilians-Universität Würzburg, Mitglied der Jungen Akademie.

Nussberger, Angelika, Prof. Dr. Dr. h.c., M.A., geb. 1963, Vizepräsidentin am Europäischen Gerichtshof für Menschenrechte, Professorin für Verfassungsrecht, Völkerrecht und Rechtsvergleichung an der Juristischen Fakultät der Universität zu Köln.

Schorkopf, Frank, Prof. Dr. iur., geb. 1970, Professor für Öffentliches Recht und Europarecht an der Juristischen Fakultät der Georg-August-Universität Göttingen, Mitglied der Akademie der Wissenschaften zu Göttingen.

Steinbeis, Max, geb. 1970, Jurist, Schriftsteller und Journalist, Gründer und Herausgeber des Verfassungsblogs.

Volkmann, Uwe, Prof. Dr. iur., geb. 1960, Professor für öffentliches Recht und Rechtsphilosophie am Fachbereich Rechtswissenschaft der Goethe-Universität Frankfurt am Main.

Waldhoff, Christian, Prof. Dr. iur., geb. 1965, Professor für Öffentliches Recht und Finanzrecht an der Juristischen Fakultät der Humboldt-Universität zu Berlin, Richter im Nebenamt am Oberverwaltungsgericht Berlin-Brandenburg.

Sach- und Personenregister